历史

非一本正经

中国散文学会 编选 / **张秀枫 主编**

远方出版社

图书在版编目（CIP）数据

历史非一本正经 / 张秀枫主编. -呼和浩特：远方出版社，2009.2

ISBN 978-7-80723-397-8

I.历… II.张… III.杂史－世界－通俗读物 IV.K104-49

中国版本图书馆CIP数据核字（2009）第010523号

历史非一本正经　张秀枫 / 主编

编　　选：中国散文学会
策　　划：张　明
责任编辑：张　宇　敖登格日乐
特约编辑：文　欢
出版发行：远方出版社
社　　址：呼和浩特市乌兰察布东路666号
电　　话：0471-4919981（发行部）
邮政编码：010010
经　　销：新华书店
印　　刷：北京中印联印务有限公司
开　　本：720毫米×1000毫米　1/16
字　　数：300千字
印　　张：21
版　　次：2009年2月第1版
印　　次：2009年2月第1次印刷
标准书号：ISBN 978-7-80723-397-8
定　　价：32.00元

序　言

在国外，历史类图书的销售一直比较固定，涨或滞也在一定范围之内，这是因为它的读者群较为稳定，很难暴涨也不会锐减。难以逆料的是，我国这几年却涌起了大面积的历史热和国学热，其图书出版也因此而持续升温，至今也还未见消退的迹象。这一文化现象引起了学界和出版界的普遍关注，探讨其成因的观点文章也是互相纠弹，众说缤纷。

有论者说，这是现阶段一种曲线言说所需要的说话方法，特别是晚近历史与现实具有较为强烈的比照因素，因而易于引起人们的联想和关注。然而，只有“小众”才会那么深思和探究，普通老百姓对借古讽今之类不会那么感兴趣，因而此论并不具有普适性。那么，问题的关键何在呢？

我以为，历史研究方法的变化是一个原因。先前，只将历史圈在专业研究的范围里，且只关注王朝史、制度史和农民起义史等有限的领域。沉醉于宏大叙事，其格式也大体是各时代的政治、经济、军事、文化的扫描到人物的评价，最后是规律的总结。在这里，历史是刻板的代名词，枯燥的同义语，不受欢迎自是难免。朋友建议将本书书名称之为“非一本正经”，即是对此的质疑和挑战。近年来，人们将目光投向了被“正经”历史遗忘了的鲜活的人和细节，对复杂的人性进行深入的分析和含玩，对腾逸在规律之外更有兴味的事相努力予以披露和还原，在读者兴致盎然了解具有个性化历史的过程中，增强了洞察力和分析力，变得更加智慧。历史回归了大众。

重要的原因在于，对于一直被遮蔽的历史真相或一直被强制接受的历史观点，正在被重新发现或全新诠释。公民根据自己的知识背景，在不违背人类文明基本常识和知识逻辑的前提下，自由讨论和获得他们要了解的历史真相完整信息的正当诉求，随着时代的进步，正在逐渐地变为现实。个人或团体以功利为目的，预设对历史天赋解释的权力，并将结论强加给公民的做法，正在逐渐地成为过去。人们对历史的解读正在逐渐地处于不断变化的常态之中。这是历史的进步，文明的进步。

对历史的重新认识有时是由于史料有了新的发现从而引起了连锁反应。《尚书·尧典》是我国最早的正史之一，它曾记叙了封建社会之前就实行的“禅让”帝制：黄帝的玄孙将帝位禅让给舜，舜又将帝位禅让给禹。太史公司马迁将这一叙事又原封不动地照搬进《史记·五帝纪》中。于是,尧舜禹圣人般谦虚成了中华民族历史上耀人眼目的光彩,也成为五千年来代代相传的动人的美谈。然而,近年来在汲郡出土的魏国古墓史的一批《竹书》,还原了历史的真相。原来根本不是那么回事,而是相反。其实,韩非在《说难》里早就指出过:“舜逼尧,禹逼舜,汤放桀,武王伐纣,此四王者,人臣弑其君者也。”然而韩非的声音一直淹没在“主流历史”的洪流之中而鲜为人知。毛泽东1958年曾豪情万丈地写下过气壮山河的诗句“六亿神州尽舜尧”。然而晚年他在批注二十四史时,在“魏文帝被利用”一条下却写下了“尧幽囚,舜野死”六个字。真相终究会拭去尘封的灰垢而得以显现。不过历史有时需要等待,需要耐心。

更多的情况是史料并无增减,而是观念发生了变化,例如对曾国藩的重新评价即是典型一例。自1950年代以来,曾一直被视为镇压农民起义的刽子手,对他的讨伐持续了几十年,就连其诗文和祠堂也难免劫火。然而,到了1980年代,在新的语境下,这位一生中几乎三次自尽,并无多少奇谋妙计的翰林,单凭一个“忍”字就创下了如天的功业,几乎是一夜之间,他便烈火烹油般火了起来,广受人们的崇仰。世事的无常,命运的轮回,不可思议。历史总是在螺旋式上升中体现自己的价值。

于是,对于曾的对立面太平天国及其领袖洪秀全评价的剧降,自然成了题中之义。先前,洪一直被捧为农民起义的英雄,太平天国也被视为推动历史车轮前进的动力。学者们煞费苦心地为这一预设结论引经据典,他们说,革命导师马克思曾盛赞这场运动,称之为东方革命的希望。近年来,史学界对相应史料重新进行了梳理,人们惊讶地发现,太平天国是一个政教合一的封建王朝,对当时经济的破坏、对生产力的扼杀都是空前的;而洪与其他封建帝王相比更是有过之而无不及。愚弄黎民百姓,血腥的窝里斗,荒淫腐朽的生活,几乎是登峰造极。于是学者们又说,马克思在获得了太平天国更多史料后在他的《中国纪事》里写道:“除了改朝换代以外,他们给予民众的惊慌比给予老统治者惊慌还要厉害。”“显然,太平天国就是中国人的幻想所描绘的那个魔鬼的化身”“只有中国人才能有这类魔鬼,这类魔鬼是停滞的社会生活的产物。”被颠覆的历史又被颠倒过来了。

有哲人说,提出问题比解决问题更重要,这个判断独到而深刻。因为提出新的问题,新的可能性,从新的角度去看旧的问题,需要创造性和想象力,标志着真正的进步。阅读了本书之后,类似的认识和颖悟,也许会得到补充和深化。

张秀枫

2009年初春于水岸春城寓所

目录

历史的韵事 …………………………………………… 277

历史的质疑

刘邦之所以得天下 在于比项羽更会花钱

寿韶峰

金钱不是万能的，但没有金钱是万万不能的。既能拥有金钱，又能运作金钱，且不会成为金钱的奴隶，才是真正的富贵之人。

汉高祖刘邦相貌堂堂，高高的鼻梁，面有龙腾之相，须髯很美，左腿上长有72颗黑痣。这一切好像都在说明他是一个“异人”，有不同于寻常人的一面。但他又有常人的一面：性情仁厚爱人，心胸宽敞、豁达，懂得享受，且志存高远。

刘邦在天性上不肯干平常人家的活计，不热衷于本分的生产劳动，他好像从来就不怎么在乎钱的问题，他有玩转财富的心法，总是能够让别人把钱财“送”上门来。

早年的刘邦不治产业，也不勤勉，父亲没少数落他，但他内心一直都很不服气。即便刘邦当上了皇帝，还喜欢拿父亲昔日的“教导”说事。汉高祖九年(公元前198年)，刘邦置酒于未央宫，大宴群臣。刘邦端起酒来为父亲献礼祝寿，口里念念有词：“家父大人常常认为我是无赖，不能治理产业，不像兄长一样勤快实干。我今天成就的业绩难道不比兄长多吗？”这话虽是笑谈，却透出了刘邦的心思。在刘邦的心里，一直有这么一个信念：大男人的财富不是单单靠勤勉来获得的，只要能掌控大局，不愁没钱花。拥有财富不一定要靠朝九晚五地辛苦劳作，踏踏实实地治理产业永远不是刘邦这类人的心愿。

没有得志之前，刘邦常到咸阳服徭役，由此得以观瞻秦始皇的威仪。看在眼里，乐在心上，“大丈夫就应该这样！”刘邦似乎看到了自我的影像，从此他的心界开阔起来。像秦始皇那样拥有天下，不就拥有了一切吗?

一个大男人，懂得享受，喜欢酒和女色，刘邦就这样。

当刘邦率军向西攻入咸阳，诸将领都争着奔向藏有金银绢帛财物的府库，萧何则来到秦国丞相府，收集图案文档资料。刘邦在干什么呢？当他看到秦宫如此华丽富贵，珍宝、狗马、女人以千万计算，一时有些心动，想留下来尽情地享用一番。

本来是一个“粗人”的樊哙——出身寒微，早年曾以屠狗为业，却板起脸讲了一番精致的大道理：“你是想夺取天下，还是只想成为富家翁？正是这些奢华靡丽的东西让秦朝灭亡的，你要这些东西干什么呢！还是赶快回到灞上，不要在此久留！”但樊哙的话好像并没有深入到刘邦的心里，因为秦宫对他太有吸引力了。

刘邦出身布衣平民，即便打了胜仗，受封为沛公，毕竟还是没见过多少大世面，他哪里看到过如此华贵的宫殿和天仙般的美女？虽然革了大秦王朝的命，但后天习性难改，能不动心吗？

这时张良站出来说：“秦王无道，你才得以攻下这里。想要夺得天下，就必需勤俭。刚进入秦宫，就琢磨着如何享乐，这完全是‘助纣为虐’。忠言逆耳利于行，良药苦口利于病，希望你听取樊哙的劝告。”参谋长的话，刘邦还是听的。刘邦最后封存了府库，带领军队回到咸阳的郊区灞上。

刘邦召集各县的父老乡亲和当地有权势的人，说：“父老乡亲受暴秦苛法迫害的时间太长了。我已经与诸侯约定好了，谁先入关，谁就称王。现在我约法三章：杀人者死，伤人及盗必须抵罪。其余秦法一概除去，诸官吏还像以前一样恪守职责。我来这里是为父老乡亲除害的，请不要害怕。”秦地老百姓非常高兴，争着宰杀牛、羊，捧着酒和食物来犒赏三军。刘邦下令不准接受：“仓库中的粮食很多，我们不缺，不能让百姓破费。”百姓听了，心里更是欢喜，热切盼刘邦能称王。

刘邦之所以这么做，因为他心里非常明白，正是自己目前不占有百姓的钱财，不与民争利，才能为日后拥有全国，为享尽天下财宝和美女铺好道路。

与刘邦的志向相对比，楚霸王项羽挂念的就太多了，什么都想占有。项羽带领军队西进，攻入咸阳，下令屠城，杀死秦朝已经投降的王子秦婴，火烧了秦宫，大火整整烧了3个月都不曾熄灭。项羽下令挖掘秦始皇的坟墓，打算把秦国所有的财富都占为己有。金银财宝、珠玉古玩等好东西，项羽尽收其囊，还掳走了宫中所有的妇人。秦地的百姓对他的所作所为大失所望。韩生对项羽说：“关中，地势险峻，土地肥饶，可在这里称霸。”项羽见秦宫已被烧毁，残破不堪，就说：“富贵了不回到故乡，就如锦衣夜行，又有谁知道呢！”韩生退下之后，议论道：“人们都说楚人不过像猕猴戴着帽子罢了，就知道在表面上显摆。看来果不其然呀！”项羽听闻之后，就把韩生给烹杀了。可能是项羽太在乎眼前的一切，于是他想破坏，想焚烧；而财富、妇人、珍玩和权力等，又一个都不能少。

正因为刘邦有些吊儿郎当满不在乎，舍得为日后投资，所以在政治与财富的争斗中，刘邦一直得心应手。

陈豨，本来刘邦派他去管理代地的，不料这位曾经追随刘邦、颇有信用的列侯却造反了。刘邦亲自率军前往征讨，走到邯郸的时候发现陈豨只是以漳水为屏障，久经沙场的刘邦心里有底了。刘邦又了解到，陈豨的部将中有很多人原先是商贾之人。这次刘邦心里更有把握打赢这场仗了，因为他知道商人是最经不起利益诱惑的。高祖刘邦开始向这些人撒钱，陈豨的部下们收到刘邦送上门的黄金，许多人当即反戈，投向了高祖的怀抱。

刘邦的处事手段很潇洒，永远不会忘掉让金钱来帮助自己推磨。早在楚汉对峙时，处于劣势的刘邦毫不犹豫地交给陈平4万斤黄金，让他用这些沉甸甸的东西去离间楚霸王和亚父范增之间的关系。

与刘邦相比，项羽待人同样也是恭谨仁慈、言辞和善，若手下有人患病，他会伤心哭泣，和病人一同饮食进餐。然而每次到了论功行赏、封官加爵时，恭敬爱人、清廉好礼的项羽却总是出奇地吝啬，尤其地不洒脱。他往往犹豫不决，把刚刻好的大印在手里摩挲着，几乎让它失去棱角，也不肯赏赐给他人，这怎么能拴住人心！

不过，项羽也有大方的时候。兵败如山倒，但大英雄就是不肯东渡乌江，他把自己的坐骑赐给乌江亭长，命令骑兵皆下马步行，手持短兵和追击的汉军进行最后的肉搏战。单是项羽所杀的汉军就有数百人之多，他本人也身负十几处创伤。真是一个不识大势之人！这个时候了，才想起来要逞自己“力拔山兮气盖世”的英雄豪情，只可惜用错了地方。当项羽回头看见汉军骑兵中的司马吕马童时，说：“你难道不是我的故人吗？”吕马童审视了一下，这就是项王！项羽说：“我听说汉王为购求我的头颅而出资千金，以封万户侯为悬赏，我把这个好处恩施给你。”于是自刎而死。几十个汉军骑士为争夺楚霸王的尸体，又是一番厮杀，最后吕马童等5人都得以封侯。

项羽的豪气大方，成就了几个粗人，但失去了天下、江山和美人虞姬，还有自己坐下的良驹宝马。万里江山则归入善于挥洒钱财的刘邦的囊中。

正因为相信虚无缥缈的命运，高祖刘邦很自信甚至很自负。在攻打黥布时，刘邦被流矢击中，后来伤口发作，病得很厉害，吕后赶忙为他请来一位名医。可是，刘邦就是不愿医治，但还是赏了那个医生50斤黄金，把他打发走了。为什么汉高祖不愿就医呢？刘邦发表了一番高论："我以布衣起家，手提三尺剑取得天下，这都是天命所归。我的命运如果是这样，即使神医扁鹊在世又能怎样？"

刘邦的心无挂碍成就了千古霸业，普天之下，莫非王土，他才是真正的富贵者。因为刘邦最清楚在他的生命、事业和命运中，财富处于一个什么样的位置。

项羽失败的新发现

胖萝卜

关于项羽失败的原因，众说并不纷纭，主要不外乎两种：一是项羽性格使然，所谓“匹夫之勇，妇人之仁”，喜欢杀戮以至丧失天下民心，吝于赏赐而不获将士拥戴；另一种观点则认为是历史必然，秦王朝已经实现大一统了，项羽却逆流而行，分封天下，必然为潮流所抛弃。

那么，这两种说法是否能站得住脚？项羽之死还有没有更直接的原因呢？

关于性格之说，从《史记》的记载来看，项羽确实表现出了大开杀戮、凶狠残忍的一面，但这并不能说是项羽性格使然。一方面古代战争本身就比较残忍，集体坑杀战俘的事情在先秦屡见不鲜。另一方面，只要有人劝解，且道理中肯，项羽一般也不会大开杀戒。

据《汉书·陈胜项籍传》记载，项羽攻打外黄（今河南民权西北）十分艰苦，取胜之后，将15岁以上的男人赶往城东，想集体屠杀，以泄其愤。当时一个12岁的少年劝说项羽不要屠城，不然以后其他城市的人肯定抗争到底，绝不投降。项羽认为有理，赦免了众人。

而“匹夫之勇，妇人之仁”不过是韩信的一面之词。韩信乃一介贫民，穷困潦倒，又自恃能力超群，所以一直期望出人头地。他被萧何月下追回来之后，刘邦立马召见，在这次会见时，韩信为了展现自己的才能，很有故意吹捧刘邦，贬低项羽的可能。

关于项羽的性格，陈平的评价较为中肯：“项王为人，恭敬爱人，士之廉节好礼者多归之。至于行功爵邑，重之，士亦以此不附。”（《史记·陈丞相世家》）可见，就性格而言，项羽、刘邦，各有长短。

直到秦灭六国之前，中国人一直习惯于裂土分侯的封建分封制。秦朝建立中央集权之后，天下百姓并没有发现中央集权的好处，反而更见其害。所以，一旦陈胜、吴广揭竿而起，“天下景从”，除了故秦地之外，原来六国所在地的豪杰百姓纷纷杀死郡长、县令，以图恢复六国故地，回到以前的七雄并存的状态。

关于这一点，唐朝著名杂家唐蕤在《长短要术》中有过比较明确的评论，他认为秦朝之所以很快就灭亡，根本的原因在于没有分封诸王而一味实行郡县制。由此可见，逆"大统一"潮流之说似乎也是后人妄断。

其实楚汉之争，并不是项羽与刘邦两个人之间的决斗，而是以项羽8000子弟为代表的吴越集团与以刘邦、萧何、韩信等人为代表的苏北集团的决战，说到底是吴越文化与中原文化的较量。

项羽的亲信是会稽起义时的8000江东子弟，次亲信是原楚国故地的造反军团如英布等，最外围的则是各地投降将士。项羽的各项军政大计都由亲信制定，因此，这一部分人的判断、谋划直接影响了项羽的各项决定。其中，谋断能力最强的是范增（安徽巢湖人）。项羽一直尊称范增为亚父，且范增已经70岁高龄，不可能在最后关头叛项羽而去，而项羽却轻而易举地中了陈平的离间计，原因就在于范增不过是项羽的次亲信。项羽真正披肝沥胆、深信不疑的，只有江东的8000子弟。这8000子弟中，现在有姓名可考并且可以确认籍贯的是故吴令郑昌、壮士桓武，另外名见（《史记》的还有钟离味、龙且、季布等。但这些人勇武有余，智谋不足，在关键时候不仅没有帮助项羽，反而拖了项羽的后腿。

首先，江东子弟才智能力水平欠佳。《史记·项羽本纪》记载，项梁杀人，避仇于吴中，"吴中贤士大夫皆出项梁下，每吴中有大徭役及丧，项梁常为主办"。不唯智谋如此，勇武亦是如此，"籍长八尺余，力能扛鼎，才气过人，虽吴中子弟皆已惮籍矣"。所以在楚汉相争过程之中，凡项羽亲自指挥作战的，无不取胜，而一旦需要分兵拒敌，吴中子弟却没有一人可堪大任。其中最要命的就是龙且被韩信打得惨败，可以说，龙且的全军覆没是楚汉相争的转折点，从此项羽、刘邦攻守转换，形势大变。

其次，江东子弟向来尚武少文。吴越本来僻处江东，难得接受中原先进文化的熏陶，偶尔出现的伍员、孙武、范蠡、文仲等人也不能得以长久，更兼吴越连年征伐，所以吴越一带，子弟们只知斗勇，不知有文，更不知道收买人心，播洒仁义。项羽分封诸王之后，一部分江东子弟无德无能，将自己的王国搞得鸡飞狗跳，没有给项羽提供一个稳定的后方保障。

对于项羽取得胜利之后，在选择政治制度上，但凡通晓一点历史的，就应当劝告项羽取长补短，将分封制与郡县制结合起来。其亲信中无人有此才识，自然无人进谏；而那些非亲信将领则巴不得立即裂土封王，自成一国。黥布被封到九江国后，就非常珍惜自己的力量，关键时刻不仅没有出兵援助项羽，被项羽逼急了反而投靠了刘邦。反观刘邦，西汉建立后立即借鉴秦朝和项羽的经验教训，分封王侯，郡县并举，才终于稳定了政治局面。

所以，项羽的失败，不是其个人的原因，而是江东的文化底蕴不足以支撑整个国家的治理，才导致整个江东集团的失败。

项羽究竟死于何地

——争议始于十六年前，如今再起波澜

敬元勋

早在23年前，《光明日报》史学版曾发表安徽定远县一位中学教师的文章，题为《项羽究竟死于何地？》(1985.2.13)。文章征引《史记》、《汉书》等史籍记载，联系当地的一些历史遗迹，对项羽慷慨悲歌、乌江自刎这一历史悲剧提出了不同观点，认为项羽应是战死在安徽定远东城。文章发表后曾有过几家报刊转载，反响并不大。1992年，《南京社会科学》杂志第二期刊发了知名学者呼安泰先生的文章《也谈项羽殉难于何地》，对前文提出了驳议，认为项羽自刎乌江信而有征，无可质疑。争议虽然有了开端，似乎也并未引起史学界的关注。

这番争议一度冷却了下来。直到16年后的2007年，上海古籍出版社主编的《中华文史论丛》(总第八十六辑）刊发了著名国学教授冯其庸先生长文《项羽不死于乌江考》(下称冯文)，作者经过长期实地调查和史料梳理，并“从司马迁对项羽自垓下至东城的战斗历程的叙述”中，论证项羽是死于（定远）东城而不是死于乌江。接着，协同冯教授调查考证的定远县文化局长计正山先生，又在《江淮时报》(2007.7.10.）著文《项羽并非死于乌江》(下称计文)，继续论证项羽乃战死在定远东城。不久，娄彦刚先生以《项羽“乌江自刎”有依据》为题，在《新安晚报》(2007.9.30.）发表文章（下称娄文)，对项羽战死定远东城一说提出商榷。今年初，呼安泰先生再次著文《无鱼作罟习非成是——再谈项羽殉难于何地》(《南通大学学报》2008年第一期)，坚持认为项羽自刎乌江的史实不能凭臆度和推测改变（下称呼文)。这场争议终于再起波澜。

争议的起因

这场争议的起因，缘自对司马迁《史记·项羽本纪》有关项羽之死记述的不同理解。

《史记·项羽本纪》云：

> 项王军壁垓下，兵少食尽，汉军及诸侯兵围之数重……

于是项王乃上马骑，麾下壮士骑从者800余人，直夜溃围南出，驰走。平明，汉军乃觉之，令骑将灌婴以5000骑追之。项王渡淮，骑能属者百余人耳。项王至阴陵，迷失道，问一田父，田父绐曰“左”。左，乃陷大泽中。以故汉追及之。项王乃复引兵而东，至东城，乃有28骑。汉骑追者数千人。项王自度不得脱。谓其骑曰：“吾起兵至今八岁矣，身七十余战，所当者破，所击者服，未尝败北，遂霸有天下。然今卒困于此，此天之亡我，非战之罪也。今日固决死，愿为诸君快战，必三胜之，为诸君溃围，斩将，刈旗，令诸君知天亡我，非战之罪也。”

…………

于是项王乃欲东渡乌江。乌江亭长檥船待，谓项王曰：“江东虽小，地方千里，众数十万人，亦足王也。愿大王急渡。今独臣有船，汉军至，无以渡。”项王笑曰：“天之亡我，我何渡为！且籍与江东子弟八千人渡江而西，今无一人还，纵江东父兄怜而王我，我何面目见之？纵彼不言，籍独不愧于心乎？”乃谓亭长曰：“吾知公长者。吾骑此马五岁，所当无敌，尝一日行千里，不忍杀之，以赐公。”乃令骑皆下马步行，持短兵接战。独籍所杀汉军数百人。项王亦身被十余创。顾见汉骑司马吕马童，曰：“若非吾故人乎？”马童面之，指王翳曰：“此项王也。”项王乃曰：“吾闻汉购我头千金，邑万户，吾为若德。”乃自刎而死……

太史公曰：自矜功伐，奋其私智而不师古，谓霸王之业，欲以力征经营天下，五年卒亡其国，身死东城，尚不觉寤而不自责，过矣。

在以上这段文字中，引发争议的焦点就是太史公所说的“身死东城”4字。按冯其庸先生的说法，“如项羽真死在乌江，则司马迁的论赞就应该说‘身死历阳’或者径说‘身死乌江’，而不应该说‘身死东城’。”冯文还进一步指出：“因《史记》原文叙述上的矛盾，引起各家疏解上的矛盾。”就是说，一些《史记》疏解文本也因原著的矛盾而存在矛盾，不可不加考核、分析地作为论证史实的依据。

司马迁记述项羽之死究竟有无矛盾

持“身死东城”（定远）说者认为，《项羽本纪》中有关项羽之死的文字确有矛盾，比如：既说项羽“乃欲东渡乌江”，后又说项羽“天之亡我，我何渡为”，坚持不肯渡江；既写项羽在东城“自度不得脱”，走不出东城，又写“乌江亭长檥船待”，似乎项羽已经从定远东城来到了乌江渡口，这些都是前后矛盾。冯文写道："太史公的文章会有矛盾纰漏吗？有。这种矛盾纰漏前人早已指出。"为此，冯文列举了《汉书·司马迁传》、《史记集解序》（六朝裴駰著）等史籍，以及近人李长之的有关著作，指证司马迁撰写《史记》广泛采用了多种史书材料，难免有"疏略""或者抵牾"之处。如《项羽本纪》的最后一段文字，就完全有可能是采自《楚汉春秋》（此书已佚，今有辑逸本，载《丛书集成续编》）。此外，竹木简书在世代流传中也会有脱漏、错简。王国维、罗振玉考释的《流沙坠简》中有一简是《史记·滑稽列传》的文字，与今本就颇有异同。

持"乌江自刎"说者认为，《史记》中有关项羽之死的叙述并不存在矛盾。司马迁出生（约公元前145年或前135年）离项羽殉难不过六七十年，他同其父司马谈俱为史官，搜集和保存有关楚汉相争的史料应该是充分的可靠的。呼文指出：司马迁"治史精神之严谨，逻辑思维之缜密，向为历代史学家所共识。司马迁怎么可能疏忽到在同一篇文章中的末尾相隔不到500字的篇幅里，前写项羽于乌江'乃自刎而死'，后写其'身死东城'，[注：呼文、娄文皆认为，西汉时乌江在东城县境内，不属于今天的和县（旧称历阳），与定远东城并非一地。] 出现这样明显的矛盾而未发觉，这是不可思议的。再说班固亦是汉代的杰出史学家，离项羽之死也只有200余年……如果太史公在记述上确实存在着这种前后不一的明显错误，难道班固也如此疏忽，不予订正竟至于留到2000余年后，才被人发觉进而提出质疑？这是不可理喻的。"

阴陵：是阴陵古城还是阴陵山

楚汉相争之时，今安徽定远县西北60余华里有座阴陵城（今名古城村），而安徽历阳（和县）东北56华里有座同名的阴陵山。《项羽本纪》中"项王至阴陵，迷失道"，此"阴陵"究竟是阴陵城还是阴陵山？因为阴陵的位置直接关系到后文的"东城"位置，于是双方各置一词，争议不下。

冯文指出：项羽过淮河以后，继续向南奔逃，但这时方向已偏向西南，因为阴陵城在西南向。"项王至阴陵，迷失道，问一田父，田父绐曰'左'。左，乃陷大泽中。"项羽是自北向南奔逃的，项羽的左，应是东边；只有田父的左，才是西边，才是大泽。冯先生曾两次到阴陵（古城村）调查，今阴陵城旧址尚在，已立有文物保护碑。如今从古城村向西，便是一片大泽，其最低窪处至今仍是一片茫茫无际的湖泊，水面上有长数公里的窑河大桥。冯先生还查阅了一部分近现代人关于《史记》的笺注，对于《项羽本纪》"垓下之围"以下一段文字的地理注释，一般都证实了前面的判断，如“阴陵”，即注“秦县名，县治在今安徽定远西北”。

呼文对冯文观点提出质疑，认为项羽退却路线是东南方向，不会偏向西南而绕其路。呼文写道：“项羽自吴中起事，转战大江南北，身经70余战，前后长达8年之久，对江淮之间的地理形势了如指掌，为尽快争取时间东渡，他不可能舍近求远绕道今定远西北60余华里的阴陵城，然后再折向乌江东渡。”至于“大泽”，他认为：由青洛河再流经一段很长的路程一直西到炉桥北转成窑河汇入高塘湖方形成积水窪地。这里离阴陵城很远，也不能算作“阴陵大泽”。

呼文认为，“阴陵”应是阴陵山。《史记》中写山，将“山”字省却的例子很多（略）。至于“阴陵大泽”，《历阳典录·山川》有明确记载：“阴陵山，州北80里（现制56华里），旁有泽名红草湖，春夏之交，潦水涨发，弥漫无际，所谓阴陵大泽者也。”红草湖即今和县绰庙境内离乌江很近之裕民圩。说阴陵山是项羽迷道处，还可以从众多史籍中得到印证。宋《读史方舆纪要》云：“阴陵山，在全椒东南25里，项羽东渡乌江，道经此山……项羽迷道陷大泽处也。”《纲鉴易知录》卷十亦云：“阴陵山，在今安徽和县北，接江苏江浦县界”。江浦与乌江一桥之隔，可见阴陵山与乌江相距甚近。此外，古代诗文亦可作为佐证：唐代诗人刘禹锡被贬为和州（南梁、北齐在历阳议和后，改历阳为和州）刺史，在其《历阳书事七十四韵》里，就有“一夕为湖地，千年列郡名，霸王迷道处，亚父所封城”这样的诗句。收入《全唐诗》中的张祜一首《过阴陵山》，亦有“壮士凄惶到山下，行人惆怅到山头。生前此路已迷失，寂寞孤魂何处游”的喟叹。这里明确项羽是过阴陵山，而不是过阴陵城。

项羽“身死东城”之东城位于何地

争议双方分歧的焦点在于项羽“身死东城”之东城，是在今定远东城，还是在东城乌江？

计正山先生依据《史记》、《汉书》中的《灌婴传》，认为项羽并非在乌江“自刎而死”，而是在定远东城就被“搏杀而死”。东城即定远东南50华里、项羽葬虞姬首级处。冯文指出，只有在项羽被杀、汉军“尽得其军将吏”之后，才是“下东城、历阳”（《史记·灌婴列传》），如果项羽不灭，则东城还不能“下”，接着是下历阳。历阳离定远东城240华里，要走这么多路才能到达历阳（乌江所在地）。由此可见，项羽不可能在“自度不得脱”、“今日固决死”的险恶情况下，步行200余华里，由定远东城来到乌江“自刎而死”。而娄文则认为此一说不能成立，“项羽从阴陵至东城，也绝不是进驻和坚守东城，而是沿着东城县的道路，拼命向东边的乌江方向奔逃。其中，不存在240华里远的‘无能为力’。双方就是这样逃着杀、追着杀。这一点，司马迁在《项羽本纪》中已经写得很清楚……”

呼安泰先生也不认同冯文和计文的这种推测，他首先历述了东城县的历史沿革。呼文写道：“两汉时期的东城县，是江淮之间的一个辖境广阔的大县。从今定远东南境的池河上中游地区，越过江淮分水岭，包括今滁县西南境、肥东东境、全椒西南境，直到今和县乌江的沿江一带。三国时，江淮战事频仍，‘其间不居者各数百里’，大都‘虚其地，无复民户’。直到‘晋太康六年始于东城县界置乌江县’（见《太平寰宇记》）。由于长期争夺、战乱，郡县侨置变易繁杂，社会紊乱严重，为顺应这种形势，东晋于历阳置郡，梁时改为和州，乌江方为其属县。到梁武帝时，才以江淮分水岭北侧原东城县之部分地区及秦置阴陵县之南部地区初置定远县。明确了这些，细心查阅、分析一下有关史籍的记载，便能对项羽‘身死东城’之东城有一个比较准确的结论。”为此，呼文举出了一些史籍记载，以证实项羽死于东城乌江。据《太平寰宇记》载：“乌江本秦乌江亭，汉东城县地，项羽败于垓下，东走至乌江，亭长檥舟待羽处也。”唐朝宰相李吉甫在其《元和郡县图志》中也持如是说。宋元之际史学家马端临所著《文献通考》载：“乌江本乌江亭，汉东城县”。方志学奠基人章学诚在《和州志补沿革》末篇中说得很明确：“秦为九江郡之历阳及东城乌江亭地……晋太康元年属淮郡，其历阳及东城乌江亭地如故。”明代《和州志·城域》篇中记载更直截了当：“东城即乌江城，项羽败至东城乃有二十八骑即此”。这在古代诗文中也同样能找到旁证。北宋著名词人秦观在《汤泉赋》中开头就写道：“大江之滨，东城之野，有泉出焉。”这里说的汤泉即今与和县乌江毗连的江浦汤泉。曾任和州巡检之宋代诗人贺铸，在《迁家历阳江行夜泊》诗中写道：“黄泥潭口杈征蓬，回首东城只眼中”。“黄泥潭口”即今离乌江很近的石跋河的一叉江口。东城即乌江，句意十分明白。北宋姑熟（今安徽当涂）进士郭祥正《姑熟乘月泛鱼艇至东城访耿天骘》的诗句，也印证东城即乌江，“姑熟皇东城，长江八十里。”按《康熙字典》注：“皇为往返也。”当涂至乌江来回水程正好80华里。再早如家住乌江之唐代著名诗人张藉，在《闲居》诗中云：“东城南陌尘，紫幌与朱轮”，描绘东城南区风情，繁华如绘。东城即指乌江，毋容质疑。太史公笔下项羽之死，前说乌江自刎，后说“身死东城”，实际上是一回事，无非是修辞上的“变文避复”，并无矛盾可言。

因争议涉及《太平寰宇记》中的史实记载，冯其庸先生经考证指出，此书未必可靠。“按《太平寰宇记》为乐史著。乐史，五代宋初人，成书于北宋太平兴国间，‘所载政区，主要太平兴国后期制度’，宋乐史故世以后，出于‘后人改补’(《宋版太平寰宇记 · 王文楚前言》)。故所载政区，离秦汉已甚远。只要读读《灌婴传》里的‘下东城、历阳’一句就可以明白。如果当时东城辖地包括乌江在内，则司马迁只要说‘下东城’就够了，没有必要再说‘历阳’。正因为当时的和县是在‘历阳’境内，不属东城，所以要说‘下东城、历阳’。表明连下两城。查谭其骧先生的《中国历史地图集》第二册‘秦’‘淮汉以南诸郡’图，明确标着‘阴陵’‘东城’‘历阳’。可见在秦时这是并列的3个县。再看‘西汉’‘扬州刺史部’则明确标着‘阴陵’‘东城’‘全椒’‘历阳’4个县。可见到西汉‘东城’与‘历阳’之间又新增一个‘全椒县’，‘东城’与‘历阳’已经完全不接壤了。而项羽自刎东城的时候，当然还是‘秦’的建制。由此可见《太平寰宇记》的记载，已非秦汉旧制。其所说‘乌江县，本秦乌江亭。汉东城县地’，实不可信。”娄文不同意冯文的说法，他认为：“一部书，不论是一人所著，还是伴有后人增补，这与内容的真实性没有关系。如果说后人增补，改补，就不可信，那么《汉书》不也是由班彪、班固、班昭等4人，经历两代才最后完成的吗？司马迁的《史记》，不也是在其父司马谈已有重要积累的基础上撰写而成的吗？难道我们能否定《史记》、《汉书》内容的真实性？”

“乌江自刎”是民间传说还是历史真相

冯其庸先生将《史记》中有关项羽之死的全部文字，以及《汉书》、《资治通鉴》、《通鉴纪事本末》等史籍中有关部分都尽行检阅，除《项羽本纪》中有“于是项王乃欲东渡乌江，乌江亭长檥船待”涉及乌江外，其余无一处写到乌江。相反，却是明确说“身死东城”，“使骑将灌婴追杀项羽东城”、“婴以御史大夫受诏将车骑别追项籍至东城，破之，所将卒五人共斩项籍”、“破籍至东城”、“击斩项羽”等等。由此观之，项羽确是“身死东城”（今定远）而不是自刎于乌江。

至于《项羽本纪》中涉及乌江的文字，冯文认为可否做一些合理推断。如“项王乃欲东渡乌江”的“欲”字是表明意向，并非已经到达乌江；再从后文项王不肯渡江来看，前后互为矛盾，据此可以推测，前句“项王”之后是否可能脱漏“之众”（大意）二字。“乌江亭长檥船待”确实让人产生错觉。但是，项羽既然未到达乌江，乌江亭长不可能从天而降，如果要勉强解释，这个亭长就是项羽身边残剩的将士 28 人之一，他也许原是乌江亭长，是当年跟随项羽从征的 800 子弟之一，现转战至此，熟知吴中情况，也熟知乌江渡口的渡船，故劝说项羽东渡。

冯文指出，项羽“乌江自刎”之说，现在所能查到的最早资料，是晋人虞溥撰写的《江表传》。此书已逸，《玉函山房辑佚书补编》已辑入。《史记正义》转引《江表传》云：“项羽败至乌江，汉兵追羽至此。”这是“项羽败至乌江”的最早的文字，但并无“自刎”之说。其次是《史记正义》引《括地志》的说法。《括地志》是唐人萧德言、顾胤等所著，已佚，清孙星衍有辑本。《正义》所引《括地志》文云：“乌江亭，即和州乌江县是也。……《汉书》所谓乌江亭长檥船以待项羽，即此也。”文中也未及“自刎”之类的说法。所以，项羽乌江自刎之说，到唐代似乎还未有文字可稽。现在看到最早的项羽乌江自刎的文字资料是元代中期剧作家金仁杰的《萧何月夜追韩信》杂剧，其中形象地描写了项羽乌江自刎。也可能正是戏剧的作用，“乌江自刎”的传说才得以广泛传播。

计正山先生依据史料进一步推论，项羽只可能被汉军斩杀而不会自刎。他认为：项羽在垓下突围选择去江东是非常正确的。因为长江以南东楚会稽是项羽自己的地盘，又是他的发祥地，此时衡山王吴芮、临江王共尉都还臣服项王，尤其是南楚临江王共氏，直到项羽死后仍忠于项王，抗拒刘邦。江南完全可使项羽重振旗鼓、卷土重来，再一次击败刘邦。说到击败刘邦，项羽也是有信心的，因为 3 年前，他就曾以 3 万轻骑大败刘邦 56 万大军，彭城大捷至今他还历历在目。这就是项羽眼看大势已去，仍毅然挟裹起虞姬首级突围南驰，一往无前的原因。再者，虞姬之死也是为汉王刘邦所逼，项羽为虞姬报仇的决心也足以使他不会自杀。假如说，项羽到了乌江反而有船不渡却自刎而死，那么，他死后才真的无颜去见虞姬和死去的江东子弟哩。

对冯、计二位上述论点，呼安泰先生认为考据和推论不当。项羽“自刎而死”是太史公的记述，不是后人的臆度。说元代金仁杰把项羽之死戏剧化之后才使得“乌江自刎”的传说得以广泛传播，更是有违史实。金仁杰这出杂剧即使影响再大，也只能影响元代中期以下的历朝历代，元以上有关项羽自刎乌江的文字记述，当作何解释？这里有史可稽的就有：唐开成元年（公元836年）宰相李德裕的《项王亭赋并序》云：“……檥舟不渡，留骓报德（指项羽赠乌骓予乌江亭长），亦可谓知命矣。自汤武以干戈创业，后之英雄莫高项氏。感其伏剑此地（自刎乌江）……尚识檥舟之岸焉，知系马之树（即遗址项王之系马桩）。望牛渚（对江之采石矶）以怅然，叹乌江之不渡……谢亭长而怅然，愧父兄兮不渡，既伏剑而已矣……周视陈迹（项王亭周围之古迹），缅然如素……追昔四隤（今驷马山，在和州北50华里左右）之下，风烟将暮，大咤雷奋，重瞳电注，叱汉千骑，如猎狐兔……”唐朝著名诗人杜牧，慨叹、惋惜项羽不渡江鸠合江东子弟卷土重来，作《乌江亭》一首绝句云：“胜败兵家事不期，包羞忍耻是男儿。江东子弟多才俊，卷女重来未可知。”宋朝宰相、文学家王安石在其《题乌江霸王庙》诗中云：“百战疲劳壮士哀，中原一败势难回。江东子弟今犹在，肯为君王卷土来？”提出与杜牧观点相左的看法。宋乌江县令龚相，在其《项王亭并叙》中云：“……慷慨悲歌，溃围南出，临江不渡，留骓报德”。宋朝诗人陆游，在其一首七绝《项羽》中云：“八尺将军千里骓，拔山扛鼎不妨奇。范增力尽无施处，路到乌江君自知。”对项羽只凭勇武，奋其私智，败亡在乌江，理当反躬自省。类此散见于历代的诗文还有不少，都是认定项羽自刎于乌江。元代杂剧“讹传”，怎么也不会“讹传”上至唐宋诸代。再检阅清人梁玉绳《史记志疑》，近人张森楷《史记新校注》，日人泷川资言《史记汇注考评》诸书，也都对项羽自刎于乌江的史实未有异议。

荷兰历史学家盖尔有句名言：“历史是一场永无休止的辩论。”有关历史问题的争鸣，旨在发掘、征引史料，论证、交流不同观点，并不谋求“一锤定音”，息议论定，“永无休止”此之谓也？

一代名将蒙恬究竟死于谁手？

田水月

出身官宦世家

蒙恬的出身是非常高贵的，出身于官宦世家、武将世家。虽然其先祖是齐国人，但是其祖父蒙骜和其父蒙武都为秦国高官，都是秦国将军，都为秦统一六国立下汗马功劳，蒙氏家族的功勋在当时秦国很少有家族可以与之相比。也正是这样显赫的家世和武将世家为蒙恬的发展奠定了坚实基础。

蒙恬祖父蒙骜早在秦昭公时就官至上卿，并且多次拜为将军带兵出征他国。公元前248年攻打韩国，占领成皋、荥阳等地，设置为三川郡。公元前244年再次攻打韩国，这次一下占领了韩国13座城池。公元前247年攻打与秦国同祖的赵国，占领太原。公元前246年平定原为赵国的晋阳后，又攻打赵国新城等地，并夺取37座城池，设为太原郡。公元前246年在攻打魏国时，遭到信陵君无忌率领的魏、韩、赵、楚、卫五国联军的抗击，结果蒙骜战败。不过，公元前242年蒙骜利用信陵君去世的时机攻打魏国，占领长平、山阳等地，共夺取20座城池，设为东郡，报了上次战败之仇。

蒙恬父亲蒙武的功勋虽然没有其父蒙骜那么高，但也是比较高的。比如在秦昭公二十二年，蒙武率军攻打齐国（田氏齐国），占领齐国9座城池。公元前223年蒙武和大将王翦一起攻打楚国，结果俘虏了楚王负刍，灭了楚国，而率军抵抗秦军的楚国大将项燕被杀，项燕就是后来西楚霸王项羽叔叔项梁的父亲。

蒙恬的功勋

司马迁的《史记》为蒙恬作了列传，而没有为其祖父蒙骜和其父蒙武专门作传，但是蒙恬的战功在一定程度上说应该不如、比不上其祖父蒙骜和其父蒙武，特别是在统一六国的战争中并没有什么大的作为。

蒙恬一登上历史舞台的不是显赫战功，而是败战。公元前225年，秦始皇不听大将王翦的建议，派遣李信和蒙恬率领20万大军攻打楚国，结果被项燕反击，伐楚全面失败。此战中的蒙恬看见李信兵败，便果断迅速撤兵，减少了秦军损失，不过从另一面也可以看出蒙恬还是很会用兵的。当然这个仇他的父亲蒙武帮他报了。

蒙恬正式走进人们视野，是在公元前221年，秦始皇考虑到蒙恬的家世，就派他跟随大将王翦之子王贲攻打齐国，结果俘虏齐王建，灭掉齐国。蒙恬得益于在次灭齐的战功，被秦始皇拜为内史。

秦始皇统一六国后，北部地区面临少数民族匈奴的威胁，这就为蒙恬永留青史提供了机会。不过说来也有意思，秦始皇派遣蒙恬出击匈奴，直接原因不是因为匈奴侵扰秦朝，而是在公元前215年，燕人卢生在向秦始皇献的一本图书中说到“亡秦者胡也”。(《史记·秦始皇本纪》)可能是秦始皇太相信迷信，另外对自己以及自己的统治也没什么信心，很生气，也很害怕，于是派蒙恬率领30万大军北击匈奴。蒙恬不负秦始皇所托，顺利地收复黄河以南地区（河套一带），击败匈奴。为此蒙恬戍边抗击匈奴长达十多年。为了保卫中原地区免遭匈奴的掠夺，蒙恬采取诸多措施防御。其一，以黄河天险为要塞屏障，沿黄河修建44座城池，驻兵防守。其二，众人皆知的是，蒙恬根据山险地形，耗费大量人力、物力和财力修筑了东起辽东，西至临洮的著名的万里长城。这一巨大工程虽阻止了匈奴的南下，但同是引起亡秦农民大起义的因素之一，这一点秦始皇和蒙恬是没想到的。为了方便秦始皇外出旅游，蒙恬奉命修建了一条自咸阳到九原长达1000多里的大驰道，相当于今天的高速公路。这一方面有利于秦朝向北方增兵，巩固北方统治，实际上也是防御匈奴的措施之一；另一方面在客观上也促进了与北方地区的经济文化交流。蒙恬正是依靠抗击匈奴的功勋流芳百世，入选《史记》列传，一定程度上也是大汉族主义思想的结果。

蒙恬对于中华文化的传承也做出重大贡献，相传我们今天书写书法用的毛笔就是蒙恬用兔毛与竹管做材料创造的，当然这仅仅是传说，不过可能性应该比较大。

深受秦始皇信任

秦始皇是一位宁可自己累死也不相信大臣的皇帝，那么秦始皇与蒙恬的关系怎么样呢？应该说蒙恬是个特例，蒙恬深受秦始皇信任，有以下证据可以证明。

首先，秦始皇让蒙恬带30万大军居上郡抗击匈奴达十多年，而蒙恬弟弟蒙毅（就是电影《神话》中成龙扮演的角色）受到秦始皇亲近，“位至上卿，出则参乘，入则御前”。（《史记·蒙恬列传》）兄弟俩一个在外带30万大军驻扎在一地达十多年，一个在朝内做参谋。如果不是深受秦始皇的信任，那么这是一件让人难以想象的，因为以“恬任外事而毅常为内谋”（《史记·蒙恬列传》）的情况是很容易发生叛乱的。

其次，公元前212年，秦始皇在咸阳坑杀儒生460多人，公子扶苏表示反对，并且多次向秦始皇上谏，惹怒秦始皇。而愤怒的秦始皇对于这位将来皇位继承人扶苏的惩罚措施却是让扶苏去上郡给蒙恬当监军。一些人认为这是秦始皇对蒙恬的不信任。我认为这正是秦始皇对蒙恬的信任。秦始皇让扶苏监军不是让扶苏监视、监督蒙恬，而实际上是让蒙恬培养扶苏，锻炼扶苏、让扶苏建功立业，增加政治资本，消除秦始皇自认为那些不利于统治言论的负面作用，以便更好的继承皇位。

最后，秦始皇在病重期间，“令赵高为书赐公子扶苏曰：‘以兵属蒙恬，与丧会咸阳而葬。’”（《史记·李斯列传》）这实际上是秦始皇托孤，是让蒙恬辅佐扶苏治理国家，充分表现了秦始皇对蒙恬的信任。

秦始皇为什么如此信任蒙恬？我认为有四点原因：一是蒙氏家族的蒙骜和蒙武两位将军都很忠诚；二是蒙恬虽然功勋很高，但是不骄纵；三是蒙恬和蒙毅兄弟俩对秦始皇非常忠诚、忠信，为秦始皇鞍前马后，任劳任怨；四是蒙恬本人除了有战功外，还很有谋略和能力。

有谋远的蒙恬

蒙恬虽然出身武将世家，但他并非像多数武将那样仅仅是一介武夫，蒙恬是一位非常有谋略、才能和智慧的武将。为什么这么说呢？

首先，我们可以从他的对手赵高和李斯对他的评价中看出。赵高在拉拢李斯扶植胡亥夺权时对李斯说，李斯的才能、功劳、谋远、民意支持率和受扶苏的信任度都不如蒙恬，这也得到李斯本人的承认。

其次，胡亥夺权后，以秦始皇名义赐死扶苏和蒙恬时，从扶苏和蒙恬两人对于诏书的反应也可以看出。当扶苏接到赐死诏书时，就哭着要自杀，而蒙恬却劝阻扶苏不要自杀，并对赐死诏书的真伪性表示怀疑，提出要重新核实真伪后再自杀。但是扶苏未听劝阻而自杀，蒙恬则拒绝自杀。如果说蒙恬没有智慧的话，是决不会想到皇帝诏书是假的。蒙恬的怀疑并非胡猜，而是根据事实做出的判断。他认为，“陛下（秦始皇）居外，未立太子，使臣将三十万众守边，公子为监，此天下重任也。”（《史记·李斯列传》）事实上，蒙恬早就知道秦始皇的心思，要让扶苏继承皇位。

那么蒙恬的智慧和谋远是不是天生的呢？显然不是。蒙恬的智慧和谋远和绝大多数人一样是后天培养的。蒙恬由于其优越的家庭环境，从小就接受了良好的教育，而且蒙恬学的也很好。一是因为蒙恬曾经“书狱典文学”，二是蒙恬死前与胡亥使者的对话很有水平，能够多次引经据典。这些足以证明蒙恬是一个很有才学的人。

这么一位有智慧的忠臣也有悲哀遗憾的一面，没能像扶苏一样反对秦始皇的暴政，未能体恤到民间的疾苦。

悲惨的结局

蒙恬乃至整个蒙氏家族的结局是相当悲惨的。胡亥夺位后，斩杀蒙毅，蒙恬被迫吃毒药自杀，其家族则被灭门，成为胡亥夺权的陪葬品、牺牲品。为什么这么一位有大智慧，又拥有重兵的人会有如此悲惨结局？

首先，蒙恬悲惨结局是赵高报复的结果。扶植胡亥上台的宦官赵高曾经被蒙毅判处死刑，差点就被蒙毅斩了，这件事一直让赵高怀恨在心，寻找报复机会。其一，赵高与李斯、胡亥夺权的原因之一就是赵高“怨蒙毅法治之而不已也。”（《史记·蒙恬列传》）其二，赵高拉拢李斯帮助胡亥夺权的游说词就是把李斯和蒙恬进行对比，说李斯不如蒙恬。其三，在扶苏自杀后，胡亥本打算释放已被囚在阳周的蒙恬，但是遭到赵高的强烈反对，赵高是“日夜毁恶蒙氏，求其罪过，举劾之。”（《史记·蒙恬列传》）

其次，蒙恬之死是胡亥巩固帝位的结果。虽然蒙恬一门三代忠良，对大秦王朝忠心耿耿，不会反叛秦朝。但是二世胡亥是阴谋夺权继位，是夺了与蒙恬关系亲近的扶苏的帝位，并谋害了扶苏，且把蒙恬囚禁在阳周以图杀害。胡亥是非常害怕活着的蒙恬，万一释放了蒙恬，而深受民众支持的蒙恬则率领他的30万大军为扶苏报仇的话，就严重威胁了胡亥的统治。从这个角度来说，蒙恬的悲剧是封建统治的必然。因为任何一个皇帝不会留着一位手握重兵且与自己有矛盾的将领活着。蒙恬只能叹息一声“我何罪于天，无过而死乎？”一代戍边名将就这样吃药西去。

蒙恬的悲剧并非蒙恬一个人独有，在历史的长河里是不断地重复上演着。因为在封建王朝里，专制统治者是无情的冷血动物，在他们眼里只有权力和欲望，为了实现自己的权力和欲望，是不择手段，不惜牺牲一切代价，任何忠臣良将的生命都是无关紧要的。蒙恬的悲剧并非蒙恬个人的悲剧，而是历史的悲剧，时代的悲剧，毕竟那是一个“君要臣死，臣不得不死”的时代。

汉武帝和司马迁：究竟谁阉割了谁？

刘秉光

汉武帝天汉二年（公元前99年），中国文化史上最黑暗、最丑恶的一幕发生了：司马迁被汉武帝下令施以宫刑。其实，历代皇帝在收拾文人的时候大都不会手软，什么残忍毒辣的法子都使用过。但把一个整天埋头于简牍中，忙于阅读、整理历史文献的文人的生殖器连根端掉者，汉武帝刘彻却是独一个。这种世所罕见的无耻行径，实在让人觉得恶毒、阴损和卑鄙下流。那么，汉武帝为何会突发奇想、挖空心思地这样对待司马迁呢？难道仅仅只是因为司马迁站在客观公正的立场上，为被迫投降匈奴的李陵说了几句公道话，还是另有他因？

不能否认，汉武帝下这个命令的时候，心情确实很糟糕。李广利的兵败，李陵的投敌，使得大汉颜面扫地。最重要的是，由于历年穷兵黩武，造成民不聊生、国库空虚，大汉表面上看起来风光依旧、轰轰烈烈，但“内囊却也尽上来了”。而齐、楚、燕、赵和南阳等地相继爆发的来势凶猛的农民起义，更让汉武帝心情郁闷、心理扭曲。在这种内忧外患的情况下，脸上无光的汉武帝最需要的是同情、支持和顺从，不需要别人指责他的武略方针，更不愿意别人怀疑他的雄才大略。这个时候，不懂军事的文人司马迁跳出来口无遮拦地针砭时弊，只能说是找抽了。

而真正促使汉武帝把司马迁推上“断根手术台”的，还是那句“文人相轻”的千古至理名言。汉武帝虽是马上皇帝，但他吟得了诗、作得了赋，在很大程度上，他是以文人自居的，自诩文采不凡。毛泽东在《沁园春·雪》中就曾说“秦皇汉武，略输文采”，试想，一个杰出的文人是不屑于同一个水平比自己低的文人叫劲儿的，但问题就出在了“略输文采”上。各个阶层的文人之间大都会较真儿，会叫板，会妒忌，会诋毁，上流社会更是如此。对于司马迁这样一位足以淹没皇帝“文采”的西汉文坛领袖，手握生杀予夺大权的汉武帝如果发起狠来，那绝对是不择手段的。

司马迁被“宫”了以后，汉武帝还是觉得不够解恨，便把身体残缺的司马迁安排到太史令的位置上，可谓用心险恶。因为太史令一职自创立以来，皆由太监担任，汉武帝对司马迁这种刻意的职务安排，既有知人善任的自我标榜，同时也有不言而喻的羞辱意图。司马迁坐在太史令的办公室里，就等于向世人宣布：我司马迁是太监。我相信，这份天大的羞辱，这种无形的折磨，只有身临其境的司马迁才能感受得到。

一部被鲁迅誉为“史家之绝唱，无韵之离骚”的史学巨著，足以让司马迁名垂青史，流芳千古。《史记》的文风虽然被公认为求真务实、严谨不苟，但司马迁在对汉武帝刘彻以及他老爸汉景帝刘启的记述中，还是扎扎实实地掺杂进了自己的恩怨情仇，这是不能否认的。在作《汉景帝本纪》时，司马迁所用的笔墨极少，寥寥数语便轻而易举地打发了这位在历史上名号响当当的著名皇帝。而作《汉武帝本纪》时，司马迁却浓墨重彩地记录了汉武帝“信奉鬼神”、“求仙问丹”、“封禅祭礼”、“蛊惑之乱”等不光彩的事情，且篇幅巨大，倒是像“远征匈奴”、“广开三边”等汉武帝的一生伟业，反而成了陪衬。

“士可杀而不可辱”，文人的身体可以被阉割，但文人的思想、骨气以及手中的笔却不那么容易被阉割。在饱受屈辱的司马迁的笔下，雄才大略的汉武帝一落千丈地成了一个不务正业、不折不扣的腐朽昏君，英明神武的汉景帝也成了一代无能之辈，他们的形象被人们从古读到今，并且还要一直读下去。这样看来，与其说是汉武帝阉割了司马迁，倒不如说是司马迁阉割了汉武帝，阉割了他的丰功伟绩，还有他那原来风光的老爸。

诸葛亮是优秀企业家吗

郎咸平

中国文化博大精深，我认为中国文化有一个很重要的问题，那就是智谋。

大家应该都看过《三国演义》这本书，它几乎囊括了中国文化的精髓——投机取巧。在《三国演义》里面有一位男主角——诸葛亮同志，扮演了很重要的角色，他最著名的演出是赤壁之战、空城计。

当然历史上不一定有这两件事，但是在这里重要的不是历史真相，而是《三国演义》对我们思维方式的影响。

三国演义怎么演绎这两段呢？赤壁之战的决战因素是什么？东风！因为当时是冬天，刮西北风，那么曹操的战船在北面，东吴的水军在南面，如果用火攻刚好逆风火烧到自己，所以得等到东南风才行。于是故事的男主角诸葛亮上场了，七星宝剑一挥，终于弄来了东风，然后就简单了，孙刘联军猝然发难，这就是赤壁之战。谁看着都觉得精彩。

但如果来个逆向思维，想一个问题：万一我们的诸葛亮同志没借到东风呢？如果东风没借到，浓烟滚滚的可就变成孙刘联军的大营了。那诸葛亮害得自己的董事长大耳刘“扑街”不说，估计曹阿瞒都会被他玉成了“铜雀春深锁二乔”的好事。这是什么事件？标准的小概率事件。

第二件是空城计。诸葛亮敞开城门，偃旗息鼓在城楼上弹琴。他赌什么？赌司马懿的多心，因为司马就是一个多心的人，可是诸葛亮有没有想到，万一司马那天没有多心呢？拔营出发前不小心和老婆吵了一架，脑门上挨了两鞋垫，到了城下正气得头昏脑涨，后果就是二话不说甩开膀子挥军攻城，那乐不思蜀的好戏搞不好就会换男主角了。

想这个事有没有可能？当然有。吵架是天经地义，司马懿真的把诸葛亮抓走的话，我们今天看的就是《二国演义》了。堂堂一国的宰相，怎么可能冒这种风险。什么概念？小概率事件。

中国人听得最多的就是杀鸡不用牛刀、四两拨千斤等等，为什么中华文化不喜欢千斤拨四两呢？为什么杀鸡不用牛刀呢？回过头一想，真正有必胜把握的其实是千斤拨四两，是狮子拨兔。

上面举的两个例子都是典型的小概率事件，概率在统计学中是指在相同的条件下做大量的重复试验，一个事件出现的次数和总的试验次数之比。人们把偶然发生的重大事件称为小概率事件。小概率事件在生活中并不少见，例如彩票中奖就是一个典型的例子。小概率虽然不等于不可能，但它是一个期望值，由于其发生的可能性极小，从而风险极大。企业家在考虑风险的时候往往关注的是“风险背后的机遇”，认为及时抓住了机遇就可以取得成功，但如果判断失误，与机遇如影相随的风险很可能会给企业造成无法估量的损失。

现在很多中国企业喜欢做大做强，而且手法投机取巧，喜欢小概率事件。他们大多有世界500强的病态心理，做到一定阶段后就想做世界500强。以什么方式做到世界500强呢？收购兼并，这种想法非常值得我们关注。我想说，我们对事物本质的把握是非常不到位的。中华文化缺乏一种程序流程的概念，所有企业家都像大厨师，什么都一手包办。但它的缺点是，大厨师一走就什么都带走了。正确的做法是，要有一套工序制度留住大厨师的手艺，这一点我们做得最差。举一个例子，我们把大厨师炒菜过程分成20个阶段，第一个切葱花，第二个切肉丝，第三个倒酱油……菜不好吃重新调有问题的工序，经过无数次调整之后总有一套工序能炒出跟大厨师一样好吃的菜。这个积累是今天企业积累必要的关键，但中国企业还停留在大厨师水平。

当企业家把目标放在大企业身上的时候，这个人不是现代意义的企业家，他还是大厨师，他永远不知道把他炒菜的技术用20道流程分解下来，而且是科学、积累式、数据式的分解。我们今天引进汽车制造商，引进他们的技术，引进他们的模型，我想问，它整套工序流程你积累了吗？没有。

中国的传统文化恰恰太强调所谓“智谋”的作用，于是整个中华文化圈有了一个神一般的诸葛亮，而最重要的问题却被我们忽视了，那就是实力。如果诸葛亮手中有百万精锐，曹操还敢来赤壁吗？司马有胆量到城下听一曲吗？在压倒性的实力面前，智谋的作用还值得我们如此推崇吗？

诸葛亮这位成功的CEO的故事只是告诉我们，如果没有正面对抗的实力，那就只能祈求上天给一点儿好运气了。就像诸葛亮所经历的，东风真的在寒冬的江面上吹过来了，司马懿出征时真的没有徇私带上老婆。

但是，好运气不是人人都有的。

司马懿谋略胜孔明

李国文

司马懿和诸葛亮的不同之处，是他要对付的敌手和潜在的敌手更多一些。

刘禅称诸葛亮为相父，言听计从。曹睿视司马懿不过是老臣之一，并不十分信任。诸葛亮在西蜀，几无一人可与之相埒。而在洛阳朝中，曹真、曹休这些近亲，陈群、华歆、王朗这些重臣，权势不小，与司马懿不相上下，并对他深怀戒心。刘备托孤时，要他的儿子对诸葛亮以父事之，而曹操早留下“司马懿鹰视狼顾，不可付于兵权，久必为国家大祸”的评语。

因此，诸葛亮只有一个敌人，即曹魏，只有一个念头，即北伐，也只有一个手段，即诉诸武力。司马懿知道，魏之患在蜀，而不在吴，防蜀甚于防吴，但从曹丕起，攻吴之心重于攻蜀。司马懿知道魏强蜀弱，坚守不出，以逸待劳，则蜀必败，但朝野上下，势骄焰盛，务求必克。

他知道，功高不仅震主，也会引起同僚嫉妒，适度退让，以免锋芒过露，但又不能使人认为他不是举足轻重的力量。从长远来看，不宜急于和诸葛亮决战，同时，等待中谋取求得“不战而屈人之兵”的效果，又不能不打，朝野上下要看到他的战果。他也了解，一旦太辉煌，同僚嫉妒固非小事，主子猜疑则更加可怕；而无所作为的话，有可能被黜还乡，一败涂地。

所以，他得把握住，赢不能大赢，输不能大输，攻不宜太攻，守不宜太守的分寸感，要比诸葛亮难多了。由此可见司马懿的心机和他处于荆棘丛中的谨慎，以及善处左右的韬略。在当时诸葛亮、陆逊与他这三个堪称棋逢对手的主帅之中，应该说他处境最难。所以，他在政治上，也包括在军事上，以退为进，以守为攻，步步为营，即使受到了诸葛亮的战术侮辱，也没被激将法所激怒，终于取得最后的胜利。

诸葛亮六出祁山，一次只能带一个多月的粮草，粮吃完了，仗也打完了。所以，他是典型的追求速战速决的短期行为者。司马懿不仅要打败诸葛亮，打败蜀国，还要打败吴国，夺取魏国，变为一统的司马氏天下。他的目光，要比争夺几座城池远大得多。

司马懿不但在军事上是诸葛亮难以对付的对手，在政治上，也表现不俗。他知道，诸葛亮必取武都、阴平，遂派郭淮、孙礼袭蜀兵之后。诸葛亮知道司马懿必有此举，亲率兵马，来袭郭淮、孙礼之后，前后夹攻，魏兵大败。在武都、阴平失守以后，司马懿料到诸葛亮不在营中，定去两城安抚百姓，派张、戴陵去夺蜀寨。诸葛亮却未离寨，并设下包围圈，以待偷袭。司马懿在这时以一种开阔的胸怀，大家的气度，承认“孔明智在吾先”。一个不怕承认失败的对手，是令人不寒而栗的。

难怪孔明先生叹息：“彼深知我也。”

小混混杨国忠仅仅是靠杨贵妃才当上宰相吗

董麟征

研究杨国忠升迁之路，是一件很有趣的事情。杨国忠，原名杨钊，年轻时，不学无术，被街坊邻居看不起。那时候的杨国忠，过着低贱又穷困潦倒的生活。杨国忠先是在四川当兵，后来好不容易升了小官，当了四川新都县县尉。在唐朝，士兵地位有个从高到低的变化过程。在唐朝初期，士兵很受人尊敬；但后来士兵被将领们借给权贵使用，成了权贵们的奴隶一般，士兵地位就逐步下降；到了在唐玄宗后期，当兵已经是一件很耻辱的事情。杨国忠结束士兵生涯，在新都县做起县尉，但日子也不好过，生活同样十分贫穷。据说他在3年县尉任期满之后，竟然穷得没有钱回家。

年轻时候，杨国忠虽然穷困潦倒，但他仍有一颗市井之徒的色心。杨玄琰（杨贵妃父亲）死后，杨国忠就经常去杨玄琰家里。杨国忠之所以经常去杨玄琰家里，有两个目的：一个是为了得到救济，另一个主要目的是和他二女儿私通。杨玄琰二女儿，就是杨贵妃的二姐，后来的虢国夫人。说到私通，这里可能会有一个问题，杨国忠和虢国夫人私通，算不算乱伦呢？应该不算，其实杨家到了杨国忠、杨贵妃这一代，他们之间血缘关系已经比较疏远了。杨国忠和杨贵妃只是同一个曾祖父，在血系来讲已经超过3代了——直系超过3代，这个就是在现代婚姻法上也是容许的。杨国忠和虢国夫人私通，可以看到，一个市井之徒，在任何情况下，好色之心永不消失，并从熟的中先下手。

杨国忠后来仕途的之所以有彻底转机，在于他有一身市井的本领：能喝酒、能赌博。公元745年，杨玉环被封为杨贵妃，杨贵妃一家突然荣耀起来。唐玄宗首先追封了杨贵妃死去的父亲为兵部尚书，她叔父杨玄圭为光禄卿，并赏赐了豪宅给她的三位姐姐。但这并没有给杨国忠这位远房亲戚带来什么，他还是在四川当小混混。杨国忠受人委托去了长安后，生活才有了转机的希望。那时候，唐玄宗最喜欢玩“樗蒲”，（樗蒲 chū pū，一种赌博游戏），而杨国忠刚好擅长于此，杨贵妃姐妹们为了讨好唐玄宗，就把杨国忠推荐给了唐玄宗。几次玩下来之后，唐玄宗颇为高兴，就允许杨国忠随供奉官出入皇宫。杨国忠就凭他的出色牌艺，博得唐玄宗高兴和信任，不久之后又马上升官，当了金吾兵曹参军。从此，杨国忠的显赫仕途开始了。

7年权利达巅峰，一人身兼40职

公元745年杨国忠秋当上金吾兵曹参军，又在不久之后当上了判官。747年当上侍御史。到了748年的时候，杨国忠一人就已经身兼15职。再过4年，到了752年，杨国忠当上宰相之后，达到了权利达到顶峰。这时候，杨国忠兼职也达到巅峰，达到40余职，当时朝中几乎所有重要职位都为杨国忠一人兼任。

杨国忠身兼的40多职位具体是那些呢？主要有这么几个：1.御史大夫（总检察院院长）；2.判度史（财政部长）；3.铸币使（央行行长）；4.修国史（国家图书馆馆长）；5.吏部尚书（人事组织部长）；6.管当租庸（劳动部长）；7.四川节度副大使（战区副总司令）……似乎杨国忠是全能的，似乎当时中央政府已经没有人才。杨国忠身兼40余职，除了和唐玄宗的昏庸有关外，更和当时中央政府官员体制的混乱和瓦解相关。

自掘坟墓，杨家灭门

755年的唐朝，李林甫已经死去3年了，高力士依然小心谨慎，朝中已无可制约杨国忠的人。但朝廷之外，还有一人是杨国忠的竞争对手，手握3个边防军团的安禄山。

在《唐史札记4：是谁挖掉了盛唐的根基》中提到，唐玄宗和李林甫破坏了唐初建立起来的良好边防军制度，使得安禄山等人有了造反的可能和能力。而杨国忠和安禄山之间的嫉恨，使得安禄山有了造反的意愿。当一个人同时有了造反的能力和造反的意愿时候，造反已经不是会不会的问题，而是时间的问题。

755年的盛夏，杨国忠正在日夜不停地收集安禄山造反的情报，派兵包围了安禄山的在长安的住宅，逮捕了安禄山的宾客李超等人，并且秘密将他们处死。而远在北京的安禄山，造反准备工作就绪，等待时机。杨国忠的一系列活动促成了安禄山在755年造反。后来安禄山曾经对他人说过，因为唐玄宗对他不错，他原本想在唐玄宗死后才造反。在755年在唐玄宗还没死的时候造反，那也是迫不得已。

安禄山的造反，并没有给沉醉于繁荣的唐朝人以清醒，朝廷总以为这场叛乱会马上被平定。基于对局势过于乐观，包括杨国忠等朝中大臣还沉醉于权力斗争。这些斗争中，以杨国忠和哥舒翰争斗最为关键。哥舒翰原本也是边防军将领，在安禄山叛乱之后，被唐玄宗委以重任，担任前敌总指挥，军权在握。杨国忠在朝廷，哥舒翰在前方，如果两人齐心协力，叛乱至少不会变得一发不可收拾，但偏偏这两个人互相猜忌，互相提防。这种猜忌和提防，在潼关战役时全面爆发。

公元756年6月发生了潼关战役，那是一场愚蠢无比的战役。这场战役之所以发生，是迫于杨国忠、唐玄宗的威逼。当时哥舒翰正守着潼关，胜利天平已慢慢向唐朝中央倾斜了。但杨国忠害怕哥舒翰谋害他，唐玄宗也错误认为反攻时机到了，便强令哥舒翰出击。哥舒翰认为不妥，唐玄宗就命令宦官前去催促。当时记载的情景是，前面一个宦官刚走，第二个宦官又被唐玄宗派出去催促，从长安到潼关路上都是唐玄宗的使节。面对此情景，哥舒翰只能抚胸痛哭，奉命出战。这次潼关战役的结果是，唐军一败涂地，光唐政府军就死亡17万之多。潼关战役失败的第二天，6月9日，潼关失守。6月13日，唐玄宗弃守长安，逃往四川。6月14日就发生了历史上著名的马嵬坡兵变。

6月14日的这场马嵬坡兵变，对杨家来说是灭顶之灾。首先杨国忠被乱刀砍死，并且被士兵们剁下四肢。继而杨国忠大儿子、杨贵妃的两个姐姐韩国夫人、泰国夫人砍死。紧接着逼唐玄宗绞死了杨贵妃。杨家其他人，包括杨国忠的妻子裴柔、小儿子和杨国忠情妇虢国夫人等，虽从马嵬坡成功逃跑，但逃到今天陕西宝鸡时候，被人全部追杀。杨家的其他人不是被唐军诛杀，就是被安禄山叛军所杀。

杨国忠死于公元746年6月14日，他享受了12年荣华富贵。但在这12年荣华富贵之前，杨国忠只不过是一个市井之徒，过者贫穷而低贱的生活。历史上杨国忠，竟然没有留下出生年份，可以想象，他在没有走上显赫仕途之前，是微不足道的。

潜规则：私情胜过正途

杨国忠为什么能当上宰相呢？

杨国忠的快速升迁，固然离不开杨贵妃的因素，但也不全然是因为杨贵妃。如果杨家没有把杨国忠推荐给唐玄宗，杨国忠可能一辈子都是一个小混混。但推荐之后，杨国忠能走多远，主要还是靠他自己。应该说，杨贵妃一家把杨国忠显赫之门打开了，杨国忠靠他自己不仅成功登堂了，而且入室了，达到了权力颠峰。

前面已经提过，从血缘关系讲，杨国忠和杨贵妃是同一个曾祖父，有些疏远。所以杨贵妃刚得宠的时候，封了很多杨家人当了大官，唯独没有杨国忠。

杨家有很多子弟，唯独杨国忠能成为一个独立的个体，当上宰相，而其他人都是被视为杨贵妃的一部分，没能达到权力巅峰。在介绍杨家其他人的时候，都得加上一个杨贵妃的前缀，比如杨贵妃姐姐，杨贵妃的父亲等等。杨国忠之所以能当上宰相，主要还是靠他的努力和他的小智慧。

历史告诉我们，当一个小官，也许有本事就行了；可当一个大官，当一个宰相，除了本事，更主要是信任——皇帝对大臣的信任。做皇帝的最怕的不是大臣的愚蠢，也不是大臣的贪污腐化，而是大臣的叛逆之心。只要对皇帝忠心耿耿，贪点、蠢点，又有什么关系呢？这在1000年后的清朝也是如此，乾隆何尝不知道和珅贪污腐化呢？但乾隆也清楚明白，和珅对他是绝对忠诚，和珅是不可能有丝毫叛逆之心，这对乾隆来说就足够了。

言归正传，杨国忠他到底有什么本事呢？简单说，一身市井的本领。

任何一个帝王，都有两个领域，一个是公共领域，一个是私人领域。公共领域就是公共官场，就是朝廷之上，就是众目睽睽之下，讲的是道德和法律，体现出的是帝王的权威公正和官员的能力。私人领域，就是帝王的私人情感领域了，是在私底下进行的活动，讲的是情感和忠心。

一般宰相升迁之路，都是先公后私，先在朝廷之上表现出一定能力，后逐渐得帝王之心，获得信任，最后进入了帝王的私人领域。但杨国忠走的路是先私后公，先获得帝王欢心和信任，后在权力官场快速发展。杨国忠之所以能获得帝王欢心和信任，是因为杨国忠在还是市井之徒的时候，就学会樗蒲，学会察言观色。而那时候唐玄宗正迷恋樗蒲，杨国忠刚好能投其所好，把唐玄宗弄得乐呵呵，获得了唐玄宗情感上的信任。唐玄宗委派杨国忠做了点小官，杨国忠这人也确实有点小本事，把那个小官做得很好，这获取唐玄宗对杨国忠能力上的信任。一旦获得了帝王的信任，仕途的通达，仕途的显赫那都是指日可待的。

杨国忠这条道路，是走向权力巅峰的一条捷径。而且这条道路十分安全，除非当朝皇帝死了，改朝换代了，否则都没什么问题。

杨国忠的惨死是个历史意外，否则他可以做更长时间的宰相。虽然杨国忠最后落得全家被灭，断子绝孙的结局，但我想，像杨国忠这种市井之徒，这种人生本没多少希望的人，有12年显赫荣耀的生命历程，是不是也还很值得？

悍妇捉奸：促使明朝灭亡的偶然事件

何木风

一

崇祯二年（公元1629年），在天启二年考中进士而由知县升为御史的毛羽健向崇祯皇帝汇报说："驿递一事，最为民害。"他说，兵部调动部队征用驿车的文书只看见发出的，没有交回的。一些人将乘坐驿车的文书互相借用，一张纸经过多次涂改修补。他希望崇祯皇帝悬赏捉拿这种破坏驿递制度的人。

崇祯皇帝当即命令有关部门严加清理整顿，这一整顿后，长期积聚的困顿得到了暂时的缓解。可毛羽健似乎像没有看到这种效果一样，又给崇祯皇帝写信，认为驿递制度存在的作用已经非常小。

崇祯皇帝这一次并没有按照他的意思办理，他明白毛羽健的意思，就是把一些作用非常小的驿递裁掉。但这关系着大明朝200多年来的一种驿递制度，崇祯皇帝没有充足的理由，还不敢否定祖宗之法。

驿递制度始于洪武年间，用来递送使客、飞报军情及转运军需等项，并在长时期内起到了很好的作用。因其重要性被称为国家之血脉。可惜，历经百年后，驿递已名实不符。

主要一个方面就是毛羽健所指出的驿递文书的互相借用，大名鼎鼎的徐霞客在广西游历时，就是免费在使用公家的驿传系统，而他并没有这种权力。

由此可以看出，驿递管理制度到明朝后期已然疏废，驿递也由原先只供军事情报及差遣命官之用，而转为纵无关涉的大小官员们一并享受的服务。

大明帝国恐怕只有崇祯皇帝不知道这个事实，作为御史的毛羽健，其官职就决定着他是没事找事的人。此人天生就喜欢议论事情，对朝廷的一切都看不过去。他对驿递的看法自然是正确的，但是，使他拼命向崇祯皇帝建议裁撤驿递的原因并非完全是基于他的职责，而是因为一个女人。

毛羽健在崇祯元年由知县升为御史，调人京城，这让他大喜过望。因为他实在不喜欢待在家里，在他的家中有一头河东狮，就是他的妻子温氏。

温氏这个人从头发到脚底板，没有一处符合中国妇女的传统美德。在她看来，妇女之德就像是她身上的虱子，一旦发现，就立即掐死它。我们可以称她为悍妒之妇的驰名商标。

毛羽健娶了这么个母老虎，每天都被她折磨得死去活来。这种滋味被民国时期一位叫宣永光的人铺陈得很有味道，他说："我宁愿得罪一个强盗，也不愿得罪一个悍妇。得罪强盗，顶多挨一枪，万事大吉了。若是得罪一个女人，你可就受罪了。她能让你如入地狱，让你死去活来，让你生不如死。"

毛羽健当时很可能就是这样一种状态，当他到京城后，高兴异常，就纳了一个小妾，过正常男人的生活。谁想，有一天，温氏突然从老家杀来，杀了他个措手不及。小妾被打个半死，他也被罚跪一天一夜，并承受了温氏一天一夜的无休止的生理和心理上的折磨。

他的老婆告诉他，自己是靠驿递才这么飞快赶来的。于是，他恨上了驿递制度，就有了给崇祯皇帝的报告书。

二

毛羽健的这个故事，《明史》并没有记载，这大概是修史者的正统史观在作祟。他们在修史时往往把一些小人物的作用忽略不计。他们用许多比如"势"、"道"、"气数"乃或"必然性"一类极富消解功能的词语来分析并讲述历史。所以，毛羽健被老婆捉奸而迁怒于驿递制度才给崇祯皇帝上报告书的事就被省略了。

毛羽健的这个故事记载于不知撰者的《秋灯录》中，全文如下：

"羽健嬖其妾，以妻乘传至，不及豫防，乃迁怒于驿递，倡为裁驿夫之说。"

许多人对此表示怀疑，他们认为，如天大的国家之事居然和枕席之事联系起来，简直是滑天下之大稽。但是，并不仅仅是《秋灯录》有此记载。在自署"花村看行侍者"的《谈往》中，有一条"流寇滋蔓之由"也谈到这件事。全文如下：

> 流寇之起，始于裁驿递。驿递之裁倡于御史毛羽健，成于科臣刘懋。羽健娶妾甚嬖，其妻乘传至，立遣之，来速不及预防。羽健恚极。迁怒于驿递，倡为裁驿夫之说。而懋附和成之。驿递一裁，游手千万人，倚驿递为生者无从得食，相率为盗，遂至滋蔓。闯贼得以招集之，流毒中邦，覆灭宗社。

这里面有两个人物，我们需要注意。一个是刘懋，另一个是李自成。书中谈到，刘懋促成了裁撤驿卒之事，而由于裁撤驿卒，让驿卒李自成失业，再让他成为“盗”，最终灭掉了大明江山。

刘懋是个有为青年，万历四十一年（公元1613年）中进士，崇祯元年（公元1628年）被提为刑科给事中。他与毛羽健有亲戚关系，对毛羽健这个愤青也很欣赏。当他得知毛羽健给皇上递交了关于驿递制度的报告书和毛羽健为什么要这样做的时候，大为支持。崇祯二年（公元1629年），他上疏崇祯皇帝，建议裁驿，称：“当今天下州县困于驿递的约十之七八，而驿递用于公务的仅十分之二，用于私事的占十分之八。”

刘懋不但是个有为青年，而且脑子也很灵。在上疏中，他把着眼点放在了崇祯一直希冀的财政问题上，他指出，如果将裁掉的驿卒的工资用在对付满洲人身上，实是两全其美之计。

崇祯皇帝中招了，该年五月，他下令让刘懋改任兵科给事中，专管驿递整顿事务。刘懋的整顿之路并不顺利，他被朝中许多大臣指摘。

岂止是指摘，简直就是想让他马上去死。给事中许国荣、御史姜思睿等大概知道他和毛羽健的亲戚关系，也知道毛羽健为什么要建议裁撤驿卒，纷纷上疏请求崇祯皇帝收回成命。但崇祯皇帝不准。这两人随即把矛头对准了刘懋，他们偷偷在家做法，呼刘懋的名而诅咒之，把刘懋的画像挂在树上，开弓射它。

到了崇祯四年（公元1632年），刘懋已是身心俱疲，再加上成千上万的驿卒失业后加入了造反大军，刘懋虽然为崇祯皇帝节省了许多银子，可终究受不住朝臣与百姓的同时唾骂，辞官而去。可悲的是，他死后，家人居然雇不到一人抬他的棺木。

三

如果我们把驿递制度看成只是一项具体政务，那么，它的积弊是非常多的，作为官员的刘懋和毛羽健都有责任稽查究劾。但是，如果将这一制度放在当时的大环境下来考察，这二人的行为就有待商榷了。

明朝自天启以来，西北就屡闹饥荒，民生目蹙，三边民变蜂起。崇祯继位后，这一状况不但没有得到任何改善，反而加剧。在这样的情况下，裁驿一招实为牵一发动全身之举。按刘懋五分裁三之议，各地驿马所夫遣去大半。这些人在失业后纷纷投入造反行列，陡然成为朝廷大患。就在崇祯三年（公元1631年），边民领袖王左挂、王子顺、苗美等被三边总督杨鹤逼得已无去路，纷纷乞降。可刘懋的裁驿递一实行开来，许多驿卒都加入了造反大军，造反大军势力大为兴盛。

许多史学家在对明朝的那段历史考察后，都认为大批驿卒的失业是导致各路农民军由危转盛的一个直接原因。这里面就有一位后来的英雄——李自成。

由后来所知，裁驿的确对明朝政权的稳定产生了不利影响，《明季北略》就很直接地指出："祖宗设立驿递，所以笼络强有力之人，使之肩挑背负，耗其精力，销其岁月，糊其口腹，使不敢为非，原有妙用。"

事实上，许多历史的变局往往出于若干偶然因素。所谓偶然因素，大概有两种情形：一是由时间和空间等外在原因造成的意外变故，一是某些重要人物的个人意志或其生死带来的影响。比如，张良谋刺秦始皇，博浪沙椎击而误中副车，系"操作"失误，当属前一类：而毛羽健因为悍妇的关系给崇祯皇帝写报告，后来又得到亲戚刘懋的推波助澜，终于造成了李自成的诞生，这是主观上的问题，则为后一类。假设张良没有"操作"失误，秦始皇被杀掉，毛羽健没有那样一个悍妒老婆，秦朝的历史和明朝的历史或许就不是我们今天看到的那样。历史有时候真是系于一瞬之机或一念之间。

四

公元1644年，李自成攻进了北京，崇祯皇帝上吊。就在李自成攻打北京九门时，崇祯皇帝才知道这个刁民就是15年前自己下令裁掉驿卒其中的一个。

我们可以假设，崇祯皇帝如果不听刘懋和毛羽健的建议，不裁撤驿卒，三边总督杨鹤就有时间和能力将西北的农民叛乱武装平定。而"安内后才可攘外"的思想也可以毫无顾忌地实施。

且不管这种思想和行动能否取得成果，至少，崇祯皇帝不会被李自成逼得上吊。

当然，这是假设，崇祯皇帝裁驿了。这是很差劲的一招，更是致命的一招。从这以后，一系列偶然事件让明朝的历史屡屡出现拐点。李自成潼关逃生、明清议和、反间计杀袁崇焕、松山溃败、大同总兵献城、崇祯不肯南撤、李自成夺陈圆圆、吴三桂投降、清军入关……

郑成功被人毒死?

雷永春

郑成功是中国历史上家喻户晓的民族英雄，他骁勇善战，令殖民者闻之丧胆。但郑成功就在台湾收复后不久便去世了，年仅38岁。正值壮年，却突然暴病而亡。仔细推敲其死因，就会发现有许多疑点。

关于郑成功的死，同时代人如李光地、林时对、夏琳等人的笔记都很简单，一般是说“伤风寒”、“感冒风寒”，但一个正值壮年的人怎会轻易地被“风寒”夺去生命?

根据郑成功临终前的异常情况和当时郑氏集团内部斗争的背景，有人认为郑成功是被人投毒杀死的，这一说法目前最引人注目。此说主要的依据有：

第一，郑成功死前的情状与中毒后毒性发作的症状极似，另外，夏琳《闽海纪闻》中记载郑成功临终前都督洪秉诚调药以进，成功将药投之于地，然后成功“顿足扶膺，大呼而殂”。郑成功大概察觉出有人谋害自己，但为时已晚。

第二，郑氏集团内部暗藏着一些危险因素。生性暴烈的郑成功，用法严峻，郑氏部下，包括他的长辈亲族因过被处以极刑者很多，众将人心惶惶，其中很多人在清廷高官厚禄诱惑下叛逃，郑氏集团内部关系极其紧张。伍远贤所编《郑成功传说》一书中记述，清廷收买内奸刺杀郑成功，因此，如果说台湾岛上一直有人企图谋害郑成功，极有可能是以清廷作为背景。

第三，一个重大疑点是马信神秘地死去。马信是清降将，后来成为郑成功的亲信，郑成功去世当天，由他荐一医师投药一帖，夜里郑成功死去，他本人也突然无病而卒。照李光地的说法，马信在郑成功去世的第二天就死去，江日升《台湾外纪》中记载，其死期距郑成功去世仅仅5天。因此马信可能直接参与谋害郑成功的活动，但后来又被人杀害以灭口。

那么，这起谋杀案的主谋究竟是谁呢？人们把怀疑的目光投到了郑成功兄弟辈的郑泰、郑鸣骏、郑袭等人的身上，特别是郑泰。

郑泰长期操纵郑氏集团的东西洋贸易，掌握财政大权，对郑成功早存异心，对郑成功出兵收复台湾曾极力反对。复台初期的郑氏政权财政面临困境，郑泰却暗地里在日本存银30多万以备他用。等到郑成功去世，郑泰等人迫不及待地伪造郑成功的遗命对郑经诛讨，并抬出有野心但无才干的郑袭来承兄续统。最后，他们的阴谋被郑经挫败，郑泰入狱而死，郑鸣骏等率部众携亲眷投清。

据此分析，策划谋害郑成功的很可能就是郑泰等人。他们早存夺权之心，还可能和清廷有勾结。他们乘郑成功患感冒的时候开始实施他们的计划。夏琳和江日升的记载中说，郑成功病情开始并不严重，常常登台观望、看书，有时还饮酒，甚至拒绝服药。他们极可能在酒中下毒，但这期间饮酒较少，因此七八天毒性才发作。最后他们又在医生开的凉剂中下毒，郑成功终于被毒死。郑成功死后，郑经先是忙于对付郑泰的叛乱，后发现郑泰在日本银行的巨款，又集中注意力追回这笔款子。他本人又因犯奸险些被郑成功杀死，对郑成功之死也许心存侥幸，因此郑成功的死因在当时没有被深究。海天茫茫，也许这永远是个解不开的谜了。

李秀成临终变节质疑

满江碧

太平天国的历史人物中，最遭非议的要数李秀成。胡绳在《从鸦片战争到五四运动》一书中写道："李秀成作为太平天国后期的重要支柱，虽然犯了不少错误，但不失为一个勇敢的战士；在遭到失败时，为绝望的心理所支配，表现出了可耻的动摇和变节。"

然而，历史的真相果真如此吗？

综观李秀成的经历，联系当时的历史背景，这种观点显然是片面的。李秀成多次打败湘军，早被清廷视为眼中钉，何况当时天朝已亡，他对清廷已没有利用价值，之前他又多次劝曾国藩起兵反清，曾国藩岂会留下他给自己惹麻烦？既然李秀成已无赦免之理，那么他又为什么会向曾国藩乞降呢？

如果李秀成真是一个贪生怕死、贪图富贵的小人，又何必与清军浴血奋战？还不如早早归顺，加官进爵。或许有人会说，当时太平天国气数未尽，天王对他又器重有加，这种情况下他不会变节。那么，什么时候是他变节的最好时机呢？清军重重围困天京之时，天京城内缺粮草，外无救兵，洪秀全病入膏肓，此时李秀成完全可以乘人之危，可他反而向天王提出突围北上的正确建议，结果碰了一鼻子灰。即使这样，他仍死守天京直到城破。城破之后，他本可以仓皇逃命，可他为了保驾幼主，让出了自己的好马。此时交出幼天王，也算得奇功一件了，他为什么不这么做，非得让清廷擒获再投降呢？

难道说李秀成被曾国藩忠君卫道的精神感化了，因"绝望"才向曾国藩乞降吗？那他为什么在数次直谏洪秀全遭驳之时不绝望，在天京危急之时不绝望，在天京陷落之后不绝望呢？

李秀成被俘后，曾国荃为泄私愤，在审讯他时"置刀锥于前，欲细割之"，"叱勇割其股，皆流血，忠酋殊不动"。李秀成轻蔑地对曾国荃说："曾九，咱们各为其主，而天下事兴灭无常，你今日偶尔得志，何得对我如此狠毒？"李秀成被曾国藩杀害之时谈笑自若。面对如此残酷的折磨，若没有伟大的抱负，怎么能够如此坦然？

其实，李秀成真正的目的是效法蜀汉姜维的假投降，以等待时机东山再起，复兴太平天国。他号召太平军余众投降，就是要保存实力。

李秀成的自供状与其说是降书，不如说是遗书。在洋洋数万言里，他回顾了太平天国运动的历史，总结经验教训，提出“收齐章程”，希望由他代为招降太平军余部，使其免于屠戮。尽管李秀成在自述中曲言卑辞，写了许多自污自辱的话，对曾国藩大加褒扬，而且自认大清子民，“尽义对大清皇上，以酎旧日有罪愚民”，“免大清心腹之患再生”。然而细观其全文主旨，都是从全国大局出发，提出治国安邦之策。他还提出了防鬼为上，向西方学习先进科学技术的建议：“虽我有我国之广炮之好，实无他炮之强。取到其炮，取到车炮架，寻好匠人，照其样式——制造。”

据罗尔纲等学者研究表明，曾国藩对李秀成的自述进行了大量的删改，尤其是74页以后，因为李秀成在这部分内容中劝说曾国藩拥兵自立，取清朝而代之。1977年12月，曾国藩的曾外孙女把李秀成劝曾国藩做皇帝的曾家口碑写给了罗尔纲先生，口碑记录为：“李秀成劝文正公做皇帝，文正公不敢。”果真如斯，那么这不仅不是乞降书，反而是对曾国藩的劝降书。假如他当时遇到的不是曾国藩，而是袁世凯，历史也许会被改写。

盛宣怀打垮胡雪岩

时 光

胡雪岩与盛宣怀分属不同的利益集团。胡的后台是左宗棠，盛的后台是李鸿章，而左与李有极深的矛盾。这就是胡、盛争斗的缘由。

盛宣怀击溃胡雪岩的案例非常精彩。他采用直击要害的手段，使胡雪岩的财富大厦在短时间内訇然倒塌。

盛宣怀先来了个“掐七寸”。胡雪岩每年都要囤积大量生丝，以此垄断生丝市场，控制生丝价格。越依靠某种东西时，就越受制于它。盛宣怀恰恰从生丝入手，发动进攻。他通过密探掌握胡雪岩买卖生丝的情况，大量收购，再向胡雪岩客户群大量出售。同时，收买各地商人和洋行买办，让他们不买胡雪岩的生丝，致使胡雪岩生丝库存日多，资金日紧，苦不堪言。

紧跟着，盛宣怀开始“釜底抽薪”，打现金流的主意。胡雪岩胆大，属于敢于负债经营的那种人。他在5年前向汇丰银行借了650万两银子，定了7年期限，每半年还一次，本息约50万两。次年，他又向汇丰借了400万两银子，合计有1000万两了。这两笔贷款，都以各省协饷作担保。

这时，胡雪岩历年为左宗棠行军打仗所筹借的80万两借款已到期，这笔款虽是帮朝廷借的，但签合同的是胡雪岩，外国银行只管向胡雪岩要钱。这笔借款每年由协饷来补偿给胡雪岩，照理说每年的协饷一到，上海道台就会把钱送给胡雪岩，以备他还款之用。盛宣怀在此动了手脚，他找到上海道台邵友濂：“李中堂想让你迟一点划拨这笔钱，时间是20天。”邵友濂自然照办。

对盛宣怀来说，20天已经足够，他已事先串通外国银行向胡雪岩催款。这时，左宗棠远在北京军机处，来不及帮忙。由于事出突然，胡雪岩只好将他在阜康银行的钱调出80万两银子，先补上这个窟窿。他想，协饷反正要给的，只不过晚到20天。

然而，盛宣怀正要借机给胡雪岩致命一击。他通过内线，对胡雪岩调款话动了如指掌，估计胡雪岩调动的银子陆续出了阜康银行，趁阜康银行正空虚之际，托人到银行提款挤兑。

提款的都是大户，少则数千两，多则上万两。但盛宣怀知道，单靠这些人挤兑，还搞不垮胡雪岩。他让人放出风声，说胡雪岩囤积生丝大赔血本，只好挪用阜康银行的存款；如今，胡雪岩尚欠外国银行贷款80万，阜康银行倒闭在即。尽管人们相信胡雪岩财大气粗，但他积压生丝和欠外国银行贷款却是不争的事实。很快，人们由不信转为相信，纷纷提款。

挤兑先在上海开始。盛宣怀在上海坐镇，自然把声势搞得很大。上海挤兑初起，胡雪岩正在回杭州的船上。此时，德馨任浙江藩司。德馨与胡雪岩一向交好，听说上海阜康即将倒闭，便料定杭州阜康也会发生挤兑。他忙叫两名心腹到库中提出两万两银子，送到阜康。杭州的局势尚能支持，上海那边却早已失控。胡雪岩到了杭州，还没来得及休息，星夜赶回上海，让总管高达去催上海道台邵友濂发下协饷。邵友濂却叫下人称自己不在家。

胡雪岩这时候想起左宗棠，叫高达赶快去发电报。殊不知，盛宣怀暗中叫人将电报扣下。第二天，胡雪岩见左宗棠那边没有回音，这才真急了，亲自去上海道台府上催讨。这一回，邵友濂去视察制造局，溜之大吉了。

胡雪岩只好把他的地契和房产押出去，同时廉价卖掉积存的蚕丝，希望能够挺过挤兑风潮。不想风潮愈演愈烈，各地阜康银行门前人山人海，银行门槛被踩破，门框被挤歪。胡雪岩这才明白，是盛宣怀在暗算他。

不久，一代红顶巨商胡雪岩在悲愤中死去。

面对胡雪岩这样的强敌，盛宣怀如果采用“慢战”，胡雪岩可以应付裕如，绝不会破产。他采取速战法，抓住胡雪岩的要害，突然出手，胡雪岩的现金流一时中断，偌大的基业突然崩溃。

李鸿章所谓卖国的背后

汉唐月

迟来的现代化

自满清入主中原以来，为维持其对汉民族的绝对统治，满蒙贵族对新的军事技术及火器一直采取完全排斥的态度，顽固保持他们的骑射传统及其建立于其上的军事优势。诚然，对于隔离于工业化进程之外的大清国及远东诸邦，这种政策对内部的管制确实十分有效。在鸦片战争以前，清政府的主要威胁均来自境外而不是中原地区的汉族势力。鸦片战争以后，火器的威力确实令清朝统治者感到恐惧和威胁，他们有学习西方技术的动机，但在“宁给友邦，不与家奴”统治规则下，这种热情却有十分的保留。防内仍然是清廷的首要目标。

因此，在1840年到1870年之间的30年，中国的现代化没有什么进展，但期间发生的一场大乱却给中国的现代化提供了机会。太平天国动乱，在给人民造成巨大灾难的同时，却也做了一件好事：它摧毁了清国的国家军事主力——以骑射为本的八旗军队。最后，消灭太平天国的使命是由曾国藩率领的湘军和李鸿章率领的淮军来完成。这两支军队的特点是：由汉人指挥且由汉人组成，不受满蒙大员节制；配备现代火器基本由步兵构成。这完全违背了清朝的祖制，同时也开创了一个新时代：掌握了军权的汉族官员在一定程度上也就掌握了清朝的政权，淮军后来成了清国的国家军队，但军队的将领却都是李鸿章的亲信，在一个传统上信奉枪杆子里面出政权的国度，李鸿章当时的分量有多重就可想而知了。

而李鸿章也不像后来历史上描述的那样，除了热心于卖国之外，没有做什么好事。李鸿章建矿山、搞航运、设工厂、办电报、修铁路、开银行，忙得不亦乐乎。可以想象一下，大江南北，长城内外，后面拖个大鞭子的清国员工在做现代化的事，情景肯定比卓别林的“摩登时代”要搞笑，但不可否认的是，李氏这一折腾，当年的一个小渔村的上海却不小心成了远东的第一大城市。当然，李氏感到骄傲和腰杆儿硬的是他苦心经营的北洋水师——清帝国海军主力，号称全球实力第三的舰队。然而，木秀于林，风必摧之。表面风光的李鸿章，却遭遇来自各方的暗算。尽管一向滑头的李氏一再向朝廷表示忠心，但手掌清国海陆两支大军的李氏却无论如何不能让其主子——满蒙贵族们放心（结合以后的历史，可以想象，李氏要造反，肯定要比孙文容易多了），他们不时地给李氏使绊子，其他的汉族官员出于不同的动机，也经常给这位李同志下菜（翁同和、张之洞、张佩纶可以算是三个代表），这虽然影响李氏的改革开放事业，但对于财大根粗的李氏来说，不是致命的。

蕞尔小国的巨大威胁

正当洋务运动达到当时的高潮，洋务运动带来的新技术、新物质开始在中国抛头露面之时，普通的中国人可以通过洋货感受西方世界的物质文明，同时进一步感受西方精神文明之时（以本人的小人之心揣测，满清贵族或许是最不愿意看到李鸿章的事业成功，因为李的成功之日，可能就是这些贵族失去特权的开始，汉民族的高度文明使汉族人在接受其他高度文明要比这些贵族来得快，一旦汉民族受到新文明的培育，必然会焕发出汉民族的民族精神，这种精神一定会导致满蒙贵族的特权丧失。从甲午战争备战的不足、应战的匆忙、督战的严厉等过程看，不能排除满清贵族利用日本人搞倒李鸿章的可能，借刀杀人是中国传统的军事计谋，之前之后都有人干过。看看后来的伪满州国，这种推测似乎能站得住脚），在这个历史的关键时刻，在中华土地上孕育的现代化长子，胚胎刚刚成型就受到外部的致命一击。而这一致命的一击，就来自李氏一向并不看重的蕞尔小国——日本，它不仅破坏了李鸿章等人的洋务事业，而且还使李氏身败名裂，至今不得翻身。

日本的洋务运动大致和中国同时起步，日本也有一个李氏一样的人物——伊滕博文（伊氏似乎一直以李氏为师），但不同的是，伊氏有一个年轻有为的君主——明治天皇，而不像李氏成日周旋于妇人孺子之间。日本孤悬于海外，在大航海时代之前，这是一个避祸好去处。事实上，日本正由于这种特殊的地理环境而逃过很多大陆地区的劫难，蒙古人征伐最大的失败就是在日本海峡。然而，鸦片战争不仅打开了中国的国门，也同时打开了日本的国门，使日本人第一次感觉到海岛也不是安全的。日本人开始了明治维新。面对清国这样的一个巨人，一旦一个浅浅的海湾不能阻挡往来时，日本的安全屏障也就突然消失。当大清国正在奔向海洋时，日本对这个近邻突然产生有史以来的第一次恐惧。对于雄心勃勃的明治天皇及伊滕来说，恐惧产生的不是妥协和退缩。不像大陆，岛国实际上也是无处可退，而是积极地去赌一把。当时日本国内反对战争的民意也不小，不像清国国内，除当事者李氏不希望战争外，似乎举国上下都热切希望来一场战争，一洗鸦片战争的耻辱。

日本兵分两路，一路以朝鲜为突破口，攻击清国的陆军（当然也是李氏的淮军）；一路以日本海军为主在黄海水域试图寻机与北洋水师决战（从现在回看历史，甲午战争似乎不是中日战争，倒有一点日皖战争的味道）。结果两场战役，均是日本获胜。接下来就是和谈，令人不解的是，日本竟指名让败军之帅的李鸿章担当议和全权大臣。日方解释说清国只有李氏才能有担当，今天仍有不少国人相信日本人这一理由，事实割地赔款这样的事，没有最高当局首肯，李氏能做这个主吗？既然不是李氏做主，换哪一个大臣不都是一样吗？清政府有那么多王公大臣，身份地位都在李氏之上，完全犯不着让一个败军之将来和谈，况且，以日本人的个性，他们是完全瞧不起手下败将的，怎么这次完全改了性，可疑啊！可疑。过去，我一直不理解，现在我终于想明白了，日本不仅有重大的军事图谋，而且还有重大的政治图谋，那就是倒李（满蒙贵族可能是帮凶）！日本人是想让李氏担当丧师失地之责，使其身败名裂，从而进一步瓦解李氏一手经营的洋务运动，这或许是日本的最终目标。

逆转的历史车轮

事实，马关条约签订之后，李氏成了清政府的替罪羊，被夺职革爵，一直待罪于北京的贤良寺，长期远离帝国的政治中枢，随着李氏的失势，李氏等人苦心经营的洋务运动也就悄悄落幕了。回首这段帝国往事，我们可以从一些历史轨迹上，来印证本人的观点。自甲午战争之后，以荣禄为首的满蒙贵族进入了帝国中枢，清政府的现代化进程似乎就停止了，甚至出现倒退和反动。修好的铁路被拆，矿山被封，传教士被驱逐，进而排斥洋人和洋物，最终爆发了义和团这样波及直隶、山东、山西等地的严重排外事件。这种倒退使清国再次遭受毁灭性的打击，从此一蹶不振，最终垮台。可以这样说，甲午战争，不仅使中国第一次现代化运动破灭，也促使一个朝代的灭亡。

当皇帝，还是当终身总统？

朱宗震

杨度在前清是个君主立宪派人士，后来加入了共产党，他同孙中山的关系也不错，但在1915年时，他是筹安会六君子之一，积极为袁世凯谋划称帝，是个帝制派。杨度的表现在中国政界也算是个异数，但说到底还是个书呆子的缘故吧。

梁启超在前清是君主立宪派的领袖，他的名言是“开明专制”，他为在中国实现开明专制奋斗了大半生，对袁世凯寄托了很大的希望。但结果却一直没有着落。在袁世凯准备称帝的时候，他坚决反对帝制，甚至不惜与袁世凯决裂，策动了护国战争，成为再造共和的英雄。

我们以往把袁世凯称帝简单地归结为他的政治野心，其实野心固然是有的，但野心也要有形势的驱动，利害的权衡。那么，在1914到1915年间，杨度和梁启超为袁世凯谋划国家体制的理由是什么呢？当终身总统就能得善果吗？

袁世凯走向独裁

中国自古以来就有权臣篡位的传统。据传，在辛亥革命过程中，袁世凯重新出山之前，也曾考虑过自己称帝的问题，但毕竟他羽毛不丰，未敢贸然从事。最后，以逼清帝退位，出任共和国总统的方式，掌握国家大权。从实质上说，袁世凯乃是借着辛亥革命的冲击力，达成了权臣篡位的结果。

当然，一时间袁世凯的权力没有巩固，他也需要梁启超一派做他政治上的盟友，来对付孙中山一派的革命党人。毕竟，他是由南京临时参议院选举产生的临时总统，他需要用欺骗和暴力的两手来对付革命党人，以便逐步巩固他的权力。因此，在清帝退位后相当长的一段时间内，袁世凯一直信誓旦旦，效忠共和。例如，在清帝宣布退位后的第二天，即1912年2月13日，袁世凯即宣布“共和为最良国体，世界之公认”，“从此努力进行，务令达到圆满地位，永不使君主政体再行于中国”。3月10日，袁世凯在北京宣誓就任临时大总统职务：“发扬共和之精神，涤荡专制之瑕秽，谨守宪法。”全国统一的民国政府在北京成立后，南方革命党中的激进派，一直在揭发袁世凯“帝制自为”的图谋。为此，袁世凯多次予以澄清，例如他于1912年6月24日发表公开电，声明说，他从小就羡慕上古天下为公的风气，认为共和的好办法，是和古训一样的。他自己原来是想退休回老家的，只是因为国民的委托，才担任这样的重任。所以，“当共和宣布之日，即经通告天下，谓当永不使君主政体再见于中国。就职之初，又复沥忱宣誓，皇天后土，实闻此言。”他认为外界怀疑他正在效法拿破仑图谋称帝，一半是出于误解，一半是出于故意的毁谤。

1912年8月，孙中山到北京与袁世凯会谈时，有记者问到袁世凯是否有帝制自为的野心时，孙中山的回答很肯定，主要意思就是不可能。他认为，袁世凯如果要称帝，不是说他想称帝就能称帝的，要有国民心理来决定，就是说要有国民的拥护。拿破仑称帝就是国民拥护的结果。再者，就是袁世凯的权威性不够。袁世凯已经宣誓效忠共和，他如果称帝，就是背信，他还能有威信吗？而且，他除非能建立强大的武功，不仅战胜全国，而且战胜外国，才能树立他的权威，而这是他做不到的。现在，许多地方都不服从他的命令，他要称帝对他有什么好处？孙中山的分析很有道理，后来袁世凯称帝失败的事实也证明了他的分析。不过，孙中山当时还是忽视了袁世凯在没有国民拥护的前提下也会利令智昏。

尽管袁世凯信誓旦旦效忠宪法，但民初实施《临时约法》的结果，政局纷扰十分严重。虽然宋教仁和国民党方面一直在坚持《临时约法》的原则，但袁世凯方面以及共和党方面也一直在批评《临时约法》，束缚总统行政权力，影响行政效率，谋求修改宪法，向强化总统权力的方向发展。在1913年正式国会开幕之前，各派纷纷发表自己的宪法主张，梁启超发表了《宪法之三大精神》一文，强调国权与民权调和，实际上重申了开明专制的主张。也就是要建立总统独裁体制，让共和制名存实亡。

袁世凯政府收买上海流氓暗杀了宋教仁之后，孙中山发动了二次革命。在镇压二次革命的过程中，北洋军队抵达了长江流域，控制了湖北、江西、安徽、江苏四省，其他各省也在镇压了革命势力之后，宣布效忠袁世凯。袁世凯的权力大大强化了。袁世凯在击败了他的头号敌人孙中山的革命党人之后，一次又一次地控诉《临时约法》对总统权力的限制，控诉共和政治变成了所谓的“暴民政治”，在梁启超一派进步党人（由共和、民主、统一三党合并而来）的支持下，一步步地强化独裁的政治体制。

镇压二次革命胜利之后，袁世凯开始骄狂起来，越来越趋向于独揽权力。结果，他的统治基础却日益萎缩了。1913 年 10 月，袁世凯强迫国会先行选举他当上了正式大总统。11 月，又宣布取缔国民党，无论参加还是没有参加二次革命的国民党议员，都被取消资格。这样一来，由于国会达不到开会的法定人数，等于解散了国会。袁世凯摆脱了国会这个累赘，进步党人也就失去了政治上的存身之地。梁启超和进步党作为袁世凯对付革命党的同盟军，开始感到被冷落。而所谓制定宪法，也从此停摆。12 月，袁世凯召集政治会议作为总统的咨询机构。根据政治会议决议，于 1914 年 1 月下令停止全体国会议员职务。这个解散国会的命令，由国务总理熊希龄副署生效。熊是进步党员，1913 年 7 月由袁世凯任命，组成了所谓的人才内阁。国会解散，这个人才内阁也就被袁世凯一脚踢开，梁启超一派落入了兔死狐悲的境地，为以后发动护国运动落下了伏笔。但他们对袁世凯仍然抱有希望。3 月，袁世凯又召开约法会议，60 名议员实际上由袁世凯遴选，制定了《中华民国约法》，袁记约法规定，总统“总揽统治权”，“行政以大总统为首长，置国务卿一人赞襄之”。总统“对于国民全体负责”，也就是不对任何民意机关负责。建立起总统独裁体制。袁记约法规定成立参政会，作为总统的咨询机构，参政员由总统遴选。同时，由参政会起草宪法，由大总统召集国民会议决定。而所谓宪法和国民会议，事实上一直为袁世凯搁置，没有推行。袁记约法完成了总统独裁的政治体制。但是，梁启超所期望的袁世凯的开明性在哪里呢？

杨度和梁启超看到的危机

从 1913 年 10 月袁世凯当选为正式大总统，到 1914 年 5 月 1 日袁记约法公布，袁世凯完成了总统独裁体制，中华民国的共和体制已经名存实亡。除了一些毫无权力的咨询机构，袁世凯实际上已经与皇帝无异。他为什么还不满足呢？是虚荣心作怪，还是为了确保子孙的权力继承？如果说袁世凯只是为了个人的野心，那么大好人杨度为什么也要袁世凯称帝？事情恐怕有它自己的道理和逻辑。

袁世凯的美国政治顾问古德诺，就认为中国采用君主制比较好。他写道：“民智低下之国，其人民平日未尝与知政事，绝无政治之智慧，则率行共和制，断无善果。”孙中山也主张通过训政时期来提高人民参与政治的能力，才能真正实现宪政。国民党在统治大陆时期，一直实行训政和独裁制。当然，古德诺提倡君主制的理论前提，不是要搞什么封建复辟，而是希望逐步推进现代民主。他认为，中国要生存和发展，一定要实行立宪制，而在中国君主立宪制比共和立宪制的可行性比较大。也就是说，中国只有在君主制之下，才能慢慢地推进民主（开明专制）。古德诺也只是一种理论推理，并不敢肯定在当时形势下，确实具备了由共和制改为君主制的足够条件。他最担心的问题是，在落后国家实行共和制，“元首既非世袭，大总统承继之问题，必不能善为解决”。其结果是军阀野心家们为了争夺权位，引起战争，社会祸乱不可收拾。

杨度也赞成古德诺的观点和忧虑。他认为，多数人民根本不知道共和是怎么回事，野心家人人都想当大总统，如果选不上就会用武力来争夺。而且，清帝废除后，“中央威信，远不如前，遍地散沙，不可收拾”。

梁启超并不反对他们的观点，他用一句话就塞了他们的嘴：我在10年前早就说过了。他从来就反对共和而赞成开明专制的。民国以后，他也一直在为袁世凯出谋划策，取消议会民主制，实行开明专制。

当然，上面说的还只是理论上的推理，实际情况其实更加可怕。杨度描写了军队的情况：过去的军队知道要为皇家出力，现在没有皇帝了，但他们不知道国家是什么东西。军心涣散。南方的高级军官要听从下级军官的，下级军官要听从士兵的。被人讥笑为“共和兵”。北方军队虽然问题没有这样严重，但要他们绝对服从命令，不避艰难险阻，也做不到了。所以，现在民国的兵，只求他们不发生内乱就谢天谢地了，要他们能够平定内乱，抵抗列强，就根本做不到。

梁启超也描写了国家面临的危机：辛亥革命造成的灾难刚刚平复，人民还喘息未定，列强一直在威胁我们，到处都有自然灾害发生，饥饿的人民等待救济，深山老林处处潜伏着土匪。国家急需安定和治理。

杨度更预测了军阀混战的恐怖前景：“乱世以兵为先，无论何种德望学识，一至彼时，均不足为资格，唯有兵权乃为资格，然使兵力仅足迫压议会文士，而无统一全国之势力，则虽被选，仍无效也。诸将资格等夷，彼此不能相下，军人、游士又从而挑拨推排，以求他日之富贵，终必兵戎相见，相与角逐于中原。”袁世凯死后中国出现的军阀纷争的局面，印证了杨度的预测。

《三国演义》上说，天下大势，分久必合，合久必分。古人早已总结了中国的传统规律。可是，进入近代以后，有了民主、共和思想，人们就把这个中国古老的规律给忘记了，把国家分崩的后果，统统栽到了辛亥革命的头上。正像杨度所说，中国人都还不懂共和，那么，我们又怎么能去责怪他呢？国家分崩的局面，本来就是王朝末世社会解体的结果。

无论是袁世凯，还是杨度，或者梁启超都很清楚，袁世凯对北洋军人的控制力越来越弱，独裁制虽然恢复了，但袁世凯这个总统在事实上并没有足够的权威性。从曾国藩的湘军开始，中国有战斗力的军队是招募来的，“兵归将有”，形成军权下移，派系林立的局面，无法统一指挥。清王朝的解体，袁世凯的篡位，都削弱了军事领袖的权威性。当时所谓北洋三杰王士珍、段祺瑞、冯国璋，除王士珍已经没有兵权，退居闲散之外，段祺瑞长期担任陆军总长要职，羽毛逐渐丰满，提拔亲信，自成派系，正像当年的袁世凯对清廷构成威胁一样，段祺瑞也对袁世凯的权威构成威胁。冯国璋坐镇南京，拥有重兵，也就能各霸一方，与段形成两虎相争的局面。袁世凯不仅对他手下的两员大将统驭日益困难，对北洋诸将和各地骄兵悍将更是控制为难。段芝贵为袁世凯亲信，二次革命时任北洋第一军军长，南下作战，进驻武汉后，把副总统、湖北都督黎元洪逼出湖北，长住北京。但他手下的第二师师长王占元，坐拥实际兵权，开始排挤段芝贵。袁世凯竟然对王占元没有办法。奉天将军张锡銮，辖下第二十七师师长张作霖，原是由张锡銮在前清时收编的胡匪，这时羽毛渐丰，也不愿意再受张锡銮的管辖，而想独霸一方。袁世凯对于这些骄兵悍将竟然只能迁就，无法处置。至于南北各地非北洋系的军事将领，更是鞭长莫及，时时都有叛离的危险。

杨度和梁启超如何为袁世凯策划？

古德诺可能不知道，中国的君主权力虽大，但并没有西方君主的不可动摇性和稳定性，“彼可取而代也”是中国的思维，所以希望称王称帝的人非常多。无论是共和制、君主制、君主立宪制，制度只能是一纸空文，在没有什么社会势力能够推进共和制的历史条件下，“真命天子”出来以前，都会引发争斗。

杨度虽然对国情了解得比较多，但也单纯地把军事权威丧失的局面，归咎于辛亥革命实行的共和制，打破了中国的稳定，结果连立宪制也没有了，而无视清王朝的解体过程，忘记了中国的传统。因此，他很简单地看重名号的作用。他说：“非先除此竞争元首之弊，国家永无安宁之日。计唯有易大总统为君主，使一国元首，立于绝对不可竞争之地位，庶几足以止乱。”他相信袁世凯是一位英主，能够像德国皇帝威廉第一，日本明治天皇，“以专制之权，成立宪之业”，他盲目地相信，君主制可以提高袁世凯的权威性，袁世凯为了子孙的安全，也一定会实施立宪民主制，并且能够建立丰功伟绩，解决清王朝崩溃造成的权威失落的问题。

梁启超对局势的认识比杨度明白一点。他认为无论是君主制改为共和制，还是共和制改为君主制，“国体”的变更都是革命，都会引起社会的动荡，所以，不希望袁世凯违背自己忠于共和，不恢复帝制的承诺。但他认为，在共和国名义不变的前提下，一个独裁（开明专制）的总统，自由决定传子还是传贤是保持社会稳定最好的制度。

袁世凯于1914年6月召集了参政会，这个袁世凯遴选的参政会一直开得冷冷清清，但却制定了修正的《大总统选举法》，于12月29日由袁世凯公布。根据这个选举法，大总统任期10年，连任没有限制，由参政院议决，即可连任。实际上让袁世凯成了终身总统。总统继承人，由现任总统推荐候补者3人，书于嘉禾金简，藏之金匮石室。现任大总统出缺，由大总统选举会在这3人中选举一人。

梁启超当时就写了《读〈中华民国大总统选举法〉》一文，认为修正的选举法，足以“定分而息争”，符合中国目前事势的要求。他强调指出：如果大总统去世，在前大总统推荐的3人中选举一个人继位，而全国军队及至其他各方面人物之有政治上势力者，都能够予以遵守服从，那么，这样的继承办法，则“岂唯今日之良法而已，虽谓10年以后之良法，谓为永久之良法，谁曰不宜”。杨度提出《君宪救国论》之后，梁启超在《异哉所谓国体问题者》一文中，再次重申《大总统选举法》足以解决权力继承问题。但梁启超毕竟是个明白人，他提出了一些条件，第一，就是大总统要通过良好的政绩来巩固自己的威信。第二，要有办法预防野心家。第三，要选择和培养好接班人。依照《大总统选举法》，无论传贤传子纯属前任大总统之自由。有了上述3项政治措施，就可以安全地解决继承问题：“金匮中则以其名裒然居首，而随举不足重之二人以为之副而已。如是则当启匮投票之时，岂复有丝毫纷争之余地？代代总统能如是，虽行之数百年不敝可也。”看来这个制度是中国的创造。可惜，在当时未能成功地予以实践。

杨度看到了这个制度缺乏实践的可行性。他认为，现在面临的继承问题，不是制度问题，而是实际的政治局面问题。因此，这个制度靠不住：“总之，实际理由仅有一焉，曰：无唯一适当之人是也，因无一人，故拟三人，名为一人，实无一人。夫人之资格势力，果能统一全国，为继任之大总统否，此事实问题，非法律所能解决者也。国中果有此人与否，尤为事实问题，非法律所能解决者也。今中国无适当之继任大总统，乃事实上无可解决之问题，而欲以法律之空文勉强解决之，如何而能有效也？”也就是说，袁世凯以后，没有一个权威的继承人，中国必然分裂，这是事实，而不是依靠法律就能解决的。为什么一定要改为君主制？就是要利用传统的家天下的血缘继承观念。他举了个例子：“前清左宗棠之平定回疆也，恃刘松山为大将，独统一军，刘松山没，继统无人，用其偏裨，则其余不肯相下，分为数军，则兵力必薄，刘锦堂为松山犹子，一无战绩之少年也，左宗棠拔之，继统其军，一军皆服，未必其聪明才力遂出诸将之上也，其天然资格，无人与之比较耳。”当然，杨度也知道，软弱的君主，是很难镇服强悍的军阀权臣的。所以，他的理论逻辑就是希望袁世凯在改成君主制以后，为了后代的利益，实行君主立宪制。他盲目地相信袁世凯能成为这样的“英主”。

所以，杨度和梁启超争过来，争过去，实际上都没有办法解决北洋系统未来的分裂问题。梁启超只是意识到，你袁世凯越折腾，政治局面只会更混乱。如果袁世凯依靠现在的一点威信，在政治上有所作为，那么，或许还有希望。所以他甚至这样说：“是故中国将来乱与不乱，全视乎今大总统之寿命，与其御宇期内之所设施，而国体无论为君主为共和，其结果殊无择也。”否则，中国社会必然分崩解体。

但是，袁世凯在政治上已经没有能力有所作为，他只有把强化权力的希望寄托在称帝上。梁启超看到袁世凯执意称帝，大势已去，率先策动了护国运动。一个和平的改革派，也不得不走上了武装斗争的道路。

是谁逼死了袁世凯？

在二次革命以后，孙中山和黄兴意见分歧，孙中山组织的中华革命党成为一个狭隘的革命组织，而黄兴一派的欧事研究会更是一盘散沙。他们对袁世凯的统治已经构不成威胁。袁世凯准备称帝后，孙中山的主要助手陈其美于1915年12月5日，在上海策动肇和舰起义，因孤立无援失败。但打响了反帝制的第一枪。然而，孙中山的中华革命党始终未能集结起有震撼力的力量。辛亥革命时，上海商界曾全力支持陈其美，而在护国运动中，他们不希望陈其美再在上海策动革命，而是希望南京冯国璋宣布独立，维持东南一带的秩序。上海绅商致函冯国璋说：“上海为通商重地，又为党人渊薮，尤多激烈分子，数日来设法间接劝阻，谓下游举动，总当静候高峰。各派崇拜虎威，企以俟今。时机急迫，势难遏抑，万一暴动，则全局均为破裂，而地方之糜烂，交涉之困难，实属不堪设想。绅商等目击情形，惊惶失措，今晨邀集南北商界筹议，皆谓非上游立刻发表（指南京宣布独立——编者注），万不能镇定下游。”梁启超与蔡锷策动云南军队发动护国运动，力量也很有限。护国军甚至到不了长江一线。这小小的一点冲击力，就把洪宪王朝冲击得七零八落。这并不是说，北洋军队已经完全没有战斗力了，而是因为北洋系统已经分裂。

北洋大将段祺瑞、冯国璋的心目中，袁世凯的天下是他们帮着打下来的，野心勃勃地等着继承袁世凯的遗产。袁世凯和杨度以为，有了君臣名分，就可以抑制他们的野心。而事实上，他们羽毛渐丰，既不愿意向袁世凯称臣，更不愿意向袁的子孙称臣，阻断了自己的发展之路。因此，袁世凯越是想强化自己的权力，他们就越来越离心离德。军阀势力的形成和消解，在中国有自己的特殊规律。一个真正有力量的新的权威的形成，是在社会动员过程中实现的，甚至是经过了残酷的血战才能涌现。袁世凯依靠区区北洋六镇兵力，对社会政治、经济建设的贡献也非常有限，他在事实上并不拥有个人权威的强大基础。只是当时中国人才凋零，才给了他一个虚誉和机会。仅仅依靠一个制度的设计，是解决不了社会政治力量的实际格局的。

在王朝末世，权臣篡位总是为新的权臣树立了榜样。为了控制军队，防止新的权臣的出现，袁世凯于1914年5月8日成立陆海军大元帅统率办事处，以削弱段的军权，段暂时只能消极抵制。至1915年5月，段称病退居西山，8月29日，袁世凯免去了段的陆军总长职务，由王士珍接任。冯国璋于6月间特地赶到北京探听帝制消息，没有得到袁的一句真话。袁世凯骗他说，他已经在英国买了房子，如果“国民”一定要他当皇帝，他就只好跑到英国去养老了。冯国璋深知自己不被信任，便对帝制敷衍搪塞，不肯出力。12月18日，袁世凯下令调冯进京担任参谋总长，企图使其脱离江苏地盘。冯以有病为名，拒不进京，同时，开始与梁启超秘密接洽，反对帝制，以稳固和强化他在长江一线的势力。

从旧体制内衍生出来的领袖，如袁世凯这样的人，以及他后来的继承人，在加强权力集中的过程中，因为没有社会力量的动员和支持，他的社会基础反而越来越窄小，领袖的度量也越来越窄小，最后成为孤家寡人。这成了辛亥革命后中国政治史上的一个规律。“其兴也勃焉”，“其亡也忽焉”，飙起飙落。

1915年8月14日杨度等成立筹安会，正式登场筹备帝制，12月12日，袁世凯宣布接受帝制，实行所谓君主立宪制，后又改民国五年为洪宪元年。但12月25日云南宣布独立讨袁，护国运动爆发，袁世凯惊惧之余，组织征滇军，但段祺瑞、冯国璋都拒绝担任总司令一职，北洋军士气低落，战事不利。而贵州、广西、广东、浙江、陕西、四川、湖南等地相继宣布独立。

在各省离叛的过程中，冯国璋于3月间联合江西将军李纯、山东将军靳云鹏、浙江将军朱瑞、长江巡阅使张勋（一说为湖南将军汤芗铭），5将军密电请求“取消帝制，以安人心”。袁世凯在内外交困之下，于3月22日被迫宣布撤消承认帝制，23日废除洪宪年号。以年号计算，他只做了83天皇帝梦，还没有来得及举行登基大礼，就梦想破灭。

然而，袁世凯还迷恋着权位，企图继续做他的大总统。他希望段祺瑞来帮他收拾残局。但是，段祺瑞完全仿效袁世凯在晚清时的故伎，要袁世凯交出行政权力，恢复责任内阁制，同时要袁世凯向他交出兵权。而另一大将冯国璋则以中立者的姿态，于5月间组织南京会议，与护国军方面和谈，要袁世凯退位。袁世凯本来一向身体很好，这时在内外交困之下，于6月6日忧惧病死，年仅57岁。

在护国运动中，孙中山系统、梁启超系统的现代观念和现代社会力量的动员，是非常微弱的。中国社会中的现代性社会势力本来就很微弱，还没有发育起来。因此，他们不可能用现代政治的组织方式，来获得社会力量的支持，完成国家的整合。护国运动的主流，也不是辛亥革命时的民间动员，而是各派军事力量的离叛。先是非北洋系军阀离叛，然后是北洋系地方军阀离叛，最后是原先的亲信大将公然分割他的权力，迫他退位。因此，真正逼死袁世凯的是野心勃勃的各路军阀。袁世凯死后，段祺瑞、冯国璋分割了袁世凯的遗产，形成了皖系和直系的对立。非北洋系的地方军阀，则割据一方。中国进入了军阀混战的时代。孙中山系统、梁启超系统都在护国运动中得不到他们所期望的成果。从主流上说，这种局面的形成，是中国传统王朝解体之后的必然结果。中国社会的重新整合不可避免地走上从基层动员着手的艰难的道路。

是谁放弃了南京

阡陌原

1937年11月11日，经过空前鏖战的淞沪战场硝烟还未完全散尽，日军铁蹄就气势汹汹向300公里外的当时中华民国的首都南京三面压过来。淞沪会战，国民党军损失惨重，时任中国最高军事统帅的蒋介石为了鼓励各将领，振奋士气，同时也为了布置下一阶段的作战，在南京铁道部一个不大的会议室里召开了保卫南京的军事会议。会场气氛沉闷，悲观情绪笼罩整个会议室。何应钦、白崇禧，以及许多将领都不赞成守卫南京，事实上在上海沦陷后，南京已成为一座孤城也失去了防守的战略意义。但作为主战派的国民政府军事委员会执行部主任唐生智在会议上站出来激昂地说："南京不仅是我国的首都，而且是国父之陵所在地。如果我们不战就放弃南京，怎么对得起国父的在天之灵？如果没有人愿意守卫南京，我愿意与南京共存亡。"蒋介石当即任命唐生智为南京城防司令，负责南京保卫战。蒋在会上宣布：（一）南京是中国的首都，为了国际声誉，不能弃之而不守。（二）南京是总理陵墓所在地，我们如不守南京，总理不能瞑目于九泉之下。（三）大家要有破釜沉舟的勇气和不成功便成仁的决心。（四）南京郊区有预先做好的国防工事可利用，兵力部署要纵深有重点，紫金山、雨花台等要点不能放弃，必须坚守。（五）我已调云南卢汉等部生力军集中武汉，以备南京之围。（六）唐长官见危受命，你们应服从他的指挥。讲完之后，唐生智接着说："守南京的任务是艰巨的，在这种情形下，只有鞠躬尽瘁，死而后已。"在蒋、唐两人讲话后，到会的将领彼此看看，没有人讲话。关于南京能否守住的问题，在会前议论纷纷，内心明知南京不能守，但没有人敢在会上提出具体意见。

守卫南京的主力是刚从上海前线撤退下来的蒋介石的最精锐部队36师、87师和88师，以及由军事学院学生组成的教导总队（12000余人），一共包括8个军，15万人，其中36师、87师和88师是由德国将军亲自训练的全德式装备的王牌师，教导总队更是主力中的主力。1937年11月20日，国民政府宣布迁都重庆，蒋介石夫妇也于12月7日飞离南京。唐生智临时编成的南京卫戍部队，原本的作战任务只是进行短期固守的防御作战，并非要进行全军牺牲死守不退的决战。但是唐生智在自愿接任卫戍司令之后，却一再的对外与对内表示，他决心与南京共存亡，要求部属也要做好准备如此的牺牲。南京保卫战的计划本来就不是死守，有蒋下令如不能坚守即可撤退这个活口。然而实际执行时却变成了死守。唐下令：所有长江南岸的船（包括卫戍长官部）均交36师控制，以坚定死守的决心。城外的部队不许退入城内，城内的部队不许出城。北岸胡宗南的第一军可以射击偷渡江北的船只。不过话又说回来，这方法尽管死板，如果真能贯彻，倒也绝了大家撤退的念头，一门心思的死守。但实际情况却不是这样：唐生智的长官部偷留了条小火轮，各师均偷留了船，只有师旅长们知道，所以高级军官从一开始就给自己留好了后路。只有前线的国军士兵是真正抱定死守的决心。

1937年12月5日，南京保卫战正式打响，由上海派遣军和华中方面军第十军组成的两路日军从太湖南北两岸，同步对南京发动攻击，空军与海军加入助攻，5天之内，就势如破竹地攻到南京城外围。战至9日，外围防御阵地全部失守，本来按照蒋介石和唐生智的计划，在南京外围的作战至少应坚持半个月以上，没想到，只短短3天就转入城市作战。由于没有预备队的逆袭支持，阵地很快就出现了混乱残破的现象，大量伤患根本无人医治，通讯与后勤系统更是乱成一团。这时候蒋介石意识到形势危急，12月11日，先通知第三战区司令长官顾祝同，以电话命令唐生智从南京撤退。接着蒋介石还不放心，亲自连下两道手谕，要求唐生智相机率军撤出南京，以免守军全遭覆灭。唐生智怕担负责任，没有立刻撤退，奇怪的是为什么只守了7天蒋就下令撤退？当时的大盘并没有崩溃，巷战还没有开打。据说，桂永清反对撤退：说他的左翼防区没有问题，光华门也守住了。只有中华门有危险，但我们还有紫金山北麓的预备队可调。

下令撤退时南京被攻破了吗？12日南京城没有被攻破，这是南京保卫战最大的悲剧之一。12月12日，日军不但没有攻进城，甚至没有控制一半以上的城外地区。12日除中华门外，南京城防没有大危险。通讯、组织都没有太大的失误。原本表态要决心死守的唐生智，在接到事关部队生死存亡的重大撤退命令之后，却没有即时地进行撤军参谋作业，一直拖到12日下午5时，才匆促召开卫戍军事会议，军情被延误了超过24小时。这个重大的错误，是造成南京的撤退行动出现严重混乱的主因之一。在这场临时的卫戍军事首长会议中，有些部队的指挥官，未能出席会议，唐生智突然宣布奉命撤退，在仓促的状况之下，根本难以掌握局面与行动的变化。但是在会议最后下达结论时，唐生智突然又做出表示，假如突围撤退有困难的部队，也可以设法渡江撤退，但他完全没有计算过渡江船只的运输能力。其实撤退的参谋作业要比进攻更为精细，才能顺利完成任务，因此唐生智如此拖延与草率地下令撤军，自己又率先仓皇地离开司令部，无法掌握与各个部队继续的通讯，结果造成了南京守军陷入撤退的混乱之中。在宣布撤退命令之后，司令部的守军匆促与草率地破坏南京城内主要的建筑物，由于根本缺乏完整的计划，像全国最大的金陵兵工厂，中央政府的各个部会建筑，就完整地留给日军接收。12日入夜之后，南京城内火光冲天、浓烟密布，这时候已经流言四起，出现撤退前人心涣散的乱象。此时唐生智的意志已经动摇，并没有监督设备的破坏与管制部队的撤退，就慌忙逃往下关渡江。守卫南京的部队在主帅提前失去联系的状况下，只有各自为政，有些部队还不知道已经下令撤退，有些部队则出现溃散的情况，这是撤退时最大的禁忌，没有统一、完整的计划与步骤，会造成部队退却的全面失控。因此除了66军（军长叶肇）仍在保持掌控下，突围而走之外，大部分的守军与逃难的人民，开始大量盲目地涌向下关。

最可恨的是部分高级军官开完会后独自悄悄逃过江，根本没有通知部队！教导总队的部分将领们逃走时，底下的团长还在指挥战斗，71军军长王敬久、87师师长沈发藻12日下午逃走时，也没有通知城外的部队，直到12日傍晚二六一旅发现城墙没有人防守了才明白过来。宋希濂部撤退时居然下令关城门，过江后又下令烧船，根本不管其他部队。当时的命令是各部队从正面往外突围，36师掩护卫戍长官部从下关过江突围。实际上绝大多数部队都往下关跑，为什么？因为军长师长们都知道，那儿有他们偷偷保留的船！所以都往下关撤，部下听说长官往下关去了，自然也就跟过去了。

就这样，几万国军，无数民众便涌向了下关，可是挹江门的36师却不放军队通过，因为按计划，从下关撤退的只是长官部属和36师。于是发生枪战，部队混作一团。最后终于冲开了挹江门。但地上的尸体有好几层！多数部队开始撤退时还能保持建制，到了挹江门下就瓦解了。冲出挹江门的国军只能称为是散兵游勇，而不是部队了。这些散兵以各种形式过江，少部分成功。

需要提出的是，北岸的胡宗南并不知道撤退计划，他们奉命向江中的船只射击，直到唐生智到了对岸，方才知道撤退已经开始。

并不是所有的国军都挤向江边，叶肇的66军就是向东突出去的。教导总队的第三旅12日夜还在紫金山上和日军拼杀，“误了”时辰，等别人都撤走后，从日军间隙中冲到了皖南。可见，各部队从正面往外突围的计划是正确的。日军尽管围住了南京，但后面是空的。不过大溃散的局面已不可逆转，1937年12月13日南京沦陷。仔细分析南京保卫战的资料可以发现，国军真正在战斗中阵亡的并不多，多数却死于混乱的撤退以及日军的大屠杀中。而作为南京保卫战的主要负责人，当时南京地区实际上的最高军政长官唐生智，在最需要履行职责的时候弃城先逃，是造成守城部队总崩溃的直接导火索。

毛泽东为何要召开延安文艺座谈会

刘白羽

延安文艺座谈会究竟怎么召开的，这是一个历史问题，不能随便云云。我是还活着的当事人，不能不出来说句当事人的话。

因为前几年有一种说法："是某一个人建议，毛主席才召开座谈会的。"此种说法，我认为不妥。应该说，当时是党中央批评我们这些人身上存在的在文艺思想方面的混乱和错误。

何以如此说？因为我亲身经历了那个过程。

那时，毛主席正找人谈话。有一天，毛主席派人来约我到他那里去（我到毛主席家去过几次），这一次去后觉得气氛有点不同。毛主席高大的体魄，气宇轩昂。他握着你的手，使你觉得温暖。他的窑洞里陈设简单，窗下一张书桌，中间一张饭桌。他平时谈笑自如，像是老朋友絮语，而这次却没有。他引我坐到书桌旁木椅上，自己坐到书桌正面。我们离得很近，他开门见山讲了两句话："中央把边区的经济问题整顿得差不多了，现在可以腾出手来整顿文艺问题了。"这两句话非常重要，是关于究竟为什么要召开文艺座谈会的根本原因。很明显，文艺需要整顿，召开"延安文艺座谈会"，决不是什么某个人建议，而是党中央的决定。毛主席跟我谈的话，内容大概是《延安文艺座谈会讲话》引言提出的那些个问题。我只埋着头记他的话，他的说话是经过反复思考的，吐字也有节有奏，不紧不慢。可能也是有意让我记得仔细一些。最后他说："你那里作家不少，你把他们集合起来，把我谈的话念给他们听听，然后让他们发表意见，会有正面意见，可我更需要的是反面意见。刘白羽同志，我不是说兼听则明吗？"他一下子变得轻松起来，他的笑容使你感到有点俏皮。我按着他的意见，在"文抗"召开了两次会议，我一讲完，大家就一哄而起，说话声音吵吵嚷嚷，议论纷纷，说了很多话，我只是埋头记录。过了一阵，毛主席又找我去听取意见。这次是我说他听。他有时也用铅笔记几笔，有时听不过去就反驳几句。我记得后来在讲话中批判的"不是立场问题，立场是对的，心是好的，意思是懂的，只是表现不好，结果反而起了坏作用……"这一席话就是从我们那儿议论的话题生发出来的。

毛主席为什么要召开文艺座谈会？他先后找过我两次，就因为我是支部书记。毛主席对我说："你是支部书记，你那里党员作家很多。"毛主席把"讲话"的前半部分跟我讲了，让我回去征求意见："你听了意见后，第一，是向我讲一讲；第二，是如实讲，谁怎么样，怎么样，到底都有什么意见？"毛主席讲话很幽默："我们的意见有人反对，就说明这个意见还有人听。"

后来我才理解，毛主席找"文抗"、"鲁艺"的作家谈话，就是搞调查研究。到整风学习时，我才晓得他是搞调查研究后才形成"讲话"。稿子是乔木写的，乔木接替艾思奇（艾调《解放日报》工作）当文委书记，直接领导我。

延安文艺座谈会召开时，会场设在杨家岭中央办公厅的大会场里。场内人头济济，座无虚席。中央对这次会议非常重视。会前，陈云专门把丁玲和我找到中央组织部去，他是组织部长，要我们站稳立场。会议开始前，毛主席坐在正面桌后木椅上，我和丁玲坐在靠毛主席座位较远的墙角边。

记得会场上第一个发言的就是萧军。他发言的大意就是作家是独立的，作家是自由的，说鲁迅在广州就不受哪一个党、哪一个组织指挥。他的意思很明白，就是作家不需要党的领导。全是胡言乱语。

萧军的话音未落，我听到对面靠墙角处有人大声说：

"我要发言！"

我一看站起来的是胡乔木。胡乔木发言很尖锐，对萧军进行激烈地批评，可谓淋漓尽致。具体怎么讲我记不清了，但可见《胡乔木回忆毛泽东》中曾写到："对于我的发言，毛主席非常高兴，开完会，让我到他那里吃饭，说是祝贺开展了斗争。"

会议宣布开始，没有人抢着发言。丁玲要萧军发言，说："萧军，你发言吧，你是学炮兵的，你开炮吧！"毛主席在会前不会不知道情况，萧军说他一枝笔要管两个党。

会开了两次，大家发言踊跃，十分热烈。但是奇谈怪论不少，有用文学教程来规划党的政策的，当然也有很好的发言，特别是从战场上回来的，谈的观点较现实，他们要求作家到前线去，经受一下战火的考验。朱德也发了言，以他的亲身经历说明自己怎样从一个军阀找到党的领导、才走上革命的道路、成为红军的总司令来驳斥会场上提出作家要独立、要自由、不要党的领导的谬论。

第三次会议，由毛主席作结论，移到会场外面空场上进行。我们刚坐下就见一辆大卡车驶进来，车上装了一车水灵灵、红艳艳的西红柿，大家高兴得不得了，都一拥而上，纷纷取西红柿大吃起来。那新鲜汁液顺着嘴巴流下来。正当大家吃得欢时，毛主席迈着慢步走来，来到我们中间，于是，摄影的同志拍下了这张亘古不灭、具有纪念价值的照片。毛主席讲话慢条斯理，深刻。他一讲到关键之处，就把手向前伸出，做出加重语气的手势。

我认真听了毛主席在延安文艺座谈会上的讲话，我拥护；但是，说实在的我当时并没有真正理解讲话的全部精神。

现在，我已是一个老人了。回想起这些，感到如不经历延安整风，是不可能懂得延安文艺座谈会讲话的深层含义的。这不但是我的文学转折点，也是我的人生转折点。不解决这个问题，我是不会走上由毛主席指引的一条正确之路的。

谁令史学家翦伯赞自杀?

李贻贵

1968年12月20日。北京大学，

上午8时多，一个50多岁的老工人匆匆忙忙地奔向哲学楼，当时这里已没有学生和教师，满楼是军人。北京大学两万多教职工当时的领导机关——“北京大学工人、解放军毛泽东思想宣传队指挥部”就设在这里。

他一口气地爬上3楼，到指挥部办公室报告说：“翦伯赞死了！”指挥部总指挥、人民解放军陆军某军政治部副主任大为震惊。因为两个月前在党的八届十二中全会上刚刚发表了毛泽东的“最高指示”：“对资产阶级的学术权威也要给出路”、“不给出路的政策不是无产阶级的政策”，而且特别提到“对北京大学的翦伯赞、冯友兰要给出路”。毛泽东亲自树立的典型没有了，这个责任该有多大！怎么向毛泽东交代？而且，总指挥部所在的某军进京“军管”，是周恩来亲自提的名，对进北大后如何工作，做了具体的指示。周恩来多次在公开场合说相信这个军。

现在出了这么大的问题，岂不是辜负了周总理的希望？指挥部的军人们立即会同“工宣队”——北京第二机床厂的几名工人奔向翦伯赞的住所。翦伯赞仍住在燕南园的单家小院里。他任北大副校长，与毛泽东交情很深。“文革”开始后，除了经常拉出去批斗审讯外、都被拘禁在自己的家里。

来到翦伯赞家，进门客厅是随时监视翦伯赞的那个工人的住所，通往里间翦伯赞夫妇的住房的门已被砸开。房中有两张床，只见翦伯赞夫妇各睡一张床，人们揭开被子，只见两人都整整齐齐地穿着崭新的衣服、崭新的鞋子。

“宣传队”的指挥们首先找那个睡在客厅的工人。当时“宣传队”交给这个工人的任务是，注意翦伯赞夫妇在室内的任何行动、负责给做饭、端饭，他们穿衣、上卫生间等也要在旁守候。这个措施明显地是不让翦伯赞自杀。“文化大革命”近3年来，北京大学军管人员已历三届，造反派你上台我下台不知更替了多少批，这些掌权者对翦伯赞有的是要“留活口”好挖材料，有的是要做“落实政策”的榜样，但有一点是相同的：不能让翦伯赞死去！

值班工人详细谈了昨天晚上的情况："昨晚10点多钟，翦伯赞一如往常准备睡觉。我没有发现有什么异常。他还叮嘱明早给他买几根油条，并把钱、粮票给了我。他们睡后我也睡了。到12点多钟，我听到他们起床了，我正要起床，就听见翦伯赞对我说："天气冷，就不要麻烦您了，我们自己煮点牛奶喝。"我就没有起来。我听到了里面的碗勺的声音，又听到了开箱子的声音，不久我又睡着了。天亮以后，我记起翦伯赞要我买油条的事，我就到海淀的一个铺子里去买了回来。这时已经7点多钟，已早该起床了，我稍等了一下，见里面还没有动静，以为他们还没醒，就叫了几声，见没有答应，就使劲敲门，还是没有答应。我感到出事了，就用肩膀把门撞开了，看见他们好像还在睡，用手一摸已经冰凉了。"

人们在现场发现了一个小瓶子，一看里面还有安眠药的碎末，是吃安眠药致死的。哪里来的能使两人致死的安眠药呢？翦伯赞的一切食品，特别是药物是经过严格控制的，是谁给了他这么多安眠药呢？

为了寻找线索，人们开始对翦伯赞夫妇搜身。很快，在翦伯赞的中山装的两个下衣袋里，各搜出一张二指宽的纸条，展开一看，只见一张上写着"我实在交代不出什么问题，所以走了这条绝路'，另一张上写着"毛主席万岁，万万岁！"何以有人能越过监控直接找到翦伯赞逼材料？

从这两张纸条上可以看出，有人向翦伯赞要材料，翦伯赞受到了逼迫。这个人是谁呢？要他交代什么呢？他又是怎样接触到翦伯赞的呢？

原来，"宣传队"指挥部做过明文规定，对翦伯赞的管理权力归"宣传队"指挥部，不论批斗、审讯等，都要经指挥部批准，外人一律不准接触翦伯赞，不允许任何造反派组织、任何个人接触翦伯赞。

指挥部立即展开调查，首先找到了历史系的造反派，发现这里有一个"翦伯赞专案组"。这个专案组什么时候成立的、为什么成立，专案组从来没有打过报告，指挥部从来也没有听说过。

历史系的这个"翦伯赞专案组"大约两三个月前就成立了。它的成立，以及它成立以后的主要活动，似乎都是为了接待一个人，使这个人能够直接与翦伯赞接触。

"专案组"第一次接待这个人，是1968年10月中旬。这之前，北京大学内风声越来越紧。陈伯达、康生等人先后在全校大会上说：北京大学"池浅王八多"。到7月份，全校已被关的"反动学术权威"达500多人，有的人还在扯起嗓子喊："这仅仅是斗争的序幕！"对"叛徒"、"黑帮"等的批判已不存在理论的批判了，而成为"脱胎换骨"的肉体批判。每天晚上，北大十几个审讯室就开始"工作"，年轻的工人、军人、造反派们将提审对象拉进去问不了三两句就开始打，主要刑具是用橡皮包着的二尺左右拇指般粗细的铜棍，据说这种东西远比皮鞭打下去扎实，伤其筋骨而又不伤皮肤。打的时候，常常是剥光衣服，不论男女。有一次打一个40岁左右的女教员，打手几棍打下去，这个女教员居然不叫一声，这使打手极为恼怒，几把将她的衣服扯光，劈头盖脑地一阵乱棍，女教员倒在地上还是不叫喊，并且两只血眼直直地看着打手，打手被这双眼睛吓了一跳，于是抓起她的衣服包住她的头再打。

也就是在这个季节，1968年10月下旬的一天，一辆小卧车从中南海开出，静静地驶进北大校园。从车上走出一个穿军衣的人，40左右年龄，中等身材、健壮微胖，派头十足。

此人名叫巫中。他不像一般外面来办事的人先到哲学楼找"宣传队"指挥部，而是径直向历史系走去。这是一个神秘人物，想干什么就干什么，他是实际上由江青一手控制的"刘少奇、王光美专案组"的副组长。

当时还有一个神秘人物叫迟群，他的头衔只是八三四一部队的一个副科长，却当上了清华大学的革委会主任，而一个军级干部却当不上北京大学的革委会主任。迟群时而穿军衣，时而穿便衣，穿军衣就管军队的事，穿便衣就管地方上的事。他实际上哪里都可以管，哪一级也能管。

且说巫中来到历史系，对"翦伯赞专案组"亮出身份："我是刘少奇专案组的"，"有紧急情况要调查翦伯赞"。

历史系这几名造反派自发组织的"翦伯赞专案组"没有向指挥部报告，而且从此以后，对巫中的一系列行径一直没有向指挥部透露一点风声。对这个"专案组"来说，也许是一种疏忽。假使没有这个疏忽，翦伯赞就可能是另一种命运。

这样分析形势不是没有依据。当时全党、全国大乱、全军也是大乱，军内派别林立。各种政治势力都选择军事力量为自己的需要服务。中央对一些重要的地方选派"军管"时，是有斗争的。北京大学在1968年陆军某军"军管"之前，已有过两届军管，这两届"军管"，按照江青、康生、陈伯达、谢富治（当时北京市革委会主任）的意图，支持北大以聂元梓为首的造反派，在校园内残酷批斗陆平、彭云等领导干部和翦伯赞、冯友兰等学术权威，在全北京以至全国起了极坏的带头作用。

周恩来在“文化大革命”中总是全力保护干部和知识分子。1968年春，周恩来亲自向毛主席提议，点名要陆军某军进京“军管”北大等单位。周恩来在召见这个军的领导时，又反复说：“我相信你们、信任你们”，并具体叮嘱“要与聂元梓保持距离。不要坐到她那一边”。

其实，全国解放后，周恩来没有再分管军队，历史上也与这个军没有过直接关系，为什么如此信任这个军？

原来，1966年以来，这个军有两件事使周恩来特别满意。一是1966年初邢台地震时，周恩来在邢台指挥救灾，是这个军的一个师，卓越地完成了周恩来交付的任务，二是1967年，某市两派群众进京谈判，当时作为谈判中的军代表的该军军长，当着周恩来、江青、陈伯达，康生、谢富治等人的面，坚持实事求是，多次与江青争论，直接了当地对江青说：“你说的不对”，“事实不是这样”，气得“女皇”脸色发青而又无可奈何。

这个军在北大是按照周恩来的要求行事的。他们与聂元梓“保持了距离”，同时对干部和知识分子做了一些保护，如对翦伯赞、冯友兰等人明确了管理权限，不准乱批乱斗，把他们的生活费提到每月100元。这些举动，使聂元梓、迟群、谢富治等人大为不满。

巫中受命向翦伯赞要的是刘少奇罪证材料。

巫中所以避开校指挥部，始终没与解放军驻校人员见面，除了狂妄之外，另外就是因为观点上有明显的距离。

巫中在历史系“翦伯赞专案组”几个人的带领下找到翦伯赞家。

翦伯赞已70高龄，虽然瘦削，但身体尚好，头脑清醒。半个多世纪精深的学术造诣使他举世瞩目。

巫中一见到翦伯赞就板起脸孔宣布说，翦伯赞你听着：刘少奇的罪行，已经查清楚，中央已经做了结论，他是叛徒、内奸、工贼，马上就要在“九大”上宣布。你是站在毛主席革命路线一边，还是站在刘少奇一边，现在就看你的表现了！

翦伯赞站着，一声不响地等待下文。

巫中讲了刘少奇历史上一次当“叛徒”的情节，并说翦伯赞是知情人。“你只要证明有这么回事，签上字就没你的事了。”

翦伯赞还是一声不吭。

巫中说：好吧！你想想吧。这是给你的一个机会。我等着！

过了20来分钟，翦伯赞说：时间太久了，我一下子回忆不起来。

巫中立定身子，当即喝道：回忆不起来？那不行！必须回忆起来！

又沉默了半个小时，巫中说：好，我给你3天时间，这该够了吧？我3天后再来！说完就走了。

3天中，翦伯赞仔细回忆着一件件往事，翦伯赞与刘少奇，两个湖南人在长期的社会活动中，有过多次的交往和共事。但是，他怎么也回忆不起刘少奇哪一次有过叛变行为。

第三天，巫中果真来了。一听翦伯赞还是“回忆不起来”那句话，顿时暴跳如雷。他指着翦伯赞的鼻子叫道；“你不交代清楚，只能是死路一条！”吼叫了两三个小时才愤愤地离去，并留下话：“我还要来的！你不交代清楚我决不放过你！”

真的从这时起近两个月内，巫中每隔三两天就来一次。他越来越气急败坏，每次审讯三四个小时，越逼越紧。

两方的态度都非常明确而坚定：翦伯赞绝不说半句假话，巫中依仗强权非捞个口供不可。

翦伯赞说不出违心的话，以死抗争。

连续几天，翦伯赞与夫人相对无言，默默地相对而坐，通宵未眠。

第二天。翦伯赞向管理人员说，他睡眠不好，要点安眠药。管理人员给了他一晚的用量，而负责守护翦伯赞饮食睡眠的那个工人又没有监护翦伯赞服下。此后十多天，翦伯赞天天都要安眠药。

12月18日，翦伯赞拿出笔和纸想写字。他握住钢笔在纸上画了几下，不出水，拧开一挤又没水，他叹口气道：“笔都不出水了，我也该完了！”

旁边有人听见了说：“天天批判你的唯心主义，你还在搞唯心主义！”

见翦伯赞不做声，旁人又说：“你说了不迷信的，你怎么又迷信起来了？”

翦伯赞说：“我是不迷信的。不过，到了这个时候，也就信了。”

没有人对这个话引起警觉。

12月19日晚，天气极为为寒冷。翦伯赞夫妇双双服下了积聚起来的安眠药，过后分析，服药时间应在深夜12时左右。他们的身边没有一个亲人、朋友……

“宣传队”指挥部得知翦伯赞自杀，深感事情重大，于是尽快调查上报。12

月20日查清了大致情况，当晚一边整理一边打印。

21日上午8时，指挥部将“翦伯赞自杀身亡”的简报派摩托车送往北京市革委会。按规定，北大的文件送市革委会，市革委会再送中央文革，中央文革再用大号字铅印送毛泽东和林彪。

就在北大指挥部的摩托刚刚发动的时候。清华大学革委会主任迟群突然来了，他看了看翦伯赞夫妇的遗体，一声不响地走了。他走了不到一个小时，突然谢富治打来电话，叫走了进京军管的这个军负总责的副军长，谢富治劈头盖脑一顿臭骂：“毛主席知道了，批评了，你们把事情搞糟了，是些废物！”

原来，毛泽东听到翦伯赞自杀的消息，极为震怒。给翦伯赞“出路”，不是出自同乡情谊，也不是只针对翦伯赞一个人，而是要通过这个典型，给整个知识分子以“出路”。这是毛主席的战略部署。

毛泽东把谢富治叫去，狠狠地训斥了一顿，在场的周恩来也训斥了谢富治。而负责军管北京的这个军也被调往外地。

翦伯赞自杀与毛泽东发出给他出路的指示相隔仅两个月。这不仅令人震惊，更令人思索，没有民主政治体制，无论个人有多大权威，也是靠不住的！

历史的谜团

由一个玩笑引发的政变

张惠诚

玩笑之言，玩笑之事，本无伤大雅。但因为一句玩笑，导致了一场流血的宫廷政变，导致了即位刚刚一年的国君掉了脑袋，却真的有点匪夷所思。

这场政变发生在春秋时期的公元前605年。被杀的国君是郑灵公，杀害他的两个大臣是子公（公子宋）和子家（公子归生），两人都是郑国的宗室。

这一天，上朝的时候，子公的食指忽然自己动了起来。在一边的子家觉得奇怪。子公对他说："每当我的食指这样动的时候，就能尝到非同一般的美味。这种情况已经发生多次，没有一次不应验的。看来，今天又要大快朵颐了。"子家听了将信将疑。

过了一会儿，内侍果然传命，郑灵公要请众臣吃鼋羹（王八汤）。子公见状大喜："果然不出我之所料！"子家等人也跟着笑了起来。郑灵公见他们笑得开心，忙问何故，众人告知原委。郑灵公戏之道："应验不应验，还不是寡人说了算！我不请你吃，你就吃不到！"

朝贺已毕，群臣退入朝房休息，等待美味。子家对子公说："虽有美味，倘若主上不召你，那怎么办？"子公不以为然地说："主上遍赐群臣，怎么会单单丢下我。"

散朝后，郑灵公对内侍一番吩咐。他要开个玩笑，存心不让子公的食指应验。

日影西斜。群臣重新上朝，按照品级大小，依次入席两厢叙坐。子家与子公的官阶最高，当然为左右首席。郑灵公环顾群臣说："鼋是水族美味，异常难见。今天的大鼋，更是稀有。寡人不敢也不忍心独自享用，愿与众卿一起品尝。"群臣纷纷起身拜谢。

一会儿，疱人端着鼎走进来。只见白汽弥漫飘散，香味冲入鼻孔，群臣抽动着鼻翼，眼巴巴地望着疱人。庖人径直向前，跪献郑灵公。郑灵公拿起筷子夹起一块鼋肉送进嘴里，接着又喝了几口鼋汤，连声赞道："好香的肉，好鲜的汤！"

经过灵公这么一搅动，鼋羹的香味更浓了，仿佛空气里到处都是那沁人心肺的香味。过了好一会儿，灵公才在众人的期盼之中吩咐："每人赐肉一鼎，象箸一双！"疱人依照灵公的吩咐，一改往常从上座奉食的章程，竟从下座一鼎鼎地把鼋羹端上来。端到最上首的二席，偏又只剩下一鼎鼋羹。疱人为难了。他看看子公，又看看子家，迟疑不决，只好启奏道："鼋羹只有一鼎，不知赐给哪位，请主公明示。"郑灵公瞟了子公一眼，笑吟吟地吩咐："赐给公子归生吧。"

这样一来，众臣都吃到了鼋羹，唯独子公没有吃到。人们嚼着肉，喝着汤，有滋有味。唯独子公在那里眼巴巴地看着，满脸窘相。郑灵公看在眼里，不免得意，哈哈大笑道："寡人将鼋羹遍赐众卿，与大家同享美味，偏偏轮不到公子宋的。命该如此，可见公子宋的食指并不灵验！"

再看子公，他的脸涨得通红，尴尬已极：他在子家面前已说了满话，话说得太绝；今日百官都得到了国君的赏赐，连品级低微的百石小官也得到了一鼎鼋羹，偏偏自己两千石俸禄的贵戚重卿却没有。在满朝文武面前，自己还有什么脸面？子公满肚子怨气无处发泄，听到灵公的话，总算找到发泄的地方。是灵公损了他的面子，坏了他的灵验，他要在灵公那儿找回来。只见子公霍地跳起来，跑到灵公面前，将食指伸进灵公的鼎里，叉出一块鼋肉，放进嘴里吞了下去，也哈哈大笑道："臣已经吃到了鼋肉，臣的食指到底还是灵验的！"说罢，也不理会灵公，径自下堂离去。

在群臣面前，子公竟敢如此放肆，他的眼中哪里还有国君的尊严？郑灵公气呼呼地摔下象箸，狠狠地说："真是不成体统，公子宋欺寡人太甚！郑国虽小，难道就没有尺寸之刃，砍下欺君犯上者的项上人头吗？"

子家见状，连忙和其他大臣弃鼎离席，跪下叩头，谢罪说："公子宋向来与主上亲近，今日之事，他是恃主上恩宠开个玩笑，不是成心失礼。请主上看在平日的情分上，原谅他吧。"

郑灵公铁青着脸，也不搭话。群臣见状，也不敢再多言。君臣不欢而散。

子家觉得事情不妙，便没有回家，而是径自去见子公。他把灵公动怒的情况讲了一遍，劝他说："明天入朝，一定要向主上谢罪。"子公怨气未消，振振有词地说："不尊重别人的人，别人也不会尊重他。是主上先失礼，他还想处治我，我凭什么要向他赔礼认错？"子家劝解道："事虽如此，但君臣之间，不可因戏语而生怨怒。还是谢罪为好。"子公不置可否，子家只好退去。

次日，两人一同入朝。子公随班行礼，全无惶恐负罪之语。倒是子家看着着急，几次暗示他，子公却只当没看见。子家只好躬身说："公子宋昨日染指失礼，特来向主上告罪。他惶恐之间不能措辞，请臣代为转达。望主上念在他多年来勤谨办事的份上，饶了他吧。"一边说，子家一边向子公使眼色。但子公全然不理，这个梯子算是白搭。郑灵公一见子公那个样，气就不打一处来。他绷着脸，冷冷地说：“是寡人得罪了公子宋，他哪能有什么错处？哼！”说着起身，拂袖而去。

彼此不相让，怨隙越结越深。子公出朝，秘密派人请来子家，对他说：“主上恨透了我，恐怕还要杀我。俗话说：‘先下手为强’。与其坐以待毙，不如起而自救，先行发难。”

子家连连摇手，道：“使不得，使不得！自家的家畜养得时日久了，还舍不得下手，何况一国之君，谁敢轻言弑逆？不可胡言乱语，徒惹祸端！”

子公见子家不从，马上见风转舵，笑着说：“我不过是开个玩笑，您不要当真。”

子家道：“这种玩笑可不是随便开的！谋逆死罪，还要株连宗族，岂可戏言？你放心，我不会多嘴多舌的。”说罢，告辞而去。

虽然子家满口应承，但子公并不放心。万一走漏了风声，就有亡身灭家的大祸啊！只有把子家搅在里面，才能平安无事。他知道子家与灵公的弟弟公子弃疾关系密切，数有往来，便到处传言，说子家与公子弃疾经常秘密相聚，不知商议何事。好事不避人，他们恐怕要做什么危害社稷的勾当。

听到这些传言，子家吓坏了。他急忙找到子公，质问道：“你胡说些什么呀？这简直是要我的命！”

子公道：“我信任你，和你商量大事，你却不干。这是成心害我死呀！既然如此，我也就顾不上什么朋友之情了，我一定要你和我作伴。”

子家素来懦弱，遇事优柔寡断。见子公如此说话，骇然道：“你要干什么？”

子公咬牙切齿地说：“主上是个昏君，这从分赐鼋肉这件事上就能表现出来。这样的昏君，早就该废掉！我要行大事，废昏立明。我们共同扶立公子弃疾如何？”

子家想了想，苦着脸说：“你看着办吧！可别把我牵连进去，我决不说出去就是了。”

得到子家默许，子公便有恃无恐了。他暗中聚集家甲，重金贿赂灵公左右，趁灵公秋祭斋宿，半夜潜入斋宫，轻而易举地杀死灵公。然后，以暴疾讣告国人。

政变后，子公等欲立公子弃疾为君。公子弃疾不忍心兄长的暴死，更不愿受人挟持，便托词不干。不得已，子公和子家遂立郑灵公的庶弟公子坚为君，是为郑襄公。

按孔子作春秋，书曰：“郑公子归生弑其君夷。”放过罪魁祸首子公而归罪于子家，这是为什么？因为子家身为执政重臣，惧谮从逆，知其事而不敢言，“任重者，责亦重”，所以孔子归罪于子家。

王莽篡位之谜

纳兰秋

王莽是个好导演

实事求是地说，王莽是个好导演。

而且是一个有着强烈表演欲的导演。但他总觉得做导演不过瘾，不如亲自粉墨登场的好。因此，他上演了一出由他精心策划，并由他自己担当主角，既荒诞又真实，既让人瞠目结舌又不得不拍案称奇，虽令时人世人后人切齿，主人公却乐此不疲的新编历史剧。

历史剧没有确定的名称，因为背景太宏大，事件太繁巨，人物太复杂，故而不好定名，但大都有历史依据，不是凭空捏造的。

若以第一人称的叙述手法来说，这部历史剧大概可以叫做——我的荒诞一生——而这里的“我”，当然不是真的我，而是历史剧的主角，即王莽也。这只是作者的一厢情愿，王莽知道后肯定不大欢喜。凡是诽谤他并被他知道的人，大概是没有好下场的。不过我算是个例外。我拿古人开涮，向来不惧噩梦萦怀。

我们先看历史剧发生的背景。西汉末年。汉朝的好时候已经过去了，继之而来的是一个外戚专权，政治黑暗的混沌岁月。武帝以后的皇帝，一个个全无乃祖风范，短命的有之，夭折的有之，无嗣的有之，没一个像样的。想到高祖、武帝的武功风采，真不知道这些不肖的子孙做什么吃的，由此我也怀疑遗传学的某些定律是不是真的科学。

不过，也不能全怪他们，祸根早就种下了。有汉一朝，外戚的问题就像是顽固的牛皮癣，自始至终困扰着大汉王朝的肌体。最后久治不愈，竟死翘翘了。整个西汉的213年的历史，外戚集团的势力不容小觑。吕氏、窦氏、田氏、霍氏、王氏……相继专权，即使强如高祖、武帝，也被这些老丈人、娘舅、大小舅子折腾得够呛，更不用说平庸孱弱的元、成、哀、平诸帝了。

其实外戚这东西，说白了就是一个寄生群体，没有别的本事，就是能沾光，正所谓一人得道，鸡犬升天，何况是皇帝的外祖父，亲娘舅呢？人之常情，皇帝也概莫能外。只要有皇帝极权专制的存在，外戚集团的势力就不可能清除。但是这里有一个猫腻。如果皇帝强而有力，则外戚集团就会收敛锋芒，为皇帝效力尽忠，那就谈不上专权了，而且有的时候皇帝确实需要外戚的支持才能坐稳位子。如果皇帝幼而孱弱，则外戚集团就会张牙舞爪，让皇帝做木偶人，而真正操纵权柄的却是外戚，这样就算专权了，祸国殃民。所以说，外戚是否专权是跟皇帝的状况息息相关的。皇权更迭、皇帝长幼强弱，都是决定外戚势力的关键性因素。由此而派生的新旧外戚的斗争、外戚和宗室的斗争，犬牙交错，枝节横生，利益关系复杂之甚，命运前途影响之巨，让人惊叹。

王莽的发迹，并不是因为他如何有能耐，而是在于他的外戚身份。当然不可否认他有一套，但是天下有一套的多了，为什么偏偏王莽脱颖而出呢？那个时候不时兴机会均等，什么事情都是捷足者先登。所谓的捷足者，就是指有官方背景的人而言的。正当其时的王氏外戚集团是王莽崛起的决定性力量。

王莽的曾祖父叫王贺，是个德高望重的人，而他的儿子王禁，也就是王莽的祖父，却不拘小节，好酒及色，这个人突出的特点就是生育能力强，生养了4个闺女8个儿子。王莽的父亲王曼在8个儿子中排行老二，由于过世较早，只留下王莽和寡母相依为命。

不实行计划生育的好处就是没准哪个就出息了，从此家境为之改观，大富大贵也未可说。这是一种变相投资。此话可不是胡说，诸如母以子贵、父以女贵、兄以妹贵的事情古来多的是。王氏家族就是这么回子事。王禁的二女儿王政君就是使王家满门骤贵的根源所在。

史书上载，王政君尚未出生的时候，她的母亲梦见月亮入怀。这当然是古代史官的一种常用笔法，所谓非常之人当有非常的征兆，其母梦见月亮入怀，乃是预兆王政君将来必是大富大贵。现在看来，这些说法完全没有科学根据，但在讲究谶纬之学的古代，这种说法是非常深入人心的。

王政君长大后，“婉顺得妇人道。”就是三从四德做得好，口碑好。但是这个女人克夫。而且奇在不是婚后克夫，而是克未婚夫。到了待嫁的岁数，王禁忙前忙后的给王政君找婆家，可是一连好几家，其未婚夫都在结婚的前夕莫名的死去，害得王禁一度为女儿愁嫁。有的人就跟王禁说，你们家政君是大富大贵之人，凡夫俗子哪能匹配的起，非得找王公将相才行。按理说，王政君长得漂亮，人又贤惠有美名，搞对象绝不成问题，但是普通人家都不敢要了，怕死人。最后，东平王刘宇不信邪，将政君聘为姬，可是没成想，政君尚未入府，刘宇就一命呜乎。可见一般的贵族也不能幸免。

后来王禁无奈，将王政君献入宫中。王禁心里话，小样，我就不信你还能把皇帝也克死，那可是真命天子。王禁此举无意中犯了谋害君王罪，只是别人没有揭发他罢了。他怎么可以让皇帝以身犯险呢？如果皇帝真的因为政君进宫而莫名死去，这样重大的事故责任谁人能担？难道女子入宫之前不需要经过严厉严格的审查吗？有过克夫背景的王政君怎么可能通过审查？负责审查的人不怕掉脑袋吗？有时历史就是睁一只眼闭一只眼，深究起来破绽百出。

中国有句古谚，叫做有心栽花花不发，无心插柳柳成荫。王禁的无奈之举，竟使王氏家族的命运发生了翻天覆地的变化。一个并没有前途可言的家族，咸鱼翻身，一跃成为当时最显赫的门庭。

原因在于王政君的运气实在好的让人艳羡。

政君入宫后一年有余，皇太子刘奭的宠妾司马良娣病逝，临终前还忘不了进谗，把她的死归咎于其他嫔妾的诅咒。刘奭于是迁怒于众嫔妾，谁也不去接近。他老子宣帝一看儿子闷闷不乐，心里着急，就让皇后给太子选淑女。美女可以解忧。政君就在被选之列。一切都准备好了以后，宣帝就叫来太子，让他从候选的5个淑女中选择一个自己喜欢的入东宫侍奉。刘奭心怀旧姬司马良娣，哪有心思挑选淑女，于是心不在焉地随手一指，就她吧。说来也巧，所指女子正是王政君。

后面的事情就顺理成章了。那就是王政君被太子刘奭所幸，生了一个儿子叫刘骜。宣帝死后，太子刘奭继位，是为元帝。汉元帝立刘骜为太子，王政君也成了元帝的皇后。王氏一下子鸟枪换炮，飞腾起来，出现了“一门十侯，五大司马”的盛景。武帝以后的西汉官制，大司马大将军的职位是高于丞相的，手握全面的军政大权。王氏一门出了5个大司马，当政将近廿余载，可见其权倾朝野、不可一世的显赫。

另外一个值得特别关注的王政君的特点，除了成为皇后这段特殊的经历外，就是她的富于春秋。她不仅做过皇后，还相继地成了太后，太皇太后，直到王莽篡位建立新朝的时候，她老人家一直是汉朝的最高代表，也是汉朝的核心凝聚力所在。

在这里之所以把王政君的事迹拿出来详述，实在是因为她对于王氏以及王莽太重要了。王政君是王莽的姑母，她又是皇后，将来还要做太后、太皇太后，王莽的政治生命和资本全系于她一身。要是没有王政君在，要是她没有做皇后、太后、太皇太后，要是她没有倚重提拔王莽，要是她早一点看清王莽的真面目，也许王莽什么事也做不成，王莽也不会滋生篡位的野心。

可是历史不能假设，正如人生不能重来一样，王莽不仅做了，而且做得轰轰烈烈，尽管背负了千古的骂名。

做秀专家

现在是互联网时代。因为互联网新媒介的特点，造就了一大批做秀的高手，这些人是互联网海洋里的弄潮儿，他们做尽了丑事、恶事，还不以为耻反以为荣，让这些事成为时尚的噱头，引起无休止的以讹传讹、街评巷议。不过，现在的做秀高手是凭借了互联网的手段，倘若没有了互联网，恐怕就翻不起大风大浪了，所能运用的手段和发挥的影响也必将捉襟见肘，因此大可不必对网络做秀景之仰之心向往之，雕虫小技而已。

遥想一下西汉末年，既没有四通八达的互联网，也没有可以肆意炒作的亮点，诸如性、婚外情、一夜情等，而且人的思想也比较保守正统，剑走偏风的现象不会得到推崇，独树一帜的另类行为也不会赢得青睐，这种情况下做秀就比较难了。但是不是因为没有做秀的氛围就不做了呢？不是。越是艰难越向前，这是古往今来做秀高手的信条。王莽是古往今来的第一做秀高手，前无古人，后无来者，今天这些做秀的人，到了王莽面前，徒子徒孙都算不上的。王莽之高就高在，于西汉末年那样的不容易做秀的时代，硬是做出了一场轰轰烈烈、旷世罕见、空前绝后的真人秀。

汉代以孝治天下，为了突出“孝”的概念，每个皇帝的庙号里都要有一个“孝”字，如孝文帝、孝景帝、孝武帝等等。孝也是儒家的核心概念之一，由其衍生或与其相关的忠、仁、谦、恭、顺等概念在古代左右人的思想至为深刻。汉武帝罢黜百家独尊儒术以后，尤为如此。这就是王莽生活的时代的社会大环境。要想在这样的社会环境中制造舆论，做秀炒作，以达到不可告人的目的，就要深谙社会大环境的特性，做到投其所好。

王莽是个人才，这种事不用学就会，无师自通。社会不是推崇儒家和孝道吗？好，我王莽就做给你们看。而且王莽做事总是从长计议，就是看长，平时的蝇头小利他是不看在眼里的。他做的每件事，他做的每场秀，都不是单独成立的，而是为了一个总的目的。而这个总目的，随着王政君对他倚重程度的加深，不断地提高、加码，最后竟要取代汉家江山。

由于王曼去世得早，没能赶上政君当皇后所带来的封赏，王莽从小就没有享受过其他叔伯兄弟那样锦衣玉食的生活。少年时代的王莽守着寡居的母亲过活，远离了骄奢淫逸，使他养成了好学深思的品行，这一点很重要，是他日后崛起的先决性条件。他忘却了声色犬马，把大把的时间花费在研究儒家典籍上，与一大批儒生建立了良好的个人关系。这些事情在他的叔伯兄弟们看来，王莽就是一个另类，我们王家需要那么做吗？可是，在他们大不以为然的同时，王莽逐渐地建立了属于自己的人脉，也赢得了谦恭折节的美名。王莽从小就知道自己应该怎么活，应该怎么努力，而不想做一个浑浑噩噩的糊涂虫。

阳朔三年，王莽的伯父王凤病重，王莽开始了人生的第一次做秀。他日夜随侍左右，亲尝汤药，忙得连洗手洗脸的时间都没有。以至于蓬头垢面，几个月衣不解带，生怕由于自己的疏忽导致伯父病情加重。王凤的亲生儿子都做不来这些，因此王凤大受感动，弥留之际，将侄儿王莽和外甥淳于长一起托付给元后王政君和汉成帝刘骜。

淳于长是谁呢？他是王禁大女儿王君侠的儿子，元后王政君的外甥，王莽的姑表兄弟。王凤病重期间，淳于长和王莽一样日夜侍候，史书上记载“晨夜扶丞左右，甚有甥舅之恩”。故王凤弥留之际，一起将王莽和淳于长托付给妹妹元后王政君。这个事情对王凤来说，没有任何意图，一个是自己的侄儿，一个是自己的外甥，半斤八两，不存在偏向于谁的问题。但对于王莽来说，他却觉得淳于长是他上进路上的一个政敌。

虽然说有淳于长跟王莽齐头并进，但王莽的做秀是十分成功的。在王政君眼里，王莽是诸侄当中最富令名的一个，绝非其他纨绔子弟可比，因此对王莽也多有留意。

王莽较淳于长呢，优势在于他结交儒生，人际关系好，而淳于长呢，在作风和道德上就不足称赞了。王莽玩阴的，把淳于长的不良记录一一登记于册，以备将来淳于长挡路之时，拿出来打倒他。

王凤死后，他的弟弟，也是王莽的叔父王根成了大司马大将军。可是王根也老了，当权没有几天便重病不起，王莽像伺候王凤一样对待王根，丝毫不懈怠，而淳于长就不行了，此时因王凤的推荐做上高官，对王根的病重不以为意，心想着死了更好，我便可以顺理成章的做大司马大将军。

历史上不乏这样的大头症患者，他们不懂得政治的残酷性，一旦得志便猖狂不止，忽视敌对力量的存在，最终也成为政治斗争的牺牲品。对于这种人，根本不值得同情，相反倒要鄙视他，目光短浅者是不适合从政的。

王莽抓住了淳于长的软肋，也不顾及姑表之情，施展一个小伎俩，便将淳于长陷于不义之地，使他彻底的丧失了政治资本。

王莽对病重的王根说，叔啊，你看你病了这么多天，淳于长也不来看你，我看他是良心坏了，有人告诉我，他知道你病了，心里还很高兴呢，说你死了，大司马大将军的职位就非他莫属了，他甚至安排好上台后的人选，什么人该封什么官，什么人该担当什么样的职务，他心里都有谱啦。

王根一听就骂王莽，混蛋，怎么不早跟我说？王莽诚惶诚恐，早不敢跟你说啊，因为不知道你对淳于长是什么态度，也害怕你生气加重病情。王根一听也是这个理，就指示王莽把情况报告给元后。

王莽见到姑母后，把刚才的情况一说，还拿出那本专门记录淳于长劣迹的小册子给她看。王政君看后勃然大怒，让王莽把情况汇报给成帝。成帝下诏免去淳于长的官职，让他回封地去闭门思过。

淳于长事件虽小，但隐藏的东西却很多。

第一，王莽厚积薄发，少年时代打好了底子，为其在政治风浪中搏击积累了资本。这样的资本既包括人脉资源，又包括名誉，还包括政治手腕和手段。在公众眼里，王莽是个大孝子，待人接物有古贤风范，儒生们以交结王莽为荣；通过伺候病重的王凤和王根，王莽赢得了王氏家族的信赖，尤其是姑母太后王政君对他青眼有加，认为他是王家不可多得的人才，肯定要加以重用的。这一切都是王莽较之其他族人无法比拟的优势所在。

第二，淳于长的跌倒，使得再没有人跟王莽争夺大司马大将军的位子了。王莽之所以要扳倒淳于长，就是因为淳于长对他构成了现实威胁。王根病重后，有两个人有能力跟王莽争夺大司马大将军的位子，一个是王立，他是王莽的堂兄弟，但这个人见钱眼开，成不了大气候；另一个就是淳于长，他是王政君的外甥，成帝的姨表亲，而且还封了侯，实力不容小觑。故而王莽要寻机铲倒淳于长。淳于长政治上的弱智给了王莽可趁之机，他的结局也是咎由自取。

第三，王莽这个人够阴险，玩阴的有一套。他在社会上有好名声，儒生大都向往他，可那全是假象。真实的情况是，这个人为了目的不择手段，不讲亲情。淳于长怎么说也是他的表兄弟，可他却不管这一套，只要有成为他的“路障”的嫌疑，他一概下手不留情。玩两面手，阴的一套，阳的一套，定型为王莽惯用的伎俩。阳的一套是做秀，沽名钓誉，而阴的一套则是下杀招，无毒不丈夫。

这就是真实的王莽，也是隐藏在他光彩的做秀背后的见不得光的另一面。

绥和元年，王莽 38 岁，他如意地登上了大司马大将军的宝座，在他一生的政治生涯中迈出了至关重要的一步。从此，他迈进了权力中枢区，他的一举一动都可能造成重要的影响。

然而这只是一小步，王莽的心思不在于此，而是有着更加长远的目标。

离不开的王家班

正当王莽雄心勃勃坐稳位子的时候，发生了一件大事，此事足以使王莽垂头丧气。汉成帝死了。成帝无嗣，只好过继小宗定陶共王刘康的儿子刘欣嗣位，是为汉哀帝。

问题出来了。这个刘欣跟王政君和王莽没有任何血缘关系，人家有自己的母亲、祖母，刘欣想要坐稳皇位，一定会引入新的外戚力量，这样的话，新旧外戚之间的权力冲突不可避免。

王政君觉出端倪，为了避免新旧外戚的激烈碰撞，示意王莽主动交权。王莽无奈“上书乞骸骨”，表示愿意让出大司马大将军的位子。

刘欣也不是糊涂人，他的周围都是他王家人，要是同意王莽辞职，今后的工作就不好展开了。为了坐稳皇帝的位子先，刘欣不同意王莽离职，并派人好生抚慰。

王莽虽然没有丢位，但刘欣对他再也不像成帝刘骜那般信任了。成帝是王莽的亲表兄，打断骨头连着筋，何况王政君会做人，搞得表兄弟间的关系非常融洽。

刘欣却跟王莽没任何关系，八竿子打不着，他虽然没有撤王莽的职，但却引进母族丁氏、祖母族傅氏两家外戚与王氏抗衡。哀帝即位之初，和旧戚王氏之间的关系很别扭，双方都隐忍未发。

但接下来的一件事导致双方矛盾公开化，哀帝和王莽直接过招。王莽为了巩固王氏外戚的既成利益，不惜与哀帝决裂。这既是新旧外戚的矛盾，也是皇权和相权之间的矛盾。

自古以来，小宗入继大宗就是一件麻烦事。大宗绝后，小宗入继，倒也无可厚非，都是宗室至亲，可毛病出在小宗入继后，要尊大宗的父母为父母，原来的亲生父母却要割断关系。这种残酷的宗法制往往引起轩然大波，历史上这类事情不在少数。

哀帝即位之初，尊王政君为太皇太后，自己的祖母傅太后和母亲丁后仍留在定陶共王在京师的府邸，没有改变原来的封号。

有人提议，应该追尊哀帝的亲生父亲定陶共王刘康为定陶共皇，丁后为皇后，但遭到王莽的强烈抵制，无果而终。

哀帝的祖母傅太后得知后，勃然大怒，在她的施压下，哀帝还是下诏追尊刘康为定陶共皇，傅太后为共皇太后，丁后为共皇后。

事后不久，哀帝在未央宫举行盛大宴会，乃为他登基以来规模最大的一次。负责宫廷宴会的内者令为傅太后张幄设座，与元后王政君同列。

王莽本来就一肚子气，追尊定陶共皇的事情对王氏太不利了，刘欣这小子看来不是省油的灯，又看到傅太后的座位与姑母的并列，他实在无法容忍，于是严厉斥责内者令，你是做什么吃的？你难道不知道傅太后是藩王之妾吗？她怎么能和至尊太皇太后并列？吓得内者令赶忙撤去傅太后的座位，安置在侧旁。

傅太后也不好惹，一看王莽如此目中无人，坚决不入座就席，双方争持不下，闹得沸沸扬扬，宴会不欢而散。

王莽没料到傅太后会有如此过激反应，于是尴尬之余再次“上书乞骸骨”，玩弄老把戏。可这次哀帝却没有挽留他，而是赐金500斤，让王莽滚蛋了。哀帝也深恶痛绝于王莽的盛气凌人、咄咄逼人的气势。

这次过招的结果，是王莽暂时离开了政治舞台。可好戏还没有结束，王莽离职不等于丧失了影响，相反哀帝和王莽之间的较量会不断升级。

那么哀帝有没有和王莽较量的资本呢？试分析之。

首先，哀帝是以外藩继大统，即位时年龄也才二十几岁，怎么说也是乳臭未干，既没有丰富的阅历，也没有足够的从政经验，最致命的一点就是没有丝毫的政治影响力，要不是成帝无嗣，谁知道定陶共王是做什么的啊？王莽就不同了。王氏主政已廿载有余，况元后尚在，影响力是十分巨大的；王莽一直从政，经验丰富，能坐上大司马大将军的位子就说明他有两把刷子；王莽政治野心大，绝非哀帝所能揣度，若论政治手腕，哀帝与王莽无异于小巫见大巫。以上可见哀帝先天不足，不足以和王莽较量。

其次，哀帝赶跑了王莽，可王莽离职后留下的空白谁能填补呢？傅氏？丁氏？这两家除了与皇帝是亲戚外，没有任何可夸耀处，可以说是一群废物，找不出一个在资历、能力和人望方面可与王莽相当的人物。哀帝让王莽下课的同时，并没有建立自己的强有力的班子。离开王莽玩不转了，哀帝也肯定会很痛苦。

再次，哀帝重用董贤，是错走一着棋，导致满盘输。董贤何许人也？研究同性恋史的人肯定很熟悉。哀帝在历史上最著名的一件事就是“抽刀断袖”。董贤拥有漂亮的脸蛋和优美的身段，除此之外一无是处，但这恰能投哀帝之所好。哀帝“悦其仪貌，引上与语……出则参乘，入御左右，旬月间赏赐累巨万，贵震朝廷”。董贤是中国男人里靠脸蛋吃饭的佼佼者。有一天，哀帝与董贤同床而眠，哀帝的衣袖被董贤枕在身下，哀帝先醒来，为了不惊动熟睡中的董贤，哀帝抽刀将衣袖割断，这就是“抽刀断袖”典故的由来。更有甚者，哀帝曾说过：将来百年后，要将帝位禅让给董贤——诸如此类的话，可见哀帝的混蛋。两个男人相恋在当时已遭天下人指摘，何况哀帝还让董贤做大司马大将军以代替王莽，更是滑天下之大稽。这些都证明了哀帝后天失调。

先天不足，后天失调，没有自己的班底，再加上短命，所以这些决定了哀帝只能成为一个无所作为、让人唾弃的皇帝，也为王莽的东山再起做出了预示。

不归路上，凯歌频传

元寿二年，荒唐而短命的哀帝结束了自己的生命行程。他和成帝一样，没有留下子嗣，傅、丁两太后先他一年死去，年迈但健康的元后王政君不得不再次出山收拾残局。王政君也看出这是王氏再起的好机会，于是命使者召回王莽，让他统筹为哀帝治丧诸事宜，趁机将军国大权再次授予王莽。王莽在沉寂 3 年后，终于又重新站在了政治舞台上，这次他可要好好的露一手。

王莽重新执掌政权后，办了 4 件大事。此 4 件事为其篡位做足了准备。其野心昭昭，路人尽知，只有王莽自己半遮半掩，不断做秀，折腾个没完。

其一，逼死董贤。董贤这厮确实该死，此人不除，祸国殃民。王莽此行实乃大快人心之举。董贤自杀后，相关政府人员清查其家产，竟达 43 万万之巨，每一个铜板都是民脂民膏。京城百姓对董贤之死拍手称快，“长安中小民欢哗，向其第哭”。可见老百姓长期积聚的不满终于得以发泄。王莽为民除害，一举两得：一则重新从董贤手中夺回大司马大将军的职位，这标志着王莽又杀回来了，肯定会有大动作；二则又为自己赢得了美名和人望，人气骤升。元后顺应情势，任命王莽为大司马，领尚书事，成了一人之下万万人之上的辅政大臣。

其二，迎立幼主。哀帝无嗣，王莽便从元帝的直系重孙辈中物色人选。结果可选择的余地不是很多，只有中山孝王的儿子刘衎符合条件。于是王莽派使者持节从中山国迎来刘衎即皇帝位，是为汉平帝，年方 9 岁。新皇帝的这个年纪使王莽十分欢喜，年纪幼小不能决断朝纲，故而元后临朝称制，那就相当于朝中一切大小事务全都由王莽说了算。王莽实际上行使了差不多和皇帝一样的权力。这对王莽的刺激太大了。

其三，排除异己。这次王莽重出江湖，便不是好来头。贬居3年，他什么事也没做，就是处心积虑的东山再起，以攫取最大的政治利益。王莽排除异己的对象有三类：

一是王氏家族中威胁到他地位的，如他的唯一健在的叔叔红阳侯王立，虽然已经老的不能为官了，可是王莽还是不放心，在元后面前说坏话，硬是让元后把老头儿王立赶回封国。与此同时，王莽还挟持元后把同一辈的叔伯兄弟王仁也赶回封国，造成了元后想用王家人，有且只能有王莽一个人选的局面。

二是朝臣中的不合作者。谁要是不买王莽的账，对不起，滚蛋走人。在哀帝死后的政治清算中，大司空彭宣侥幸得以保住官职，按理说对王莽应该心怀感激，可是老彭认为自己虽位列三公，但一切事情都得以王莽马首是瞻，难以表达自己独立的观点，充其量不过是王莽的小伙计罢了，这样的官不做也罢，于是告老还乡。王莽一看，好啊，不是不合作吗，你告老还乡，我一分钱的安置费都不给你。可怜的大司空，只能冷冷清清地回到自己的封地，销声匿迹。这是好的，有的不合作者的下场是流放，甚至杀头。

三是任何与傅、丁两家外戚有瓜葛的官员一概革职不用。王莽对哀帝即位之初傅、丁两家外戚给予自己的挫折一直耿耿于怀，总想伺机报复。可是当他二次执政的时候，傅、丁两位太后已死去，尽管两家的亲属已经全数革职罢官，但王莽总觉得不解气，于是就在元后面前进谗，说傅、丁两后的坟墓比元帝的陵墓还要高大，这是不行的，是一种僭越行为，应该发棺戮尸。元后不同意，人死了死了一死白了，没必要把事情做绝。王莽不听，根据正藩之理力争，元后无奈只得依从。结果王莽派人将傅丁两后的陵寝铲平，并在周围种植荆棘，这才泄愤。

其四，谋求国丈。王莽此举的动机，完全是从元后身上看到的。要是没有元后，哪有王家“一门十侯，五大司马”？要是没有元后，哪有王莽两次出任大司马大将军？要是没有元后，王莽的一切都是虚妄的。王莽知道此中有深意，故而想让目前的佳境延续下去。可是元后不可能长生，他于是想到了自己的女儿。在王莽的一手策划下，其女儿顺利地当上了平帝的皇后。王莽又为王氏外戚注入了新的血脉，可是他能等到女儿生子即位的那一天吗？不是他活不了那个岁数，而是他的野心不容许他再等了。

通过以上种种行为，王莽把大汉的权柄牢牢地操于己手。

王莽是个名副其实的好导演，由他导演的连续剧离奇不断，高潮迭起。按理说，以现在手中无异于皇帝的权力，王莽应该收手了。可是不行，王莽不喊“cut”，谁也甭想停止。

王莽阳的一套标榜儒学，可阴的一套却向往法家的极权主义。权力的独木桥上怎么能容得下两个人呢？深谙此道的王莽，毫不心软地向孱弱的平帝施展了阴谋诡计。他的目的已经变得很纯粹，那就是唯我独尊，不管是谁只要是妨碍他向至高点攀爬，他就会除之而后快。

14岁的平帝染病，无疑又刺激了王莽蠢蠢欲动的野心。王莽认为平帝总会长大，如果将来一旦亲政，自己的权力就会被收回，做皇帝的梦想就会破碎，这是王莽无论如何也不想见到的结局。于是，他下定决心要把平帝摆平。

他的手段还是老一套，玩阴阳两面手。一方面在平帝面前，猫哭耗子假慈悲，痛心疾首，甚至想代替平帝去死；另一方面，于花椒酒中下毒，在腊八节这一天，由他亲自进献给平帝喝。平帝饮了岳父这杯酒，五脏六腑如同蚁咬，没折腾多久便一命呜呼。王莽故作悲戚，放声痛哭，如丧考妣。

《汉书·平帝纪》中颜师古的注云：云帝春秋益壮，以母卫太后故怨不悦，莽自知益疏，篡杀之谋由是生，因到腊日上椒酒，置药酒中，故翟义移书云，莽鸩杀孝平皇帝。

颜师古是个非常严肃的史学家，望风捕影的事不会乱讲。他认为历史上西汉孝平皇帝却是被王莽鸩杀的，没有什么值得质疑的。

从上面一段记载可知，随着平帝的年龄增长，再加上其母卫太后对王莽不满，王莽感到自己的地位不稳固，故而起下不良意。上面提到的翟义又是何人呢？翟义是第一个起来反抗王莽的地方官，他为了号召民众参加起义，写信揭露王莽鸩杀平帝的事实，对王莽的做秀和施骗进行了有力的回击。

鸩杀平帝后，王莽立两岁的广戚侯子婴为帝。两岁的婴儿知道什么，王莽更加是秃子打伞——无法无天。

当王莽的权利一天比一天显赫的时候，全国各地反抗的声音已如潮涌，王莽的种种倒行逆施，种种的忤逆阴险，不断地激起民愤。天下的形势不容乐观，可王莽却在不归路上乐此不疲。

皇帝不是好当的

王莽飘飘然，觉得自己离皇帝的位子只有一步之遥。他要再努努力，只需再用那么一点心思，皇帝的宝座就非他莫属。

王莽是以儒学起家，而儒学自从董仲舒改版以后，变得有点荒诞不经了。其中有“天人感应”一说更加离奇。所谓的天人感应，就是说自然现象的发生不是孤立的，而是有所预示。由天人感应衍生的符瑞学说，更是主张一种不常见的自然现象或社会现象不是孤立存在的，而是现实政治的反映，昭示天意，预卜吉凶，代表着潮流的走势和趋向。

王莽穷治典籍，对于符瑞一说了如指掌。他深切的知道老百姓信这个，比孔老夫子的话还好使。于是，为了取汉而代之，王莽要在符瑞上大做文章。我一再说王莽是个好导演，因为他会运用适当的工具，知道什么时候用什么样的工具，且运用的娴熟程度，出乎人们的意料。

将符瑞作为一种重要的政治手段，靠符瑞登上皇帝之位，又在符瑞的泛滥中沉沦，最终被符瑞所累走向灭亡，这就是王莽余下生命的轨迹。

居摄三年——从这个年号我们就知道，王莽已经行摄皇帝 3 年了，离真皇帝的宝座只在咫尺——在王莽的精心策划下，全国各地纷纷奏上代表天意要求王莽做皇帝的符瑞。元后每天在朝堂上，没别的事做，就是读有关符瑞的奏章，看地方上献上来的符瑞。

王莽趁机上书元后说，姑母啊，侄儿在汉室遭遇最大危险的时候，殚精竭虑地予以拯救匡扶，可是上天的本意是让我做皇帝，这是上天的旨意，我怎么能推脱呢？急不可待之状溢于言表。

正当元后犹豫未决之时，有一个投机分子帮了王莽的大忙。他叫哀章，四川人，是在太学读书的大学生，他看到王莽做了摄皇帝后，把符瑞视若神明，迟早要做真的皇帝，于是他决心来一次政治冒险。他偷偷做了两检铜匱，一检上写着“天帝行玺金匱图”，另一检上写着“赤帝行玺某传予皇帝金策书”，金策书中明确写着刘邦将皇位传予王莽，元后应该尊承天命将帝位授予王莽。还写着王莽登基后，应该授予哀章何种官职。

哀章献符瑞的事件是王莽计划外的，他听说后满脸诧异，寻思这个哀章何许人也啊？我未曾指使他献符瑞啊？一下子，王莽丈二和尚摸不着头脑。好在哀章投的是王莽的机，献符瑞为的是王莽当皇帝，自己做大官，对于王莽来说有惊无险。

哀章的投机行为打乱了王莽篡汉的部署，他本来想慢慢来的，有条不紊地进行，可这下不行了，哀章的这个符瑞使得王莽骑虎难下。废汉登基吧，各种准备略显仓促；维持现状吧，哀章的符瑞又要求他必须马上行动。王莽左右为难，不知如何是好。后来思来想去，再加上左右谋士们一致同意马上行动，王莽也决心马上代汉立新。

可是，还有一个骨头不好啃，就是王莽的姑母元后。元后以为王莽以前要的那些头衔，什么“安汉公”、“假皇帝”、“摄皇帝”等等，无非是揽权，没想到她这个一百个可信的侄儿，竟要动真格的，废汉自立。元后无论如何也不能接受这样的现实，王莽怎么能如此的忘恩负义呢？

元后把传国玉玺狠掷于地，对王莽派来索要玉玺的王舜破口大骂，你们王家父子世受汉恩，累世富贵，不但不思回报，反而因利乘便，夺取人家的江山，人到了这个分上，猪狗不如！你们应该做一方新玉玺，还向我索要这亡国之玺做什么？我是汉朝的老寡妇，旦夕且死，不过你们也一定不会有好下场的！

老太太悲愤至极。饱受三从四德影响的元后，向来以刘汉王朝的捍卫者自居，在她看来，汉朝亡于她手，实在是奇耻大辱。不过，说句公道话，王莽篡权汉元后是难辞其咎的。班彪认为：“王莽之兴，由孝元后历汉四世为天下母，享国六十余载，群弟世权，更持国柄，五将十侯，卒成新都。位号已移于天下，而元后卷卷犹握一玺，不欲以授莽，妇人之仁，悲夫！”在班彪看来，王莽最终能篡位成功，元后是最大的责任人。请神容易送神难，元后自饮苦酒。

公元9年，得到玉玺的王莽举行登基大典，建国号为“新”，改年号为“始建国”。自此王莽由幕后走到台前，粉墨登场了。

西汉灭亡了。西汉的灭亡是在所难免的历史趋势。那是由长期积累的社会矛盾决定的。王莽篡汉建新只是西汉灭亡协奏曲中一个变奏。王莽借此成功地实现了从导演到演员的转换。

新朝建立后，王莽心中窃喜不已。但是他不曾想到，他虽代替汉朝建立了新朝，可西汉末年积重难返的烂摊子，他不得不面对承担。他本以为得了大便宜，却没想到使汉朝皇帝一筹莫展的时局，现在轮到他挨了。

王莽终于当上了皇帝，为了这一天，王莽做了许多他本不愿做的事情，说了许多他本不愿说的话。王莽的阴谋实现了，尽管遭到了元后的诅咒，尽管自知无力收拾残局，可王莽依然我行我素。

在这场篡汉的好戏中，王莽是不得人心的。他的高超的骗人伎俩，于残破的时局丝毫无补，只不过赚足了当世以及后世的骂名。王莽的篡汉使西汉避免亡于浩荡的农民起义，而他所建立的新朝却不免于这个结局。

王莽篡汉建新的时侯，天下已然沸腾，农民起义四方涌动，王莽为了攀爬到权力的顶峰，无视时局的变化，做出了毫不明智的火中取栗之举，贻笑千古。

不可否认，王莽骗人的技术是一流的，古今无匹。但当上皇帝后，王莽所采取的一系列王政复古的政策证明了他除了骗人之外，实在是一无是处。他应对时局捉襟见肘，窘态百出。他虽得到了不可一世的权柄，却陷入了做梦也没想到的山穷水尽的绝地。路都是自己走的，王莽也不例外。

地皇四年，也就是公元23年，天下事已到了无可挽救的局面。绿林、赤眉两大起义军声势浩荡，以摧枯拉朽之势扫荡一切。王莽坏菜了，根本拿不出科学的决策。没想到当皇帝会到这种地步，到哪说理去？

同一年，起义军攻破了长安城的宣平门，进而围逼皇宫。王莽在一群死党的支持下，负隅顽抗。这时候应该感谢一个叫杜吴的人，是他结束了王莽羞耻而荒诞的一生。

十月初一，长安城中市民倒戈，放火焚毁宫殿。人们高喊“反虏王莽，何不出降！”攻下一座座宫殿。王莽一看，心窄！象征了王权的宫殿被毁，到处烟熏火燎，惨叫声骂声一片，对符瑞深信不疑的王莽，面对着眼前的一切，又会作何感想呢？大概大势已去，非人力所能左右。

王莽在火光中，手擎着一把匕首，面色铁青，头发凌乱，身上的龙袍已被大火烧烂。他大声嚎叫：“我做皇帝乃是上天的旨意，乱兵能奈我何？”到现在他还尚未从迷梦中醒来。眼前的一切无从解释，王莽骗来骗去，竟然自己也深陷其中，难以自拔。王莽不愧是意淫中的一等一的高手，比起时下自封的意淫高手来，不知道要高多少倍。

十月初三，王莽看出宫中不足以守，便从白虎门潜逃，来到渐台。渐台是一个池水环绕的小岛，人工造就，巧夺天工，没想到这小小的池中之物，竟成了埋葬王莽和新王朝的坟场。

王莽丢弃的皇宫很快被起义军占领。起义军在宫中大喊：“反虏王莽安在？”有一宫女惊吓之余，大声地喊出了王莽潜逃的目的地——渐台。起义军一路追来，将渐台围了个水泄不通，鸟飞不过。王莽军和起义军展开互射，结果王莽军矢尽援绝，一败涂地。

王莽躲进一个小黑屋子，再也不顾及皇帝的威严，双手抱着头，眼光中流露出一片惊骇之意，瑟瑟地犹如惊弓之鸟。好似强盗行径败露，被逼退入绝境，左右思量不得解脱，前进后退皆不得所。正在王莽害怕为难之际，杜吴出现了。杜吴第一个闯进小黑屋，不由分说，一刀狠狠刺向王莽的心窝。

扑哧！王莽一声惨叫，倒身在地，身下一片血泊。起义军知道后，一起闯进小黑屋，将王莽剁成肉泥。起义军又将王莽头颅割下，挂到宛市的城门上，让人唾弃泄恨。堂堂的新朝开国皇帝，竟在登基后短短十几年，身首异处，尸身成泥，真是发人深省。

粉墨登场是要付出代价的。代价就是贻笑青史。

闹剧结束了。王莽的这场戏，粉墨登场后不久，便匆匆收场。看来王莽做演员的功夫比做导演还差那么一大截子。这场粉墨登场的好戏，太荒唐了，既让人眼花缭乱，又让人触目惊心。

是是非非，怎么说呢？要是没有王莽，西汉也是要亡的。篡汉不篡汉的对于后世倒也不甚重要。历史的规律不在本书探讨的范围之内。我们关注的是历史人物的人性。王莽究竟是个什么样的人呢？透过环绕在他头上的层层历史迷雾，又该怎么归结他呢？

人可以为了权力，牺牲一切，不择手段。权力的别名叫骗术，要想获得至高无上的权力，就必须抛开尊严、舍弃人性、不顾良知地去行骗。在行骗的过程中，人不像人，鬼不像鬼，面目全非。最后只能证明，迷恋权利使人成鬼。王莽的一生就是例证。

斯人已逝，当为后世戒！

驰名三国的道德偶像为何羞愧而死?

王建华

一

建安二年（197年）正月，刚刚招降了张绣的曹操，将张绣叔叔张济的老婆也纳为己有。这一行为让张绣很不满。而更让他感到心惊的是，曹操好像对他手下的大将胡车儿表现出了浓厚的兴趣，送给了胡车儿不少金银。抢女人可以理解成好色，拉拢手下的大将，这不是明摆着要置自己于死地吗？着急的张绣决定先下手为强，他对曹操说想把军队调动一下，曹操一时大意，竟然同意了张绣从自己军营借道的请求。结果，张绣突然发动攻击，让曹操措手不及，不仅军队被打散了，其长子曹昂和爱将典韦都在战乱中被杀。曹操自己也被流箭射中，狼狈地逃到舞阴（今河南泌阳西北）。曹操逃得狼狈，他的手下也好不到哪里去。乱军之中，大家纷纷抄小路逃命。可有一名将领却显得相当镇定，这个人就是于禁。

于禁，字文则，泰山钜平（今山东泰安）人。献帝初平三年（192年）时，由王朗推荐给曹操。之后的几年，于禁跟随着曹操东征西讨，立下了不少功劳。总而言之，于禁算是个见过世面的人物，在张绣搞的这场偷袭战中并没有乱了阵脚，他从容地指挥着自己的几百名士兵，一边战斗一边撤退。虽然在战斗中不断有人伤亡，但这支几百人的队伍却始终有序地撤退着。由此可以看出于禁平时治军有方并且战时指挥也很得当，不然这么几百号人要么早就作鸟兽散，要么早就被敌人消灭了。

于禁一行人在撤退中遇到了十几个被剥光了衣服的伤员，他心中大异。待于禁将他们叫来一问才知道，这群士兵是被人给抢了，而抢他们的竟然是由曹操收编的黄巾军组建起来的青州军。于禁很生气，后果很严重。他来不及细想为什么青州军要抢人家的衣服，便带着队伍打了过去，之后还非常严肃地列数青州军的罪状，并对他们进行了思想教育。可青州军却不吃于禁这一套，他们先于禁一步见到了曹操，在曹操面前不住地说于禁的坏话。而此时的于禁正抓紧时间挖深战壕，加高营垒，一心一意地防备着张绣的追兵，对青州兵的行动并不知情。当有人告诉他情况时，于禁仍不慌不忙地说："敌兵都还没退走，不赶快修筑工事，敌人来了怎么办呀？再说以曹公的智商，能这么容易就被人给骗了吗？没事！"

面对追击的敌人，能镇定指挥；面对诬告的小人，能从容分析形势，注重事情的轻重缓急。于禁，无愧为一名优秀的将领。曹操在得知事情的真相后赞道："将军在乱能整，讨暴坚垒，有不可动之节，虽古名将，何以加之。"为了表彰于禁，曹操封他为益寿亭侯。曹军的一场大败却成全了于禁，让他达到了人生的一个小高潮。

只是无论是曹操还是于禁都没有想到，这句"有不可动之节"的评价将会在日后成为于禁沉重的包袱。因为这句话，失节的于禁便多了一条不可原谅的罪状。

二

建安十年，曾经归附曹操的昌豨又反叛了，曹操便让于禁去攻打昌豨。接到命令的于禁二话没说，带着部队就急速攻了过去。面对着彪悍的于禁，昌豨没做多大的抵抗便投降了。当然，昌豨投降还有另一个原因，那就是于禁是他的旧友。老朋友了，投降后自然可以平安无事。然而很快，昌豨就发现自己错了，当于禁面带愁容、含着泪花来到他面前时，昌豨惊讶地发现这个老朋友并不是来救自己，而是来杀自己的。相信昌豨至死也不明白，为什么他和于禁多年的交情，却没能换回自己一条命。于禁为什么就一定要杀死老友昌豨呢？答案是法律。昌豨投降后，诸将都提议把昌豨送给曹操处置，可于禁却认为没有必要，他严肃地对诸将说："诸君不知公常令乎！围而后降者不赦。夫奉法行令，事上之节也。豨虽旧友，禁可失节乎！"这就是说，曹操早就有令，遇上被围困之后没办法才投降的人是不能赦免的。我于禁只是依法办事，决不会为了一个朋友失去自己的节操，一番话说得诸将哑口无言。

事后，曹操得知此事，感叹道："昌豨呀，谁让你不到我这儿来投降，却要去向于禁投降呢？你这不是自己找死吗？"此事之后，曹操更加看重于禁了。曹操虽然赞赏于禁，可为《三国志》作注的裴松之却指出："禁曾不为旧交希冀万一，而肆其好杀之心，以戾众人之议。所以卒为降虏，死加恶谥，宜哉。"这里，就一针见血地指出，于禁以法律节操严格要求别人，所以到最后当他自己失节之时，他就又多了一条不可原谅的罪状。

可是这一点儿曹操没有想到，于禁没有想到，诸将也没有想到。在大家的眼中，于禁成了一个为守护法律和节操可以放弃友情和生命的道德典范。在之后多年的征战中，于禁又是屡立战功，他的封邑也达到了1200户。于禁的人生，又达到了一个高潮。如果没有后来发生的那件事，于禁也许就会以这样一个无比光辉的形象，出现在历史的画卷里。可是历史就像是一个调皮的孩子，大人们永远猜不到他下一步想干什么。建安二十四年，于禁迎来了改变他命运的那场战役……

三

建安二十四年，蜀军对曹操发动进攻，当时关羽带着大军进攻樊城，守将曹仁向曹操求救，曹操派了于禁、庞德两员大将率领7支人马前去增援。出征之前还有个小插曲，人们忽然对将领的忠诚度表示了担忧，于禁作为老革命，自然是可以信任的。但庞德就不好说了，因为庞德原是马超的部下，而此时马超已经是蜀国的将领，而且庞德的哥哥也在蜀国任职。庞德会不会借这个出征的机会，重新投入到马超的麾下呢？庞德听了后，马上表态了："吾受国恩，义在效死。吾欲身自击羽。今吾不杀羽，羽当杀吾。"庞德用掷地有声的誓言打消了人们的顾虑。只是后面发生的事，却让所有人都大跌眼镜。

于禁和庞德带着部队安心地驻扎在樊城的北面平地上，等着和关羽一决生死。可关羽却并不急着与他们交战。关羽把军队移于高处，差人堵住各处水口，耐心地等着。八月的一个夜里，关羽让士兵打开水口，将蓄积已久的洪水放出来。一瞬间，于禁和庞德的七军便被大水吞没。在这个兵败如山倒的时候，庞德先是处死了两名要投降的将领，接着身穿铠甲，手挽弓箭，一箭一箭地射向蜀军。箭射完了，就贴身过去，与蜀军进行肉搏战。直到最后，庞德手下或死或降，他只身一人坐着小船向曹仁军中行去，谁知，一个大浪将船打翻，庞德成了关羽的俘虏。被俘后的庞德并不理会关羽的劝降，他始终立而不跪，并对关羽大骂不止，直到最后被杀。庞德用自己的行动向那些曾经怀疑过他的人证明了自己的节操。而同样被俘的于禁，却做出了一个让曹军想都想不到的举动——他投降了。对于于禁的投降，《三国志》和《资治通鉴》上都只有"遂降"的字眼。显然，于禁是在无人劝降的情况下主动投降的。

消息传回曹操那里，所有人都惊呆了。之前备受怀疑的庞德宁死不屈，之前备受尊崇的于禁却主动投降了。于禁呀，你怎么能投降呢？你没看见你的部下都宁死不降吗？你忘了你曾经被曹操称赞“有不可动之节”吗？你忘了你曾经为了维护法律节操而毫不手软地杀死了自己的老友昌豨吗？你难道不知道你在曹军中早已经是一个道德偶像了吗？为什么关键时候你自己却失节了呢？道德偶像的不道德行为让人们对他彻底失望了，大家都有一种上当受骗的感觉。而这种彻底的失望，在于禁重返曹营后，便化为了巨大的愤怒，让于禁永无翻身之日。

对于这件事，曹操感叹了许久，他想破了头也没有想出个所以然来，只好说了一句：“我和于禁相识30年，怎料在危难之处，于禁反而不如庞德呢！”是呀，到底是什么原因让于禁投降呢？答案很简单：于禁老了。经过了几十年的征战，时间不仅带走了于禁强壮的身体，也带走了他那颗坚毅的心。老当益壮，曹操可以，于禁却不行。当冰冷的刀锋贴在他脖子上时，节操、法律都显得那么微不足道。此时的于禁只有一个想法：无论如何，要活下去……

四

建安二十四年十一月，还没心情享受“水淹七军”胜利喜悦的关羽被吴将吕蒙用计击败，并且他本人和儿子关平都被孙权杀死。于禁便又成了吴军的俘虏。

孙权对于禁还是不错的。史书上说，孙权都允许他和自己骑马并行，由此可见，于禁不仅行动比较自由，而且地位也还是有一点的。可是孙权大度，不等于他的手下也一样大度。毕竟，像于禁为活命而主动乞降的人是为人所不齿的。所以当孙权的手下虞翻看到于禁与孙权骑马并行时，就训斥于禁说：“你这个投降的俘虏，怎么敢和我们的主公并行！”虞翻的话像锥子一样，扎得于禁心里直滴血。然而虞翻对于禁的刁难并没停止。后来孙权和众人在楼船上与群臣宴饮，于禁听到当时演奏的音乐，忍不住流下泪来，虞翻见状，起身骂道：“你想用眼泪来换取大家的同情吗？你以为这样就可以免去你犯下的罪行吗？”于禁无语，原来，作为降虏的他，连流泪的权利都没有了。

吴国是待不下去了，在这里虽然有吃有住，可是于禁却觉得自己活得毫无尊严。任何人都可以拿他投降的事来挖苦他、取笑他。那么，哪里才是他的安身之所呢？家，于禁想家了，他想回到他离开已久的曹营中去。他认为在那里，他才可以有尊严地活着。很快，于禁如愿以偿了。

献帝延康元年（220年），曹丕称帝，国号魏，都洛阳，建元黄初。第二年八月，孙权派使者向魏称臣，于禁作为被俘的曹营将军，也将被送回魏国。听到这个消息的于禁非常高兴，他终于看到了生活的曙光，他并不认为自己会因投降的事而受到故国同人的歧视。在这样一个叛主投降如家常便饭的时代，自己这么点儿事算得了什么？

果然，当曹丕看到头发胡须全都白了且面容憔悴的于禁时，他不但没有怪罪于禁，反而用孟明视和荀林父的故事来安慰他。孟明视和荀林父是秦、晋两国的大将，虽曾兵败，但未受处罚，后来将功折罪，立下大功。这一下，于禁更对曹丕感激涕零，到底是自己的领导关心自己呀！有一个如此气度的领导，自己的苦日子应该结束了吧？被喜悦包围的于禁并没注意到曹丕话语中那一丝冷漠和周围大臣充满愤怒的目光。

于禁回来后不久，他接到了曹丕的一项指示，去给老领导曹操上炷香。于禁当时并没有太在意，他只把这当成了一次普通的拜祭。而当于禁来到曹操陵园时，他发现陵园的屋子上方竟然有一幅壁画，壁画中显示的是关羽得胜、庞德发怒、于禁投降。

一瞬间，于禁的心碎了，原以为众人早已原谅了他，原以为自己将重新开始自己的生活。不料，到头来，一切的一切，只是“原以为”。一种充满绝望的羞愧感涌上于禁心头，也许直到这一刻，他才真正发觉自己错了，他的命运从投降的那一刻起就已注定。回到家中的于禁很快就在羞愧中病死。然而，那些曾把于禁当成道德偶像崇拜的人不会原谅他，那些曾被于禁以维护法律和名节为由处罚过的人也不会就此原谅他，那些为庞德慷慨赴死而叹息不已的人更不会就此原谅他，积蓄多年的怒火并不会就此而熄灭。于禁死后，朝廷给了他一个谥号“厉侯”。

一代名将于禁，用一时的苟且偷生，毁了自己的半世英名，可悲可叹！

“烛影斧声”赵光义登基疑案

文裁缝

中国古代社会自夏禹传位于子启，即开始了帝王子承父业、世代为君的先河。从此在数千年的历史长河中，“社稷永存，福绵子孙”成为历代封建帝王恪守的信条，很少发生既有子嗣而拱手将皇位传与他人的事件。但是宋朝开国之君宋太祖赵匡胤，自己有儿子，却将皇位传给了自己的弟弟赵光义。

宋开宝九年（公元976年），赵匡胤年方50，正当年富力强的年龄，就在国家需要他大展宏图时，赵匡胤却病倒了，十月二十晚上，卧床不久的宋朝的开国皇帝宋太祖赵匡胤突然去世。赵匡胤有子嗣，按照前朝的皇位继承制度，皇帝之位传给儿子理所当然。可是赵光义却最终继承了皇位，巧合的是，赵匡胤驾崩的那天夜里，只有赵光义一个人在场。

宋太祖赵匡胤（927年—976年）宋朝开国君主，涿州人。后周时任殿前都点检，武艺高强，创太祖长拳，领宋州归德军节度使，掌握兵权。后发动陈桥兵变，即帝位，国号宋，结束五代扰攘的局面。天下既定，务农兴学，慎刑薄敛，与百姓休息，但过度重文轻武、偏重防内，造成宋朝长期的积弱不振。976年赵匡胤离奇死于宫中，葬于宋陵之永昌陵，庙号太祖，谥号“启运立极英武睿文神德圣功至明大孝皇帝”。

关于赵匡胤之死，官修的宋史均是语焉不详，原因可能是自宋太宗赵光义以后北宋皇帝均是由太宗一支人继承有关。直到南宋才在孝宗朝史官李焘所编录的国史《续资治通鉴长编》里简单地记录了一下，不过说法也是极为简单模糊，后人根本看不明白。野史倒有不少这方面的记载，然而记载说法不一，不经推敲。赵光义即位，成了历史上一宗离奇的悬案。

在宋朝僧人文莹的《湘山野录》中曾经记载了关于宋太宗即位的“烛影斧声”的故事，宋代有个叫文莹的老僧写了一本书，名叫《湘山野录》，其中提到了赵匡胤之死。说赵匡胤听信了一个术士的话，知道自己气数已尽，便召赵光义入宫安排后事。当时赵匡胤患病已久，他把宦宫和宫女撤走，自己与赵光义对酌饮酒。喝完酒已经是深夜了，赵匡胤用玉斧在雪地上刺，同时说：“好做！

好做！”，当夜赵光义留宿寝宫，第二天天刚刚亮，赵匡胤不明不白地死了。赵光义受遗诏，于灵前继位。这种说法是最传统的观点，但也是最受非议的观点。按照宋朝的宫廷礼仪，赵光义是不可以在宫里睡觉的，他却居然在宫里睡觉。太监、宫女不该离开皇帝，却居然都离开了。也许这是一场事先策划的血腥谋杀，“烛影斧声”只不过是宋太宗登位的一种粉饰。

《烬余录》对“烛影斧声”的故事又进行了深化，说赵光义对赵匡胤的妃子花蕊夫人垂涎之久，趁赵匡胤病中昏睡不醒时，半夜起身调戏花蕊夫人，但是惊醒了赵匡胤，并用玉斧砍他，但力不从心，砍到了地上。于是赵光义一不做二不休，杀了赵匡胤，逃回府中。这一记载好似赵光义杀死其兄是迫不得已的，事实上掩盖了他蓄谋已久的篡位野心。

《涑水纪闻》里记载：太祖去世时已是四鼓。宋皇后叫内侍王继恩把皇子德芳叫来。王继恩考虑到太祖早就打算传位于晋王光义，却找来了赵光义，进宫后，宋皇后问：“是德芳来了吗？”王继恩回答：“晋王来了。”宋皇后惊诧莫名，后来突然醒悟，哭着对赵光义说：“官家，我母子的性命，都托付给你了。”这一记录也存在疑点，王继恩有何胆量，敢违背宋皇后的旨意，本该传赵德芳，却传来赵光义？倘若事败，不是杀身之祸么？这种说法，只不过把篡位的罪过加在一个太监身上而已，同时掩盖了杀兄的罪行。

那么事情的真相到底是什么呢？史学家们透过这些当时的野史记录，大致认为太宗与太祖积怨深久，太宗篡位夺权的事情是属实的。当时太祖在后周做武将，东征西战，功绩极大，受到了将士们的广泛拥护，所以太祖做皇帝，也是无可厚非的事情。只是在太祖“龙袍加身”的事件中，宋太宗与赵普是主谋，功劳确实很大。当太祖临终想把皇位传给自己的儿子时，野心很大的宋太宗一想到自己跟着太祖南征北战，对宋朝的建立立下了汗马功劳，心里便有一万个不愿意和不甘心。尽管传说杜太后临终有遗言命太祖先传位太宗，再传位弟廷美，子德昭，并立下“金匮之盟”，在正史中也记载着太祖说赵光义“龙行虎步，他日必为太平天子，福德非吾所及”。不管这些说法是真是假，史学家们分析当时的情况可能是太祖不愿从母愿立弟，但是没有果断立子，并且就在这种矛盾心理的支配下单独召见太宗赵光义，于是使得赵光义夺权称帝，也给后人留下了“烛影斧声”的疑案。

宋太宗在即位做了皇帝之后，马上就施展伎俩逼死了弟弟廷美，侄子德昭、德芳（太祖第四子），为自己皇位的稳固免除了后顾之忧。另外宋太宗为了防止前朝大臣怨恨激愤，就下令让他们去修《册府元龟》、《太平广记》、《文苑英华》等书，让他们天天沉没在纸堆中，不让他们有时间发牢骚，对于范质、王溥等朝廷重臣，太宗采取了威逼利诱的策略，牵着这些老臣的鼻子走。另外他还发动了两次对辽战争，将朝野内外的注意力转移到边防上去，同时乘机巩固了兵权。宋太宗在不用旧臣的情况下，不断地通过科举考试选拔官吏，他在位20余年，常常几天几夜地亲自阅卷选拔官吏，先后选士达到数万人之多。另外在选拔的这些士人之中，宋太宗还比较喜欢重用那些善于阿谀奉承的人，苏轼就曾在《东坡志林》卷三中尖锐地指出“西汉风俗谄媚，太宗朝也有谄媚之风”。在旧臣修书，新臣谄媚的情况之下，那些五代遗臣入宋任史官的沈伦、李穆、扈蒙等人时时刻刻谨慎言行，平日里那些著述的文章也大都销毁，连腹诽都不敢，哪里又敢提到太宗的不是。所以太宗的“烛影斧声”的原委在朝野没有人敢议论半句，正史中也没有记载。

为什么太祖时期的起居注没有提到“烛影斧声”的事件呢？按理说从周代产生史官记录皇帝日常言行的起居注以来，历朝历代的皇帝都遵守着天子不看起居注的规定。当年宋太祖在世时，与其弟赵光义的斗争十分激烈，怕有些内容泄露出去被居心不良的人利用，对宋朝的统治不利，于是议事常常回避史官，史官也就不能记录到什么实际的内容，只记一些君臣见面辞谢等无关痛痒的事情。到太宗朝时恢复了正常的起居注和时政记制（它是唐高宗时设下的由宰相记录的皇帝与君臣的奏对即时政记），可是偏偏在宋太宗朝时，太宗一反皇帝不看起居注的规定，命令参知政事记下的时政记必须先送太宗审阅，然后再送史官。还有当时的起居注院所编著的起居注也必须先送太宗审阅后再交给史官，如此一来，在太宗与大臣的对话中，凡是不利于太宗的，宰相和史官都必须回避粉饰，以免惹来杀身之祸。太宗后，宋朝历代所修的时政记、起居注都要先拿给皇帝看再送交史官，这样皇帝的言行就无法保证全部如实记录，所以宋代的正史是有很多疑点的。

太宗还亲自挑选了一批官员来修《太祖实录》（皇帝实录是撰修一代国史的基础材料），虽然《太祖实录》今天已经不存在了，不过从后代所撰修的《宋史》来看，《太祖实录》并没有提供充足的事实，不是一部信史的素材。

所以说宋太宗是用权势来治史，虽然这样使得宋朝正史对太宗夺权一事记载不多且多有隐讳，使我们不可尽知太宗的篡位之事，但是太宗皇帝毕竟有他鞭长莫及的地方，当时辽国的史官就在《辽史》中记载了宋太宗篡位的事。而在北宋的正史中也做过曲折的表述，太宗晚年想传皇位给他所钟爱的长子楚王元佐，可是元佐却要父王遵守那个“金匮之盟”来成全叔父，以免陷君父于不义，可是太宗不听，元佐一气之下假装发疯，来表明自己不做皇帝的决心，这实际上也在暗示着宫中的昔日往事。而宋高宗赵构由于无子，传位给太祖的七世孙，即宋孝宗，之后，孝宗朝的史家李焘马上就在他所编著的《续资治通鉴长编》中提到了“烛影斧声”这件事，孝宗还赞扬他记事真实可靠。不过这些记史由于缺乏当时的史料，所以都终究只是含含糊糊，因此后人对太宗篡位的事情无法完全明了。

赵匡胤之死和赵光义上台，二者之间太多的巧合和离奇，史学家只能根据已有记载进行推理，但是尚无确凿史料推翻以前观点。赵光义登基至今是个谜，以后也很难说清楚。

海瑞奏折：马屁与智慧共存让皇帝不忍杀之？

申公无忌

有人推荐我看一部电视剧，叫《嘉靖与海瑞》，据说有点答案。我不太相信。文艺作品，尤其是电视剧，说实话，我不太信。现在的宫廷戏，戏说的成分太大了。比如，我便听说，该剧说到严嵩之倒台，海瑞也有功等等。严嵩倒台，与海瑞何干呢？有兴趣的人，可以去读读我的另一篇文章《严嵩其人其事》。仅凭这一点，便可见电视剧之水分。

嘉靖不杀海瑞，眼下比较流行的说法，大致有三。一是海瑞的名声。其说官虽小，却有清正刚直之名。其居官清廉，刚直不阿，救济黎民，有“海青天”之称，深得百姓尊敬与爱戴。杀了海瑞，肯定天下震动。二是欣赏海瑞，以作治贪之利器。此说有一个依据，是说嘉靖临终前曾有诏给裕王（即穆宗皇帝），其中便有关于海瑞的内容。他谈到海瑞有德，贤者方可得之，并将海瑞留给了裕王，将来或可用，并称海瑞是国之利器。三是嘉靖维护形象说。其说是嘉靖认为，杀了海瑞可消一时之气，但罪同桀纣，而放了海瑞，则可以给天下虚怀纳谏、宽宏大量的气量。因此，嘉靖权衡再三，给了海瑞一条生路。当然，也有人说，徐阶等人求情，也起到了作用，等等。这些说法，都是有一定道理的。但是，又不足以完全说明问题。毕竟，嘉靖皇帝的性格脾气，向来独断专行。他杀人无数，比如，杀杨继盛，杀沈炼，又何时考虑过名声的问题呢？再则，嘉靖晚期，一直忙于炼丹修道以求长生之术，天下政事之利弊，他是断然不会放在心里的。至于徐阶说情，更是附会之说。除道士之外，嘉靖何时听得进旁人的意见呢？

显然，嘉靖不杀海瑞，定有其他原因。这几天，我将海瑞给嘉靖皇帝的奏疏，反反复复地读了好几遍。每读一次，便会有一种感觉。海瑞的奏疏，虽说直言不讳，却很注意技巧。他骂皇上，语虽刻薄，却足以让人体味出“小骂大帮忙”的余韵。这家伙太有才了。碰上我，我甚至都不想骂他。何况杀乎？

海瑞的奏疏，开篇即将嘉靖皇帝比为汉文帝。《明史海瑞传》记载原文说：“昔汉文帝贤主也，贾谊犹痛哭流涕而言”。很巧妙。海瑞自比贾谊。大家知道，汉朝有所谓的“文景之治”。即汉文帝与汉景帝两代父子皇帝。这两个皇帝，均有一位重要辅臣，即贾谊与晁错。两个人，结局是不同的。贾谊是忧伤而死，而那个晁错，是被景帝杀掉的。尽管，景帝内心十分不愿意。但是没有办法。海瑞不比晁错。也是有心计的哦。这个贾谊，曾作《过秦论》、《论积贮疏》、《陈政事疏》。汉文帝是赏识的。于是，海瑞笔锋一转，给当今天子下了结论：“陛下天资英断，过汉文远甚”。居然说嘉靖皇帝比汉文帝强多了。

有此前提，海瑞才列举当今朝政之弊端。有些话，也是不好听的。比如“一意修真，竭民脂膏，滥兴土木”。“二十余年不视朝，法纪弛矣。数年推广事例，名器滥矣”。“二王不相见，人以为薄于父子。以猜疑诽谤戮辱臣下，人以为薄于君臣。乐西苑而不返，人以为薄于夫妇”。“吏贪官横，民不聊生。水旱无时，盗贼滋炽”。最关键的，乃是这一句话：“陛下试思今日天下，为何如何？”天下如此，是什么原因呢？

海瑞奏疏，也要自圆其说。他也要找原因的。既然嘉靖皇帝英明，比汉文帝“远甚”，为什么世道却不及汉文帝“远甚”？于是，他提出：“陛下误举之，而诸侯误顺之，无一人肯为陛下正言者，谄之甚也。”皇帝是“误举之”，诸候是“误顺之”，问题的关键是臣子们“愧心馁气”，不敢正言提醒，背后却怨声载道。这是大臣们的“欺君之罪”啊。得得，毛病明明是在上面，海瑞却将板子打到了臣子身上。海瑞还用了《礼记》的一句话：“上人疑则百姓惑，下难知则君长劳”。意思是说，君主有疑则百姓易惑，可是下属的人，若人人奸诈难知其心，君主就要劳苦不堪了。我的理解，碰到如此群臣，你皇帝也真够苦的。至少这一点，海瑞是在睁眼说瞎话。嘉靖在位40余年，直谏的大臣还少吗？问题是，都被嘉靖皇帝杀净了，也贬光了。剩下的人，也都是敢怒不敢言，只好在背后瞎议论了。“英明皇帝”而罪在他人。这就是海瑞的骂贴之实质。

海瑞的奏疏，还提及一件事：斋醮求道长生。海瑞说：“且陛下之误多矣，其大端在于斋醮。斋醮所以求长生也”。这件事，算是说到了嘉靖皇帝的痛处。但是，说得有道理。“自古圣贤垂训，修身立命曰‘顺受其正’矣，未闻有所谓长生之说”。尧、舜、禹、汤、文、武，历朝历代，为政之圣，他们一个个都没有活到今天啊。因此，“长生不老”的说法是不存在。另外，自汉唐以来，那些求道的方士，又有谁还活着呢？给您授长生之道术的陶仲文先生，连他自己都已经死了，又怎么能够帮助您长生不老呢？那些道士，经常说有天赐之物，可是，又有哪样东西是上天亲手交给你的呢？我估计，在这个问题上，海瑞是个唯物主义者。他的结论是：“此左右奸人，造为妄诞以欺陛下，而陛下误信之，以为实然，过矣。”他忠言相告嘉靖皇帝，这都是他们在骗你啊？对这一条，我估计嘉靖皇帝是有感慨的。是啊，炼丹几十年，身体不仅没有好起来，反而一天天烂下去。这一年，正好是嘉靖皇帝身体状况最差的一年。一个将死之人，其对生命的欲望和追求，显然已经力不从心了。他是不是也有上当受骗的感觉？

明史有说法，说严嵩常“微触”嘉靖之耻。点到为止，即有奇效。嘉靖毕竟是一个精明的皇帝，人不笨。只是爱面子，自信不凡。但是，凡有台阶可下之事，他都是会做的。海瑞虽说点得重了一点，毕竟还是给足了面子。这一点，是不可否认的。特别是奏疏的结尾，海瑞又将嘉靖皇帝与“尧、舜、禹、汤、文、武”并列，只要“陛下一振作间而已”，则“天下何忧不治”？话说得也太大了。依嘉靖之政迹，几无圈点之处耳。海瑞独不见？显然不是。他是在给自己留有余地。尽管，他准备好了棺材，告别妻子，遣散家佣。但是，他认定，这份东西，是不足以让他进棺材的。这就是海瑞的过人之处。他的清正刚直，也是讲策略的。

这份奏疏，嘉靖的第一个反应是“大怒”。毕竟，一二十年间，已没有人敢同他这么说话、摆腔调了。于是，“抵之地，顾左右曰：趣执之，无使得遁。”可以想象，他当时的震怒之情景。这时，有一个叫黄锦的宦官说：“此人素有痴名。闻其上疏时，自知触忤当死，市一棺，诀妻子，待罪于朝，童仆亦奔散无留者，是不遁也。”原来，海瑞是一个不怕死的人。我估计，这也是嘉靖一时冲动而已。本能反应。性格使然。但是事情过去之后，嘉靖皇帝“少顷复取读之，日再三，为感动太息，留中者数月”。显然，这份东西，他也是读了许多遍的，深感“言俱是”，且有感悟：“此人可方比干，第朕非纣耳。”此时，嘉靖皇帝可能已下决定：不杀海瑞。然而，时此偏偏有一个叫何以尚的人，自作聪明，“揣帝无杀瑞意，疏请释之。帝怒，命锦衣卫杖之百，锢狱诏”。他不知道，皇帝最忌的，就是猜透自己的心思的人。白白挨了板子，书呆子而已。

嘉靖四十五年（1566年），毕生追求长生不老的嘉靖皇帝死了。海瑞则仍蹲在大牢里。提牢主事认为海瑞的事情，很快了结，便置酒菜款待海瑞。海瑞起初以为是“最后的晚餐”，恣情吃喝。最后，提牢主事告诉了实情。海瑞居然将吃下的东西全部吐出，晕倒在地，旋即大哭，且漏夜不断。这段故事，《明史海瑞传》有记载：“即大恸，尽呕出所饮食，陨绝于地，终夜哭不绝声”。这说明，海瑞对嘉靖似乎是抱有莫大希望的。他写这份东西，对结局也是有信心的。他的内心，是不是希望以此奏疏而引起皇上关注呢？毕竟，他写了一份很好读的东西。可惜的是，这位皇上死了……虽说，后任的皇帝，对海瑞还算关照，却没有给他什么实职实权。徐阶、特别是张居正等首辅大臣，均没有真正喜欢过海瑞。是为何故乎？

上疏之事，让海瑞天下闻名，流芳千古。史说“上自九重，下及薄海内外，无不知有海主事也”。当然，海瑞的故事，也被后人拿来说事。“文革”期间，一出《海瑞罢官》初因敢言直谏而被人推崇，同样之剧本，也被人当作大毒草批判。作者吴晗甚至为此死于非命。历史之事，关键在于解读。然而任何解读都是同环境有关的。这也是没有办法的事情。

万历十五年（1587年），海瑞因病死于南京右佥都御史任上。虽说是顾问性质的闲职，他还是办了不少好事，替人出头，代人兴诉。有口碑存世。海瑞死后葬于家乡海南岛琼山，墓前正门石碑坊，有“粤东正气”四个大字。其墓园存有海瑞生前对联：“三生不改冰霜操，万死常留社稷身”，仅就清廉而论，海瑞依然是无可争辩的。

腰斩，见证历史的拐点

朱 飞

一

其实腰斩的出现，在某种程度上也算是“历史的进步”。因为殷商时代的死刑，保留了不少原始部落享受人肉大餐的习俗，烧、烤、蒸、煮，无不围着口腹之欲打转。如“醢”是把人剁成肉酱，“脯”是把人做成肉干，“炮”是把人绑在大火炉的金属外壳上烤成熟肉，而“镬烹”则干脆把人扔到饭锅里煮成肉羹。

到了周代，“砍斫”逐渐取代“烹饪”，成为死刑的主流。周代的死刑有车裂、斩和杀三种。其中的“斩”就是腰斩，而“杀”才是后世所谓的斩首。

最初腰斩行刑时用斧或钺，因为青铜毕竟要软些，不够锋利，必须做成斧钺，砍下去才有力度。待铁器普及后，刀渐渐在斩刑中唱起了主角。不过刀虽然锋利，却容易磨损，用起来更要求技巧，得像庖丁解牛一样，谙熟腰椎骨空隙，否则，一刀下去不能砍断，场面自然尴尬，会遭围观的人群嘲笑其手艺不精，有损刽子手的“职业操守”。不过随着“技术的进步”，腰斩开始启用更顺手的铡刀，不仅刃利背厚，不易磨损，而且对杀人技术要求比较低。包龙图那著名的三口铡刀，其实并非电视上演的那种用途：把人头塞进去，刀起头落，仿佛中国式的断头台，而是腰斩时用的，把人截成两段，“手足异处”。

二

腰斩在行刑时，犯人必须脱光身上的衣服，使腰部裸露出来，伏在铡床或木、铁的砧板上，正是刀俎之间“我为鱼肉”的架势。普通人至此怕早已魂飞魄散了，但总有那么个别不畏死的“牛人”。秦末楚汉相争，韩信离楚投汉，还是个无名小卒时，因犯军法当受腰斩。一同被处死的13个人被斩之后，轮到了韩信，他居然仰躺在砧板上直视将加诸于己身的刀刃，大呼：“刘邦那小子不是想夺天下吗？为何要斩杀壮士！”当时夏侯婴做监斩官，听闻此言，被他的勇气和豪壮折服，大呼“刀下留人”，不仅没有杀他，还将他推荐给刘邦，让他做了个管粮饷的都尉。

汉代还有一个叫张苍的人，其命运更是让人叫绝。根据《史记》记载，张苍以宾客身份随刘邦攻打南阳时，因犯法被处腰斩。他脱掉衣服，往砧板上一伏，体格高大，肥白得像葫芦瓜一样，在普遍营养不良的囚犯中显得分外出众。当时的监斩官王陵看到后，十分惊异，认为他是个美男子，就禀告刘邦，赦免了他。此人以后立了大功，还当了丞相。

人的主要器官都在上半身，因此犯人被从腰部砍作两截后，还会神志清醒，过好长一段时间才断气。犯人的家属往往会打点一下刽子手，让他行刑时从上面一点的部位动刀，可以使犯人死快点；如果有人想要犯人多受点罪，就贿赂刽子手从下面一点的部位动刀，甚至将被腰斩之人上半截移到一块桐油板上，使血不得出，可使犯人多延续两三个时辰不死，真是残忍至极。

三

公元前208年，大秦帝国左丞相李斯被腰斩于首都咸阳。

李斯相秦，厥功甚巨。灭诸侯，成霸业，一统天下，始皇帝的千古功绩，有一半得算到李斯的头上。但位极人臣又怎样？功烁古今又怎样？他堂堂大秦丞相率领百官向阉人赵高小心赔笑，仍逃不开被指鹿为马的小人诬陷，身被五刑（黥、劓、斩左右趾、枭首、剁成肉酱），腰斩于市，夷灭三族！

李斯杀了一辈子人，这位《大秦律》的制订者和执行者，在骊山脚下坑掉数百名儒生，连眼睛也不眨一下；如今，轮到他领教自己厘定的酷刑，在自己培养出来的刽子手的刀下，俯首就刑。

在腰斩前，李斯对着一起奔赴黄泉的儿子，追忆起当年领着孩子们，牵着咻咻嘶叫的猎狗，出来蔡东门，在秋日衰草丛中，追逐成群狡兔的无忧岁月。“吾欲与若复牵黄犬俱出上蔡东门逐狡兔，岂可得乎！”这一句痛悔交加的呼喊，是这位河南汉子对其追逐权力的一生的彻底否定和决绝。

四

骊山春暖，鲜花一般的高阳公主带着一帮随从外出游猎。她因失意而郁闷，尽管是唐太宗最宠爱的女儿，她也不得不接受这样的命运——被作为至高的恩赐，赏给大功臣房玄龄的儿子。房家老二房遗爱不学无术，空有一身蛮力，气愤之余，高阳公主从结婚那天起就不接纳丈夫。

在骊山的一间草庵里，她遇到了正在潜心研读佛经的年轻和尚辩机。辩机是玄奘的高足，长安城最负盛名的僧人之一。

英俊饱学的辩机，成就了浪漫热烈的高阳公主的爱情梦想，他们的纠缠延续了七八年之久，有了两个儿子。后来，一直在自我情感中四处逃避挣扎的辩机，被选去译经，没有再见到高阳公主。但他藏匿的公主赠送的玉枕，被小偷偷了出来，在销赃时被官府逮获，公主与辩机的不伦之恋也就此大白于天下。唐太宗大怒，下诏将辩机处以腰斩极刑。据说当辩机横卧在铡刀之下时，发现刀刃上一只蚂蚁在爬动。辩机无比爱怜地拈起蚂蚁，轻轻放到一边，然后从容地躺下，在市井小儿幸灾乐祸的围观中，以最污浊和最惨烈的方式终结了生命。

悲恸几至发疯的高阳公主，从辩机被腰斩的那一刻起，就发誓要报复。半年后，最疼爱她的父亲去世了，她一滴眼泪也没有掉，一点都不难过。她开始了一种真正意义上的荒淫无耻的生活，甚至勾结他人谋反。

“辩机是我的骄傲，房遗爱才是我的耻辱。”高阳公主这么说过。辩机已死，她所有的骄傲也被腰斩了。

五

明洪武三十五年（1402年），燕王朱棣打着“清君侧”的旗号，率师南下。军师道衍送至城外，在马前向他跪拜：“臣有秘事一件相托。”朱棣问他何事。道衍说：文学博士方孝孺，素有学行，城破之日，必不肯降。殿下万万不可杀他。杀了方孝孺，天下的读书种子就绝了。当时方孝孺已经是名闻天下的第一大儒，其学识品德为四海所称颂，朱棣也有意借用他的威信来收揽人心，所以答应下来。

当燕军攻破南京后，惠帝自焚宫中，文武百官多见风转舵，投降燕王，方孝孺果然拒不投降。朱棣派人强行押解方孝孺上殿，方孝孺披麻戴孝而入，悲恸至极，哭声响彻大殿。朱棣劝他辅助自己即位，就像周公辅助成王一样。方孝孺厉声质问朱棣，那为何不立惠帝的儿子或弟弟为君呢？朱棣无可奈何，只好命人把笔墨摆在方孝孺面前，强迫他撰写新皇即位的诏书。方孝孺接过笔，狂草四字：“燕贼篡位。”掷笔于地，边哭边骂道：“死即死耳，诏不可草！”朱棣见方孝孺宁死不屈，威胁他说：“你不怕被诛九族吗？”方孝孺义无反顾地回答：“即使诛我十族又怎样！”朱棣怒不可遏，命人把方孝孺从嘴角直割到耳朵，方孝孺满脸是血，仍忍痛怒骂不绝。

朱棣一怒之下，把方孝孺的门生和朋友算作第十族，连同其九族在方孝孺面前一一诛尽，被杀者共达873人，谪戍荒者更逾数千。方孝孺始终没有屈服，被腰斩于南京聚宝门外。传说腰斩后，方孝孺还以肘撑地爬行，以手蘸血连书12个半“篡”字才断气。历史和大明王朝开了个恶毒的玩笑，它借朱棣之手斩杀了方孝孺，同时也斩断了明朝的继续前行之路。

六

历史上最后一次腰斩判给了清代河南学政俞鸿图。雍正年间，俞鸿图督学闽中（今福州市），科考防范颇严，操守亦称严谨。未料他的小妾与仆人串通，收取贿赂，其妾把考试材料贴在俞鸿图官服背后补褂之上，俞鸿图穿出去，仆人轻轻地揭去授给应试者，而他一点也没觉察到。事发后，雍正皇帝将俞鸿图处以腰斩极刑。俞鸿图仓促受刑，及赴刑场方才知道身受腰斩，要求死得痛快爽利一点也来不及了。原来刽子手对于腰斩犯人，一向索取规费，得了钱则刀斧锋利快下，可令其速死，以免长受痛苦；不得钱则故意缓缓而下使其迟死，血肉之躯寸寸受割，其痛楚可想而知了。

腰斩之酷烈，连性格刚戾的雍正皇帝也动了恻隐之心，遂命封刀。如果记载不误的话，从周代到雍正年间止，施行了约2000多年的腰斩刑罚，算是寿终正寝了。

湘赣边界特委与袁、王被杀

朱荣兰

在井冈山斗争史研究中，袁（文才）、王（佐）被杀始终是一个热点问题，因为袁、王是当年井冈山两支绿林武装的首领，后成为工农红军的高级将领且又被错杀，而且错杀的原因扑朔迷离。在众多的原因中，湘赣边界特委与袁、王之间不可调和的矛盾应是最主要的原因。

不断加剧的土客籍矛盾是造成袁、王被杀的客观因素

湘赣边界除了地方主义、家族观念的影响外，还有就是土客籍矛盾特别深。土客籍问题，是井冈山斗争时期一个特殊而尖锐的问题，是历史上遗留、沿习下来的恶习。土籍的本地人和数百年前从北方迁移来的客籍人之间有着很大的界限，历史上的仇怨非常深，有时还发生很激烈的斗争。在湘赣边红色区域内，宁冈、遂川、酃县、茶陵，都有土客籍问题，而以宁冈最为严重。开始，这个问题并未引起毛泽东的注意。因为从三湾改编到茅坪安家期间，宁冈的土籍革命派龙超清、刘辉霄与客籍革命派袁文才、刘克犹等，配合很默契，他们之间还曾共同控制宁冈达一年之久。可后来，随着斗争的深入，这个矛盾便渐渐显露出来了。

1927 年底，宁冈县农协下通牒要捉拿宁冈 8 个土豪，其中土籍有 6 个，客籍两个。有些跟土豪有某种裙带关系的土籍群众就说，打土豪他们土籍吃了亏。后来，1928 年 2 月间，宁冈县工农兵政府成立后，在工农兵政府主席的人选问题上，土客两籍又出现了相互倾轧的现象。对此，龙超清和袁文才还受到毛泽东等领导同志的严厉批评和教育。然而，尽管毛泽东等苦口婆心，陷入土客籍矛盾漩涡的龙超清、袁文才等人，为各自代表的一方利益所驱使，始终难以超脱，不能自拔，而且在某些问题上愈陷愈深，土客籍矛盾愈演愈烈。如在土地革命问题上，宁冈前后分了 3 次田都因土客籍矛盾而未能分好。边界“八月失败”时，因土籍豪绅的挑唆，土籍农民大部“反水”，挂起白带子，带领白军烧屋搜山，压迫客籍人。后来红军打败白军，土籍农民跟着反动派逃走，客籍农

民又去没收土籍农民的财物。土客籍矛盾因而进一步加深。

对于上述土客籍矛盾，毛泽东等在边界时，曾经做过大量的工作，使得土客两籍间的矛盾逐渐趋于缓和。为进一步消除土客籍矛盾，1929年1月红四军主力下山时，毛泽东还采取组织措施，把袁文才调任红4军参谋长，刘辉霄为前委秘书长随军下山。可是，在红4军与江西独立二、四团会师以后，袁文才、刘辉霄却私自离队先后返回井冈山。此后，土客籍矛盾又悄然而起。并且，因宛希先被永新县委残酷杀害而陡然加剧。袁文才素与宛希先关系甚笃，对宛希先被害极为愤慨，气愤得骂了永新县委。后逐渐发展到与永新县委、湘赣边界特委之间的对抗。加之，袁文才向来只相信毛泽东一个人，对其他领导人的话不太听，毛泽东离开井冈山后，袁文才对朱昌偕、龙超清等土籍领导人的命令往往置若罔闻，常常是“听编不听调”。袁文才对宁冈那种“土籍的党”现象也很看不惯，因而在打土豪、分田、人事安排等问题上与宁冈土籍革命派首领龙超清等往往意见不和。

上述土客籍矛盾反映到党内，就形成了所谓“土籍的党，客籍的枪”这一奇怪的现象，即造成边界党内以土籍领袖龙超清、朱昌偕、王怀为代表的政治势力，同以客籍领袖袁文才、王佐为代表的军事势力之间的对立。因此，土客籍矛盾的不断加剧是以朱昌偕、龙超清等土籍领导为主导的边界特委欲杀害袁、王的客观因素。

边界特委几任领导人对袁、王的看法是造成袁、王被杀的主观因素

1929年，在土客籍矛盾不断加剧的情况下，边界特委一些负责人对袁文才等意见越来越大，几欲除之而后快，并曾多次在向中央的报告中反映袁文才、王佐的问题，他们始终把袁、王作为“土匪”看待，从而引起中央对袁、王问题的高度重视。

1929年2月25日，杨克敏在《关于湘赣边苏区情况的综合报告》第十部分的关于土匪问题中写到：“边界的土匪有两部，一为袁文才，一为王佐……袁王二人都非常狡猾，且有能力，对党的认识很薄弱，小资产阶级意识非常浓厚，信仰各（个）人，不信仰群众。袁王二人相赖（比），则王较爽直，但都是个性很强，尤不接受批评的，为边界‘特殊党员’。他们二人根本无改变之可能，因为一则不接受批评，二则不看党的书报（王不识字），只相信自己万能，枪杆子万能而已，对我们的政策，常常面是而心非，口便而腹夸，甚或全然不接受（如袁文才从前不主张宁冈分田，说宁冈农民根本不能革命)。所以我们在边界的工作，受他们的影响很大，许多政策都要迁就他们，害怕与他们闹翻了，因为他们都有一部分群众，且均为当地的人民，而一冲突起来，工作更加不好作。但我们与他们利益的冲突，终究是要爆发的，如果不及时早早加紧对他们群众的夺取，不独现在阻碍工作进行，而前途是很危险的。所以夺取土匪的群众，加速急谋能解决土匪首领，应是边界刻不容缓的工作，须特别加以注意才行！”

1929年8月，邓乾元在《关于湘赣边界五月至八月工作对中央的报告》关于政治的内容中写到：“边界政权的危机——足以危害边界的第一个势力就是土匪。本来边界的政权并不是真正的共产党所领导的政权，而是与土匪合作的联合政权。现在土匪问题更加严重，袁王现在对我们处处怀疑，袁有另找出路脱离我们的象征，王在袁的影响之下，亦与我们的关系日趋恶化。”在急待决定的几个问题中写到：“土匪问题——对此问题，边界原有三策：第一是调开，此为上策，二是敷衍以图安，此为中策，三照六次全会的指示解决之，此为下策。上策能行固好，不能行则请问是否执行下策或另想办法？”

上述边界特委几任领导人对袁、王的看法，使中央感觉问题非常严重，并且特委多次要求中央派人前来井冈山巡视工作。因此，1929年下半年，中共中央派彭清泉(即潘心源)为巡视员前来湘赣边界巡视工作，其任务之一就是处理袁、王问题。边界特委领导人把袁、王视为“土匪”，并且情况还相当严重，这是造成中央果断派巡视员前来处理袁、王的问题的主观因素。

边界特委的人员构成是造成袁、王被杀的组织基础

造成边界特委成为袁、王被杀的主要原因，与边界特委领导人及其组成人员的构成紧密相联。1929年10月产生的湘赣边界第二届特委及1929年5月由第二届第四次执委会产生的湘赣边界特委，书记先后为杨开明、谭震林、邓乾元、朱昌偕，成员共有毛泽东、朱德、陈毅、何挺颖、谭震林、彭德怀、滕代远、盘园珠、谭思聪、王佐农、李却非、周里、杨开明、朱亦岳、陈正人、龙超清、刘天干、宛希先、邓乾元、刘真、朱昌偕、袁文才、王佐、谭兵、苏瑞兰（女）等25人。其中，毛泽东、朱德、陈毅、何挺颖、谭震林已于1929年1月随红4军出击赣南、闽西离开井冈山；彭德怀、滕代远也于井冈山革命根据地失守后离开井冈山，以后也多在湘赣、湘鄂赣根据地游击，很少留在井冈山；谭思聪主要在茶陵境内工作；李却非到桂东、安仁等地从事革命活动；盘圆珠

被挨户团抓进监牢，释放后于1932年夏病逝；杨开明代表井冈山前委，也于1929年1月前往上海向中央汇报工作，后在汉口被捕并被国民党杀害于长沙市；王佐农于1929年5月回到遂川任县委书记；宛希先于1929年冬被错杀于永新大湾村；周里长期在酃县开展工作；袁文才、王佐在第二届第四次执委会上没有当选执委会成员；谭兵、苏瑞兰系普通群众代表，在特委不起主导作用。通过上述可以看出，井冈山革命根据地失守后，实际在特委工作的只有邓乾元、朱昌偕、龙超清、刘真、刘天干、陈正人、宛希先、朱亦岳等人，书记先后为邓乾元、朱昌偕。从这些人员的构成中可以看出，此时的边界特委主要是由对袁、王抱有很深成见的宁冈、永新等土籍领袖所领导。加上宁冈、永新两县委也是与袁、王矛盾很深的谢希安、刘真、朱昌偕等人任书记。边界特委的这种人员构成是造成袁、王被杀的组织基础。

“罗克绍事件”是造成袁、王被杀的导火线

随着土客籍矛盾的不断加剧，加上当时边界特委几任领导人均将袁、王视为“土匪”看待，又适值中央“六大”决议案中有关于土匪问题的处理政策，从而加速了袁、王被杀的进程。1930年2月，“罗克绍事件”发生后，一场沉痛的历史悲剧已不可避免。

1929年下半年，中共中央派彭清泉（即潘心源）为巡视员来湘赣边界巡视工作。在彭清泉的指导下，1930年1月18日至21日，湘赣边特委、赣西特委、红五军军委在遂川县于田召开了一次联席会议。在于田联席会议上错误地做出了武力解决袁文才、王佐的决定，这就为错杀袁、王做了组织上的准备。

袁文才、王佐被杀，直接的导火线是“罗克绍事件”。罗克绍，是茶陵县反动靖卫团团总，又是茶陵、酃县、宁冈、永新、莲花“联防”总指挥。罗克绍有个30多人的兵工厂，能造枪，袁文才、王佐一直很想把他的这个兵工厂搞过来，成为边界红军的兵工厂。为此，袁文才经过精心准备，终于在1930年2月2日，在茶陵江口的蕉坪将罗克绍抓住，同时还抓住了罗克绍的28名枪工。回到宁冈新城，为了要罗克绍交出枪械所的人员和设备，并利用罗勾通五县敌人反水到红军这边来，同时利用枪工，到长沙运来钢铁造枪，袁文才想以罗克绍为人质，待所有计划实现后再杀他，因此，袁文才对罗克绍好生款待，给他松了绑，摆了酒菜招待他，还陪他一起打麻将，这事引起宁冈县委书记谢希安大为不满，后谢希安把这事报告了龙超清和特委。由于袁文才未向特委呈明思想，

全凭个人意气办事，从而引起特委的怀疑，认为他要勾结罗克绍“反水”。尽管袁、王用心良苦，可勾结罗克绍还是成为杀害袁、王的重要理由之一。

1930年2月22日，袁、王收到边界特委假冒的“毛委员来信”，信中要求袁、王部队配合红五军攻打吉安，将队伍开到永新城听编，从而将袁、王部队骗到永新城。未料，晚上开会时，并没有讨论攻打吉安及部队整编事宜，而是以整顿思想为由，中央巡视员彭清泉不点名地指责袁、王“受编不受调”，“反对分田”，“勾结土豪，破坏苏维埃政府，扰害永新赤色政权”。结果双方拔枪对斥，会议弄得不欢而散。22日晚，彭清泉和边界特委给红五军去信，并派朱昌偕、王怀连夜前往红五军驻地安福洲湖，请求彭德怀派兵，立即解决袁、王。彭德怀在上有中央巡视员来信，又有特委书记朱昌偕等当面请求，况且，红五军在前委不能指挥时归边界特委指挥，加上事情突然，时间紧迫，在一时又不可能调查清楚的情况下，红五军军委和特委共同决定，派红五军四纵队于2月23日晚急往永新。24日拂晓前到达永新后，即包围了袁、王及其部队驻地，为最后解决袁、王做好了军事上的准备。

24日拂晓前，边界特委书记朱昌偕第一个闯进袁文才房间，袁即被朱昌偕开枪打死在床上。负责解决王佐的永新县苏维埃政府主席彭文祥正前往王佐住地，王佐听见枪声，即与刁飞林等几个亲信赶忙往宁冈方向的东门跑去。未料通往宁冈的东门浮桥已被拆断。王佐等即涉水过河，水急河深，王佐等不会游水，被淹死在东关潭里。就这样，袁文才、王佐这两位曾为井冈山根据地的创建做出了重大贡献的人物，倒在了“左”倾错误的枪口之下。

袁、王被杀的后果是极其严重的，袁部的主要骨干周桂春、谢桂标、陈梦平、谢华光、朱游庭、李筱甫等先后被抓住枪杀了；王部也只逃出小部分，共计打死、淹死40余人，袁、王两支部队从此消亡了。后来，袁文才的妻叔、袁部的骨干谢角铭与王佐的哥哥王云龙即收拢残部，“电省反赤”。从此，井冈山军事根据地随之丧失。后来，红军部队数次力图恢复，均未奏效，反遭严重损失。

三百长征红军命案之谜

毛黎娟

耿湾镇位于陕西和甘肃交界处的六盘山下，是甘肃省环县的一个小镇。71年前，这里曾发生过一起300多名长征红军将士在一夜之间突然死亡的命案。此案震惊了当时的党中央和毛泽东，当即下令调查侦破此案。然而案情的侦破却毫无进展。直到1976年毛泽东逝世，此案仍是一个悬案。这究竟是怎么回事呢?

300余红军一夜间魂归天国

1935年10月15日黄昏，耿湾镇走来了一队经过长时间跋涉而显得疲惫不堪的红军。这是毛泽东率领的陕甘支队下的一支部队。他们刚刚翻越了长征途中的最后一座山六盘山，通过蒋介石部署国民党军队“围剿”红军的最后合击地洪德，离长征的终点陕北仅一步之遥了。见天色将晚，部队指挥员决定就地夜宿。一声令下，许多饥渴疲惫的红军战士便跑到沟谷，捧起清澈的泉水，又是喝又是洗地搞了个痛快。之后，战士们便准备好好地睡上一觉，然后再向长征胜利的终点陕北进发。

不料，第二天清晨，在嘹亮的军号声响过之后，人们震惊地发现，一夜之间竟有300多名红军将士无声无息地突然死亡。在这些红军将士身上，既没有受伤的痕迹，脸上也不带任何痛苦的表情。这些经过万里辗转和身经百战的红军将士，在长征即将胜利结束的前夕，不明不白地在耿湾镇魂归天国，究竟是怎么回事?经初步查证，这300多名红军将士都是中毒身亡。

是谁丧尽天良，做出如此伤天害理之事?要知道，这300多名久经沙场的红军将士，对于最初80000多人到长征结束仅剩7000多人的中央红军而言，是一个多么大的数字！对未来的中国革命而言，他们是一笔多么宝贵的财富！就在前一天，毛泽东还说过：“这些从江西到这里的红军战士，个个可都是宝贝呀！他们是革命的种子，将来撒向全国那可是要带动一大片的。现在再也不能让蒋介石随便端去了。”因此，当噩耗传来，党中央、毛泽东和各纵队指挥员，无不备感痛心、震惊和愤怒，当即下一令立即组织专门力量侦破此案，严惩凶手，为死难的红军将士报仇雪恨。

立案后久侦未破成历史谜案

究竟是谁杀害了这些红军将士？大多数纵队指挥员和战士们经过分析，一致认为是敌特投毒。可是敌人在哪儿？他们从何而来？将毒投在了哪里？现又隐藏在何处？带着这一连串的问题，专门组成的破案人员，随即展开了深入的侦破工作。当时虽然抓了不少可疑分子，但是经过多方查证分析，终因没有确凿的罪证和有价值的线索而无法定案。

由于敌情紧张，没等案件告破，部队就离开了耿湾镇。到了陕北后，党中央和毛泽东仍然惦记着此案，又派出专人返回耿湾镇继续侦破。可是经过几个月的深入调查，仍然没有发现任何线索，没有找到任何犯罪证据。案件侦破陷入困境，此案成为一桩悬案。

案件未破，人心难安。此案成了毛泽东心中一个未解之结。每当他谈起“六盘山上高峰，红旗漫卷西风”这首脍炙人口的《清平乐·六盘山》的诗，说起长征最后到达陕北的那段岁月，总忘不了这300多红军将士的命案。他曾亲自部署让周恩来调集力量侦破此案。可是办案人员查遍了全国重要的特务案和间谍案，结果都横竖联系不上。这起离奇的红军命案，终因找不到任何线索和确凿证据，而成为一桩历史谜案。

在此后几十年多次重大的政治运动中，如肃反、镇反、三反五反、反右派斗争、“文化大革命”等等，当年发生在耿湾镇的这起红军命案，都被作为重点问题进行调查。但是最终都没能查出任何结果，反而造成了一些冤假错案，伤害和冤枉了许多无辜者。不少人甚至被定性为“特务”、“反革命分子”等。其中，有一个所谓的“反革命分子”在其遗书中写下了这样一段话：“我死了不要紧，只是背的这个罪名太冤屈了。红军吃尽了人间苦，爬雪山、过草地，到了我们这里还为群众做好事，我怎能忍心杀他们？”这个历史谜案，在当地一度搞得人人自危，个个提心吊胆，生怕自己和家人被列为怀疑对象。由于案件一直未破，再加上案情的扑朔迷离，致使各种迷信传闻风靡，一再兴风作浪。

科学工作者破解历史谜案

光阴如梭，在距“红军命案”发生54年后的1989年秋天，驻宁夏的一个解放军给水团，奉命到六盘山东麓的环县进行水质调查。该部的水文地质工程师王学印和王森林来到耿湾，在与当地政府工作人员的交谈中，得知了当年发生在耿湾镇的这起悬案。之后，在与当地民众的接触中，他们又发现，当地群众说起50多年前的那件命案，竟有多种离奇的传闻。这引起了两位水文地质工程师的关注。

当时，电视剧《三国演义》正在上映，剧中的一段情节使两位工程师若有所思：当年，诸葛亮率领蜀军平南蛮进军秃龙洞，一些兵士因误饮了当地的“哑泉”之水，腹痛且丧失了语言功能。受电视剧这一情节的启发，职业的敏感使两位科学工作者，把长征红军的命案同当地的水质问题联系起来。因为他们发现，当地的泉水和沟水异常咸苦，这是水中钾离子含量明显偏高的表现。莫非命案的凶手是这泉水？可是又怎么解释当地民众喝同样的水，却没发现有中毒的呢？看来要解答这些问题，仅靠猜测和推论是不行的，必须进行认真的调查和严密的科学检测与论证。王学印和王森林决心用他们所掌握的专业知识，破解开这个历史谜案。

探索科学的道路是艰难的。两位水文地质工程师为破解这一历史谜案，花费了整整3年时间。3年中，他们不仅查阅了大量当地的水文地质资料，还翻山越岭，踏遍了六盘山麓的沟沟坎坎，到现场及相关地点观察，采集水样，并进行分析化验。他们还叩开一户户当地老百姓的家门，寻访当年的目击者，以尽可能多地掌握第一手资料。他们在六盘山和银川之间往返数10次，跑遍了银川所有的水文地质和石油化工科研单位，进行一系列的科学检测。工夫不负有心人，在两位工程师辛勤的付出和执著的探索中，当年扑朔迷离的红军命案的谜底，终于一步步浮出水面，并最终揭晓。

原来，在耿湾镇的泉水和沟水中，钾离子和钠离子的含量很高。通常情况下，1吨水中的纯钾含量为300至500克，而这里却高达1至2公斤；钠离子的含量也远远超出了标准含量。这种高钾高钠含量的泉水，虽然口感苦咸难喝，却不会致人死命。问题在于，这里的地质结构复杂，断层构造发达，又属延长盆地高含石油分布区。在构造层活动期间，一旦从油层中带出氰气，与钾、钠结合就有麻烦了。因为氰与钾、钠最具亲和力，一经结合就会生成氰化钾和氰化钠。这是两种剧毒性化合物，人体若摄入50微克氰化物，即可造成中枢神经阻断型死亡，在无任何痛苦情况下，不知不觉地死去。这种从油层溢出的氰气，时有时无，时多时少，因此这里的泉水属于间歇性毒泉。

当年来到耿湾的长征红军，一路长途跋涉十分疲劳，再加上长时间的食物匮乏对健康的损害严重，身体已十分虚弱。这时，又恰逢地质构造层活动期，油层中的氰气不断溢出，使泉水中氰化钾和氰化钠含量上升，毒性增加。这些因素凑在一起，于是，便引发了当年的那一幕惨剧。当年，凡是到沟底喝了泉水的红军将士，都在睡梦中窒息死亡；而因种种原因没有来得及下沟喝水，到宿营地去吃饭、喝别的水的红军将士，则幸免于难。当地居民因为长期饮用泉水有经验，且抵抗力强得多，所以未发生过集体中毒事件。

元凶终于找到，300多红军将士命案终于真相大白了！当年这300多名红军将士之死，不是人为因素所致，而是误饮当地自然生成的含有氰化钾、氰化钠的有毒泉水而中毒身亡。

这个案件从发生到最后破解的全过程，给我们的启示是多方面的。其中最大的启示就是，科学对于我们的重要性。当年发生这样的事件，确实令人扼腕痛心。但在破案过程中发生的一系列本不该发生的事件，同样令人痛心。当然，这些事件的发生，有其一定的不可避免性。当时处于残酷的战争年代，阶级斗争确实复杂多变，普遍存在，并且科学也不发达。这种社会存在，致使人们在分析和思考问题时，不得不绷紧阶级斗争这根弦，用阶级斗争的思维方式去观察和分析问题。这是一种历史的局限。如果说当年发生这类事情有其不可避免的一面的话，那么今天，我们所处的环境，在科学技术等各方面的条件都已发生巨大变化的情况下，就应该从根本上杜绝此类事件的再度发生。

故宫博物院搬迁始末

郭瑞璜

1985年10月，北京和台北都举行了纪念故宫博物院成立60周年大会。日本放送协会由此萌发了一个念头：摄制一部大型系列片，用完整的故宫博物院璀璨藏品，介绍中华文明史。几经周折，此项计划1994年秋才付诸实施。历时两年，《故宫——用瑰宝讲述中华五千年》拍竣。在采访、拍摄过程中，后藤多闻探寻了故宫博物院的渊源及其藏品在中华民族、中华五千年历史上的意义。

北京故宫博物院，台北故宫博物院，这两个收藏着世界顶级文物的著名博物院，原来是一个整体，一分为二的背景，是上世纪上半叶这个国家的战争悲剧。

1911年10月10日，中国爆发了辛亥革命。孙中山领导的革命党，推翻了满清王朝，建立了中华民国。末代皇帝溥仪退位，根据清室优待条件，仍暂居紫禁城内。13年后的1924年，冯玉祥发动“北京政变”，废除大清皇帝称号，溥仪被逐出皇宫，供历代皇帝等少数人赏玩的大量珍宝，统归民国政府所有。总理黄郛主持的内阁会议，决定成立“办理清室善后委员会”，聘请一批专家学者，清理宫内财产。

91岁的北京故宫博物院顾问毕士元说：“当时我还在大学读书，去帮助教授们清理故宫财物。那时宫内荒凉不堪，杂草丛生，拨开杂草才能露出路径。过去平民不能进入紫禁城，只能在戏剧和小说里了解皇帝和后妃们的生活，现在能亲眼目睹这里的情景，内心是十分高兴的。”

因为社会上流传着种种盗窃宝物的流言，善后委员会制订了：“点查清宫物件规则”18条，内容非常缜密，以昭信于社会，并使清点工作有所依据。台北故宫博物院顾问、90岁的那志良，那时也是大学生。他中学时期的校长、考据家陈垣，是善后委员会成员，便把他找去，和其他学生一起，帮助清点故宫文物。

那志良回忆说，一个人清点，一个人登记，一个人挂号码牌：上有组长，都是政府各机关派来的，他们未必懂行，但可以当见证人。另外还有专门监视的人，以及一个兵，一个警察。清点时不能吸烟，不能单独行动，要同进同出，连撒尿都不成，怕有人偷东西。那时正是冬天，北京天气很冷，毛笔都被冻住了，要不时用嘴呵气才能化开再写。

皇宫里到底有多少珍宝，恐怕连皇帝本人也说不清楚。溥仪16岁时，内廷建福宫一带仓库顶棚内，发现了大量文物，都是乾隆的收藏品，乾隆去世后封存于此，再未面世。溥仪看到这些宝物后惊叹："我到底有多少宝物呢！"

经学者、专家、帮忙的学生们艰苦细致工作，花费了一年多时间，完成了清宫内物品的整理、清查、登记、编号、造册工作，并选出一批物品公开展览。1925年10月10日，紫禁城辟为故宫博物院，专事收藏、展览历代皇帝收藏的文物，正式对平民开放。从此，清宫内的所有物品，哪怕是家具摆设，都具有了新的历史意义。

故宫博物院收藏的文物，基本上是宋、元、明、清四朝代的皇帝们收集到宫中的珍宝，但它的精神却是从夏、商、周朝以来一以贯之的。故宫博物院的藏品，应该说是延续几千年、世代传承的中华瑰宝，是一个完整的体系。

从古以来，每个王朝的皇帝，都要收藏一些稀世珍宝，以证明其正统性，如周秦时期的九鼎。到了汉代，皇帝已经有专门收藏珍宝的设施，如西汉时期的石渠阁、麒麟阁等。起初皇宫的藏品，大多是玉器、青铜器，魏晋以后，书画陶瓷精品亦进入皇帝收藏的视野。

随着王朝交替，战乱频仍，宫廷文物有些被破坏了，有些丢失了；有些散落民间又辗转回归皇宫；有些被帝国主义掠夺至今存放在外国博物馆，如大英博物馆的《女史箴图》等。故宫文物流传的故事，有代表性的可以举《江行初雪图》（现存北京故宫博物院）的运行轨迹为例。《江行初雪图》是南唐宫廷画家赵榦的作品，先是归"风流天子"宋徽宗收藏，后落入金章宗之手，元灭金时流落民间，明初进入皇宫，清初再次传到民间，清乾隆时期重归皇宫，遂成为现在故宫博物院的藏品。

在所有皇帝收藏家中，宋徽宗和清乾隆这两位有鉴赏力的皇帝，对收藏故宫文物功不可没。宋徽宗是中国古代著名书法家，清乾隆亦擅长书法。他们在位时，广泛收集古董和书画，说宋徽宗打下基础，清乾隆在此基础上集大成，一点也不为过。

在北京故宫近万间房屋中，"三希堂"只不过是养心殿一隅的小书斋而已。但因它收藏了三件稀世珍品而名满天下。清康熙时期，长期流落民间的书圣王羲之《快雪时晴帖》（现存台北故宫博物院）被献给皇帝。乾隆十一年，又有人把王羲之外甥王珣的《伯远帖》（现存北京故宫博物院）献给乾隆。加上王献之的《中秋帖》（现存北京故宫博物院）本已在宫中，王氏一门三件法帖全部归于乾隆。这位皇帝喜不自胜，遂在他生活起居的养心殿一隅修建了一个书斋，专门收藏这三件稀世之宝，故名之“三希堂”。

乾隆最中意的书法作品是《快雪时晴帖》，曾在该帖上大写一个“神”字，还在另外的纸上写下“神手技点”，表达了喜爱和景仰之情。每到下雪天，乾隆就到三希堂欣赏《快雪时晴帖》，兴之所至，画了一幅山水画《羲之观鹅图》，描绘王羲之观看鹅在池中游泳，颈部摆动的样子，从而悟出腕诀窍的故事。

可见，故宫博物院的文物，是在王朝更迭、无数次的战乱中，以极偶然的机会，被皇帝们和理解中华民族之心的文人们保存下来的瑰宝。

故宫博物院创办不久，战争阴云又笼罩了中国。1931年发生了“九·一八”事变，日军3个月即占领了中国东北全境。1932年，日本又制造了一个以废帝溥仪为傀儡的“满洲国”。日本侵略中国的野心公开化，华北、华东将成为继续侵吞的目标。中国政府决定，将故宫文物装箱南运，存放在上海租界内，以免毁于战火。

为了保证易碎品在运输过程中不致损坏，故宫博物院的工作人员请教了北京琉璃厂各大古玩店包装瓷器的方法。那志良说，装箱时把10个瓷碗扎在一块，使它成为一体，然后装箱，再用软物塞紧，一箱文物就成了一个整体，即便箱子掉在地上，里边的文物也不会损坏。

据《故宫七十星霜》一书记载，故宫文物南运计划传开后，社会各界是赞成的。因为北京很快就要变成战场，文物被破坏的危险性是显而易见的。土地丢失了可以收复，文物一旦遭到破坏就永远丢失了。也有反对的，理由是担心故宫文物一旦失散就很难复合。有些激进人士认为，文物南迁是政府放弃北京的前兆，民心浮动。其中最激烈的反对派代表人物是周肇祥。他曾任湖南代省长，当过故宫古物陈列所所长。为了阻止故宫文物南运，他在中南海成立了“北京民众保护古物协会”，自任会长，发表演说，散发传单，多次表示要武力阻止故宫文物南运。他还联络了一批汽车司机、车夫、搬运工人，拒绝给故宫搬运文物。预定第一批南运的箱子，就是因为等候工人未到而使计划落空。

当时社会上谣言四起，说只要文物装车启运，就要在铁路中放置炸弹，炸毁列车。时任故宫博物院院长的易培基没法，便拍电报给行政院代院长宋子文，宋给北京市长下令，以“煽动群众，扰害治安”罪拘捕了周肇祥，并采取了一系列安全措施，文物南运才得以进行。

当时20多岁的那志良是故宫博物院最年轻的科长（其他科长都四五十岁了），从头到尾参与了故宫文物运输、保管过程。据他介绍，1933年2月6日，天不亮，故宫博物院第一批南运文物箱子，在军队严密保护下，装上北京站物别编组的列车，一路向南驶去。到同年5月5日共分5批把13491箱文物，从北京疏散出来。其中，陶瓷、瓷器1058箱，玉器158箱，青铜器55箱，书画128箱，以及大量文具、印章、漆器、玻璃制品，还有许多图书、文献。

这些故宫文物存放在上海租界。1937年元旦，故宫博物院南京分院竣工，才又运到南京，尚未开箱布展，同年7月7日，“卢沟桥事变”爆发，日军开始全面进攻中国，战火即将蔓延到南京。在这种紧迫形势下，国民党政府又决定将故宫文物向国内西南安全地区疏散，即分成两组，运往陕西、湖南、四川等地。那志良是第一组负责人，8月14日动身，把一批文物运到长沙，存放在湖南大学图书馆。11月12日上海沦陷，20日国民党政府迁都重庆。因为日本飞机飞临长沙上空，很不安全，12月那志良再次把文物装船，转运到四川山中保存。大约一个月后，湖南大学图书馆即遭日本飞机猛烈轰炸，毁坏严重。那志良感叹道：“多亏我们逃得快，否则……”

几十年后，那志良还记得运输文物的艰难：“用汽车运，一车装20箱文物，麻烦极了，有钱也没有用，找不到车，有了车又没有汽油，有了汽油路又断了……”

原定运往宝鸡的第三组文物，由于在当地找不到合适的存放地点，卡车继续南行，翻过秦岭，经汉中运到成都。最后一批即第三组文物，装船离开南京，沿长江上行，向重庆进发，是12月8日的事情，5天后日军即攻入南京。

这些文物分别存放在四川、贵州的深山里，直到二战结束，才又集中到南京。不久，国共之间爆发内战，共产党军队势如破竹，蒋介石政权摇摇欲坠，即挑选出4000多箱约70万件文物（一说2792箱约65万件），从1948年12月22日开始，分3次运到台湾，存放在南投县雾峰山的北沟仓库。那志良也随着文物到了台湾，再也未能回到北京。

解放军渡过长江，进入南京，剩下的9000余箱约100万件文物被运回北京故宫博物院。

1965年11月，位于台北市郊外阳明山脚下双溪的台北故宫博物院落成。这座按照南京中山陵的模式修建的地下一层、地上三层宫殿式建筑，就成为台湾收藏、展览故宫博物院文物的处所。

1933年从北京故宫运出的10000多箱中华瑰宝，历经艰险跋涉，到达台湾或又回到北京，行程都在12000公里以上，可谓中国文物的一次25000里长征。在世界大博物馆中，像这样大规模、长距离运输文物是没有先例的。它在世界博物馆史上应当大书一页。而且在运输途中文物却没有受损。那志良说，曾发生过几次翻车事故，但却没有死一人，没有损坏一件文物。

台北故宫博物院院长秦孝仪说："每想到这个问题，我就感到'古物有灵'。这个'灵'就是民族感情、民族语言和文化，保护着这些文物。这个'灵'一直在我们心中。"

这也是北京故宫博物院有关人士的共同心声。

孟良崮战役中，张灵甫亡命之谜

冷玉健

1947年5月，国民党军五大主力之第一的整编74师被我军歼灭于孟良崮。关于蒋介石最为钟爱的心腹将领张灵甫如何致死，几十年来，一直是众说纷纭，莫衷一是。死后张灵甫又葬于何处？更是鲜为人知。近年来，笔者采访了现任中共临沂市委党史研究室主任、原全程参与张灵甫死亡调查及遗骨考证的崔维志等同志，对相关资料进行考订后，终于解开了这一谜底。

张灵甫之死的各种版本

孟良崮大捷，这是铁般的事实。然而在1947年是役结束至今60年间，关于张灵甫其人之死却在各种书籍或报刊上存在着不同的版本。特别是近年来，一些人物传记或回忆录旧事重提，将击毙张灵甫说得活灵活现，如临其境。有的争着说是其所在部队所为，情节离奇，毫无佐证；有的称自己是张灵甫尸体的第一见证人或验尸者，还从张灵甫身（尸）上收缴了战利品等等。这些多是在传闻过程中经过人为加工的无稽之谈。具体的说法有哪些呢？

版本一：张灵甫自杀或集体自杀，这是国民党的最初版本。张灵甫部被歼后，蒋介石按照张灵甫对其无限虔诚的性格做出推理，利用张灵甫的两封遗书，掀起了声势浩大的宣传张灵甫“壮烈殉职”、“从容自戕”、“忠勇事迹”的活动。这是蒋介石惯用的欺骗宣传伎俩，无疑是用编造的张灵甫所谓“临难不苟之正气、见危授命之精神”，继续驱使其军队为其卖命。国民党当局关于张灵甫“集体自杀”的宣传，当时华东野战军司令员陈毅和解放区新闻界曾反复予以驳斥。此说在喧嚣一阵后便烟消云散，但却永远留在了国民党的档案卷宗里。

版本二：张灵甫被击毙或炸毙于其指挥所的山洞里，此为我方最初的版本。孟良崮大捷对我军来说显得太重要了。由于当时的特定战争环境与通讯设施等限制，为了在第一时间宣传报道我军战绩，鼓舞士气，我方对张灵甫之死采取了笼统的“击毙”一词，而对其死在何处又采用了常理推测未细加考究。后又因“左”倾政策的影响，这种说法长期没有纠正。新华出版社出版的《陈粟大军征战记》、山东人民出版社出版的《孟良崮战役》、《孟良崮战役资料选》以及公开发表的解放军将军回忆录与电影《孟良崮战役》、《红日》等，都说张灵甫被击毙在山洞内。孟良崮一山缝上还刻有“击毙张灵甫之处”的标志。此说影响最大，流传最广。

版本三：张灵甫被俘后，我军某战士为取其金表而将其击毙。此说参见1991年2月19日出版的某报刊文摘报。此说既歪曲了历史事实，又给我军士兵脸上抹了黑，应予批驳而不应采信。

版本四：张灵甫被我俘虏后，又被我军一名对国民党军队有刻骨仇恨的军官打死。

那么，张灵甫究竟如何致死、何时而死又死在何处等，真是扑朔迷离，越说越糊涂。

死亡真相

从1994年开始，为澄清张灵甫死亡之谜，同时受旅居美国的张灵甫遗孀王玉玲关于查找张灵甫遗骨、迁回其老家陕西省西安市长安县之委托，山东省临沂市政协派遣崔维志等同志专程赴北京、南京、上海等地，查阅国共双方军内外相关档案资料，访问健在的知情人，赴战役实地调查采访考证，花了几年时间终于理清了事实真相。

1．活捉张灵甫。关于张灵甫的下落，军事档案资料表明：时任华东野战军司令员兼政委陈毅、副司令员粟裕、副政委谭震林、参谋长陈士榘曾两次电报中央军委和毛泽东主席。一是5月17日上报战果时，说张灵甫自戕。二是5月30日的电报，称“张灵甫于5月16日14时解决战斗时，被六纵特务团副团长何凤山击毙”。

真的是这样吗？1997年3月27日，离休在天津的何凤山回忆说：“打死张(灵甫）的是我团一营三连，一营教导员叫胡玉隆，三连指导员叫邵至汉（与邵志汉为同一人，下同——笔者注)，邵至汉在这次战斗中牺牲了。”可见，何凤山不认电报之说。但据了解，当时行文常有把部队首长指代部队的习惯。所以，也可以这样认定，电报所指的六纵特务团和张灵甫的生死有直接关系。调查人员在国防大学资料室，找到了时任华东野战军第六纵队司令员、后任军事科学院副院长的王必成撰写的回忆文章《飞兵激战孟良崮》，如是说：“下午2点钟，总攻开始了。我特务团首先突破孟良崮西侧，直取敌师指挥所所在的山洞。绝望的张灵甫急令他的参谋长魏振钺率1000多名匪徒冲到山腰，拼命阻止我特务团前进。我特务团指战员奋勇迎战，猛扑过去与顽抗之敌展开激战，冲上去，被压下来，又冲上去，又被压下来，经过反复拼杀，将敌一部歼灭在山坡上，俘虏其大部，生擒敌参谋长，并乘势向敌指挥所的山洞逼进。一营三连指导员邵至汉冲在最前面。他身上多次负伤，仍然坚持战斗，率领部分战士首先攻至洞口，恰遇张灵甫指挥其卫队100多名亡命之徒，从洞中冲出，占据洞穴、石岩、山缝，作困兽之斗。邵至汉不幸身中数弹，英勇牺牲。我三连干部战士怒火满腔，奋不顾身，用抵近射击和白刃战消灭了敌人，击毙了敌卫队长，活捉了张灵甫，控制了洞口。后续部队赶到后，立即集中火力向洞内猛烈射击，子弹像雨点一样向洞内倾泻，手榴弹如冰雹似的砸向洞中，洞内鬼哭狼嚎。战士们一拥冲进了敌指挥所内，只见洞内尸体狼藉，血污满地。”此文先后刊登于1988年由中国人民解放军陆军第二十四集团军军史编写办公室编辑出版的《劲旅雄风》和解放军出版社1992年出版的《虎将王必成》两书中。在采访的老干部中，大部分都赞同王必成关于张灵甫被俘的说法。用时任华东野战军供应总站副总站长、后任上海市政协秘书长的范征夫的话说：“王必成的文章以及我和当年许多老同志的记忆是一致的。”

除王必成等回忆说张灵甫在山洞外被俘外，还有一些知情人说其在洞内举手投降的。如时任华东野战军司令部参谋处科长的金子谷说：“战役接近尾声时，我六纵穿插部队一个排，冲进张灵甫躲藏的山洞，张灵甫举手投降。”还有的说：“我军从洞外射进一阵子弹，又扔进十几颗手榴弹。顿时，洞内硝烟弥漫，死伤枕藉。稍倾，六纵特务团副团长何凤山和5名战士冲进洞内，其实洞内中只死了6个人，张灵甫还活着。他们见解放军冲进来，吓得举起手。何凤山当即命令张灵甫一行往洞外走。”关于张灵甫洞外还是洞内被俘的两种说法，尽管事情发生的地点不同，但其性质是一样的，都是被我军活着俘虏的。

2．枪击张灵甫。关于张灵甫被俘后又遭枪亡之事，王必成将军回忆道：“胜利了，我们的老冤家、死对头，终于被彻底歼灭了。但在庆贺大捷之余，也有点遗憾，那个双手沾满人民鲜血、死心塌地效忠蒋介石的‘御林军’师长张灵甫，在被我纵特务团活捉之后，又被一名对他怀有刻骨仇恨的干部给打死了！”另据金子谷回忆“张灵甫在洞内举手投降后，冲进洞内的六纵那个穿插排的排长恨敌心切，端起冲锋枪将其击毙了”。1994年夏，调查组在上海访问时任华东野战军《前锋报》记者鲁山时，他说：“孟良崮战役后，陈毅司令员有一次讲话中，在揭露国民党报刊宣传张灵甫是‘自杀’的欺骗宣传的同时，还批评了当时用枪打死张（灵甫）的我军一排长。”鲁山还补充说：“当年打死张灵甫的排长姓司，曾在解放军上海部队××公司任过顾问。此人早已病故了。凡是听过陈毅司令员批评那位排长会议的人员及听过传达这次会议精神的人员都会知道此事。六纵队还遵照陈毅的指示，将违反俘虏政策擅自击毙张灵甫的那个排长关了禁闭。”可见，对我军排长枪杀张灵甫一事，华东野战军的首长并不隐瞒、忌讳，而且对违反军规者严肃处理，绝不姑息迁就。

同时，调查还得知：孟良崮大战刚刚结束尚未打扫完战场，国民党增援的重兵就围攻上来，我军为争取主动，实施了迅速撤离战术，华东野战军第六纵队特务团官兵抬着张灵甫随之向北转移，次日（17日）抵达孟良崮以北约15公里的原沂水县野竹旺村。调查人员在野竹旺村的自然村董家庄（即今沂南县马牧池乡董家庄，当时的董家庄、野竹旺、拔麻村为一个行政村，统称野竹旺）实地取证时，老村民谈到一个非常重要的新情况：张灵甫受枪击后并未当即死亡，我军将其抬至董家庄时尚有气息。据说张灵甫当时仅被打成重伤，战士受令急忙送其至位于董家庄以北之北大山的六纵野战医院进行抢救，不料行至董家庄村的汶河边时咽了气，因而就地埋葬在那里。这一个信息，曾任山东省沂南县史志办主任的张建国前往调查时也获得证实。因为上述的董家庄与野竹旺，是自然村与行政村的关系，为统一起见规范使用行政村名，即张灵甫死于野竹旺。

3．厚葬张灵甫。调查人员获悉：六纵副司令员皮定均曾对张灵甫善后事宜作出过指示，要求时任纵队政治部宣传部长吴强（小说《红日》的作者）负责厚葬张灵甫等。吴强用1000万元北海币购买了一口4寸厚的楸木（当地生长的一种落叶乔木称楸树）棺材，用购买的新白布裹着张灵甫的尸体，就地安葬于一村民的地瓜窖内，并筑起了大坟丘，立有一块上书“国军整编第七十四师师长张灵甫将军之墓”的木牌。埋葬前，我军参与转移人员和部分张灵甫部被俘人员，还举行了简单的安葬仪式。我军一负责同志还发表了对其较为公正评价的讲话：“张灵甫在抗日战争时期打过日本，负过伤，立过战功。但后来跟着蒋介石进攻解放区，与共产党为敌，说要在45天之内把我军消灭在沂蒙山区。在这次孟良崮战役中，我们牺牲了成千上万人，他也死在这里！”同时，当时新华社曾播发过张灵甫死亡及收尸的相关消息。

岁月流逝，当年的坟丘、木牌已不复存在，张灵甫埋葬的地点先是人民公社生产队的牛圈，后山岗建起村庄，其墓穴又被村民圈入宅院内。“文化大革命”中，本地和外地的一些学生造反派曾试图掘开张灵甫的墓。但由于种种原因，其“革命行动”未能实现。由此，张灵甫的遗骨在沂蒙腹地的偏山僻壤无声息地得以保存下来。正因为如此，临沂市政协通过艰辛的调查考证，才找到了张灵甫的埋葬地点与遗骨，并将此信息通过统战部门转告当时旅美的王玉玲女士。

综上所述，张灵甫亡命之谜应该是一目了然，即“战败被俘——枪击重伤——抢救未果身亡”的基本脉络，而并非国民党所说的集体自杀或自杀，也并非在其指挥所的山洞内或其洞外的当场击毙，更非被我军某战士为获取金表而击毙。

父亲陶希圣与“高陶事件”始末

陶恒生／口述　李菁／主笔

1940年1月22日，来自汪精卫集团的核心人物高宗武和陶希圣，在香港《大公报》上披露汪精卫与日本在上海签订卖国密约之事，一时举世震惊，这段往事，史称“高陶事件”。后来成为蒋介石“文胆的”陶希圣，主持国民党文化宣传工作数十年，却为子女留下了“远离政治”的家训。为了探知父亲的人生轨迹和心路历程，本是学工出身的陶恒生在退休后开始潜心研究“高陶事件”的前前后后。

从　政

我还记得那是一个炮火连天的晚上，几天前刚突袭珍珠港的日军开始进攻香港。炮声隆隆中，父亲长叹了一声后很严肃地对我们说：“将来你们一个一个都不要搞政治，还是学点一技之长，自己养活自己吧。”父亲的话，我们一直铭记在心，长大后，我们兄弟几个既不学政治，也不参与政治。

时隔60多年再回顾父亲当时说的话，我相信那是他根据自己的前半生经历，从内心深处发出的最真实的感慨。

父亲是湖北黄冈人，1915年，16岁的他投考北大预科，师从沈尹默、沈兼士等人攻读国学。北大毕业后，他做过教员、当过编辑，很快就因为参加中国社会史的论战而声名鹊起。

很长一段时间，父亲扮演着“亦政亦学、亦朝亦野”的角色。1937年，38岁的父亲成为北大法学院政治系主任，那是他一生学术成就的最高峰。我相信，如果不是抗战爆发，父亲会沿着纯学者之路顺利而成功地走下去。

“卢沟桥事变”后，蒋介石邀请各党派及无党派人士在庐山牯岭举行茶话会。蒋介石在下山之前，还单独召见了父亲。牯岭茶话会后，父亲到南京加入蒋介石的委员长侍从室第五组，从事国际宣传工作，从此弃学从政。

在我看来，他从事政治，并不是为了什么利益，“九·一八”之后，很多知识分子出于“精英意识”而介入现实政治，父亲也是一样，他基于知识分子的爱国之心，以为出来登高一呼，可以凭一己之力解决一些问题。

歧 途

父亲在中央军事学校武汉分校任政治教官时，便与汪精卫结识，成为具有汪系色彩的学者之一。虽然他后来暂避政治，却一直铭记汪的一份“知遇之恩”。抗战爆发后，因为上海、南京相继失守，父亲随国民政府迁到武汉，在那里，他和汪精卫的关系再度密切起来。因为父亲生前从未向我们讲过他的心路历程，所以我也无从知晓当年他的真实想法。在我看来，父亲以为能凭借他们的谈判给饱受战火摧残的中国以“和平”。于是，他选择了汪精卫，这也是父亲人生一段歧途的开始。

1938年12月29日，汪精卫起草了一份电报，响应了日本首相近卫文麿的第三次声明，他把电报交给陈公博、周佛海与我父亲3个人，让他们带到香港发表。这份声明引起当时整个中国的愤怒和声讨。

悔 悟

父亲到香港之后就留在那里。此时，国内一致的批汪舆论，已经让他开始心生悔意。虽然此时已对所谓的和平运动产生动摇与怀疑，但父亲还是又一次选择了汪精卫。

11月1日，汪精卫成立的“新政府”很快又与日本展开新一轮谈判。日方首席代表影佐祯昭拿出了一份《日支新关系调整要纲》草案。汪精卫、陈璧君、周佛海、梅思平、父亲5个人看了，觉得这份草案面目全非。如果说父亲以前还对“和平”心存幻想的话，那么此时，他的幻想已完全破灭。

父亲找到陈璧君：“请你告诉汪先生，如果这个谈判答应的话，从黑龙江到海南岛，从矿业到气象，内至河道外至领海，日本人全要！这份‘要纲’实质是德、苏瓜分波兰之后，日、苏再瓜分中国。这不是我们要的‘和平’，所谓谈判，不过是这一瓜分契据，由几个中国人签字而已……”

陈璧君将此话转告给汪精卫，汪听后也潸然泪下：“他们要我签，我就签吧，中国不是我们几个人卖得了的。”

这段时间父亲一个人在上海，他陷入极度的苦闷与绝望中。母亲在香港听说后，果断地决定带我们回上海“救”父亲。

12月26日下午，汪日谈判正式结束，决定12月30日与日方共同签字。父亲后来回忆，那是他一生中最痛苦的时刻。母亲问：“陈公博可以走，你为什么不能走？”父亲说：“我在监视之下，走不了。”母亲问：“你打算签字？”父亲回答：“不签便死在这里！”母亲又问：“签字呢？”“签字比死还难看！”母亲说：“我把全家的性命带来上海换你逃走。如果走不出去，我们一同死在这里。如果你签字，我就打死你……”

第二天父亲便给愚园路汪公馆打电话称病告假，30日，汪精卫与日本人的签字父亲也没参加。

逃　脱

30日晚上，家里突然来了位不速之客——高宗武。父亲在回忆录里是这样描述的：他躺在床上，对高说，我们俩都被监视了……高宗武只说了3个字：走了吧。

其实在此之前，高宗武与父亲并不是很熟识，但为什么高宗武会那么大胆地向父亲提出“逃走”的想法呢？在对日谈判过程中，汪精卫集团内部分歧颇多，父亲与高宗武在与周佛海等人的争吵中探知了彼此的立场。

父亲与高宗武都是用假名字登记上的船。上船之后他们商量到了香港之后下一步该怎么办，他们后来在《大公报》上发表的揭露密约的那封信，就是在船上起草的。

在此期间，起了重要作用的一个人是杜月笙。高宗武在谈判后期心生悔意决定退出汪精卫集团时，暗中与杜月笙取得了联系，杜月笙马上命令他留在上海的“大总管”万墨林营救高、陶二人。不过他们之前不太确定的是父亲究竟是否会同意走。于是有高宗武上门试探之举。

早在日本人与汪精卫谈判期间，高宗武已经寻机把谈判密约拍下了照片。杜月笙7日乘飞机直赴重庆，将密约面交蒋介石。虽然蒋介石已经拿到了密约，但他并未马上公之于众，因为杜月笙告诉他：陶希圣的家人还在上海，蒋介石答应等到我们都脱险后再公开。杜月笙一直派人暗中保护我们，当然这最终也来自蒋介石的授意。

回　归

父亲走后，母亲做了一个更冒险的举动。母亲主动打电话强汪府，要求见陈璧君。母亲说：希圣到香港已经五六天了，我很怕他在香港说不得体的话、会见什么人，我想赶快把他劝回来。陈璧君将信将疑。

这时正好汪精卫下楼，听到了他们的对话：他对母亲的话深信不疑，母亲又说只带两个没上学的孩子去香港，把3个大的留在上海，实际上是暗示把我们留做“人质”。陈璧君有点放心了。

1月13日，母亲带着晋生与范生两个弟弟搭船。一星期之后，姐姐带着我们，在万墨林的安排下兵分三路逃到码头。上了一艘小电船。直到驶出吴淞口进入公海，我们姐弟3人才敢相见。

母亲把我们5个孩子成功地救出来后，陈璧君很生气：她先生骗了我，我又被老太婆（指母亲）骗了！

母亲是中国传统的家庭妇女，但关键时刻，比父亲有决断力。在大是大非面前，深明大义。她和父亲是指腹为婚的，父亲逃到重庆后，给在西南联大读书的姐姐写信说：你妈妈很坚强。大劫大难，如果不是有她的话，我们不会有今天。

接到高、陶逃跑的消息后，汪精卫生气、难过之余，并没有破口大骂。而周佛海对高、陶二人的举动很愤怒。周佛海甚至在日记里说“高、陶这两个动物，势必杀之”。很多人认为父亲与高宗武此举背叛了汪精卫，高宗武曾说：“此次举动，论私交不能如此做，论公则不能不如此做。感情与理智冲突之痛苦，莫可宣言。”其实父亲何尝不是如此？

1942年2月，父亲一路历尽艰险回到重庆。父亲很快被任命为侍从室第五组组长。学生何兹全问他：既然已经脱离了政治，为何又要回到蒋身边？父亲半是自嘲地说：“你有所不知，如果不在蒋身边工作，不知多少人指着我骂我；现在我在这里，他们背后可以骂我，当面却要奉承我，说我好话。”蒋介石对父亲一直很好，蒋介石很重要的两本书《中国之命运》与《苏俄在中国》都是由父亲捉刀代笔的。在外人眼里，父亲成了接替陈布雷的蒋介石的又一个“文胆”。

对蒋介石，父亲是内疚加感恩的心态。父亲在蒋介石身边工作，算是“大隐隐于朝”。“高陶事件”发生后，还有人揣测父亲是蒋介石派到汪精卫那里的卧底，我认为不可能。对于自己的拥汪（精卫）又脱汪，父亲说过一句很形象的话：“好比喝毒酒，我喝了一口，发觉是毒药，死了一半，不喝了。汪喝了一口，发觉是毒酒，索性喝下去。”

坦率地说，直到现在，我每次看到“汉奸”这个字眼，心都会隐隐作痛。很多人形容父亲的人生轨迹为书生“误搞政治”。父亲是国民党的核心人物，难免有些政敌，也有不少闲话，认为他有污点，对于这些议论，他只是一笑置之，但我相信他内心深处还是充满苦楚的。有一年我们夫妇回台北，住在父亲家里。有一天父亲深深地叹了口气，对我内人说：我这个人，“贪、嗔、痴”三个字，“嗔”心我老去不掉——嗔就是“动怒”，我明白，父亲心中还有很多解不开的怨和恨。

1987年10月，90岁（虚岁）的父亲给我写信说，自己这一生，“前一半抽烟，后一半喝茶。80岁有感慨，90岁自觉轻松，连感慨都没有了……”父亲说他一生是教授，是记者，不知为何，却恰恰不提政治，政治对他来说，似乎只是好茶喝尽剩下的淡水与残渣罢了。这是父亲给我们的最后一封信。第二年6月，他在台北去世。

1965年 总理办公室为何撤销

南 哲

设立总理办公室

新中国一成立，政府总理和所有的副总理几乎都处于“日理万机”的状态之中。这么一个泱泱大国，没有一个专门的办事机构来协助总理、副总理们处理日常事务，显然是不行的。为此，中央决定设立总理办公室。

总理办公室直属于政务院（1954年9月改为国务院），最早由政务院副秘书长齐燕铭分管，齐燕铭兼总理办公室主任，副主任是李琦，下设综合组、财经组、外事组、秘书组、行政组。服务的对象是周恩来总理和其他几位副总理以及秘书长。总理办公室人数最多的时候是1956年，达到近20人。

随着政府有效运行机制的建立和行政体制逐渐理顺，为适应国家政治经济的进一步发展，1957年底，总理办公室进行了第一次大精简，近一半的人员调出去支援各条战线，留下包括正副主任在内的9位秘书，分别负责联系国务院各口的工作。从这时起，总理办公室不再分管其他副总理的日常事务，专为周恩来总理服务。

1964年下半年，随着国民经济调整的深入，如何进一步加大调整的力度，使各方面工作真正适应新的发展要求，从改革的意义上进一步精简机构的任务再一次提到日程上来。当时，国务院的机构和部门大都按要求完成了精简人员和精简机构的任务，但仍有一些部门和省市没有达到预期的效果，精简工作越做越难。为此，周恩来又一次动了从自己身边减人的念头。

“留那么多秘书干什么？”

1964年夏天，中共中央决定趁在北戴河办公、休养之机，召开全国计划会议，商议制订来年年度计划、“三五计划”和长期规划等问题。会前，周恩来召集有关人员开会，就计划问题提出了6点意见，核心思想是传达毛泽东和中共中央的意思：“要有革命思想”。在这段时间里，毛泽东将自己对官僚主义和形而上学的工作方式的不满，明显地表露出来。他将自己对计划工作的不满，又扩展到对整个计委机构的不满。由此，逐渐产生了改组甚至取消国家计委、另立机构的念头。

毛泽东在思考进入第三个五年计划时期对机构进行改革的意图，周恩来是体会得最深的。周恩来意识到，在毛泽东眼中，随着社会主义建设事业的发展，许多部门都不适应“机关革命化”的要求。在这个问题上，周恩来是支持毛泽东的想法的。周恩来考虑，机关革命化的问题，首先要从国务院各部门抓起，而抓国务院系统的精简，首先又要从自己身边开始。于是，在“机关革命化”呼声的大背景下，周恩来开始酝酿在国务院机构中取消总理办公室这一建制的事。

但是，要取消长期以来运作有效的总理办公室这一机构，并不是一件简单的事。正在这个时候，从毛泽东那里吹来了一阵“东风”。一次，毛泽东在与周恩来谈话时，半开玩笑地说：“你留那么多秘书干什么，让秘书牵着鼻子走！”

这句话的本意，带有体贴周恩来辛苦的意思，但周恩来有意将这句话传了出去，目的是为机构精简作铺垫。然而，此话传出后，却产生了各种想法和猜测。

毛泽东说这句话，是由一位中央领导的两个秘书在工作中出了差错引起的。据称，当时一位领导同志的两个秘书在外事工作上出了点差错，由于他们的失误，耽误了一件大事。这事反映到主席那里去了。主席不高兴，就说了一句：“秘书太多会误事。”周总理听了这话后想到：“秘书最多的当然是我这里了。”于是，他果断地决定撤销办公室。

秘书们的回忆

作为一个大国的“总管家”，总理要管外交、国防、财贸等几十个部门。据周恩来总理秘书马列回忆：当时他们每个秘书联系着几个部委，重要的情况随时向总理汇报，以便于总理分轻重缓急处理各项政务。总理尊重秘书，常常就一些问题征询秘书们的意见和看法，但从来不允许秘书擅自做主……对总理办公室的繁忙，马列还有一段回忆：整个抗美援朝期间，从朝鲜前线来的所有电报都要先送总理处理，一些重大问题都是总理先提出意见，再报请主席批准。很多电报都是总理亲自起草或由总理口授的。那时总参谋长是徐向前元帅，徐帅生病了，由聂荣臻元帅代理总长。重要的作战部署都是在总理的主持之下决定的。开城谈判坐在谈判桌前的是南日和柴成文，幕后是李克农和乔冠华。在什么问题上据理力争，在什么问题上可以妥协让步，都是按照总理的指示进行的。

总理经常要和第一线通电话，了解最新情况，做出最新指示。那时的电话线路不好，又没增音设备，听起来比蚊子声还小。总理扯破嗓子喊，每次打完电话都累得一身汗。

总理的经济秘书李岩回忆道：中央领导同志工作之忙、之辛苦，当时也许在红墙之外鲜为人知，当然总理是最忙的一位。由于他管的事多面广，所以办公室每天收到的多方送来的请示报告、文件资料、统计报表、情况简报等，多得不可胜数。分到每位秘书手中的都是厚厚的一摞。周恩来对每位秘书的工作都是直线联系的，繁多的交办事项从不贻误。由于周恩来白天外出工作较多，所以秘书们将当天来的文件和需要口头汇报的事项随时准备着，这就使得周恩来无时无刻不在工作状态上。更有甚者，周恩来在用餐、洗澡和上卫生间时，都常常要处理工作上的问题。秘书多，也就意味着工作多，往往是周恩来刚刚进门，秘书们就排着队将文件送给周恩来批阅，或向他汇报刚刚发生的国内外大事。

尽管工作极度繁忙，涉及面广，工作时间长，使得周恩来需要一些秘书帮助他工作，但总理办公室的工作效率和质量是很高的。这一点也曾得到过毛泽东的称赞。应该说，取消总理办公室这样的建制，是周恩来在国民经济调整时期以身作则的结果。周恩来心中非常清楚，只有从身边开刀，才有利于动其他难动的机构，这就决定了总理办公室必须进行第二次精简。

总理办公室被撤销

为使大家心理上有所准备，周恩来早在1964年6月18日就召集办公室工作人员开会，商议工作安排的问题。他首先鼓励大家深入基层，去参加社会主义教育运动。到了年底，国务院机构改革的方案逐渐明朗，对总理办公室这一机构的去留问题，周恩来也下定了最后决心。李岩后来回忆道：当时，我正在外地搞“四清”，工作已快结束了。一天接到许明（总理办公室副主任）的一封信，她在信上说：“总理决定把办公室撤销，具体的信上不好说，回来你就知道了。”

秘书们都感觉到，总理办公室的撤销，速度太快了。

军事方面的秘书周家鼎当时也在农村搞“四清”。为了不影响军事工作，周家鼎下农村期间，中央军委曾从作战部为周恩来选了王亚志来作军事秘书。王亚志回忆道：我是1964年七八月间去的，到1965年2月就离开了。仅仅半年，同总理也没有朝夕相处的经历。我运气不好，刚去总理办公室，就赶上办公室裁人……可以说，我还没有进入角色就退回来了，只干了些日常的事务。

1964年12月15日，周恩来出席中共中央政治局会议。会上，讨论了周恩来将向第三届全国人大一次会议作的《政府工作报告》稿。

周恩来在会上还介绍了《政府工作报告》的第五部分，这部分的题目叫《机关革命化》。单列这样一个题目，是《政府工作报告》中少有的。他借题发挥所讲的几句话，使与会的人感觉到了他内心的矛盾：人少是好事，人多是坏事。主席经常跟我讲，你那个办公室搞那么多秘书干什么？我现在想通了，要跟周荣鑫（周荣鑫当时任国务院秘书长）合并。合并不是假的，原来的那些秘书有的退回外交部，有的退回总参。我现在有12个人，六七个人下乡，还剩一半，还不行，要做个彻底革命派，把那个办公室不要了。

可以说，这是周恩来在中共中央政治局会议上正式宣布总理办公室要取消的决定。

1965年1月4日闭幕的三届人大一次会议通过了有关的决议，总理办公室从此便在国务院的建制中完全取消了。

总理办公室取消后，在周恩来办公和居住的中南海西花厅内，只设了一个总理值班室，留下来的，是仅有的一两个秘书。

张国焘客死异国内情

王学亮

被国民党遗忘的张国焘曾流露出回大陆的意愿

1948年底，蒋氏政权大势已去，国民党许多高官显要纷纷逃到台湾。张国焘慌忙把《创进》停刊，携带全家逃到了台北。

张国焘携家眷逃台后，举目无亲，一切都只能靠自己了。当时正是冬天，他急于找地方将全家安顿下来，奔波数日，才终于在台北租到了一栋房子。

张国焘想继续为国民党效力，可一年过去了，国民党既没有给他安排“工作”，也没有过问他的生活。尽管他念念不忘自己是“国民党六届中央委员”，但国民党却似乎将他遗忘了。不久，他住地一带的房子由行政院批示，被改作东南行政长官公署，强行征收。他怒气冲冲地前往行政院找人理论，一番闹腾过后毫无结果。房子终究还是被人占了，潦倒的张国焘深知“胳膊拧不过大腿”，只好于迁移台湾后的第二个冬天，再次带着全家迁移了。这一次他的目的地是香港。

1949年冬，张国焘带着妻子和3个儿子离开台北，来到了香港。

1950年朝鲜战争爆发时，张国焘已在香港安顿下来。他每天没什么事，便订了几份报纸，专门研究战争的前景问题，有时也就此写点评论寄给小报，赚点零钱花。随着战争的继续，黄金价格一路飞涨。于是他以全部家当5000美金作押，在金融市场上干起了“炒黄金”的生意。

果然不出张国焘所料，黄金价格一直持续走高。但是突然间黄金一夜之间价格大跌，等张国焘明白过来是怎么回事的时候，已是跌得惨不忍睹了。他此时才匆忙将黄金脱手，但为时已晚，原来的5000美元，仅剩2000多一点了。

祸不单行。张国焘的妻子杨子烈一天上街买菜时，不幸跌倒，摔断了臀盘骨，住了半年医院，杨子烈的骨伤难以复原，成了跛子，行动很不便，接连的打击，使张国焘处境极为困窘。经济与精神上的压力，使张国焘一下子老了许多。

在香港，张国焘为了自己的安全，采取了“超然”的政治态度，与国、共两党都保持着相当的距离，专与中间派人士来往。张国焘与同在香港的原国民党桂系要人程思远来往密切，一起喝茶、打牌、吃饭。张国焘似乎对自己的过去有所省悟，曾对程思远说："过去在政治上扮演跑龙套的角色，今后孩子们应当成为堂堂正正的中国人，为建设新中国而努力。"

1951年，青年党领导人谢澄平与程思远几经交换意见，决定组织一个定期座谈会，其成员有：罗梦册、张国焘、程思远、董时进、伍藻池、黄如今。不久，原国民党要人张发奎、顾孟余邀张国焘出任新创办的反蒋刊物《中国之声》的社长，张国焘也发表过反蒋的文章。1952年10月10日，由张发奎、顾孟余积极筹备的"自由民主战斗同盟"正式宣告成立。但好景不长，"战盟"成立不久即发生分裂，张国焘的《中国之声》社长一职也被张发奎派其亲信林伯雅接收。眼看已有的积蓄日渐减少，张国焘夫妇很是焦虑。

当张国焘在生活上处处不如意的时候，新中国在中共中央和毛泽东的领导下却发生着翻天覆地的变化。看看自己穷困潦倒的生活，张国焘萌发了回归大陆的念头。

1953年春的一天，当时正在新华社香港分社负责新闻工作的金尧如接到一个姓陈的打来的电话。陈先生在香港出版界工作，据说是陈独秀的儿子。

在双方约见时，陈先生慎重而认真地说："张国焘伯伯最近几次同我谈起，说他看到中国共产党解放了祖国大陆，心里也很振奋。现在他闲居在香港，实在太寂寞，也自感惭愧。他很想回北京去，重新回到党的领导下，为党和人民做一点建设工作。我告诉他，我认识新华社的金先生，他很高兴，要我请教请教你，有没有可能回北京、向毛泽东主席反映一下他的愿望。"

金尧如回到分社后，向社长黄作梅如实汇报。黄作梅同意向北京反映。张国焘连夜写了一封信给毛泽东。信是开口的，以示转信人也可启看。取出信来一看，抬头写的是"毛泽东主席并刘少奇书记、周恩来总理"。信写得不长，大意是：在你们和党中央的领导下，中国共产党取得了新民主主义革命和建立新中国的胜利，我感到极大的鼓舞和深刻的愧疚。经过这两三年的思考，我决心回到党的身边，在你们的领导下，为党和人民事业尽我一点绵薄之力，鞠躬尽瘁，以赎前愆。

两三个星期后，刘少奇以中央书记处书记的名义传下话来：张国焘愿意回来是可以的，中央是欢迎的。但是，他必须首先写一个报告给中央，深刻检讨他在历史上坚持自己的错误路线，反对党中央、分裂党中央以致最后背叛党和人民的严重错误，提出改过自新的保证，以表示自己的决心。

金尧如当即电约陈先生，如实转告刘少奇的话。第二天，陈先生打电话给金尧如说："张伯伯这几天身体不太好，他说这件事且搁一搁，慢慢再说吧。他要我谢谢你们。"

穷困潦倒的张国焘四处乞求救济

1953年初夏的一天，正在为生计发愁的张国焘，突然遇到了一件让他高兴不已的事。美国中央情报局通过美国亚洲研究中心找到了他，向他了解有关中国党政领导人的情况。美方希望通过了解中共党政领导人的过去、性格、爱好、交往，推测出其在党和政府中的地位、关系，以至未来的内外政策。张国焘与建国后任领导职务的绝大多数高级干部都有过接触，甚至长期共事，掌握着普通人无法了解的情况。

自从张国焘脱离共产党之后，已经过去了15年，张国焘所能提供的，只能是15年以前的情况，按普通人的看法，这不会有多大价值。但美国人自有美国人的想法，他们希望通过了解中共党政领导人的过去，借以推测出这些人的现在和未来。所以，美国人决定利用张国焘。美国人并未费很多周折便取得了张国焘的配合。

从1953年7月起，美国中央情报局派其驻港负责人，先后20余次拜访张国焘，希望了解毛泽东、刘少奇、周恩来、朱德、陈云、彭真、董必武、高岗、林伯渠、林彪、张闻天等中共要人的情况。对于美国人的要求，张国焘总是尽己所知以满足他们。当然，张国焘提供的中共领导人的情况，也夹杂着个人的观点，而且不尽准确。这样，张国焘从美国人那里也讨到了一些报酬，使自己经济窘迫的状况得到了一定程度的改善。

1956年中共八大召开后，张国焘注意到国内形势宽松了许多，一直寄人篱下感到日子不好过的他，又萌生了回国的念头。他通过各种渠道，向中共中央转达了自己的请求。不久，中国共产党来人了，告诉他：回去可以，但前提条件是承认错误。他虽早已料到有这样的条件，但对方真的提出来时，他又犹豫了。他考虑再三，最后拿定主意不回去了。

1958年，中国大陆开始了轰轰烈烈的"大跃进"运动。在香港的张国焘再次受到鼓舞，又萌发了与中国政府建立联系的打算。当年10月，他托人向政府表示，愿为中国政府做点事，并要求给他以生活补助。此要求作为内部情况简报，以《关于张国焘最近情况简报》的形式呈送毛泽东后，毛泽东在上面批道："应劝张国焘割断他同美国人的关系。如能做到这点，可考虑给以个人生活方面的补助。"但从事情发展的结果看，张国焘没有接受毛泽东的建议。

1961年前后，美国堪萨斯大学派人找到张国焘，希望他能写写回忆录。从此，他积极投入回忆录的写作之中。在花费了4年时间后，终于写成了《我的回忆》共3册，约100万字。在这4年期间，堪萨斯大学每月仅给他2000港币作为研究费用，所得到的却是他用心血写成的著作的英文版权。这样，实际上等到张国焘交稿时，全部费用已经所剩无几。直到香港《明报》月刊取得该书的中文版权后，他才得到一笔数量可观的报酬。

贫病交加的张国焘冻死在异国他乡

1968年，中国"文化大革命"波及到了香港。这使张国焘甚为惊慌，为了保险起见，他决定和妻子远走高飞。去一个陌生的国度——加拿大，投奔大儿子海威。

张国焘、杨子烈来到了加拿大华裔较多的多伦多。张国焘的长子张海威此时正在多伦多教数学，二儿子张湘楚在纽约当医生，三儿子张渝川在多伦多当工程师。张国焘夫妇到达多伦多后，与大儿子一家同住。每日孙儿孙女绕膝，在一定程度上慰藉了张国焘的心灵，使他享受到了天伦之乐。但到多伦多不久，他和杨子烈发现大儿子的收入养活一家老小有些困难，便搬出了儿子家，住进免费的养老院。加拿大法律规定，65岁以上的老人即可接受政府福利救济。这样他们每月领到的养老金足够生活，有时还可到中国餐馆小酌一顿。

1976年的一天，79岁的张国焘突然中风，右半身瘫痪，生活不能自理。杨子烈也已年逾七旬，腿还有残疾，无力照料张国焘。张国焘只得申请住进老人病院。老人病院地处多伦多的郊区，因为是官办的慈善机构，所以条件很差。张国焘与另一位老人同住一间只有6平方米的小房间。这位老人的脾气很糟，当有人来探望张国焘时，他便嫌谈话影响了他，不断地发着牢骚。张国焘处境艰难，但今非昔比，只能把气咽在肚子里。

中风后张国焘行动不便，说话困难，发音不清楚，耳朵也不怎么管用，每日只能坐在轮椅上在室内活动。亲人们过一段时间就来看望他，给他一些安慰。往日的友人看望他时，张国焘总是紧握着他们的手，有时还眼泪涟涟。张国焘清楚，自己的日子已不多了。

1976年9月9日，毛泽东逝世。《伦敦日报》的记者找到了张国焘，他感慨地说："我们的时代已经过去了。""像我一样，毛泽东也是凡世之人，死亡只是时间问题。"张国焘后来病重，便与杨子烈商量解决贫病交加的办法。杨子烈想起了一个人，便提醒说他当年到武汉向国民党政府投降时，热情接待他的是萍乡同乡、时任武汉市警察局局长的蔡孟坚。张国焘与蔡孟坚交往多年，颇为投缘。蔡孟坚现在就在美国，杨子烈认为可以请他帮忙。张国焘认为妻子的话有道理，就嘱咐她和蔡孟坚联系。

蔡孟坚见到杨子烈后，问张国焘认识当今哪位台湾政要。杨子烈说当年在香港时，台湾当局曾派担任过"外交部长"的黄少谷赴港访问张国焘。蔡孟坚说，张国焘任中共驻莫斯科首席代表时，王明曾将蒋经国打成托派，被判流放。是张国焘向俄共极力交涉，才改为准许蒋经国到列宁格勒军事学院旁听，后又争取让蒋经国去工厂做工，使蒋经国免去了流放之苦。在重庆时，蒋经国曾与蔡孟坚一道探望过张国焘，二人无话不谈。张国焘对蒋经国有旧恩，此时应当求助于他。杨子烈表示同意。

蔡孟坚遂致电台湾的黄少谷，告知张国焘在加拿大的窘境，说张国焘若病死、饿死在加拿大，则对张国焘本人及台湾均为一大讽刺。蔡孟坚请黄少谷将此情转告时任台湾"行政院长"的蒋经国。蒋经国闻讯后想起张国焘的旧恩，唏嘘不已，请蔡孟坚捎钱给张国焘。不久，黄少谷的女婿、台湾驻纽约"总领事"夏功权便告知蔡孟坚，请他把蒋经国的1万美金支票转交给张国焘作医药费。蔡孟坚立即飞赴加拿大，将支票交于杨子烈。

1979年11月26日，是张国焘的82岁生日。3个儿子将他从老人病院接到大儿子张海威的家中，天伦之乐使张国焘的心情好了起来，不愿再回到严寒难忍的老人病院，不由得脱口而出："病院有时暖气关闭，冷得我时作呕吐。"一家人听后，心里都很不是滋味。但不回老人病院又能去哪儿呢？3个儿子都是勉强度日，再养活张国焘就更加拮据了。张国焘只能再回到他不愿去住的老人病院。当张国焘离开家时，杨子烈为他准备了几床毛毯，以抵挡严寒的侵袭。

1979年冬天的加拿大异常寒冷，大雪连绵不断。12月2日夜，病床上的张国焘翻身时把被子与毛毯弄到了地上，数次按铃叫护士却无反应。张国焘只有默默地忍受着严寒的折磨。身体已虚弱不堪的张国焘受此风寒，健康状况急转直下。3日凌晨5时，张国焘已处于弥留之际。当他想再看一眼亲人时，身边却空无一人。当亲人赶到老人病院时，张国焘已去世多时。杨子烈抚着丈夫冰冷的尸体，悲痛欲绝。

中国近现代史上的一位叱咤风云的人物，就这样凄惨地冻死在异国他乡。

当处于事业巅峰时期的张国焘率10万兵强马壮的红四方面军将士转战川陕，觑视前来与四方面军会师的毛泽东率领的1万多疲惫不堪的中央红军时，他绝对不会想到自己的晚年是个什么样子，不会料到自己死后子女竟出不起丧葬费。张国焘3个儿子都有家小，无力分摊全部丧葬费。杨子烈只有告知蔡孟坚。蔡孟坚通过黄少谷转告了蒋经国。几天后，国民党中央秘书长蒋彦士电汇蔡孟坚3500美元，用于处理张国焘的后事。1979年12月5日，张国焘被安葬在多伦多的一个公墓中。

历史的真相

孔融之死乃性格悲剧

魏风华

时下“范跑跑”惊世骇俗的言论让我想起一个人，东汉孔融。汉献帝建安元年即公元196年，在袁绍的骚扰下，孔融从青州逃跑到许昌。

来到许昌后，孔融发现朝廷已完全被曹丞相架空了，皇帝成为彻底的傀儡。许昌的政局，中心人物是曹操。但由于孔融是孔子后代，又是建安七子的大佬，所以影响也很大，他的寓所成了当时许昌最热闹的沙龙，每天都会聚集着一大批人，讲谈文学、品评人物、议论政治、推荐新人。这让曹操很烦恼。

说起来，曹操和孔融之间是互相轻视的。孔融是孔子的后代，曹孟德不在乎；建安七子的首领，曹孟德不承认。孔融写的东西，让曹操不屑。当然，对于曹操，孔融更看不上，这里面不仅包括曹操的出身，还包括曹操的为人。许昌时代，孔融对曹操的政治多有责难，比如反对进攻荆州的刘表和刘备，反对禁酒，反对恢复包括宫刑、黥刑、刖刑等在内的肉刑，还有就是干涉曹操父子的私生活，给曹操写了一封信讽刺其子曹丕纳袁绍的儿媳为妾。

自然，除了最后一条外，其余三条均是用正常的手段表达自己的观点，并无不妥；至于最后一条，虽有干涉曹家私生活的嫌疑，但也不至于死罪。让曹操憋着一口气的，不是说孔融多次以书信形式责难当朝丞相，而是说为什么我一有个风吹草动，你孔融就在一边窃窃私语、唧唧喳喳，真把我烦死了！

这期间还发生了我们所知的“祢衡事件”，祢衡是孔融所推荐的，但在一次夜宴上当场辱骂了曹操。不过曹操没对祢衡下毒手，曹操的目标是孔融。他无法容忍在首都有一个人，四海青年才俊皆以其为师。这个人的家里，每天宾客盈门，议论朝政，而且总和自己唱反调，连自己的儿子找个姑娘，也跳出来点评两句。你以为你是谁？事儿麻烦了。许昌是曹操的，也是孔融的，但归根结底是曹操的。建安十三年即公元208年秋，有人网罗孔融的罪名，当然也可以被认为是在曹操的指使下干的。于是，借此机会，曹操把孔融满门处死。

处死了？对，处死了。在被逮捕之前，孔融听到了四条指责：A.在北海为太守时，见皇室有难，招募兵丁，举动可疑；B.曾诽谤朝廷；C.虽为孔子之后，但不遵守礼仪，打扮不修边幅，嗜酒昏狂；D.曾口出狂言，说“父之于子，当有何亲？论其本意，实为情欲发耳。子之于母，亦复奚为？譬如寄物缶中，出则离矣。”意思是说，孩子的诞生是父母情欲爆发的结果，所以当父母的没有恩于孩子。这最后一条一经公布，孔融便死定了。“父母于子无恩论”实在让人难以相信是孔子的后代孔融说的。

孔融的话比“范跑跑”的言论更“激进”。他直接否定了“孝”的意义。中国古代王朝都标榜“以孝治天下”，由此观之，他实在是“大逆不道”了。如果放到现在，即使曹操不杀他，孔融也会被大众的唾沫淹死。当然，也有另一种可能，孔融之所以说出这样的话，是因为对当时险诈的世道与人心不古的失望，更可能是被人断章取义了。不管出于何种目的，孔融说了那话，于是他便在劫难逃了。

生不逢时！这是我对孔融悲剧的最大感怀。“负其高气，志在靖难，而才疏意广，迄无成功”，这是历史的评价。若在清平的治世，孔融想必会干得更好；但逢三国乱世，并无政治、军事与谋略之长的孔融，在不与当权者合作的同时，又喜欢坐在一旁议论时政，自然不为曹操所容。说到底，孔融之死是性格酿成的悲剧。这危险的性格来自曹操，更来自孔融自己。

秦桧：我的秘密武器是反贪

周腊生

罪恶滔天者无罚

古人云：功盖天下者不赏。就宋代情形而言，可以来个对句：罪恶滔天者无罚；古人又云：大音希声，也可以对一句：巨贪非贪。 宋代的巨奸有好几个：王钦若、丁渭、蔡京、秦桧、丁大全、贾似道，而其中最贪婪、最狡猾、罪恶最大的莫过于秦桧。

秦桧在高宗朝两居相位，前后独掌大权达19年。这19年间，他公开卖官鬻爵、敞开大门纳贿，以致富可敌国。其子秦熺，几乎每天都要请人打造金、银酒器，或搜集古董字画。这都是耗费巨资的事，秦熺当成日常功课，秦家生活之奢侈可想而知。

然而，奇怪的是，对于秦桧极为严重的贪污罪行，连前后冒死反对他的忠正之士也似乎不太注意，没有人专门就此进行弹劾。也许是其贪污罪行被倡和误国、残害忠良罪行掩盖了，反倒显得不值一提，真可谓“巨贪非贪”。

秦桧城府深似海，心眼特多。在高宗面前论事，往往用不着疾言厉色多加争辩，只用一两句就将对方置于被动地位。他陷人于罪都不要什么事实，随便找几句话，指为“诽谤朝廷”，或“指斥圣上”，或“心怀怨望”，或“结党营私”，或“沽名钓誉”，或“目无君上”，或“无人臣礼”，便可达到目的，反正高宗对他言听计从。因此，他得以挟天子以令诸侯，顺者昌，逆者亡，干尽了坏事而长期处于不败之地。

久而久之，忠臣良将，如岳飞、赵鼎、李光等被他诛锄殆尽。而被他重用的则多为毫无主见的卑鄙无耻之徒，这帮人又为虎作伥，以陷害善类为功。他们唯恐不能巴结讨好，谁还敢揭露他的贪污罪行？ 偶尔出现一两个忠义之士，如胡寅、张九成、张孝祥等，也只出面弹劾他害贤误国之罪，又很快被他打下去。

越是到晚年，他越是残忍毒辣，屡兴大狱，临死前还想置赵鼎、张浚、李光、胡寅等人于死地。赵鼎被迫害致死仍不放手，还要陷害其子孙，令其死党诬告他们“谋逆”，一时贤士大夫53人被关进监牢。不是他死得快，这些人都难免被害。

高宗晚年，虽然逐渐对秦桧的贪婪奸猾有所察觉，但始终没将他视为罪人。绍兴二十五年（1155年），秦桧临死前，还加封为建康郡王，秦熺亦进位少师。秦桧死后，又谥为“忠献”，追赠为“申王”。秦熺被罢废后，秦桧的余党仍祖述其和议之策，前后有数人窃踞相位，而外国使臣还源源不断地往秦府送金珠宝贝，均被视为正常（《续通鉴》）。

孝宗朝，其余党逐步被清洗，却仍未将他当成罪人。到宁宗开禧二年（1206年）四月，才稍稍清算其误国之罪：削其王爵，改谥“谬丑”。但是，嘉定元年（1208年），史弥远当权，又恢其王爵与原谥。此时离秦桧之死已50余年。

总之，朝廷始终未曾追究其严重的贪污罪行，更不用说将其赃款赃物查抄籍没了。

利用“反贪”打击不听话者

秦桧本身贪污，其重要党羽也都是贪赃之徒，因此秦桧当政期间，从来不搞大型的反贪活动，只是偶尔利用惩贪为借口，打击不肯听他指挥的人。万俟卨也是个有名的奸臣，就是他于绍兴十一年（1141年）下半年禀承秦桧的意旨，具体实施了对岳飞的迫害。这年七月，他还是个右谏议大夫，秦桧则早已当了太师。他们视岳飞为求和政策的大敌，决定首先除掉。万俟卨遂率先诬劾岳飞“荣禄已极，不思进取”、“违旨观望”、“按兵不动，沮丧士气”（《续通鉴》），要求罢去其枢密副使之职。此奏作用不大。八月，他又连上四章，极论岳飞之“罪”，还暗中鼓动御史中丞何铸、殿中侍御史罗汝楫等交章论劾。

高宗终于动摇了，下令将岳飞由少保、枢密使贬为武胜定国军节度使，充万寿宫使，闲置起来。至十一月，何铸升为签书枢密院事，他则升为御史中丞。于是他继续诬告岳飞“谋反”，并一步步将岳飞置于死地。

万俟卨替秦桧办了件难办的事，该是秦桧的心腹了。但到了绍兴十四年初，他们却翻了脸。

此前，万俟卨以参知政事身份出使金国回朝，秦桧硬要假捏一些话，让他当成金人的要求回奏高宗，以为要挟，进一步巩固求和政策，万俟卨没有照办，秦就很不高兴。过了几天，秦又假传圣旨要给几个亲信加官晋级，万俟卨说：“好像皇上没有下过这样的圣旨。”并将秦递过来的“圣旨”扔在一边，看也不看，于是秦大怒，从此二人不交一言。

见二人交恶，御史中丞李文会、右谏大夫詹大方马上就出面弹劾万俟卨"黩货营私、贪婪无厌，窥摇国是"，要求将他罢免。万俟知是秦在指使，亦上章求去。高宗开初只让他以资政殿学士到地方当太守。

万俟卨上殿谢恩时，高宗还慰抚备至。秦桧在场，看了更不舒服，又唆使给事中杨愿封就万俟卨的贪污行为进行猛烈的弹劾。高宗只好迁就秦桧，于十四年二月重新下诏将万俟卨由左通奉大夫、参知政事贬为提举江州太平观。从此万俟卨就被赶下了政治舞台，再也没有翻身。

后来，秦桧打击郑刚中则更为残忍。

郑刚中，字亨仲，婺州金华（今浙江金华市）人，进士甲科及第，入仕不久即由秦桧推荐入朝任监察御史、殿中侍御史等职，以后又不断地予以提拔。他对秦桧的屈膝投降政策颇为不满，却始终未敢明言，只是屡次自请到地方任职。秦不肯放他走，但已对他有所警惕。

绍兴十四年，郑奉命到陕西与金使划定疆界，随即就地以端明殿学士任四川宣抚副使，治理四川颇有方略，经划调度军政事务井井有条，此前在划疆界时亦曾据理力争，面折金使。但秦桧恨郑刚中办事自作主张，或直接请示皇上而不是先经过自己，便于十七年九月令御史汪勃、余尧弼等人吹毛求疵，对他猛加弹劾，说他"妄用官钱"、"奢僭"、"贪婪"、"天资凶险"、"网罗死党"（《续通鉴》），列了许多罪状。于是郑被免职。这还不算，这年十二月，秦桧又让余尧弼继续弹劾他"为臣不忠"、"贿赂溢于私帑"、"暴敛困民，密遣爪牙，窥伺朝政"，结果郑被削职，提举江州太平兴国宫，桂阳监居住。

绍兴十九年七月，高宗想减轻对郑刚中的处罚，秦却不依不饶，要彻底查究其"贪污"罪行。他先命人逮捕其子右承务郎郑良嗣及其将佐宾客，将他们关押在江州狱中。再派大理寺丞汤允恭、太府寺丞宋仲堪等亲信前往审理，严刑拷打，硬要坐实郑刚中的贪污之罪。

汤、宋二人后来报告结案，说是"落实"了郑的罪行："违旨出卖度牒，收钱55万余缗；自设钱监铸钱，随意支用；违法领用厨食钱13000余缗入己；用公钱买通士人进京为他说项，将转运司并入宣抚司；违法使用公钱12万余缗……"秦桧大喜，批下判决书曰："郑刚中罪大恶极，依法当死，特免死、免禁锢，移封州（治今广东封开县东封川镇）安置；郑良嗣免死，柳州"。与此案有连的僚佐赵士祸、张汉之、张仲应等亦皆受了重惩。

郑刚中到了封州后，秦再指使其党羽、封州太守赵成之一步步将他窘辱、折磨致死。

秦桧的主要政敌、曾当过首相的赵鼎本已被秦攻下台多年，编管于潮州（治今广东潮安县），秦并不罢休，还想置之死地，派人监视其一举一动。在赵鼎身上找不到什么碴儿，便在跟他接触的人身上找。

潮州太守徐璋念赵鼎是个忠臣，且当过首辅，便为他修了房子，生活上也经常照顾。其下属、录事参军石恈与赵鼎见过几面。

绍兴十七年三月，徐璋去世，石恈也已离任，继任太守者左朝散大夫翁子龙是秦的爪牙，硬是诬告徐、石有贪赃行为。秦马上将此案当作重案。交大理寺审理。大理寺都是秦的打手，审理过程中根本不许石恈辩解，而徐璋又死无对证，最后便"落实"了赵鼎犯了罪仍不检点，请托州郡借人抄书；石恈为他安排抄书人，又大收百姓的盐钱供抄手的使费，还接受了徐璋的钱800余缗；而徐璋盗用官钱11万缗为赵鼎造宅第等罚行。

最后石恈被追毁出身以来文字，除名勒停，送浔州（治今广西桂平县）编管，而赵鼎的处分最重，遇赦永不叙用。

此后，故吏门人再也不敢来看望赵鼎。秦桧还令当地守臣每月要上报一次赵鼎的存亡情形。赵鼎明白，秦桧是要逼他死，便将儿子赵汾召到跟前说："秦桧非要将我逼死不可，我若不死，还不知要连累多少人，恐怕连你们也要遭殃。"于是绝食而死。

利用"反贪"走马换将

秦桧当权期间，不仅仅只打击不听话的人与政敌，连听话的忠实喽啰也都是利用完了就打下去，再换一批。

当时，尽管朝中大小事都是他一个人说了算，但参知政事、知枢密院事等高级职位也不能老空着。士大夫中有名望者，都被他远贬于荒僻之地，然后再挑选一些卑鄙龌龊之徒，迅速由庶僚提拔进政府，谓之"伴拜"。而这帮人又像玩偶一般，走马灯似的换，长则一两年，短则几个月便一脚踢开，褫其职名，削其恩数，甚至也远贬它方，再听话的喽啰也别想幸免。

原因其实很简单，秦桧不想让任何人在政府里待长。其换人的规律是：让新提拔的人担任言官，随时替他弹劾他打算去掉的人，一个人弹劾不奏效就多安排几个，而弹劾的罪名总少不了一条——贪赃枉法。

绍兴十七年九月不过只是个侍御史，因在替秦桧打击郑刚中的事上出过大力，迅速破提为端明殿学士、签书枢密院事，成了副宰相了。到二十年（1150年）三月，又被提为参知政事。

巫伋是秦桧的同乡，又帮秦干过不少坏事，二十年三月，余尧弼升参知政事后，他即由给事中兼侍讲升为端明殿学士、签书枢密院事。没过几天，秦安排余出使金国，巫又兼权参知政事。

这两人对秦毕恭毕敬、小心谨慎，从来不敢有半点得罪。同年九月秦称病不想上朝，他们马上联名奏请今后朝见毕即退下，赴秦太师府议事，高宗当然照批。

但次年十一月，余即被罢，而且罢得颇不光彩：秦指使右谏议大夫章厦、殿中侍御史林 大鼐轮番劾奏余“倾斜贪鄙，交通三衙，勾结州将，朝中有大议则缄默无言………”结果余被贬为资政殿学士，提举江州太平兴国宫。不久，又进一步被削职，贬得更远。

而巫伋的命运跟余差不多。看在同乡的份上，秦让他在政府多待了几天。

绍兴二十二年（1152年）四月的一天，秦在都堂偶然问巫：“家乡可有什么新鲜事？”巫小心得不知说什么好，半天才答曰：“最近有个术士从乡里来，颇能论命。”巫是怕谈别的容易涉及政事，弄不好就得罪了秦桧，所以拿算命先生来搪塞。没想到秦脸色一沉，问：“这个术士算你何时可以拜相？”巫被问得大汗淋漓，不知所措，赶紧溜走。

第二天，又是章厦、林大鼐出面弹劾巫伋：“黩货营私，心怀异志，动摇国是。”于是巫伋以本职提举江州太平兴国宫。林、章二人继续攻击，很快，巫伋也被削职，走了余尧弼的老路。

余、巫二人被贬后，章厦由右谏议大夫试用为御史中丞，林则接替章的原职。由于章更卖力，没过几天，便升为端明殿学士、迁枢密院事，顶了巫伋的职位。

谁知，风水轮流转，同年九月，宋朴由殿中侍御史兼崇政殿栏书被秦提为侍御史。刚受命，马上上疏弹劾章厦“多纳贿赂，引市井小人为臂膀；平时备位充数，未见有害，一旦临大利害，其内怀奸邪，必致败事”。一向跟章并肩作战的林大鼐也弹劾章“背公营私，附下罔上，泄露机密，贪懦素餐，为斗宵之器。”于是章又走了余、巫的路子，先以本职提举江州太平兴国宫，宋、林二人再一弹劾，便被削职，他当执政官不足半年。

同年十月，宋朴又迅速升为试御史中丞，几天后即升端明殿学士、签出枢密院事。在位仅1年，二十三年（1153年）十月，他又步了章厦的后尘，罪名仍不离“贪”。此后，史才、魏师逊、郑仲熊等莫不如此。在秦桧老贼的导演下，前后有20来人都是这样在执政官的位职上跑龙套。

反贪，本是极为严肃的政府行为，却被秦桧玩弄在股掌之上，成了他扫除障碍，实现个人政治野心的工具，实在令人慨叹！

风云国师刘伯温之死

郭　梅　毛晓青

胡惟庸毒死说

关于刘伯温在大明建国后应该何去何从的问题，民间有个传说颇有意思——

缙云船埠头有个郑汝壁，他的本事比刘国师还强。朱元璋听说郑汝壁本事很好，一心想请他出山为自己效力。这天朱元璋和国师刘伯温来到船埠头，见桥东头的一个山岙里正在竖屋，一班人正在竖阊门。刘伯温看后吃惊地问：

“是什么人拣的日子？今天是火德星君值日，怎么可以竖屋？”

这时一个人回答说：“不要紧，今天有紫薇星过转，不会烧的。”

刘伯温听后大吃一惊，紫微星就是朱元璋过转呀，他赶忙和答话人施礼相见，不料，这个人就是他们要找的郑汝壁。

后来，经过各朝历代，果然这座阊门经过多少次火烧，都没有被烧掉，一直到“文化大革命”之前，那座阊门都还在那里。后来因为建供电站，才平掉了。这是后话。

朱元璋、刘伯温找到郑汝壁后，谈话很投机，成为好朋友。那天夜里，郑汝壁请朱元璋和刘伯温一起到县城里去看戏。刘伯温说：“还是不去了吧，今天夜里要下雨的。”

郑汝壁说：“没关系，雨是子时来，戏是亥时结束。”

于是，3人去看了戏，果然是回家后天才下雨，刘伯温方知郑汝壁本事胜过自已。就这样，郑汝壁也做了国师，后人都称他为郑国师。

明朝建立后，郑汝壁马上告老还乡，同时劝刘伯温也及早告老还乡，因为伴君如伴虎，很快会有杀身之祸。刘伯温不信，仍然在朝中效力。不料后来朱元璋真的要杀他，刘伯温这才很后悔。亏得刘伯温机灵，故意对朱元璋说“赦”字不会写，伸手要朱元璋教他。朱元璋就在刘伯温的手掌上写了个“赦”字。于是刘伯温就高擎着手，说是朱元璋赦了他，急急逃出宫去。朱元璋醒悟过来后勃然大怒，派兵去追杀。追兵追到刘伯温家，只见一口棺材靠在屋柱上，上面写着“在生靠主，死后靠柱”几个字，是讨好皇帝的。但追兵仍不罢休，就将棺材锯下了一段，想把刘伯温的头锯下来，让他死无完尸。不料棺材头锯下来却是一段空的木头。原来，这是刘伯温女儿的主意——她等到父亲逃回家自尽后，故意把棺材做长了一个头。后来，朱元璋看到那8个字，也就不再追究了，让刘伯温有个完尸。据传刘基病后，胡惟庸曾派太医为其诊治，并为其开药方。但刘基服食后，腹内有大如拳头的异物囤积，由此病势加剧，3个月后就撒手人寰。因此后世多有传言说是胡惟庸毒杀了刘基，与此说并存的观点是——胡惟庸在朱元璋的授权示意下毒杀刘基，真正的幕后黑手其实是朱元璋。当然还有一个说法是刘基属于自然死亡，怨不得任何人。

这三种说法中比较有争议的自然是前两种了，毕竟刘基仅仅归乡1月就去世了，这实在耐人寻味。那么如果假设这两种说法分别成立，胡惟庸或者朱元璋的杀人动机是什么呢？

深究下来，刘基与胡惟庸是有过节。当年刘基与朱元璋论相之时曾将胡惟庸比作是小马，喻其不能担当丞相重任，导致胡怀恨在心。但是洪武八年（1375年）刘基就已远离朝政，为人低调，谨言慎行，完全像个山野村夫一样生活了。若不是朱元璋还时常致书山中与其讨论国事，只怕刘国师早就湮没在历史的长河中了。胡惟庸难道真的连这样的刘基也容不下吗？

非也，非也！朱元璋亲口承认胡惟庸毒杀刘基一事是在15年后，也就是洪武二十三年（1390年）在与刘基的次子刘璟的谈话时数次提及的，而那时胡惟庸早已问斩，死无对证，朱元璋想怎么说都行了。其实当年胡惟庸挟医往候，刘基自己是有警觉的，因为黄鼠狼不会给鸡拜年，也曾上表给皇帝，但朱元璋当时并不予理睬，甚至在刘基死后4年中也没有任何人提及他死因蹊跷，要求实查云云。直到洪武十二年（1380年）十二月，御史中丞涂节状告左丞相胡惟庸及御史大夫陈宁等谋反时，才一并道出了胡惟庸令御医毒杀刘基一事。

朱元璋主谋说

所以，真正的答案恐怕是朱元璋自己不想“有动于衷”吧！让我们来看看朱元璋为刘基一事翻案所带来的后果和影响吧：左丞相胡惟庸以谋反罪被问斩甚至被灭族；右丞相汪广洋因包庇和知情不报等罪被诛。这简直就是延续了4年的缓慢版的“二桃杀三士”——刘基、胡惟庸、汪广洋这三大巨头功臣被一一诛灭，最大的赢家自然就是朱元璋了——完成了一次政治清洗，为保大明江山代代相传而铲除异己，将他所忌讳的人一网打尽。传说就连太子朱标也看不过父皇的大开杀戒，便婉言劝诫父亲不要再滥杀无辜，这样恐有伤和气，朱元璋当时并没有做出反应。翌日，太祖故意将一根荆杖扔在地上，然后命太子捡起来。太子面露难色。朱元璋道："你怕刺不敢拿，为父帮你把刺拔掉，再交给你，岂不更好？"这虽只是一个传说，但无风不起浪，这个传说更能形象地说明太祖的真实意图。其实刘基对朱元璋的这种心态早有了解，而且为了自身的安全，他曾数次固辞不愿受爵，后来无奈被封为诚意伯后，又马上急流勇退，这已经是他最明智的选择了。只可惜他还是没有能够完全全身而退，至死朱元璋都要利用他——一方面密令胡惟庸毒杀刘基，再在适当的时候揭发胡的罪行，这就迫使胡惟庸有口难辩，难道还能向天下人申辩是皇上命令我毒杀刘基的吗？说不定胡的谋反也许只是自保而已呢。以此推断，告密者涂节也被赐死就不会太令人费解了——杀人灭口嘛！刘基的死是朱元璋亲手编结的导火索，再亲手点燃引爆，将想杀的人全部炸得血肉模糊，永绝后患。

所以与其说刘基是死于胡惟庸之手，倒不如说他是死于朱元璋之手——若无朱元璋的允许胡惟庸又怎敢大胆对刘基下蛊？君要臣死，臣不得不死！恐怕在朱元璋对自己的奏表置之不理之时，刘基就已经明白了朱元璋处心积虑要他的性命了。哀莫大于心死，最后的刘基能够选择的，只能是慷慨赴死，从容离世。

毛泽东：《明史》我看了最生气

胡长明

对朱元璋研究得比较仔细

1964年5月，毛泽东在一次谈话中说："《明史》我看了最生气。明朝除了明太祖（朱元璋）、明成祖（朱棣）不识字的两个皇帝搞得比较好，明武宗、明英宗还稍好些以外，其余的都不好，尽做坏事。"

朱元璋以一个落魄的和尚，十五载而成帝业，是继刘邦之后又一个出身卑微、起自草莽的平民皇帝。毛泽东对这种现象深有感触，他通过对比，得出了不要小看"大老粗"、"老粗出人物"的结论。朱元璋大字不识一个，却善于从战争中学习，多谋而又善断。毛泽东对朱元璋卓越的军事才能给予过很高的评价，曾说"自古能军无出李世民之右者，其次则朱元璋耳"。

1948年11月，明史专家吴晗辗转来到河北省平山县的西柏坡，将他在当年8月份写完准备再版的《朱元璋传》的修改稿送请毛泽东阅正。正在指挥解放战争的毛泽东挤出时间仔细阅读了书稿，还约请吴晗深谈了两次。隔了几天，毛泽东在退还《朱元璋传》原稿时，还特地给吴晗写了信。信中对吴晗苦心为朱元璋立传称道有加，但又指出吴晗"似尚未完全接受历史唯物主义作为观察历史的方法论"。毛泽东和吴晗在对朱元璋的评价问题上存在一定差异。在毛泽东眼中，唯物史观亦可称做"奴隶史观"，认为是底层人民在创造历史，历史上的农民起义都程度不同地推动了历史的进步。朱元璋作为农民起义的首领，亦当做如是观。而吴晗的《朱元璋传》却以朱元璋影射蒋介石，显然没有贯彻唯物史观的阶级观点。

新中国成立后，吴晗根据毛泽东的意见，从1954年开始用了整整1年的时间重新写了《朱元璋传》，并再次呈送毛泽东以博指教。毛泽东对吴晗的修改表示满意。

称朱棣"搞得比较好"

朱元璋死后，燕王朱棣发动靖难之役，于建文四年（1402年）攻破南京，即位没几天的建文帝朱允炆焚死，朱棣夺取了帝位。

毛泽东在读清人谷应泰所撰《明史纪事本末》时，仔细揣摩了朱棣造反夺取皇位的过程，并多有评论。朱棣在与南京对峙的过程中出生入死，打过许多漂亮的胜仗，特别是建文二年（1400年）的白沟河战役（战场在今河北雄县），朱棣将李景隆等率领的勤王之师打得大败。但在随后的东昌战役中，朱棣骄傲轻敌，结果被盛庸等击败，被擒斩万余人。当时朱棣身处重围，奋力死战才得以逃脱。毛泽东在对比了两次战役之后评论道："白沟河大胜之后，宜有此败。"这就是说，朱棣被胜利冲昏了头脑，注定会有闪失。毛泽东曾多次告诫军事将领不要"犯大胜之后骄傲的错误"，想必是从中得到过启发。

朱棣后来重整旗鼓，千里奔袭，竟然兵临南京城下。建文帝多次派人前往朱棣大营，许以割地求和。但朱棣不为所动，口口声声要捉拿"奸臣"，显出咄咄逼人的架势。毛泽东读至此写道："始终以索战犯为词，使南京无法答允。"言下之意，朱棣是有意将矛盾尖锐化，以遂其夺取天下之志。朱棣兵临南京城下，实际上是孤军深入，带有相当的冒险性。

朱棣登上皇位后不久迁都北京，并屡次北征。在其治下，幅员之广超越汉唐，受朝命而入贡者几达30国，可谓武功赫赫，威震殊俗。特别是他迁都北京更是明智之举，奠定了明朝近300年的基业，其雄武之略不减其父，所以毛泽东称赞朱元璋、朱棣父子在位"搞得比较好"，同属于有作为的皇帝。

对嘉靖皇帝很不以为然

除了朱元璋父子，毛泽东提到较多的另一个明朝皇帝是嘉靖皇帝朱厚熜。明朝由盛到衰，嘉靖当政是重大的转折点。但人们谈到明朝的历史，大都以为万历皇帝对明朝走向灭亡负有重大责任，认为明朝"实亡于万历"。

其实不然，《明史》在评价嘉靖皇帝时写道："若其时纷纭多故，将疲于边，贼讧于内，而崇尚道教，享祀弗经，营建繁兴，府藏告匮，百余年富庶治平之业，因以渐替。"所以明朝真正走下坡路，是从嘉靖开始的。

毛泽东对嘉靖皇帝很不以为然，说他"炼丹修道，昏庸老朽，坐了四十几年天下，就是不办事"。这个评价恰如其分。嘉靖初登大位时曾大刀阔斧地革弊图新，裁汰特务机关，广行宽恤之政，颇有明君气象。但不久便玩弄权术，耽于享乐。他倚重严嵩等奸臣残害忠良，经常廷杖大臣，又特别崇信道教，醉心于斋醮、方术、祥瑞等无聊之事。

鉴此，御史杨爵沉痛进谏，期望嘉靖“念祖宗创业之艰难，思今日守成之不易，览臣所奏，赐之施行”。可是嘉靖皇帝非但不听，还将杨爵下狱论罪。毛泽东在读《明史·杨爵传》时旁批了4个字：“靡不有初。”下笔似有无限感慨。“靡不有初，鲜克有终”这句话见诸《诗经》，意思是说人们大都有一个良好的开端，但很少有人能够善始善终。

对“海瑞精神”心存矛盾

杨爵获罪后，朝臣无敢言时政者，唯独海瑞冒死进谏。毛泽东熟读《明史·海瑞传》，被海瑞等忠直之士在国难当头之时表现出的气概所打动。1959年4月，上海会议期间，他大力提倡“海瑞精神”，号召大家就“大跃进”、人民公社化以来的种种失误大胆陈言，将“五不怕”精神与海瑞的直言进谏结合起来。

在这次会议上，毛泽东提到他曾建议彭德怀读《明史·海瑞传》，又问周恩来看过没有，周恩来说看过了。毛泽东这样不厌其烦地向大家推荐海瑞，从一个侧面反映了他期望党内讲真话，以便及时纠正政策失误的急迫心情。

但在另一方面，毛泽东对党内出“海瑞”尚缺乏足够的心理准备。早在1958年3月的成都会议上，毛泽东在提倡讲真话的同时，就提醒大家讲话要善于选择说话的时机，不讲策略也不行。他举例说：“明朝反魏忠贤的那些人，不讲策略，自己被消灭，当时落得皇帝不喜欢。”即使在上海会议大力提倡“海瑞精神”期间，毛泽东还私下对人说：“讲海瑞，我很后悔。可能真正出了海瑞，我又受不了。”因此，当时胡乔木分析说，毛泽东号召大家学海瑞，实际上还是要求不要出“海瑞”式尖锐的人物。

毛泽东在对“海瑞精神”上的矛盾心理，说明从历史中吸取教益也并非一件易事，它受到主客观各种条件的制约。1959年庐山会议上，彭德怀披肝沥胆上陈“万言书”，结果被冠以“右倾机会主义”的帽子。毛泽东对此事件的解释是：“海瑞搬了家了，海瑞是明朝的左派，代表市民阶级和经营商业中的大官僚。现在搬到右倾司令部去了，向着马克思主义作斗争。这样的海瑞，是右派海瑞。”“海瑞历来是左派，左派海瑞我喜欢。现在站在马克思主义立场批评缺点，是对的，我支持左派海瑞。”

1960年，明史专家吴晗应京剧表演艺术家马连良之约，创作了以“左派海瑞”与“右派官僚集团”做斗争为主线的新编历史剧《海瑞罢官》。然而这出戏在“文革”前夕却被视作为彭德怀翻案的“大毒草”。

细品明诗、笔记小说

毛泽东在研究明史的过程中除关注其兴衰治乱外，还特别留意明朝的文学源流及其成就。

在一般文人乃至文学大家心目中，明朝的诗词创作乏善可陈。毛泽东开始也是这么认为的，但通过阅读《明诗综》等史料，他改变了看法。1957年1月，他同诗人袁水拍、臧克家等人谈话时曾说："我过去以为明朝的诗没有好的，《明诗综》没有看头，但其中有李攀龙、高启等人的好诗。"

毛泽东对作为"初明四杰"之一的高启推崇有加，尤其喜爱他创作的一首咏梅诗。1961年11月6日，为查找这首诗的全文，毛泽东一天内给秘书田家英连写了3封信。早晨6时，毛泽东请田家英替他找宋人林逋的诗文集。8时半，又写道："有一首七言律诗，其中两句是'雪满山中高士卧，月明林下美人来'，是咏梅的，请找出全诗八句给我，能于今日下午交来则最好。何时何人写的，记不起来，似是林逋写的，但查林集没有，请你再查一下。"不久，再写信说："又记起来了，是否清人高士奇的。前四句是'琼枝（原诗为姿）只合在瑶台，谁向江南处处栽。雪满山中高士卧，月明林下美人来'。下四句忘了，请问一下文史馆老先生便知。"田家英很快查明该诗为明朝高启写的《梅花》九首之一，后四句是："寒依疏影萧萧竹，春掩残香漠漠苔。自去何郎无好咏，东风愁寂几回开。"随后，毛泽东用草体书写了全诗，并在右起处大大地写上"高启"二字，还注明："字季迪，明朝最伟大的诗人。"

在中国文学史上，明朝是一个以小说见长的王朝。明代近300年间，小说的题材之广、种类之多、成就之高均令人叹为观止。鸿篇巨制便有《三国演义》、《水浒传》、《西游记》、《金瓶梅》等。毛泽东对这几部小说均有大量的点评，本文不再赘述。这里只就毛泽东评点明代笔记小说的情况做些介绍。

在毛泽东的书房中，保存了大量的明代笔记小说。在阅读过程中，毛泽东留下不少即兴评点的文字，可以帮助我们体察他的内心世界。明末大才子冯梦龙所编的《智囊》一书，是毛泽东评点最多的一部笔记小说。其中《兵智部·制胜》讲了田忌赛马的故事。冯梦龙接着又引唐太宗说自己"自少经略四方，颇知用兵之要，每观敌战，则知其强弱"的话，说这是用孙子之法也。毛泽东发挥道："所谓以弱当强，就是以少数兵力佯攻敌诸路大军。所谓以强当弱，就是集中绝对优势兵力，以五六倍于敌人一路之兵力，四面包围，聚而歼之"。

珍妃智救康有为

孙 理

珍妃，满族，镶红旗人，姓那拉氏，礼部左侍郎长叙之女，生于光绪二年。光绪十四年“选秀女”时中选，次年进宫，被封为珍嫔。珍妃入宫后，与光绪皇帝感情十分融洽，因此，于光绪二十年由嫔晋为妃。光绪二十四年，康有为、谭嗣同等“公车上书”，戊戌变法开始。

光绪皇帝积极采用康有为等的建议，推行新政。珍妃也积极支持变法维新，并帮助光绪皇帝变法。光绪皇帝十分器重康有为，渐渐把权柄交给了他。因此，康有为成了变法维新的首脑人物。光绪皇帝在朝廷上下雷厉风行地实行新政，用尽了各种方法瞒过当时已退居颐和园的慈禧太后。他深知自己现在所做的事，太后一定是要反对的，因为新思想和旧思想根本就是对立的，要求太后赞同他的新政，比“缘木求鱼”还要难。为了以防万一，光绪皇帝调回在天津训练新兵的袁世凯，命令他派兵包围颐和园。

然而，没想到袁世凯慑于慈禧太后过去的淫威，并认为这是一个升官发财的机会，跑去向慈禧告密，恶意中伤说光绪皇帝欲图杀死太后。慈禧勃然大怒，立即召集心腹大臣共商对策，并且派李莲英马上带领人马围困了皇宫。用“当头霹雳”这四个字形容光绪皇帝当时的情形再恰当不过了，他气得几乎要昏过去。无论如何，他不曾料到袁世凯竟会这样恶毒地背叛自己，现在一切都完了，在这样仓促的时间里，在这样举止毫无自由的深宫里，他还能采取什么措施来挽回这个颓势呢？珍妃自然也惊慌万分，谁会想到竟然成了这样的局势？光绪皇帝马上想到康有为等人的安危，作为变法维新首脑人物，慈禧太后对他们必杀无疑。现在宫内外都有李莲英的人把守，派人出去通知比登天还难，光绪皇帝急得如热锅上的蚂蚁而又无可奈何。

这时，珍妃眉头一皱，计上心来，对太监王监说：“今天早上御膳房报告说送上来的生猪都是病猪，你赶快去找一批。”原来她让光绪皇帝写了一道手谕放进一头猪的肚子里，由王监赶着这批生猪带出宫外，这样，就可以蒙混过关了。李莲英虽然觉得可疑，但是查了半天也没有查出个所以然，只好放他出去。康有为接到光绪皇帝的这道千辛万苦传来的手谕，当时痛哭流涕。光绪皇帝凄惨地告诉他变法维新之事已经败露，并告诫他赶快远走高飞，因为自己已经无力保障他的安全。康有为没有办法，只好连夜逃出京城。他前脚刚走，慈禧的追兵就包围了他的府邸，结果扑了个空。但是，谭嗣同等其他几人却未能逃脱噩运。

珍妃虽然有计谋救得康有为的生命，但是却不能挽救光绪皇帝和自己。光绪皇帝被迫写诏书退位以后，被囚禁在南海，而珍妃被关进内院的“广寒宫”，过起与世隔绝的凄惨生活。八国联军入侵后，慈禧太后逃命时，却没有忘记将珍妃置于死地，命人将珍妃推到井里，可怜这位善解人意、惹人怜爱的皇妃就这样香消玉殒了。

袁世凯“主动”放走蔡锷

袁 泉

蔡锷与袁世凯，一个清癯儒雅，一个粗壮雄武；一个劲气内敛，一个虎视鹰扬；一个高洁自守，一个黑白通吃；一个捐生纾难，一个窃国自为。这两个强势男人之间的故事绝对精彩，而且值得玩味。

这场双雄会是从1913年10月云南都督蔡锷卸任进京开始的。一种最流行的说法是，蔡锷奉调入京，由此被袁世凯夺去兵权，软禁起来。但此说并不一定准确。民国著名记者陶菊隐在《蒋百里先生传》中说：袁世凯“心目中的军事新人物，陆军总长一席以蔡松坡为最适宜……蔡在云南做都督，他自然放心不下，若内调为军政首长，使他楚材晋用，无直接兵权而负建军之责（强化他私人的武力），再派一名心腹做次长随时监视着他，那是再好也没有的……蔡的心理与百里的完全相同，建立国防是他们的第一义，无论内除国贼，外御强邻，必以练兵及训练军事人才为其起点。蔡是个沉默寡言的人，却有锐利的眼光和深刻的鉴别力，他何尝未看透袁所欲建立的只是为个人争权位的军队而非为国家御侮的武力呢，但是他很想将计就计，假手袁以完成现代化的国防。

但北洋将领们不答应，即使袁世凯动用行政手段强行安置，同僚、部属如果不配合蔡锷的工作，处处设置障碍，指东打西，不仅蔡锷难以发挥效能做出成绩，甚至有可能给军界制造混乱，反为不美。尽管如此，袁世凯还是给了蔡锷这个非北洋系的南方军人很大的荣宠，加昭威将军衔（昭威将军是“威”字号将军中排第一位的，足见蔡锷在将军府的地位），入陆海军大元帅统率办事处（相当于今天的国家军委），表现出对他相当的赏识和信任。如果只是软禁，袁世凯用得着把蔡锷吸收进核心的军事指挥机构吗？显然，袁蔡关系并非一般描述中呈现给人的那种强势对弱势的关系。

1915年的袁世凯，权力虽已登峰造极，但还是有危机感。他深知，在共和体制下，政党政治是大势所趋，自己这个军权人物势必只是一个过渡。所以，袁氏集团决定做一次危险的尝试，在推翻帝制仅4年后再恢复帝制，企图用世袭制永保自己稳坐江山。

此时蔡锷有三种选择：一、反对；二、保留意见；三、赞成。第一种几乎可以不论，已有大计的蔡锷当然不可能在北京就把反袁挂在嘴上。第二种理论上成立，实际上不可能，因为对方要看的不只是态度，更是动机，保留意见就等于是反对，所以只能虚与委蛇。就在为复辟帝制制造舆论的筹安会成立不久，蔡锷在将军府领衔签名拥护帝制。

但袁世凯之识人，绝对高明、精到、通透，他不会轻信蔡锷的做秀，而蔡锷也深知这一点。袁世凯在小心地捕捉和判识蔡锷释出的信息。紧接着，蔡锷又现身八大胡同。老到的袁世凯当然还是不会相信一向克己严肃的蔡锷会就此纵情酒色，但他也看得出蔡锷的意思，那就是：帝制你要办便办，我不干预。

既然签名拥护帝制以及出入八大胡同都是做秀，是双方一种心照不宣的特殊对话，那就不必太当真。很多人都相信蔡锷和小凤仙如胶似漆打得火热，并以此成功蒙蔽了袁世凯。这种英雄美人的演绎虽然美妙，但却严重低估了袁世凯，也不符合事实。

事实是，蔡锷虽涉足花台，但并不常去。据蔡锷长子蔡端先生回忆，其生母潘夫人给他讲过，有一次蔡锷陪家眷去看戏，开场前指着包厢里一年轻女子对潘夫人说：她就是小凤仙。从这个细节里至少可以得出两个信息：一、蔡锷看戏是和家人在一起而不是和小凤仙出双入对，说明他俩的关系并不怎么亲密；二、蔡锷和小凤仙的交往并不背着家人。

而且，据蔡端先生说，蔡锷将母亲和两位夫人遣送回籍的理由是，潘夫人身怀六甲，想回娘家生育；老母不习惯京城生活，要回乡下住，当然，要由刘夫人陪护，几个孩子也分别回到昆明和邵阳。

有些书上讲，蔡锷因小凤仙而故意和夫人闹翻，把家眷“赶”回老家，一家人合演了一出双簧戏。虽然很有戏剧性，但太着痕迹，非但骗不过袁世凯，反而可能弄巧成拙。袁世凯是何等人物，用妇孺来挟制对手，此种贼盗之属玩的把戏，他根本就不会考虑。

智斗袁世凯，难点在于分寸。在大家都明白你是做秀的情况下，你入戏不够就达不到效果，不足以表明立场、传递信息；而入戏过深又显造作，不免令人生疑。事实证明，蔡锷把这个分寸拿捏得恰到好处，不浅不深，不温不火。明知袁世凯在暗中跟踪调查，可就是不给他任何口实把这些手段公开化；虽然被他含在口中，却让他无从下嘴。

下面该说小凤仙了。好多书里都说蔡锷“逃出北京”，这就留下了小凤仙发挥作用的空间。可对蔡锷来说，只“逃”就够了吗？那时还没有飞机，腿再长，一步也跨不到云南去。所以，蔡锷的任务是，要有目的地走，不仅要出京，而且要出国（从内陆去云南几乎是不可能的），这就必须从容，逃是逃不到云南的。而这个任务和小凤仙已经没什么关系。

蔡锷的目的是要让袁世凯放自己走，确切地说是放他去日本，他的所有计划都是为此展开的。恰在此时，蔡锷喉部染疾，袁世凯给假3个月，批准他去日本养病（政府公报有记载）。这也正是这个故事的有趣之处：袁世凯亲手放走了自己的对手。用一句俗一点的话说，袁世凯着着实实入了蔡锷的道儿。

在这场大戏中，小凤仙的戏份并不多。蔡锷这种策略当然主要是为了保护自己。如果和小凤仙走得太近，一旦密探对她施展各种侦察手段，谁能保证她不会说漏嘴？同时，疏远小凤仙也可以保全她，否则，当蔡锷西南起兵时，身在北京的小凤仙势必受到连累。

蔡锷34岁逝世。1917年4月12日，蔡公魂归故里，国民政府在长沙岳麓山为他举行国葬，蔡公也成为民国历史上的“国葬第一人”。

张作霖：陈独秀的义兄

吴　晓

读者看到这个题目，也许很惊诧：张作霖是土匪出身、奉系军阀首领，怎么成了共产党早期领袖陈独秀的义兄呢？

一次偶然的机会，笔者在“中华老字号”网站的《沈阳卷》“前言”中，惊奇地发现了这个鲜为人知的秘密。“前言”说：“我们第一次发现，这家崇古斋的店东陈昔凡（陈衍庶），这位新民知府，既是他收编的响马张作霖的义父，又是中国共产党早期领袖人物陈独秀的继父。”

接下来，笔者查阅了《陈氏家谱》、《陈独秀年谱》、《陈独秀传》，以及《张作霖传》等历史资料，进行了一番研究和探踪。

张作霖，字雨亭，1875年出生于辽宁海城县。他幼年家境贫寒，放猪为生，14岁时父亲去世，随母亲前往镇安县（今黑山县）投奔外祖父。为谋生，他卖过包子、当过货郎、学过木匠，后跟随继父学兽医，一事无成。

1894年，张作霖为报父仇，杀了人，流落至营口。适逢甲午战争爆发，他投入驻营口田庄台的毅军当兵，后升任伍长。甲午战争失败后，张作霖被遣返回乡，不久投身草莽，成了响马头子。陈独秀的养父陈衍庶时任新民府知府，招抚了张作霖。就这样，张作霖成了清军营官，任新民知府巡警马队帮带。

陈衍庶本是安徽省怀宁县人，怎么来到新民府任知府的呢？

陈衍庶，字昔凡，是陈独秀的叔父。1875年，他考中举人，出任知县，因治河有功，步步高升，由知州、知府，升到道员领加四品衔、赏戴花翎。

他在东北辽阳、新民等地任职时，很会做官，大发其财，在东北和家乡安徽都置办了田产，还在北京琉璃厂开设了“崇古斋”古玩铺。

然而，陈衍庶虽然名利皆显赫，也有一件不称心如意的事。他先后娶过三房妻子，未得一子。其兄（早逝）次子陈独秀17岁时考中秀才第一名，陈衍庶认为这个侄子将来前程远大，于是就招其为嗣子，并在陈家祠堂办理了过继手续。

陈衍庶很喜欢陈独秀，在东北任上，他将陈独秀带在身边，并对侄子说：

“不得功名，何以为官？要想出人头地，就得先苦读几年，把书念好！”张作霖又是怎样成了陈衍庶的义子？陈衍庶身为清朝命官，还是一位才子，诗文书画有一定的造诣。郑午昌在《中国绘画史》一书中，亦收录有陈衍庶的画。

他在新民府任职期间，公务之余，亲自教陈独秀读书。张作霖看在眼里，羡慕在心头，不禁身不由己，向知府大人面前一跪，连磕了3个响头：“知府大人开恩，小人幼年丧父，没有读什么书，请大人收小人为义子，教小人读书识礼！”

张作霖这一举动，令陈衍庶一怔，连忙说：“张帮带请快快起来！”

张作霖又是3个响头，连声恳求：“请大人开恩！”

陈衍庶弯腰扶起张作霖，心想：张作霖虽然没有文化，但为人机灵勇猛，想要读书识礼也是好事情。于是，他欣然点头同意，收张作霖为义子。就这样，张作霖与陈独秀也成了义弟兄。张作霖十分珍惜这样难得的读书机会，苦读了几年，渐渐粗通文墨。

陈独秀思想活跃，不安心于攻读八股文，在参加江南乡试落第后，与科举彻底决裂，离开东北，东渡日本留学。

1909年，陈衍庶挂冠回故里安度晚年，但张作霖对义父的恩德却铭记在心。据史料记载，1916年，已当上东三省巡阅使的张作霖，见到陈衍庶的另一个侄儿，得知陈衍庶已于1913年病故，张作霖悲痛不已，说：“本人能有今天的红运，全靠义父的栽培，张某永远铭感在心！”

陈独秀拒绝共产国际津贴始末

郑瑞峰

1921年中国共产党刚成立时，中国共产党总书记陈独秀与共产国际代表马林就中共是否接受共产国际津贴等问题，发生了激烈的争论。

缘　由

1921年6月3日，共产国际代表马林和尼科尔斯基乘船到达上海，之后马林与上海共产主义小组的代理书记李达和李汉俊取得了联系，在李达、李汉俊代表陈独秀向马林汇报工作后，双方谈到中国共产党是否加入共产国际、并接受共产国际经济资助以开展党的工作等问题时，马林由于怀着急切改变中国被压迫者状况的良好愿望，加上他感染了苏俄那种“唯我独革”的意识，性格急，高傲且自负，在言谈举止中不免摆出一副教育者的姿态。马林直接向李达说明自己是共产国际代表，不客气地向李达要工作报告和经费预算，正是这种居高临下、指手画脚的“解放者”面目，在无形中伤害了中国同志的感情，引起李达等人对马林的极大不满。因此，李达在会谈中明确表示中国共产党组织还处于萌芽状态，没有什么可报告的，是否加入共产国际也还没有决定。即使中共成立加入了共产国际，它将来与共产国际所派代表之间的关系如何，也还得研究，现在根本谈不上工作报告和预算等等。中国共产主义运动应由中国共产党自己负责，我们站在国际主义立场，可以接受它的理论指导，并采取一致行动。至于经费方面，只能在我们感到不足时才接受补助，我们并不期望靠共产国际的津贴来发展工作，而且共产国际派来的代表只能是我们的顾问，绝不应居于领导地位，从而拒绝了马林的要求。马林碰了钉子后，急切盼望能早日与陈独秀会面，以打开工作僵局。

在马林的催促下，上海共产主义小组向全国发出通知，要求各地派代表到上海参加中国共产党“一大”。为使各地代表不致因为旅费问题而不能成行，马林拿出自己的活动经费，在发邀请函同时给每位代表寄路费100元，他还多次发函电，要陈独秀回沪参加“一大”会议，甚至派包惠僧到广东接陈独秀到会。

但陈独秀因兼任大学预科校长，正争取一笔款子修校舍而抽不出身，于是指派包惠僧代表他本人出席“一大”。对此，马林是不满的，他认为共产党的领导人不应当在资产阶级政府中做官。

1921年7月23日，中共“一大”在上海召开，马林参加了会议并介绍了共产国际的性质、组织和使命，31日闭会。陈独秀虽未参加，但由于他的威望和在筹建党过程中的作用，大家一致选他为党的中央局总书记，李达为宣传主任，张国焘为组织主任。“一大”闭幕后，中共中央面临的第一个困难就是经费问题。中共成立后，绝大多数党员都成了职业革命家，不仅收入全无，还要靠组织上开支养家。而办杂志、搞工运没有一样不要钱。以往的经费多半由陈独秀筹集，因大会的开支已所剩无几，各地代表在离开上海以前，都表示过筹集经费不易，使中共中央无法要求各地分担所需费用。于是李达、张国焘将会议情况以及中央所面临的经济问题函告陈独秀，请他设法筹集经费，并催促他速来上海就职。

“一大”后，中共中央与马林之间的阴霾仍未消除。在一次会议上，马林询问李达如何开展宣传工作？如何办党报？李达板起面孔回答说：“没有计划，等陈独秀先生回来再说。”马林虽然很不高兴，但也无办法。当时，张国焘根据马林的建议，决定组织中国工人运动的中央领导机构——中国劳动组合书记部，并按马林的要求提出了劳动组合书记部的工作计划和预算草案。草案计划在上海设立总部，在北京、武汉、广州、长沙等地设立分部，可以从事工人运动的共产党员都应参加这一工作，总共预计有30人按月领取生活津贴，每人约需20元至35元。这个机构全部开支及出版费用每月约需1000多元。马林同意了这个草案，决定全部经费都由共产国际补贴，中共自己所筹集的经费可做别的用途。这个计划草案在提交中共中央会议讨论时，李达提出异议，认为工作人员按月支领薪金，可能发生雇佣观念的流弊。因此，会议决定对该草案暂不做最后决定，等陈独秀回沪后再做决定。

由于中国共产党刚成立就处于艰苦创业的时期，许多工作尚待进一步部署和安排，加上与上海的中国同志间存在隔阂，于是，马林亟盼陈独秀迅速离穗来沪，他坚持要陈独秀辞去在广州的工作，回沪专门领导中共工作。因此，他再次派包惠僧去广东催促陈独秀迅速回沪主持党中央工作。然而，1921年9月，陈独秀辞去广州教育委员长职务回到上海就任中共中央局总书记后，却不想见马林，不仅如此还对马林表示极大不满，甚至向共产国际提出撤换马林的代表职务。这是何故呢？

摩擦和争吵

原来，陈独秀刚一上任就从李达等人处得知马林不尊重中国同志，擅自处理问题傲慢专横的作风，而李达和李汉俊所表达的观点其实也是陈独秀的想法，因此，生性倔强的陈独秀立即与马林发生冲突，但在马林翻译张太雷和张国焘劝说下，陈独秀终于同意与马林会面。

一天，在张太雷陪同下，陈独秀与马林首次会面，两人就激烈地大吵起来。当马林谈到中国共产党和共产国际的关系以及赞助经费等问题时，陈独秀听后很反感，因为在近十年来中国人民反对北洋军阀统治的斗争中，他经常把军阀政客接受外国列强控制和经济援助斥之为“卖国求荣”、“投靠列强”、成为其“工具”而竭力反对，特别是当时广州的无政府主义者区声白、朱谦之经常在报上写文章骂陈独秀崇拜卢布，是卢布主义。所以，陈独秀坚决主张不要别人的钱。他对马林说：“我们党尚在幼年，一切工作也都未正式展开，我认为没有必要戴上共产国际这个大帽子。”“而且，我们目前也不需要共产国际的经济支持。这样可以免掉中国的无政府党和其他方面的流言飞语。”

马林不悦地说：“陈独秀同志，你这样讲是什么意思？”张太雷急忙劝解道：“要我说来，全世界各国的共产主义运动，都应是在共产国际的领导下才能进行，我们中国不能例外……”

不料，陈独秀把桌子一拍说：“各国革命有各国的国情，我们中国是个生产落后的国家。这和欧洲、苏俄是不同的。我们党要保留独立自主的权力，要有独立自主的做法。我们有多大的能力就干多大的事，决不能让任何人牵着鼻子走。我们可以不干，但就是不能戴第三国际这顶大帽子。”说完拿起皮包出门就走。

从此，陈独秀一连几星期也不到马林那里，而此期间发生的另外两件事情，进一步加剧了陈独秀和马林间的矛盾。一件是当马林接到共产国际远东书记处指示，在中国、朝鲜、日本选派代表，参加远东人民代表大会时，马林不征求中共中央同意，事前也未同陈独秀商量，擅自派遣担任其翻译的中共党员张太雷赴日工作。事后陈独秀得知此事后极为不满，认为马林简直是胡作非为，藐视中共中央。由此，他一再表示绝不再与马林见面，并要求共产国际撤换马林的代表职务。二是先前所提到的张国焘为组建中国劳动组合书记部而用共产国际经费之事，陈独秀得知后大发雷霆：“国焘，你太错了！你为何向马林提出劳动组合书记部的计划和预算？而且对工作人员还规定了按月付薪？这不是等于搞‘雇佣革命’嘛？”“我的观点是，所有的党员都应该无报酬地为党工作。我们不能随便接受任何金钱方面的资助。”就这样，陈独秀与马林的关系越搞越僵。恰在此时，陈独秀突然被捕，却使他和马林的关系因此事出现转机。

谅解和合作

1921年10月4日下午4时，法租界巡捕因陈独秀与马林接触而闯进陈宅，并发现屋中有大量禁售刊物《新青年》而将陈逮捕，同时被捕的还有陈独秀的妻子高君曼、党的干部杨明斋、包惠僧、柯庆施，但巡捕都不认识谁是陈独秀。

在巡捕房登记时，陈独秀化名王坦甫，其他人也用了假名。但不久，褚辅成、邵力子因到陈独秀家拜访陈也被捕。到巡捕房后，褚辅成一见陈独秀就说：“仲甫，怎么回事，一到你家就把我带到这儿来了！”于是，陈的身份暴露。褚辅成、邵力子在身份被弄清后释放。在狱中，陈独秀叮嘱大家不可说出共产党的真情，一切都推在他身上好了，以争取其余人先行获释。陈独秀说，他家里有马林写给他的信，如果被搜出来，可能要判七八年刑。他打算坐牢，让其他人出去后继续干。陈独秀还十分感慨地说：“现在的统治者们既这样无情地压迫我们，我们只有和共产国际建立更密切的关系，不必再有疑虑。”第二天，法庭企图追查共产党的关系，认定其余人是陈独秀的党徒。陈独秀据理力争，说他们是我的客人，高君曼是家庭妇女，客人陪我太太打牌，有事我负责，和客人无关。由于除了《新青年》之外，所搜去的信件不足以构成罪证，无法定罪。

陈独秀被捕，引起各界强烈反应并纷纷组织营救。马林闻讯后也毅然挺身而出，运用各种关系展开营救。他花了很多钱，费了很多力气，打通了从总巡捕到会审公堂的各个关节，并花重金请著名的法国律师巴和出庭辩护。由于重金和巴和律师辩护的作用，10月26日陈独秀获释。出狱后，陈独秀听说马林大力营救的事情，一时很感动，陈独秀原本就是个很重感情的人，这次和马林共患难，无形中增进了对马林的感情。

陈独秀出狱当天，张太雷即来到陈独秀住宅，转达了马林恳切的慰问，并说：“如果不是不方便，马林是要亲自来慰问的。”陈独秀对张太雷说：“请转告马林同志，我一两天后再约他会谈。”并表示将负起总书记之责。这样，以前一切的争执，都因这一意外而烟消云散。

27日，陈独秀以总书记的身份召开中央会议，除决定《共产党》月刊继续出版、并将《新青年》复刊外，会议主要通过了原张国焘提出的组建中国劳动组合书记部的计划和预算草案，但做了个别修正。主要是工作人员的待遇不再称薪金或工资，而称之为生活费，其标准也由原规定的每月20元至35元减低到以25元为最高额。会议关于党员生活费问题还特别指出，原则上共产党员应无报酬地为党工作，现在所规定的生活费只给予一部分非此即不能维持生活的同志。党员要更接近劳苦大众的生活，领取最低生活费是一个共产主义者最宝贵的精神品质。在会后，有关党员最低生活费的精神以中央通告形式传达给全党同志，并获得党员的一致赞成。

会后两天，陈独秀与马林会晤，他们好像梁山泊好汉“不打不相识”，两人互相交换意见，气氛显得十分和谐。陈独秀表示中共拥护共产国际，对其代表在政策上的建议自应尊重。马林则表示一切工作完全由中共中央负责领导，作为共产国际代表的他只与中共最高负责人保持经常接触，商谈一般政策而已，这样一切问题都得到解决。

此后，陈独秀与马林经常见面，毫无隔阂地商讨各项问题，中共中央计划也按时送交马林一份，马林也从未提出异议，陈独秀也经常将马林的意见向中共中央会议报告。陈独秀与马林还具体规定了接受共产国际补助经费的办法，从此，中共接受共产国际的领导和经济援助便成为经常性质了。据杨奎松所著《毛泽东与莫斯科的恩恩怨怨》一书记载，从中共“一大”召开后陈独秀给共产国际的报告中可以看出：“自1921年10月起至1922年6月止，由中央机关支出17655元，收入国际协款16655元，自行募捐1000元。”另据《共产国际、联共（布）与中国革命档案资料丛书》第一卷《联共（布）、共产国际与中国革命运动（1920—1925）》一书记载，1922年12月共产国际通过的《中国共产党1923年支出预算》为每月支出（金卢布）：《向导》周报210元；《工人周刊》40元；印刷传单、宣言等60元；组织员和宣传员的费用汉口、湖南、上海各60元，北京80元，香港、广州各40元，山东30元；两名中央委员差旅费100元；两名固定宣传演讲员的食宿差旅费120元；意外开支100元。总计月支出1000元，总计年支出12000元。即使有共产国际的经济援助，中国共产党的经济状况有时也很紧张，据《联共（布）、共产国际与中国革命运动（1920—1925）》记载，1924年9月7日，陈独秀给共产国际维经斯基写信称：“我们党的经济状况很严重。由于经费不足许多方面的工作处于荒废状态。我们希望您立即从共产国际和红色工会国际给我们寄7、8、9、10月份的钱来。”因此，1924年至1929年间，中国共产党从共产国际领到的经费更是不断增加，此后中共从未因经费问题发生重大争执，中国革命也得以在中国共产党领导下迅速发展。

为前途出让宋美龄的刘纪文

李 冰

无论宋美龄生前还是死后，国内外史家和作家，大多不回避宋美龄和刘纪文早年的感情经历。尽管由于年深日久，史家的评论与小说家的演绎对其中细节众说不一，然而刘纪文是宋美龄的初恋则是不争之事实。

在不该摊牌的时候摊牌了

宋美龄在韦尔斯利大学期间曾经做出一件有违家庭的大事：在哥哥宋子文的见证之下，毅然和从东京来美国的中国留学生刘纪文，在纽约举行一个范围很小的订婚仪式。

回到上海的某一天，父亲宋耀如喝着茶开了口："明天上午，我带你到外面去见一个人。女大当嫁，这人叫周子清，品貌极好，家庭也是极殷实的。"

宋美龄蓦然怔住了，可是，宋美龄毕竟是个有心计的女孩，她未当即拒绝。

翌日上午，宋美龄坐在周子清对面悄悄打量他。她暗暗感到对方的人品确如父母来前所说的那样，既有学问又待人热诚。她这才相信从小珍爱自己的父亲，果然出语不虚。

可是，她必须遵守在美国纽约已经和刘纪文既有的婚约。

"美龄，我就知道你对周子清无话可说。如果我没看准，当然不会把他介绍给你。"宋耀如坐在沙发上喝茶。他在那家粤菜馆里就发现女儿的神情，是从心里真正喜欢对方才会有的真情流露。"不，我不同意！尽管周子清他好，我也不能嫁给他……因为我在美国……已经有男朋友了……"宋耀如怒道："有男朋友了？他是谁，我怎么不知道？"

宋美龄见父母愠怒的目光都向自己投来，紧张的心情反而变得坦然了。她不愠不火地陈述情由："阿爸，姆妈，他就是哥哥从前的好友、日本留学生刘纪文！"

在紧张的沉默过后，宋耀如突然大声问道："你怎么敢不经家庭的允许，就在国外随便结交朋友？这简直是无法无天了呀！即便你结交刘纪文也不算数，既然你对周子清说不出半个不字，这婚事我还是要做主的！”

他的脸色忽然变白了，浑身也因恼怒发起抖来，突然整个身子无力地跌坐在沙发里……

5月12日，宋氏家族在上海为故去的宋耀如举行大殓。

聚首浦江之畔　心底誓言仍未改

刘纪文回到广州眨眼已经两年。刘纪文决定正式邀请分别两年光景、只靠书函传递情意的宋美龄来广州一聚。

宋美龄见到刘纪文的信后，心里一连几天兴奋不已。

见到刘纪文时，一切却都有了变故。他说：“请原谅，美龄，革命军大本营为将来革命大业的需要，要派一个考察团去英、法等国考察经济，而我，当然也在这个考察团之中，所以，上峰的命令不可违，我只好服从命令了……你想，一个始终没有家室的男人，与其在军队里管他自己不喜欢的军需，倒不如趁年轻去国外多学一点东西……”

“既然你的要求符合革命的需要，为什么还要求得到我的原谅呢？”宋美龄已从刘纪文的表白中听清，他出国的意愿不会因她的到来发生任何改变。刘纪文的解释反而加重了她心里的失望与怨尤。

刘纪文已从宋美龄神态上感受到对方的不悦，他也没想到事情会发展到这种不快的地步，他忽然想起现在有必要更改自己的出国计划，在爱情与事业的权衡中，刘纪文意识到他更需要宋美龄的支持。于是他说：“美龄，我在决定前往欧洲考察的时候，是考虑到至少暂时我们还没有结婚的可能。我已经从你给我的信中，读到许多让我们都感到难以克服的困难。既然我们暂时不能结婚，还不如利用这段时间到国外去学知识了。可是没想到你会这时候来，既然你不同意我到国外去，我现在提出继续留下来，上峰也可能会批准的。”

“不，兆铭，如果因为我的到来，就轻易改变你思考多时的出国计划，那样，我的心会更加不安的。”宋美龄连连摇手谢绝。

夜里，宋美龄在下榻的二姐家里失眠了。

初识蒋介石　美色被垂涎

一天，宋美龄看见在孙中山面前另一张藤椅上，坐着个穿灰布军衣的中年人，他头戴一顶军帽，黑色皮鞋，光头。就在宋美龄想快步穿过那扇敞开的房门，向走廊尽头餐厅走去的时候，忽然发现那直立在孙中山面前的军人，竟不早不迟地回转身来。

几天后，蒋介石又登门造访时，对孙中山说："自从我见了令妹一面后，几天来始终寝食不安。所以我不得不来麻烦大总统劳神，能不能让介石和令妹再见一面。我是说，如果令妹现在还没有许配如意郎君，我不知是不是可以向她求婚？"

"你说什么？向美龄求……婚？据我听说，美龄早在美国留学期间，就已经有她心里喜欢的人了，所以我劝你还是适可而止为好。"

"她早在美国就有人了呀？"蒋介石这次的失望写在脸上，但他仍然在寻求新的希望："有了心上人，不一定会成为夫妻吧。大总统，不知美龄小姐喜欢的人是谁，我可不可以结识一下？"

"听说，美龄和刘纪文在美国相遇的时间不长，但是已经有了订婚的许诺了。"

蒋介石大吃一惊："原来是刘纪文？可就是做过审计局长的刘兆铭吗？"

孙中山点头："正是此人，介石同志，再说，你不是已经早有家室了吗？有家室的人，美龄是绝不会考虑的。"

蒋介石听到这里，非但没有灰心，他的决心反而在孙中山面前变得更加强烈了。他说："大总统，我的家室并不紧要，只要美龄小姐她愿意，家室是可以解决的。现在我感到困难的事情倒是两个：一是美龄她能不能看上我；二是刘纪文究竟是不是和美龄真有婚约。不过，大总统，事在人为呀，无论如何也要您设法向美龄说一说我蒋某人对她的好感，看了一眼就再也忘不掉了。即便我们不能成为夫妻，做个友人总可以吧？"

孙中山沉吟许久，终于点了点头，说："还是等一等吧。不过，我可以试一试。"

为政治前途　他出让了爱情

刘纪文回广州的时间是 3 月 20 日，广州城一片白色恐怖。

两天以后，刘纪文忽然收到一张大红请柬。原来是蒋介石以国民革命军总司令的名义请他到广州越秀大酒楼便宴。

"兆铭兄，我有一私事相求，"两人正推杯换盏地喝着酒，蒋介石见时机已到，忽然道出他的宴请真意，"中山先生在世的时候，就希望我身边有个贤内助，因为任何一个革命家，如果没有真正的好女人在旁支持他，那他肯定就一事无成。孙大总统的许多惊险历程，都因为身边有宋庆龄女士而化险为夷了。我现在虽然也有女人，可是，那都是些没用的女人啊，中山先生在世的时候，就希望我和美龄女士结合，只有她出来支持我，革命大业才有可能取得成功。兆铭兄，你以为如何？”刘纪文心里窝着一团火。

“我想，兆铭兄肯定会成人之美。”蒋介石已经把刘纪文的心思看透，他知道这位白面书生绝不敢在他面前直言内情，所以继续说道：“宋女士对介石也暗有敬佩之心。现在事情已经迫在眉睫，我临时只好求助于兆铭兄从中成全了。”

“这……”刘纪文额头上沁出了细密冷汗。他没想到蒋介石的手段如此毒辣。想到自己所面临的重重困境，刘纪文忽然在席间大声呕吐起来，蒋介石见状情知他心中痛苦，也不敢继续追逼下去，最后只好吩咐身边侍从把刘纪文送回了寓所。刘纪文因此生病不起。

当然，他筹划中的上海之行也不得不悄然取消了。尽管上海方面宋美龄不时仍有信寄到广州，刘纪文自此再也不敢给她复信。

刘纪文低下了头。他要从爱情的痛苦中挣扎出来，理智面对自己的将来。

“蒋介石确实比我有政治前途。”上海城隍庙的豫园，刘纪文终于向她倾吐出心中的真实想法，“特别是我回到广州以后才发现，蒋先生有可能在不久的将来成为国民党的实际领导人。而他在和我谈话之后，更让我坚定放弃和你结婚的念头，因为我已经看到，蒋先生对你的爱也是真诚的。如果你和我结合，今生的政治前途可能非常渺茫，但是如果你和蒋先生在一起，你不仅会有光明的前景，而且会对国家有所贡献……”

不久，在5月26日的《申报》上，见到一条来自南京的电讯：《刘纪文昨就任南京特别市市长》！这条只有几百字的新闻只占报纸一角，并不引人注目，可是让宋美龄久久不能平静……

收回香港：1942年宋美龄外交生涯的“滑铁卢”

窦应泰

宋美龄赴美，通过罗斯福夫人说服罗斯福

1942年，美国总统罗斯福为了鼓励蒋介石配合美国政府的尽快结束战争的政策，通过外交途径在中国进行一次旨在废除美国在华不平等条约、重新缔造一个中美新约的外交谈判。宋美龄和宋子文认为，利用美国现实外交政策谋求二战后收回香港主权，如果中国能充分利用一切有利时机施展外交攻势，有可能取得某些重要的成果。蒋介石欣然接受了宋美龄和宋子文的建议，并把战后从英国人手中收回香港主权的希望，全部寄予美国战时的重新缔约谈判上。

英国首相丘吉尔在美国政府的影响之下，也不得不责成英国驻华大使薛穆，于1942年10月28日前往重庆与以中国外交部长宋子文为首的换约代表团举行正式谈判，与美国一起进入废除不平等条约的外交谈判日程。而当宋子文与薛穆开始外交谈判时，薛穆采取虚与委蛇的做法，不肯就香港归属问题妥协。中英新约谈判陷入困境。

宋美龄认为只要罗斯福总统肯支持，那么丘吉尔在香港问题上的妥协还是可能的。在这种情况下，宋美龄决定以养病为名，亲自飞往美国去求助。

1942年11月17日，蒋介石亲自送宋美龄到九龙坡机场。宋美龄经佛罗里达州和米切尔空军基地的短暂停留后到达纽约。她在哈克尼斯教会医院住下以后，果然不辱使命，一面利用和罗斯福夫人见面的机会坦言中国战后对香港的主权要求，一面在纽约、华盛顿和旧金山等地的华人报纸上发表署名文章，大造废除不平等条约的舆论。

宋美龄在飞抵纽约的翌日，即11月18日上午，就在她就医的哈克尼斯教会医院会见了专程由华盛顿赶来探视她的罗斯福夫人。这次会见是总统安全顾问霍普金斯事先安排的。宋美龄首先谈到了中国的抗战，然后谈到了正在重庆开始的“中英换约谈判”，罗斯福夫人同意把宋的许多想法向罗斯福转达。几天后，宋美龄与罗斯福夫人再次举行了会谈，这次会晤虽然是谈战后妇女工作的，可是，宋美龄仍然再次向罗斯福夫人表达了对重庆中英会谈结果的担心，并希

望她能敦促罗斯福总统在关键的时候出面支持中国在战后收回香港。罗斯福夫人仍然像上次一样，在对宋美龄的主张表示同情的前提下答应负责向罗斯福转达。

罗斯福果然派总统安全顾问霍普金斯亲赴伦敦游说，希望丘吉尔在香港等中国领土问题上做出让步。丘吉尔在罗斯福的压力下，最终同意在与中国即将恢复的换约谈判中考虑蒋介石的要求，并向美方表示英国在同意废除旧约的基础上，拟定一个可为双方都易于接受的新约。

在蒋介石政府看来，宋美龄在美国的访问是成功的。但是，让蒋介石震怒的是，虽然从美国得到的消息都是让人鼓舞的，然而英方谈判代表薛穆却在与宋子文重新开始的换约谈判中继续玩弄手法。薛穆在香港归属问题上明确表示：如果中国再提香港问题，换约谈判很可能无疾而终。

宋美龄的柔情外交无法让蒋氏强硬

宋子文为了早一天结束与英国人艰难的谈判，也为已经议妥的《中美新约》和《中英新约》在1942年底能同时签署，他一面给在美国巡回演讲的宋美龄发电求援，一面又请老外交官顾维钧从国外飞渝，向蒋介石面陈暂时无法让英国人屈服的原因。顾维钧向蒋进言力求让他认清当前形势，他认为：蒋介石应该将丘吉尔已经同意废除的部分不平等条约，当作对方送来的礼物暂且收下，同时还要允许英方把礼物分两次送来，断然不可因操之过急，引起不良后果。

与此同时宋美龄也在美国发来暂时先把《中英新约》签下来再说的电报。蒋介石的强硬本来依赖于夫人在美国的外交，现在当他收到宋美龄的密电以后，才知道夫人在美国轰轰烈烈掀起的外交攻势，到头来也敌不过英国人的死赖硬扛。万般无奈，蒋介石不得不在对英谈判中采取了妥协立场，退而提出二战结束以后英国应归还被租借的九龙地区。

虽然宋美龄在美国仍然为得到九龙地区的主权到处游说，可是丘吉尔和外交大臣艾登早已经暗中探知蒋介石政府的底牌，当时政府外强中干和软弱无能的政治现状，让丘吉尔政府在香港主权是否战后交还中国一事上采取了强悍的态度。丘吉尔在11月30日的英内阁会议上公开宣称："我们决不会在这个关键性的大事上做任何妥协和让步，九龙至少在我的任上不会易手他人！"

宋美龄在美国听到丘吉尔的谈话后，万分气愤。她没有想到丘吉尔居然在美国调停中扮演了阴一套阳一套的角色。她于是把丘吉尔在中英换约谈判中的无赖态度，在加州给罗斯福的信中加以说明，同时她又申明了中国至少在战后收回九龙和新界的立场，再次恳请罗斯福总统从中斡旋。罗斯福对于宋美龄的请求再次表示同情，然而对于在中英谈判中的施压他表示了为难，同时罗斯福还派员到加州向宋美龄表示“最好暂时不谈九龙问题，先把中英新约签下来再说”。宋美龄知道虽然罗斯福对香港问题表示了无奈，但她此次赴美求助获得的军事援助却是巨大的。考虑到继续在香港问题上强其所难，很可能会给中美关系造成负面影响，她不得不采取息事宁人的做法。于是她给国内的蒋介石发了电报，暗示他暂且放弃对战后香港主权的索求，其理由是如果继续在香港和九龙主权一事上纠缠不放，不仅会影响到中英联盟关系，甚至还可能造成中美关系的阴影。蒋介石因为宋美龄这封电报，忽然改变了他坚持许久的立场，在英方紧握住香港和九龙的战后主权不放的情况下，退一步只求英国在谈判中表示一种折中的立场，即战争结束后可以考虑归还九龙租界地。后来，蒋介石见英方谈判代表拒绝了这一建议，又通过宋子文向薛穆提出可以在《中英新约》之外，采取口头的方式谈到“战后九龙归属问题”。尽管蒋介石的要求仅是口头许诺即可，可是英国谈判代表薛穆仍然秉承丘吉尔和艾登的指示，在香港和九龙的战后归属问题上寸步不让。

开罗会议期间，丘吉尔的顽固拒绝使宋美龄的外交功败垂成

在这种尴尬的僵局中，蒋介石忽然强硬起来。他指示外交部长宋子文，在对英谈判中“如果英国方面连这种口头上的许诺也不答应，那么这样的新约就毫无意义”。宋子文见蒋如此坚决，甚至摆出英国方面如果不妥协、不给面子，他就坚决拒绝签署新约的姿态，担心如此一来很可能会让他负责的谈判功亏一篑，不得已只好给在纽约的宋美龄发电求助，希望她能劝解蒋介石改变主意，无论如何也不要和英国闹翻。宋美龄毅然决定马上结束在哈克尼斯教会医院医治皮肤病的疗程，并向罗斯福夫人发电请求，她将亲自前往白宫面见罗斯福总统。但是，罗斯福总统考虑到在中英谈判中途贸然插手可能遇上的种种麻烦，就让夫人委婉推迟了宋美龄来白宫的行期。虽然当年12月17日宋美龄得以与专程由华盛顿来的罗斯福夫人举行了第三次会晤，然而她向罗斯福夫人委婉陈述的《中英新约》中应体现香港战后归属条款的要求，并没有得到明确的回应。宋美龄至此在美国是否会成全中国战后主权一事上，看到了她不愿意看到的阴霾。

丘吉尔在会见罗斯福特使以后，也担心在重庆进行的中英谈判发生破裂。

在美国的压力下，丘吉尔一度产生了怯懦。如果蒋介石继续坚持下去，非要收回香港或九龙，否则不签新约的话，那么丘吉尔很可能采取妥协。可是偏偏在这时候丘吉尔获悉宋子文和蒋介石在谈判问题上许多观点南辕北辙，甚至不断发生分歧。而宋美龄在美国的游说活动也处于举棋不定的困局。其中丘吉尔感到对英国最有利的因素是，宋子文作为谈判首席代表，担心中英新约谈判破裂可能导致战时盟军在缅甸的作战不利，战后中、美、英三方的联盟将因此而遭受损害。也许正是宋子文和蒋介石的分歧，造成了中国在换约谈判中的节节退却，于是丘吉尔的阴谋得逞了。1943 年 1 月 11 日，宋子文和英国大使薛穆终于在重庆签署了《新约》，其内容是规定废除 1901 年的《辛丑条约》，撤销英国政府及其人民或公司在华享有的种种特权等 8 条。但是英方在这个《新约》中拒绝写明归还他们悍然强占的香港、九龙等中国领土的问题。

在第一次外交斡旋失败以后，宋美龄并不甘心，她曾经把战后收回香港主权的希望，寄托在同年 11 月在开罗举行的美、英、中三国首脑紧急会议上。因为这次由罗斯福倡导并举行的重要国际会议，就是讨论二战结束后世界各派政治力量势力划分的会议。然而，虽然罗斯福总统在这次会议上表明了支持中国战后收回香港的主张，宋美龄也在会前会后极力施展夫人外交的手法，为中国战后收回香港周旋在丘吉尔和罗斯福之间，可是，宋美龄渴望以外交手段赢得战后主权完整的种种努力，最终由于丘吉尔顽固不化的拒绝而功败垂成。在开罗会议上，丘吉尔面对中国政府的正当主权要求，始终顽固坚持说："只要我当一天英国的首相，就不能看着大英帝国的解体。如果谁想从我手里把香港夺走，那谁就先从我的尸体上踏过去。"就这样，1945 年 8 月，日本投降后，中国本来可以顺利收回香港的主权，终因中国国力的衰弱而再次落入英国人之手。

蒋介石对我讲述西安事变亲历

阿 班

美国人阿班1926年来华，在华15年，后12年为《纽约时报》驻华首席记者。他适逢民国多次巨变，尤其意外获得了西安事变的侧面与细节，使历史更加鲜活丰满。

我是怎样得到西安事变独家新闻的

1936年12月某晚，我独自待在书房里，平静无事。那晚，我左思右想，横竖想不出有什么消息，足以作头条发往纽约。我在书桌上一叠便条里随手乱翻，发现了一份备忘录，内容是关于中国预算案中的海关税收部分。一看时间，只有8点半，找宋子文聊聊的话，不算太晚，便拨通了他家的私人号码。

接电话的是宋子文的男秘书，一个能干的中国人。他说："子文不在家。他刚才接到一个电话，就去孔祥熙家了。"

我突然想起，那位著名的澳洲人端纳此刻正在上海，何不找他聊聊。端纳原是张学良的顾问，后来转而任蒋介石的顾问。他住在派克饭店（即今天的上海国际饭店）。我拨通了电话，接电话的是端纳的秘书。

他说："他20分钟前还在，后来接到一个电话，就去孔祥熙家了……不知道他什么时候会回来。他走得挺匆忙的，好像很着急。"

蒋夫人这时也在上海，住在法租界自家的房子里。两天前，我刚在那里喝过茶。我决定给她去个电话。接电话的是她的私人秘书，一个年轻的英国女人。

我问蒋夫人在不在家。"夫人去孔博士家了，"她答道，"我不想给她打电话。她刚走不久，看上去很急，紧张得要命。"

我不禁猜想到底发生了什么事。难道是召开家庭会议？因为蒋夫人、她哥哥宋子文和任财政部长的姐夫孔祥熙都在。他们匆匆碰头，还颇为着急。但是，若说是家庭聚会，为什么把端纳也叫去了？他只是个外人，还是个外国人。

于是，我不停地拨打孔府的私人电话，但每次都是忙音。最后，电话终于通了，接听的是个中国人，声音很陌生。我报上自己的名字，说要找端纳。等了又等后，线路里终于传来端纳的声音。

我问："出什么事了，一家人干吗在一起聚会？"

他反问："你怎么知道有聚会的？"

"蒋夫人在那儿，子文和孔博士也在那儿，还有你。发生什么了？"

"阿班，对不起，这事没法对你说。"

"重要吗？"

端纳陷入沉默，足足有半分钟，最后才说："先别挂线，我去问问子文，看他要不要公布消息。很抱歉，我不能对你透露半句。"

宋子文接过电话，对我说，蒋介石将军被劫持了。事情发生在他的住处，在西安城外几英里的一座旧庙里……对，前东北军部队算是起义了，看来是和共产党人联手干的。总司令已经被带进城里囚禁起来了。他的卫队成员被打死了许多。蒋介石本人翻墙逃跑时，受了重伤……没有，对方没有提出勒索。这是场政变。起义者的要求很含糊。他说，政府还未决定采取何种行动……没有，上海还没有其他记者知道此事。

重大突破！我得到了世界头等重要的独家新闻。

接下来的一小时，我专心致志地忙于写稿，每10行组成一段快讯，让车夫送往电报局。车夫就这么来回奔波于办公室与电报局之间。向纽约发了总共500多字的一则则快讯后，我终于稍作停歇，点燃了一支烟。这时才想起，驻上海的美国情报官员，对此事不知是否有所耳闻。若还是浑然不知的话，我倒是有责任将蒋介石的危险处境通知总领事、海军及陆军情报部门，还有美国海军陆战队第四团的指挥官。于是，我整理了电报稿的复写纸，开始挨个去电话。

接下的两周好戏连连，结果则皆大欢喜，蒋介石终于得到了最好的结局，对中国，这也是幸事。宋子文与端纳冒着极大的生命危险，飞抵西安。蒋夫人也体现出非比寻常的英雄主义气概，飞往西安，参加一场场谈判。最终，不仅总司令获无条件释放，而且由事件的主谋张学良亲自陪同，凯旋般飞回南京。

中国立时陷入一片狂喜。自一战停战以来，未尝见过这种大众欢庆的场面。这场折磨，使总司令的个人声望大增，并巩固了中国的统一。至少，在日本大兵压境的局势下，统一的局面有望持续下去。

蒋介石对我讲述西安事变亲历

1937年年初，蒋夫人对我说，她正根据其自身经历，撰写西安事变回忆，其中涉及她如何参与谈判，争取丈夫获释。该书的手稿将以招标方式出售，由出价最高者得，收入则拨入一项信托基金，其收益专用于总司令卫队被害成员遗孤之教育。西安事变爆发的清晨，总司令住在近西安的一座寺庙里，他的许多卫队成员在此惨遭杀戮。

于是，我电告《纽约时报》，说该手稿正在寻找买家。回电指示我代表北美报业联盟竞买。最后，我以12000美元的价格购得此稿，当时，这笔钱约合40000中国货币。

夫人所写的非凡手稿，特别强调总司令在被囚期间，认真阅读《圣经》，并在那段艰险的时期，加深了对《圣经》的信心。

蒋介石夫妇在西湖边有栋度假别墅。一次，我去做客，趁机绕着圈子探听西安事变的情形。蒋介石在我的引导下，终于滔滔不绝起来，讲述起一段极不寻常的故事。他的话，由蒋夫人替我翻成了英语：

我睡在华清池北面的一栋房子里，紧靠着后墙。凌晨4点左右，我被南面院子传来的枪声和叫喊吵醒。我自己的卫队人数不到100，都很可靠，我便猜想是有人要来行刺。

我不喜欢穿整套的睡衣裤，睡觉时爱穿你们美国人说的那种老式长睡袍。被吵醒后，我从床上跳了起来，来不及换衣服，直接蹬上一双中式的布拖鞋，套上一件深灰的绸面薄棉袍，便跑了出去。

…………

我跌进护城河底，身上全刮破了，撞得也很厉害，布拖鞋也不见了。我的尾椎骨撞得很重，直不起身，只好手脚并用，从沟里爬了出来，痛得钻心。

我慢慢爬到了华清池北面的小山上。天色渐渐变白了，我到处找地方躲，却是徒劳，周围连棵藏身的树丛都没有。华清池里还在战斗，我的卫兵人数不敌叛军，边打边逃，叛军一路追赶，枪声渐渐朝山坡方向移了过来。我相信自己是逃不了的，一定会被害，那一刻真是非常的绝望。

接着，我的信心又回来了，开始长时间真心祈祷。我向上帝认罪，坦承自己的缺点，祈祷说，要是上帝真的选择我领导中国走向获救，他就会显灵，将我引往安全之路。

我睁开眼时，天色更亮了。不远处，有两只白色的野兔。我知道上帝果真显灵了，那两只兔子，将会把我引往安全之地。我跟着它们，蹒跚地走在山坡上。它们一停，我就平趴在地上休息。最后，它们躲进了一块大石后面。我跟着爬到石头跟前，发现那石头下面正好有足够地方，可以让我藏身。

不久，叛军恢复了秩序和军纪。它们在大石下发现了我，没有杀我，也没有折磨我，只是把我带回了华清池。后来，他们又把我带往西安城里，把我囚禁起来。

在西安，总司令被关押在张学良的总部。他不吃饭，不喝水。尽管伤得不轻，饱受折磨，却将医生拒之门外。对劫持者提供的服务和物品，他也一概拒绝，只提出一个要求，让他们送来了一本《圣经》。他汤也不喝，被套床单不许人来换，澡也不洗。被抓的头几天，他不与劫持者说话，不进行任何谈判。醒来的时候，只一门心思阅读《圣经》。直到几天后蒋夫人乘飞机抵达，这一切才告改变。

解读宋庆龄致王明的密函

邵　雍　刘雪芹

一封尘封70年的密函

这是一封近期公布的尘封了70年的宋庆龄写给王明的信函，全文如下：

致王明同志

亲爱的同志：

我必须向您报告以下情况，这些情况有可能威胁我的工作和损害我将来在中国可能与之有联系的任何运动。我提出这些情况供您研究，希望您能着眼于业已发生的情况，给我提供关于今后行为方式的建议。

一段时间以前，作为对毛泽东同志请求帮助提供资金的来信的答复，我在3个月前给他寄去了一笔款项。此事在这里只有一个人知道，他起了联络人的作用，通过他，我收到了来信和转寄了钱款。

几周前，宋子文得到释放蒋介石的保证从西安回来后，想与我见面。他对我说，蒋介石获释有一些明确的条件，这些条件经商定是严格保密的，并且蒋介石过一段时间是要履行的。但是他说，共产党人出乎意料地通过西安电台公布了这些条件，而其英译稿也经史沫特莱报道出去了。史沫特莱小姐以自己的名义公开证实了这些消息的真实性，并补充说，周恩来同蒋介石、宋子文进行了谈判，等等。宋子文说，我们说好了，所有这些事情要绝对保密。

蒋介石对“共产党人违背诺言和缺乏诚信”非常恼火，决定不再受这些诺言的约束，也不履行任何条件。他对宋子文说，别指望同这些人合作，“他们没有起码的诚实”等等。这使宋子文极为不安，因为他知道不可能再保持其《西安协议》保证人的地位。

我自然为我们的同志们辩护，我说，这种背信弃义的事应该是杨虎城干的，还说，无论如何史沫特莱不是在为共产党做工作，而是一个同情中国民族解放运动的自由派作家和新闻记者。当时宋子文问我：“要是我告诉您，周恩来曾告诉我，不久前您给他们寄去了50000美元，您还会否认您的同志出卖了您吗？并且他还对我们两个人（我和宋美龄）说，我们可以通过您同红军的代表取得联系。”

至于史沫特莱小姐，我想说，她不顾不止一次的指示，继续保持着不好的关系，向他们提供资助，然后就要求党来补偿那些由她提议花费的款项。实际上这里的人认为她是共产国际的代表。她把《工人通讯》的出版者、工会书记、“中共上海中央局”特科的工作人员和其他许多人带到同情我们的外国人的一个住所，结果这个用于重要目的的特殊住所遭到破坏。虽然她无疑是出于好意，但她的工作方法给我们的利益造成了损失。

我转达了您把她孤立起来的指示，但我不明白，为什么我们的同志让她在西安工作，给我们造成了麻烦和困难。或许他们认为这只是我个人的看法。

忠实您的　宋庆龄

1937年1月26日于上海

通过这封信，我们可以找到宋庆龄与中国共产党、中共驻共产国际代表团以及共产国际的真实关系的一些线索。

周、宋谈判时，可能说起“资金”一事

信中提及了毛泽东来信要求宋庆龄“帮助提供资金”一事。但是，根据现在披露的资料，我们还暂时无法了解到这件事情的来龙去脉。1936年9月18日，毛泽东写给宋庆龄的信，是通过潘汉年面交宋庆龄本人的。信中高度赞扬了宋庆龄“革命救国的言论行动”；还请求宋“利用国民党中委之资格做具体实际之活动”，促成抗日的统一阵线；并请宋庆龄介绍“国民党中枢人员”与潘汉年面谈。此信从头到尾没有提及“帮助提供资金”的问题，是否另有附信，抑或是毛泽东让潘汉年口头转达，暂时无从查考。但宋庆龄通过潘汉年转寄了共产国际给中共中央的50000美元是确有其事的。这一点我们从信中宋子文转述的周恩来的话中，也可得到证实。

关于宋子文转述周恩来讲的一些关于宋庆龄的话，目前在公开出版物中均未提及。如果确有其事，应该是在12月24日。根据《周恩来年谱1898—1949（修订本）》记载，这天周恩来与宋子文、宋美龄进行了谈判，达成了诸多协议。在下午周恩来同宋子文谈判时，宋表示中共要做他抗日反亲日派的后盾，并派

专人驻沪与他秘密接洽；提出暂不开国民代表大会，先开国民党的会议，改组国民党，开放政权。还说，回去后与孙夫人商量释放政治犯的办法；并表示南京政府每月可给红军、苏区50万元的经费。关于宋庆龄转寄50000美元，可做红军与宋子文、宋美龄的联系人的话有可能是在上述语境下说出来的。当然还有待于其他资料的印证。

史沫特莱通过电台公布蒋允诺条件

对于蒋介石在被拘留西安期间承诺的条件，主要是指周恩来同蒋介石单独进行谈判时达成的相关内容。

1936年12月27日，西安《解放日报》报道：25日下午4时，蒋介石临行前，在西安机场向杨虎城表示了具体意见：一、明令中央人（潼）关之部队，于25日起调出潼关，如再有内战发生，当由“余”（蒋自称）个人负责；二、停止内战，集中国力一致对外；三、改组政府，集中各方人才，容纳抗日主张；四、改变外交政策，实行联合一切同情中国民族解放之国家；五、释放上海各被捕爱国领袖，并立即下令办理；六、西北各省军政，统由张、杨两将军负其全责。12月26日，蒋介石又在洛阳发表《对张杨的训词》，内容含糊，曲曲折折。

28日，中共领导人毛泽东发表了《关于蒋介石声明的声明》，表示：我们将在蒋氏撤兵后看他是否确守信义，是否实行他所允诺的条件。这些条件是：一、改组国民党与国民政府，驱逐亲日派，容纳抗日分子；二、释放上海爱国领袖，释放一切政治犯，保证人民的自由权利；三、停止“剿共”政策，联合红军抗日；四、召集各党各派各界各军的救国会议，决定抗日救亡方针；五、与同情中国抗日的国家建立合作关系；六、其他具体的救国办法。毛泽东最后还说：“这些条件的实行，首先需要确守信义，并且需要一些勇气。我们将于蒋氏今后的行动表现中考察之。”

不过，28日的《红色中华》发表社论《要求蒋介石履行其允诺！》时，已经不再提及蒋介石具体的允诺条件。

中共方面对此事有自己的理解。中共认为，这是周恩来同蒋介石单独进行谈判时达成的相关内容。党史学界认为此内容的首次公开发表是1980年《周恩来选集》上卷的出版，其中刊载了蒋介石当时对周恩来的三点承诺：“子、停止剿共，联红抗日，统一中国，受他指挥。丑、由宋、宋、张全权代表他与我解决一切（所谈如前）。寅、他回南京后，我可直接去谈判。”因此中共是守信用的，谈不上什么“背信弃义”。

事情发生后的稍后不久，艾格妮丝·史沫特莱在西安广播电台接连用英语和德语发表了讲话，披露了蒋介石在西安事变中允诺的条件。随后，《纽约时报》分别于1937年1月8日、10日、17日以《帮助中国叛乱的美国女人》、《中国谴责美国女人》、《中国叛乱中的妥协》为题，对此事做了报道。1937年1月16日上海的《密勒氏评论报》也发表了《一位美国女人，活跃在西安的共产党人》的报道。

共产国际获悉这些情况后，十分震怒，1月19日，致电中共中央称：中共“应该公开宣布和坚决实行这样的方针：支持国民党和南京政府所采取的一切旨在停止内战，联合中国人民的一切力量，保卫国家领土完整和独立，反对日本侵略的措施”。电报认为，“艾格妮丝·史沫特莱的行为相当可疑。最后，必须取消她以共产党人的名义和似乎是他们所信任的人的身份发表演讲的机会，必须在报刊上谴责她的所作所为”。毛泽东和周恩来在1937年1月21日给潘汉年的电报中，也认为她的所作所为是“错误的”，并解释说，“我们事先并不知道，该记者现来苏区，当劝其谨慎发言”。

由此可见，艾格妮丝·史沫特莱在西安广播电台发表讲话之前，没有得到中共的许可和指示。

史沫特莱的工作方法给党带来损失

关于史沫特莱的身份问题，宋庆龄对宋子文当然只能说，史沫特莱“不是在为共产党做工作，而是一个同情中国民族解放运动的自由派作家和新闻记者”。1933年5月之前，宋庆龄就已经是共产国际的地下党员了，她当然知道史沫特莱的真正身份。

早在1932年5月，红军参谋部第四局工作人员佐尔格就在上海写信给共产国际执行委员会主席团委员皮亚特尼茨基，“建议利用史沫特莱（女人）来做国际范围的报刊工作……史沫特莱现在没有工作……恳请您帮助她弄些钱，这也是为了您的利益”。1934年4月3日共产国际执行委员会政治书记处政治委员会决定，“为出版《中国论坛》，派艾格妮丝·史沫特莱同志去中国工作”。同年9月史沫特莱抵达上海，1935年初与共产国际在上海的代表见了几次面。

事情进行得并不顺利，1935年5月4日，共产国际执行委员会东方书记处副主任米夫，中共驻共产国际执行委员会代表团成员、共产国际执行委员会主席团委员王明，中共驻共产国际执行委员会代表、共产国际执行委员会主席团候补委员康生联名写信给共产国际执行委员会政治委员会说，出版反帝机关报的计划已经落入警察手里，“此外，艾格妮丝·史沫特莱违背我们的指示，开始会见在上海的一些做地下工作的外国人（他们与中国共产党有联系），由于警察很了解她，并且在对她进行密切的监视，所以根据她的行踪，一些外国同志和一些中国同志可能会暴露”。因此建议放弃最近一个时期在上海出版合法反帝报的计划；并立即从上海召回艾格妮丝·史沫特莱。第二天，共产国际执行委员会政治书记处政治委员会会议就作出决定，通过了米夫等人的建议。5月9日共产国际执行委员会主席团委员贝克做关于上海工作的报告时说：1935年2月，史沫特莱在北京的时候，由于警察在搜查一所房子时发现了史沫特莱的工作计划，导致了黄文杰（化名科尔萨科夫）等三四十位同志在2月20日至22日接连被捕。

王明后来发出将史沫特莱“孤立起来”的指示，并要宋庆龄转达的原因大概就是出于此。宋庆龄在信中反映，史沫特莱把中共中央新闻通讯《中国工人通讯》的出版者董维江、中华全国总工会书记饶漱石和中共中央特科的工作人员及其他许多人“带到同情我们的外国人的一个住所，结果这个用于重要目的的特殊住所遭到破坏”。宋庆龄认为，“虽然她无疑是出于好意，但她的工作方法给我们的利益造成了损失”。这一评价应该说是非常中肯的。为了共产党地下活动的安全，她向上级党组织反映情况是完全合情合理的。

宋庆龄与王明是一般的工作关系

王明收到了宋庆龄的密信后，很快有所反应。1937年3月13日，他在致中共中央书记处的电报中，间接引用了宋庆龄的来信：我们得到消息说，周恩来在西安与宋子文谈话时似乎向后者通报了宋庆龄给红军寄50000美元之事。此外，他似乎还对宋子文和宋美龄说，他们可以直接通过宋庆龄同红军的代表取得联系。请核实，周恩来和宋子文是否真的有这样的谈话？蒋介石和宋子文对我们的同志不顾保密协议，把蒋介石在西安承认的条件泄露出去非常不满，特别是对史沫特莱把这些消息播送给英语听众感到不满。我们再次坚决主张你们方面必须公开声明，史沫特莱同中共或共产国际没有任何关系，使她没有可能以共产党的名义发表演讲和同革命组织取得联系。

从现有的资料看，中共中央书记处没有对周恩来在西安与宋子文谈话时涉及宋庆龄的部分做出正面回应。但是，1937年4月10日，在上海刊行的《中国周刊》第80卷第6期发表了中共中央4月6日的声明，声明说史沫特莱小姐与中国共产党没有组织联系。

在共产国际的组织系统中，宋庆龄与王明当时是下级对上级的关系。王明对宋庆龄并不生疏。1933年5月之前，宋庆龄经共产国际派驻中国的政治代表同意，加入共产国际。同年10月27日中共中央政治局委员、中共驻共产国际执行委员会代表团成员、共产国际执委会主席团委员王明和中共驻共产国际执行委员会代表、共产国际执委会委员康生给中共中央政治局的信中，提出了以中华人民救国御侮会（后改为中国民族武装自卫委员会）名义起草的《中国人民对日作战的基本纲领》，建议“由宋庆龄及其他有可能参加的一切所谓名流学者、新闻记者及其他社会上有相当地位的自由职业者等等……共同签名作为这纲领及委员会的发起人和赞成人”。同时要“把这一纲领印成小册子（最好的，让宋庆龄等具有公开身份的人去印），公开地广大（泛）地散发，并在各工厂、学校等地方，公开地用谈话、会议、研究等方法讨论”。 11月3日王明在共产国际执行委员会政治书记处政治委员会开会时发言，提出今后“我们应该加强我们在上海的反战委员会，除了吸引地下的和诸如宋庆龄等半地下的人士参加外，还要吸引广大公开的人士、新闻记者、教授、教师、学生等参加”。

宋庆龄当时对中共党内毛泽东与王明的政治思想路线斗争知之甚少，她与王明的关系仅仅是一般的工作关系。

《色·戒》背后的孤岛与易先生们

孙冉

1947年6月10日，作家张爱玲写信给胡兰成，两人正式分手。她写道，我已经不喜欢你了。你是早已经不喜欢我的了。这次的决心，是我经过一年半的长时间考虑的。

1955年，作家客居异乡，晚年除了回忆只剩凄凉。24年后，她发表了《色，戒》，一个胡兰成曾经讲给她的故事，当年这个故事颇具传奇，有关暗杀和情色。但晚年的张，却在其中又回味出了一种感情。

又20年，作家撒手人寰，骨灰归海。带走了爱与不爱的悬念。

在《色，戒》里，王佳芝把阴道献给了理想，把生命留给了爱情。同时，我们也看到了张爱玲笔下孤岛社会的冰山一角。现实永远比小说精彩，或者是更残酷，当时的社会也许并非我们如今想象的那么泾渭分明。

上海的孤岛岁月

《色·戒》里，王佳芝坐在凯司令咖啡厅，手里端着一杯咖啡，心里想到，“今天要是不成功，可真不能再在易家住下去了，这些太太们在旁边虎视眈眈的。也许应当一搭上他就找个什么借口搬出来，他可以拨个公寓给她住，上两次就是在公寓见面，两次地方不同，都是英美人的房子，主人进了集中营。”

这个时候日本兵已经进入了租界，关押了侨民，这座孤岛城市的畸形短暂繁荣被打破了。

1937年11月上海沦陷以后，公共租界和法租界当局立即宣布中立，这两个位于上海繁华中心区的地段，俨然成了战时人们的避难所。一直到1941年12月，为期4年零1个月的孤岛上海犹如战时的卡萨布兰卡和里斯本，有着自己的末日狂欢。

仅“八一三事变”这天就有60000余市民涌进租界，这其中有外侨和中国的殷实家庭，也有来自江浙的大户人家，更多的是来自日军轰炸区的农民和手工业者。他们用板车或老虎车，或直接肩挑背负，把所有能带走的东西都带进了租界。到了9月，租界人口迅速增长到300万左右。

原本因为战争而经济衰退的上海，在租界内却因为资金的大量涌入，再度繁荣起来。旅馆业、餐饮业和娱乐业极为火爆，舞厅、咖啡馆、色情场所、电影院，人群川流不息，好莱坞的最新片子很快能看到，最高档的法国化妆品也可以享受得起。另外大量的游资和物资的集中，租界逐渐成为集中的采购点，周围地区如抗日阵营的急需物品及设备都在此进货。

就这样，上海租界与外面形成了两个不同的世界，苏州河一水之隔，一边是炮声震天，一边是笙歌达旦。每当夜幕降临，租界内彻夜通明的电炬，透过幽暗的夜空，与闸北的火光连成一片，映红了半边天。"孤岛"上海之名由此而来。

但是由于"孤岛"的前途大家都难以预料，哪天日本人打进来，日美到底怎么样，都有各种猜测。租界内鱼龙混杂，暗杀成了很普遍的事情，身边的人莫名其妙就消失了，人人都活得很小心。同时，也有一种末日不远的麻木感，在"孤岛"的日子，更多的是个人生活萎靡和醉生梦死，在人们的书信中可以看到，"不知哪天早上东洋鬼子就开进来了"，是当时最常见的一句。"孤岛"的社会心理：充满投机、浮躁、奢靡、混乱。

1941年底太平洋战争爆发意味着"孤岛"上海时代的结束，日军开始进入租界疯狂掠夺。对这一天日本人早以觊觎多时，上海的军事价值并不大，虽然外资和中资都在转移，但还是具有巨大的财富。

"孤岛"的风光不再，日本人控制用电量，限量供米，限制私人汽车，举办市内物资登记。租界工厂纷纷倒闭，工人失业，遣送难民回乡，但他们早已无家可归。严冬时分，饿死冻死的人随街可见。

日本人的疯狂掠夺即刻投入到战争的补给中：光棉布就倾吞了30万匹，因为日本不产棉花，棉花主要靠中国进口，和中国打仗后经济封锁，只能将废布收回做成更生布给士兵做军服。那种布质量极差，稍使力就会被拉破。还有有色金属，当年日本的飞机都是木壳机身，只有机头是铁的，他们把上海所有公交车站的站牌都摘下来换上塑料的，再用废铁去造军火。到了抗战后期，只有市中心几条基本线路有公交车，卡车都被搜刮走去打仗了，脚踏车成为主要交通工具，上海的人力车业再次繁荣起来。

在钱币流通上，日本人也开始了毁灭式的掠夺。1938年初就开始发行军票，所谓三无货币——没有发行银行和发行准备，粗糙到编号水印都没有。日军打到什么地方就拿军票进行掠夺式购买。日本军费就是靠军票维持，后来觉得军票不行，又发行伪币，所谓“中储卷”。后来归还租界，还搞了个伪币回收军票，不说军票废除，还拿中储卷来回收，进行再一次掠夺，这就造成了华东地区经济的大破坏，惊人的通货膨胀。

上海经济繁荣的高峰期是在30年代初，也就是那时奠定了上海金融中心的地位。中国的银行在上海法币资金大量流动，国民党的势力也在此，所以大量外资银行也在此，汇丰银行当年在香港的资金总额还不到上海的几分之一。金融中心促使工商业发展起来，国货品牌在和外资竞争，品牌意识浓厚。

孤岛时期的畸形繁荣并不能超过30年代初的鼎盛，因为资金在流失，英美在不断撤资，欧洲形势很紧张，大概只有五六亿法币的资金平衡总量。而之前汇丰一家在上海就有8亿银元（在法币还不通行的时候使用银元）。

上海的金融中心地位就这么被日本人破坏了，抗战胜利后英美资金忙于本土恢复，中国自己的资金消耗掉了，民营银行被搞垮了。战后上海经济资本达不到战前的1/6。

而上海全面沦陷后，孤岛时期还有文人顽强支撑的抗日力量几乎绝迹。日本人加强了文化控制，进租界当天就接收了各大报馆、电台、书局；并销毁抗日图书，禁唱爱国歌曲，随时有权力冲进剧场和影院搜查。

此时汉奸文化却空前高涨，各种亲日活动层出不迭。社会悲观情绪与汉奸的泛滥，使得社会价值观混乱，时代把政治选择摆在了每个人的面前。

孤岛上的易先生们

1938年，易先生夫妇俩跟着汪精卫从重庆出来，在香港耽搁了些时日。跟汪精卫的人——曾仲鸣已经在河内被暗杀了，所以在香港都深居简出。

这是电影《色·戒》开场的背景，电影里没有交代确切的年代。跟汪精卫的人曾仲鸣，是汪的秘书，和汪亦师亦友。

1938年12月，曾仲鸣以秘书的身份随汪精卫、陈璧君逃离重庆，取道昆明，于次日飞抵河内，走上了汉奸之路。

蒋介石对汪的出走极端恼怒，在宣布开除其党籍的同时，派出大批特务潜入河内，准备暗杀，其中就有军统头子戴笠。

次年3月20日，7名军统特务逾墙冲入预先侦知的汪精卫住所，凭借手电光，见房内有一男一女，以为是汪精卫夫妇，即开枪猛扫，然后仓惶逃离。殊料，房间里的一对竟是曾仲鸣和他的妻子。

王佳芝在香港遇到易先生时应该是1939年，正是汪伪政府成立前夕。小说里，正值炎夏，易太太抱怨抗战后方与沦陷区都缺货，到了香港这里成了购物的天堂。

那时的上海已沦陷，蒋介石迁都重庆。他将抗日希望寄托在国际援助上，在国内消极抗日积极反共。

从华北到华中，日本的侵华政策已转向“以华治华，以战养战”。因为中国人太多，且人才济济，不是他们能直接掌控得住的。于是想扶植一个汉奸傀儡政权，作为统治中国的工具。当在满洲国和华北都建立了伪政权后，上海成为他们重点网罗对象。

1937年12月，这个沦陷地成立了第一个汉奸政权——上海大道市政府，市长叫苏锡文，政权的骨干人员以留日华人和台湾人为主。这些外来人，不熟悉上海地头的情况，因此在当地影响很小，也没搞出什么政绩。

这种情况下，日本人开始考虑拉拢在中国有影响的人来主政上海。于是第二个政权诞生，新政府以北洋政府一些下台的政客为主，在上海摇身一变成了商会名流，领衔的是一个文化商人，叫傅筱庵。

文化人不善权术，日本人还在不断地寻找代理人。

他们将矛头对准了与蒋介石矛盾重重的一些国民党高官。日本特务组织梅机关首先扶持了国民党中统特务李士群、丁默村在上海成立特务队伍，又拉拢汪精卫、陈公博、周佛海这些人逃离重庆，并签下密约。后将这两队人马合流，也就是后来的汪伪政权。

伪政权的成员龙蛇混杂，既有北洋派的旧军阀、旧官僚，也有国民党的新军阀、新官僚，还有上海的黑社会，如“青帮”、“洪帮分子”，以及各类社会渣滓、大大小小的社会名人、一些不大被人提起的闲杂人等。

而这其中不乏大量在抗战初期坚定的抗日派，曾是少年爱国壮士的汪精卫首当其冲。当时国人皆记得，汪曾经“引刀成一快，不负少年头”的壮举。即使在1935年，举办第六届全国运动会的时候，当看到已经沦陷的东三省运动员时，汪也不禁当场落泪。

汪精卫少年成名，不识愁滋味，但人到中年以后开始流泪无数。起先，日本人侵占中国，汪哭的是党国；到了后来，汪流泪皆是为了自己。1940年，汪伪政府还都南京，在举行仪式的节骨眼上，汪精卫捶胸顿足，痛哭流涕。这时的他，已经看到自己走上了一条不归路。

汪的转折，很多专家分析，是汪经历了淞沪会战后的彻底失落。淞沪会战持续80天每天伤亡10000人，当他看到中国几十年培养的新式精锐，在日军跟前一溃千里的时候，他确定了自己对抗战胜利无望的认识。另外，作为孙中山后国民党内最具威望的接班人，才貌皆出众的汪自然不服蒋。一个权利欲望极强的人，在日本人的和平诱降前，他选择了用这种方式做老大。

而在日本，对于汪精卫的作用始终都是两种意见。一是利用汪可以达到瓦解中国、以华治华的目的。另一种意见是，汪从来都不是一个实力派，他和蒋不一样，手里没有兵权。

汪和日本人谈判的时候，起先口气很硬，比如他说将来广东的军人会支持他，云南的军人也会支持他。但到了最后，没有一个实力派的军人跟他做汉奸。日本人也因此看到了他的实力。日本人真正想谈判的对象还是蒋介石。他们一方面扶植汪精卫，一方面在和蒋介石谈。这个局面越到最后越明显。到了太平洋战争爆发后，日本人期望单独解决中国问题，希望和蒋单方面谈判，脱离英美。而事实上，回头看蒋也无法左右局势，除了蒋还有八路军、还有主战派冯玉祥等人。

汪一开始和日本人谈判时候的想法也是很理想的，无奈日本人没有诚心。直至后来汪精卫被日本人抛弃。但汪毕竟是经过日本扶持的政权，还得利用他统治华东占领区，所以日本人对汪精卫的态度不冷不淡，连汪自己都感觉如坐针毡。

自从1938年汪投敌之后，他事实上没有办成一件事情。连政府的旗帜自己都做不了主。汪伪政府从上到下，都有日本军的参谋作为联络官，有最高军事顾问和政治顾问。

汪所谓争取的曲线救国的理想，最终一个都未达到。租界收回后，实际的权力还是在日本人手里。

1944年，汪带着遗憾客死日本，直到临终，他都不忘和谈。第二年，抗日战争胜利，这时距离他1935年遇刺，刚好10年。当时有医生就曾说，汪顶多只能再活10年，也许是听了医生的话，汪精卫把自己的余生当作了政治的赌注。

易先生们的下场

电影《色 · 戒》进入到床戏，易先生和王佳芝从起初的征服到后来的极尽缠绵。在那一刻，电影里充分呈现了两人对自己、对命运的态度：易先生对战事早有坏的预感，知道自己前途堪虞。

1941年太平洋战争爆发后，日本人气焰高涨，汪伪汉奸们却在一起抱头痛哭。因为当年他们决定下水，是万万没想到日本人敢与英美开战的。

这些汉奸都抱有侥幸心理，他们认为如果日本和美国人不打，战后的中国还是三分天下，亲日、亲美、亲苏。而日本人和美国人一打，是绝对没有赢的可能。他们在中国这个位置上，看得比日本军国主义者清楚得多。

一直以来，虽然外界舆论把他们骂为汉奸，但他们自己并不承认，始终以“和平分子”等称号自居。而如今，日本战败后再没有亲日派这一说，个人的未来付之东流，他们终于成为名副其实的汉奸。

李士群是汪伪政府中比较有自己想法的人，他当时站出来当面批评日本人的太平洋政策，又说日本人辜负了汪精卫，这让日本人记恨在心，下定决心除掉他，最终在1943年毒死了李士群。

李（士群）丁（默村）两人一直争权，丁在生活上被郑苹茹事件闹得焦头烂额，主动放弃了76号的工作。所以76号公寓的后期把握实权人物实际是李，他一死，76号公寓日益走下坡路，开始土崩瓦解。

日本人杀李士群，汪心里是有数的。

而汪伪汉奸们也从李的死多少看到了自己的下场，加上日本败局逐渐明朗，大家开始纷纷为自己寻找退路。

抗战胜利前夕，蒋介石开始陆续派一些特工到上海和南京来抢占地盘。蒋也知道当时在上海、江浙一带，新四军的影响可能要比他大，所以他派戴笠来这里接管。

台湾学者龙应台在一篇对丁默村后期命运的分析文章中提到，1941年，时任国民政府教育部长的陈立夫和丁默村秘密取得了联系，对这位当年被他提拔过、如今为汪伪政权特务头子的后辈“晓以大义”，指示他应该设法“脱离伪区”。陈立夫“策反”成功，往后的几年，丁默村私底下，为戴笠的军统局架设电台、供给情报，与周佛海合作企图暗杀当时的特务首脑之一李士群，并且配合戴笠的指示不断营救被捕的重庆地下工作人员。

当与国民党顺利交接上海后，周佛海这些人满心欢喜准备邀功，却没想到他们一回重庆，就被军统给逮捕了。国民党惩办汉奸因人而异，由于国民党内部派系林立，公平性值得商榷。

龙应台在《陈立夫回忆录》中发现，最终判这些人死刑的，根本不是一个真正的法院，也不是一部真正的法——这也是这些试图在变幻的政局中谋得喘息机会的投机分子最大的命运悲剧：丁默村本来可以不死的，但有一天他生病，在狱中保出去看医生，从南京拘留所出来，顺便游览玄武湖……这个消息被蒋委员长看到以后，蒋委员长很生气地说："生病怎还能游玄武湖呢？应予枪毙！"

潘汉年曾对李士群说，搞特工的人都不会有好下场。结果真应验了。李士群到抗日末期，既和重庆那边有着联系，又以早年是中共叛徒的身份与在上海开展情报工作的潘汉年有了联系。他是脚踏三只船，希望将来无论谁执政都给自己留一条后路。没想到自己落在了日本人手里。

另外，国民党对于汪伪军有军事实力的人，都采取收编的办法，有武装的都没有杀。但后来蒋介石安排这些人去打国内战争，大多充当了炮灰，有些在交战中投降了共产党。而剩下的一些人国民党也没带他们去台湾，全留在大陆，相继死在监狱或医院里，周佛海和汪精卫的老婆陈璧君都是这个下场。

其实纵观这些汉奸，又有哪些有好下场？先是被日本人利用，后又被国民党利用。抗战前遭受民族主义的暗杀，抗战后遭到全国人民的审判。一旦选择走这条路，结局只有打击，打击，再打击。

而一些在汪伪政权里比较边缘的官员，到后来却为自己奔出了意外的幸福前程。

粟裕授衔的真相

鞠 开

1955年全军实行军衔制，授了10位元帅，10位大将，57位上将，177位中将，1359名少将。粟裕名列十大将榜首，人称“共和国第一大将。”

打那以后，在几十年的时间里，粟裕的军衔问题常常成为大家议论的焦点。许多同志认为，粟裕战功很大，评大将低了，应该授元帅。不光是党内、军内，连党外高层民主人士邵力子、黄炎培等人也持这种认识。不少中青年也认为，粟裕战功很大，应该评元帅。也有人说没有评上元帅，他不满意，受到毛泽东的批评，他哭了。

国防大学党史专家姚旭同志跟我谈到这件事时，很气愤，要我写一篇文章，说明真相。我知道这件事情后，心中很不平静，认为有必要将粟裕对评衔问题的态度向大家讲清楚。

粟裕授衔的真相究竟如何？作为当时在他身边工作的我来说，有必要将我了解的情况作简要介绍。

我知道，资历、威望、战功，是当时授衔的主要依据。中央政治局考虑元帅、大将军衔，中央军委考虑上将至少将军衔，考虑好以后报到中央去批。实行军衔制前，粟裕是大军区级，比正兵团高两级。他的军衔当然要由中央政治局来考虑。关于上将至少将的授衔问题，军委确定了一个原则：正兵团，原则上评上将，个别的可评中将或大将；副兵团，原则上评中将，有少数可评上将，个别的评少将；准兵团，有的可评中将，有的可评少将，极个别的可评上将；正军级到准军级，原则上评少将，有少数可评中将，也有少数可评大校；正师级，原则上评大校，有战功的，个别的也可评少将。

粟裕是杰出的军事家、战略家，是中国军事舞台上一位了不起的伟人。他演出了许多有声有色、威武雄壮、叱咤风云、气吞山河的话剧，指挥和参与指挥了七战七捷、宿北、鲁南、莱芜、孟良崮、沙土集、豫东、济南、淮海、渡江和上海等许多重大战役。毛泽东等中央领导同志赞不绝口。

据毛泽东身边的卫士长李银桥说：“中央在中南海颐年堂讨论解放军高级将

领军衔问题，毛泽东、刘少奇、周恩来、朱德等参加了会议。在讨论到粟裕军衔问题时，毛泽东不仅要给粟裕授元帅衔，而且以对比的方式给了粟裕极高的评价。”毛泽东说：“论功、论历、论才、论德，粟裕可以领元帅衔。在解放战争中，谁人不晓得华东粟裕啊？”周恩来说：“可是粟裕已经请求辞帅呢！”毛泽东又说：“男儿有泪不轻弹，只是未到授衔时。我们军队中有些人，打仗时连命都不要了，现在为肩上一颗星，硬要争一争、闹一闹，有什么意思？”朱德笑笑说：“肩上少一颗豆，脸上无光嘛！同一时间当兵，谁也没有少打仗，回到家中老婆也要说哩！”毛泽东还说：“难得粟裕！竟三次辞让，1945 年让了华中军区司令员，1948 年让了华东野战军司令员，现在辞了元帅衔，比起那些要跳楼的人，强千百倍嘛！”周恩来也说：“粟裕二让司令一让元帅，人才难得，大将还是要当的。”毛泽东补充说：“而且是第一大将。我们先这样定下来，十大将十元帅。”

以上就是粟裕授为共和国第一大将的事实真相。上述情况可以说明和澄清如下几个问题：

第一，毛泽东是要给粟裕授元帅的，是粟裕高风亮节，自己不要，把元帅辞了。

第二，粟裕对评大将军衔根本不存在不满意，也不存在毛泽东找他谈话、把他批哭了的问题。有一天，我看到党内的一份材料上，党外高层民主人士邵力子说粟裕应该评元帅的信息后，当面报告了粟裕，并把材料指给他看，原以为他会高兴的。哪知他脸一沉，脱口而出说：“评我大将，就是够高的了，要什么元帅呢？我只嫌高，不嫌低。”然后他又进一步向我严肃指出：“今后不要议论这方面的问题了，议论这都是低级趣味，没有什么意思。”粟裕同志对他的军衔问题，看得是多么淡泊啊！

第三，毛泽东是说过“男儿有泪不轻弹，只因未到授衔时”的话。有的文章说，这是指粟裕，如此张冠李戴，在社会上流传很广，造成了很不好的影响。根据毛泽东对粟裕评衔的态度，可以肯定他指的不是粟裕，而是指有些闹军衔的人。当时，确实有人闹军衔，有的人评了大校不满意，要少将；有的人评了少将不满意，要中将；有的人嫌军衔低，拒绝接受组织上授予的军衔，军装也不穿，军衔也不戴。这些现象汇报到毛泽东那里，他能不批评吗？

任弼时、高岗去世的现场目击

力伯畏／口述　王凡／整理

一

在新中国成立初期，党和国家领导人医疗保健工作过程中发生的一件影响比较大的事，是当时中共中央五大书记之一的任弼时的突然病逝。这件事也给我留下比较深的印象。

任弼时的身体状况一直不好，中共中央刚进北平，就于1949年4月18日做出决定：任弼时必须休息。决定当天，他就在主治医生黄树则、医生刘佳武陪同下，住进了玉泉山休养所。5月，休养中的任弼时病情不仅没有好转，反而趋向恶化，甚至他一度出现前所未有的昏迷症状。正因为此，10月1日新中国成立的开国大典，他没能登上天安门城楼，而只好在玉泉山通过收音机来收听隆重盛典的实况转播。

斯大林了解到任弼时的病情后，主动派了一个医疗专家组到中国。苏联医疗专家们为任弼时做了认真的检查。在会诊的报告上，苏联医疗专家们写道：严重的高血压症，脑血管有明显硬化之征，心脏初期机能障碍，肾初期硬化，肝脏肥大，可能引起新陈代谢障碍；并有糖尿病，但尚不严重……因此，专家们建议任弼时到苏联进行治疗。在刘佳武等人的伴随下，任弼时于1949年12月初抵达莫斯科，先是在克里姆林宫医院，经过了20多天的治疗后，转往巴拉维赫疗养院疗养。到1950年春季，任弼时的病情已经恢复得相当不错，原本240mm的高压降到了160mm，处于基本正常水平。

身为中共五大书记之一的任弼时，在新中国成立前后，当别的领导人政务胶着、宵衣旰食之际，自己却始终作为一个病号，成天与医生和药剂打交道，涉足范围不出病房和疗养院，内心十分苦恼。所以当病情有所好转，他便急切地要求回到祖国，与战友们一起分担繁忙的政务。

5月，克里姆林宫医院再次为任弼时做了全面检查，认为他在苏联的医治和疗养已显成效，可以回国适量地参与工作。5月28日，任弼时从苏联回到北京，他带回了克里姆林宫医院的体检报告。

我们的直接领导、中央保健工作委员会和中央军委保健工作委员会的副主任傅连暲，在看了苏方的体检报告后，随即给毛泽东及中共中央拟写了一份有关任弼时病情的报告。傅连暲在报告中写道：

“苏联大夫的诊断为：一、高血压，糖尿病。二、心肌营养不全。三、血管硬化。

“他们建议：一、自今日起休息两星期（5月29日至6月11日止）。二、每日工作时间总共不得超过4小时。（暲意开始先做2小时）。以后根据病情可以酌量增加。星期日必须休息。三、9月1日仍要到疗养院再休养一月。四、经常要有医生照顾他。弼时仍拟以苏联大夫白祖比克为他的主治医生，我亦同意。”

在初回国后的一段时间，任弼时遵照医生建议，每天只是在家“练习工作”，不过2～4小时。然而，眼见新中国诞生初期纷繁的工作头绪，战争、经济、内政、外交……各位领袖都比新中国成立前更为忙碌；特别是6月25日，朝鲜战争爆发，两天后，美国的第七舰队进入台湾海峡，远东局势骤然紧张，任弼时再也无法安于自己置身事外的休养状态，马上给毛泽东和中共中央写了一封信，要求分担中央的部分工作。

任弼时在信中说：“我回抵北京后已近一月，血压尚继续下降中（165mm左右），身体也觉得坚实一些，因此我觉得还是照医生意见开始每日工作4小时为好……最近几天内，每日看电报、文件及报纸，总共在4小时左右，尚能支持得住，不感觉太疲倦。自然，初期不要过分疲劳，但做点工作如分管组织部和青委我想是可以的。请加考虑。”毛泽东见到任弼时的信后，即做批示：同意任弼时意见，试做工作，每日不超过4小时，主管组织部和青委。

恢复工作后的任弼时，就根本无法把自己的工作时间限制在4小时内，结果不久就又出现身体不适。9、10月，是原定的休假时间，可当保健大夫们催促他休假时，他却提出等到12月再说。

朝鲜战争爆发后，就是否出兵援朝问题，中共中央接连开会商议相关事宜，有时议题一说开就延续至次日凌晨。任弼时也出席了会议，而且不顾有关部门和保健大夫到睡眠时间就退席的约束，也参与议事拖到午夜。在10月5日的会议上，他发言支持毛泽东出兵朝鲜的主张。这样一来，他的身体再度受到严重伤害，潜伏下病情骤然加剧和突发的危机。

就在中国人民志愿军入朝后第一战役打响的前一天，10月24日，他白天工作了一天。晚上，他召集有关人员谈论即将召开的全国组织工作会议事宜。入夜以后，他又翻看起秘书拿来的毛泽东有关作战部署的电报，其中有毛泽东亲拟的《关于诱敌深入山地加以围歼》电文。在转战陕北期间，任弼时曾和毛泽东一起在前委指挥作战，故而对这些关涉入朝第一战的文稿十分重视。

10月25日早晨五六点钟的时候，住在保健委员会值班的我突然听到电话铃响。电话是任弼时夫人陈琮英打来的，她要我找傅连暲，说任弼时今晨情况不太好。此时，任弼时还没出现特别严重的症状，我知道类似早晨起床后感到头疼不适的情况，任弼时在以前也曾出现过。我放下电话同傅连暲打了个招呼，就立即骑上自行车，赶往在景山东街的任弼时家。我进屋看见任弼时，他还朝我抬了一下手，我想他是和我打招呼。可是他的手臂刚抬起来，马上就掉下来了，而且继而话也说不出来了。我知道他的老毛病就是高血压，就赶紧给他量血压，发现他的血压很高。我立即通过电话向傅连暲汇报，傅连暲马上就赶来了。傅连暲发现情况严重，马上请陪同任弼时来华的苏联专家过来，同时通知几位中国的著名专家也前来会诊。苏联专家接到通知后，不久就赶到了，协和医院内科主任张孝骞、内分泌科主任刘士豪、北京医院的心血管专家吴浩也陆续来了，属于中央保健委员会系统的医生则有傅连暲本人、延安时期就从事中央领导人保健工作的金茂岳、毛泽东的保健大夫王鹤滨和我，在任弼时的家中展开了抢救工作。

随着抢救时间的延续，医生们感觉到任弼时的生命已处于非常危险的状态。傅连暲遂向毛泽东和中共中央发出了任弼时病危的通报。通报说："任弼时同志今早7点发生中风现象，右半身瘫痪（即半身不遂），失语，血压230，脉搏100，大汗，病情严重……"

通报发出后，获悉此讯的一些在北京的中共领导人，来到任弼时家看望。我记得来得最早的是北京市委书记彭真，因为有公务在身，他了解了抢救的情况后，又匆匆离去。他走时和我打了个照面，他对我说："有新情况马上告我啊。"

根据那天也在场的王鹤滨回忆，抢救过程中，中共中央办公厅主任杨尚昆也来了。杨尚昆听张孝骞综述了专家们的诊断后，悄悄把王鹤滨拉到一边，低声问："鹤滨同志，你看弼时同志的病情怎么样？""病情很严重，脑出血量很大，恐怕不行了。"王鹤滨据实相告。

在任弼时进入深度昏迷之际，卫生部副部长苏井观带着针灸学专家朱琏来了，他们建议对任弼时进行针刺急救。在征得陈琮英同意后，朱琏实施了针刺救治，但未能奏效。时隔50年后，王鹤滨分析说在今天的条件下，如果及时确定出血部位，开颅止血，或许能有一线生机。可在当时的医疗技术和设备条件下，虽然苏联专家和中国的专家们尽了自己的最大努力，还是很难将任弼时从死亡线上拯救回来。他们眼睁睁地看着“患者面部鼓胀的血管陷落了下去，潮红的面部色泽瞬间变成了无血的苍白……”

10月27日中午12时36分，任弼时与世长辞。他是新中国成立后逝世的第一位党内最高领导人——中共中央书记。为他送葬时，毛泽东亲自扶柩，刘少奇、周恩来、朱德等中共最高领袖为之执绋。

二

20世纪50年代，有几位开国元勋住在北京东城东交民巷，其中有一位曾在中国共产党内风头甚健的人物，他就是1953年趾高气扬地进京出任“经济内阁”首辅的高岗。高岗来到北京后，他的医疗保健就归中央保健工作委员会管，我就直接负责过他的保健工作，而且他自杀的时候，我是最早得知消息，也是最早到现场的医生。

我后来才知道高岗自杀了两次，第一次他用手枪自杀未遂，第二次是吞安眠药。他第一次用手枪自杀的事，我们当时并不知道，我到现场是他吞食安眠药那次。此前他在党内受到批评的事我们一点都不知道，所以我们对现场看到的情景，感到很意外。

高岗在党内受到批评，根源于他个人权力欲望的日趋膨胀，以及由他挑起的党内一系列纷争。1954年2月，中共中央召开七届四中全会，对高、饶分裂活动进行了严肃的批判，同时希望他们深刻检讨，改正错误。但高岗执迷不悟，于2月17日以自杀抗拒党的批判挽救。由于身边工作人员的警惕和奋力阻止，夺下了高岗手中的枪，其自杀未遂，继而受到党内更深入的揭发批判。

1954年春，中央保健局成立。8月17日那一天，正好赶上我在中央保健局的办公室值班。大约9点前后，办公室人员突然接到高岗身边工作人员打来的电话，急着要找傅连暲。但当时傅外出了，我就接听了电话。电话的另一端当时并没有详细讲清楚高岗的情况，只是说高岗出事了，不省人事，可究竟怎么引起的，他们说不清楚，所以请中央保健局的医务人员迅速赶到现场。

我从电话中感到问题可能比较严重，但我根本无法预料我曾经的保健对象发生了什么事情。虽然，从高岗受到党内批评到第一次自杀未遂，到这次来电话，已经持续了相当一段时间了，但对高、饶的揭发批判，始终是在党内高层进行的，一点也未向广大中共普通党员及中、基层干部们透露。

毕竟，我们的服务对象是党和国家的高级领导人，故而还是能先于一般干部和党员耳闻一些比较可靠的消息，得知高、饶可能出了什么问题。但不该问的不问，一直是我们必须恪守的规范，所以我们对高岗到底为什么受到批评，他的问题有多严重，具体情节，从未深问，也不清楚。而且只要我们没有接到关于把某某人从中央保健局保健对象名单上划掉的通知，就依然要像以往一样，对其提供医疗保健服务。

正是基于得悉点滴风闻、又不全然清晰的状态，我听到来自高岗身边工作人员的告急电话，第一反应是不能自已单独前往，而必须再叫上一位压得住阵的医疗专家一起去现场。我随即拨通了当时北京医院院长计苏华的电话说："高岗那里出事了，要我们去人。我们这边的车一会儿就到，接您一起去高岗家。"也许计苏华也听说了有关的情况，因此他准备了一套洗胃的设备。

给计苏华打完电话，我又给在京的苏联医疗专家打了电话，请他们也尽快赶到高岗家。按规定，凡是重要领导人身体出了问题，在中央保健局布置抢救的同时，都通知苏联专家到场，以便有问题及时咨询请教。两个电话打完后，我从卫生部要了一辆车，从弓弦胡同出发。我们的车先开到北京医院，接上计苏华，并把洗胃设备搬到车上。随后，就朝东交民巷 8 号院疾驶而去。

北京医院距离东交民巷并不远，很快就到了。我和计苏华下车就直奔高岗的卧室。到现场一看，高岗已经死亡，再进行任何抢救已没有意义和必要了，所以尽管我们带来了洗胃设备，却没有派上用场。

顷刻间，苏联专家也赶到了，我印象中当时到高岗家的苏联专家是白祖比克。苏联专家到来后，才把高岗的身体翻了过来。在翻转的时候，我们发现床上有一颗胶囊，大概是高岗在吞咽时散落到旁边的。通过这颗胶囊，现场的医生们才得出高岗是吞服了安眠药的判断。

按以往的规定，高岗的秘书随即通过电话向中央办公厅同时也向中央保健委员会的负责人做了有关情况的汇报。在我印象中，后来好像当时公安部保卫方面的苏联专家也来到了现场。

高岗虽于 1954 年 8 月 17 日吞服安眠药自杀身亡，但中共中央直到 1955 年 3 月召开全国代表大会时，才由邓小平代表中央作了《关于高岗、饶漱石反党联盟的报告》，并于会上通过了《关于高岗、饶漱石反党联盟决议》。我也是到了此刻，才比较清楚地知道高岗究竟出了什么的问题。

暗杀宋庆龄

沈　醉

在《我所知道的戴笠》一书中，我只简单地写了蒋介石对宋庆龄仇恨万分，多次想下毒手，只因怕受到全国人民的指责，才迟迟未敢下手，成天派大批特务在她所住的法国公园附近莫里哀路住宅前后进行监视。有时，特务们写信或打电话进行恐吓、侮辱，她不但不曾被这些无耻的卑劣行径吓倒，反而更积极地从事反蒋活动。最后，蒋介石叫戴笠派上海行动组长赵理君（化名陶士能），于1933年6月间，将中国民权保障同盟执行委员兼总干事杨铨（杏佛）打死在离宋宅不远的亚尔培路，企图以此威吓她。我写到这里便没有再写下去，实际上，当时特务处对她搞的阴谋活动还有不少，我都没有详细写出来。特别是没有写出蒋介石指示戴笠对她进行的许多罪恶活动，都有我的一份。

那时，我感到她住在法租界内，是我们法租界组一个最大的包袱，每天除了要写“监视日报”外，还要去侦察与她往来的人，所以我曾两次寄手枪子弹对她进行恐吓，只想促使她离开法租界，住到别处去或出国，这样我就可以省去不少的事。

戴笠还一再命令我：一定要派人设法打进她的家中，收买她身边的人。我就派了一个女特务，去设法接近她身边的一个女用人（可能是姓李，已记不清楚）。当时那女佣才20多岁，我满以为有把握收买她。而那个女特务接近她一个多月以后，跟她一道去过宋家几次，就引起了宋先生的注意。她叮嘱女用人少与这个女特务来往。不久，这个女特务开始向女用人打听宋家来往客人的情况，并送她不少东西。女用人便将这些情况一五一十地告诉了宋先生，宋先生除叫她把东西全部退还外，还叫她坚决不要再和这个女特务往来。这一招失败后，我并没有死心，又通过宋家邻居的几个女用人去做工作，仍然没有成功。但还有一条很重要的线索，可以达到收买甚至吸收宋家女佣当特务的目的，那就是我派的那个女特务在和她往来的一段时间中，得知她刚与一个不务正业的丈夫离了婚，还没有找到适当的对象。想到她还那么年轻，总不能不交男朋友，我便决定采用“美男计”，设法使她上钩。

如何具体进行呢？我考虑再三：如果叫一个长相不错的青年特务化装成知识分子去勾引她，那样彼此的身份不相称，会引起宋先生的注意；如果化装成一个工人，附近又没有工厂，一个工人经常远道去勾搭她，似乎也不妥当。最后，我叫一个特务化装成汽车司机，这不但彼此身份相当，不容易引起宋先生的怀疑，而且常有机会在附近或别处与她相遇。果然，不到3个月，这一招初步见效了，化装司机的男特务与她常有往来，可为了做到一切不使她怀疑，从不探问她的主人情况。我们的如意算盘是，只要订婚或结婚之后，就不愁她不“嫁鸡随飞，嫁狗随走”了。

有次戴笠到上海，我去见他时，把这事向他报告，他很高兴，要我把这个男特务带到上海特区接头站与他见面，还指示应当力求避免引起宋的怀疑，千万不宜急躁，不要露出马脚，并发给这个特务100元作为奖励。

而这个女用人对宋先生一向很忠实，主动把自己交男朋友的情况告诉了她。宋先生仔细查问了双方认识的经过，听说介绍人是附近一个开私人车的司机，便叮嘱她应多了解他的情况，然后再带他去见见面。说实在的，当时我对此真感到有些不理解：像宋先生这样有地位并且工作繁忙的人，怎么会亲自来过问一个女用人的事？

由于我的精心布置，女用人到这个男特务家里去的时候，看到来往的人，都是一些汽车司机。这是因为法租界组有个叫范广珍的组员，既是法租界巡捕房的华探探目，又是帮会头子，他手下有的是司机、工人等等。那天，女用人应邀去男特务家里，也许是有意去看虚实的，我让范广珍故意安排一些汽车司机模样的人来来往往，有的驾驶出租汽车，有的给私人开车，都和那个男特务称兄道弟，而且对他比较尊重。女用人看到这些情况，认为那个男特务不像她过去那个丈夫流里流气，感到相当满意。这样，第一关总算过去了。

为了把这一台假戏唱好，我又让这个男特务搬到法租界辣斐德路靠近白莱尼门马浪路口的一家私人小汽车出租行的楼上居住，而且给他安排在那家出租车行当一名义务司机。这样，宋家女用人就可以很方便地在那家车行找到他。有两次下大雨，宋家女用人为送客打电话到车行雇车，这个男特务都是马上把车开去，这不但可以取信于她，而且可从送客当中得到一点情报。这一布置，我自认没有露出半点破绽。谁知等到他们快要订婚的前几天，突然，宋家那位女用人不愿再见这个男特务了，这个男特务在附近守候了好些天才遇到她一次。她看到这个男特务，气得哭了，一个劲儿地骂他是坏蛋，想欺骗她。当时还不兴骂“特务”二字，但从那坚决的态度和语气看，似乎她已发觉了男方的卑劣手段和不正当目的。我再三责问那个男特务什么地方露了马脚，他经过仔细检查，觉得完全没有使对方产生怀疑的任何言行。为什么会突然发生这一完全出人意料的变化？我当时实在猜不透。直到今天，我也还不知道是怎样被发觉的。

这一“美男计”失败之后，蒋介石和戴笠仍未放弃对宋先生的迫害。有天我去南京，走进鸡鹅巷53号戴笠的办公室，戴笠问我：除了暗杀，还有没有别的办法对付宋。我沉思片刻，提出可否用制造“车祸”的办法，将她撞伤，让她住进医院，再通过医护人员使她长期住院，不死不活地过下去，这就可以彻底解决这位无法对付的人了。他听后，用手在桌上一拍，“我也曾想到过这一办法，你再具体点谈谈。”

当时我的阴谋是这样的：搞一辆构造结实的德国小车，由我亲自驾驶，挡风玻璃换用保险不碎的玻璃。因为一般车祸发生，司机受伤往往是挡风玻璃碎片造成的，只要把它换成保险玻璃，撞后没有碎片，头部就不会受伤，再穿上一件防弹背心，就基本上不会有什么危险了，何况又是存心去撞别人的车，有思想准备，更是可保无虞。我还声称，自己早已做好了一切准备。

戴笠对我的这一阴谋很感兴趣，特别是对我自告奋勇愿意充当凶手更加满意，一再称赞。我回答说：“士为知己者死，死亦无憾！”

接着他就问我：何时何地最宜？我说，一定要在租界内，紧跟宋的车后，看到宋乘坐的车碰到红灯刚停稳时，便朝她的车后撞过去。因为只有在车停稳后撞上去，才能把车内的人撞伤，而如果在车行进时撞上去，可能把对方的车撞出很远，但车内的人不易受重伤，撞过之后，再马上把自己车内的制动器弄坏这样，驾驶人员在法律上负的责任就可以轻一些。我还表示：为了工作，不怕坐几年牢。

戴笠对于我所提的意见和表现的态度，自然十分称心。平日我去南京见他，遇到快吃饭时，我总是赶快把要说的话说完，然后到大饭厅和内勤特务一道吃饭。这次他却不让我走，留我和他一道边吃饭边继续谈。他一再鼓励我一定要坚定信念，并说，即使万一事件发生后被租界的法院判了刑，他也会想办法让我很快出来。

我从南京回到上海，约一个月左右，戴笠便从上海青帮头子杜月笙那里给我弄到了一辆构造十分结实的德国小车，挡风玻璃也换成了子弹打不透的保险玻璃。我试了一下，车子很好，只等他一声令下，就可马上出动。事先我观察了宋先生每次外出通常经过的几条马路，认为从她的住宅经环龙路、华龙路到霞飞路口等处下手最为适宜，因为法租界巡捕房内我有熟人，出事后疏通也方便些。

我做好一切准备之后，戴笠每次去上海，我总要去问：什么时候下手？他总是答复："等一等，决定后会通知你的。"

可大约在一年以后，他来到上海，要我把小车交还杜月笙一个学生开的汽车行，说这一计划决定不实行了。我问他为什么要放弃这样一个周密的计划，他没有直接回答，却笑着问我：有什么把握能做到只把前面车内的人撞成重伤而不撞死？我说："没有经验。"他说：问题就在这里。如果撞死了宋先生，多少人都会要求彻底追查，查来查去，查出是我叫人干的，再向上追，恐怕连蒋介石也要感到头痛，脱不了身。我虽然一再保证决不会说出来，即使要我抵命也决不后悔，他还是一个劲儿地摇头，并暗示是蒋介石怕自找麻烦，所以才决定取消这一计划的。

周恩来侄女在中南海的似水年华

童　木

周秉德至今还记得那次中南海春藕斋的周末舞会。

“伯父风度翩翩。只要他一到场，几乎再没办法在场外落座。”伯父微笑着揽住她的背。踩着音乐旋转在舞池。“跳得还行，你乐感可以。”听到伯父的夸奖，小秉德兴奋得有点飘飘然，可马上伯父却略带歉意地说：“转到那边你就下去吧，让别的同志跟我跳，看好多人在排队。”望着伯父和别人跳舞的背影，看到排着长队的人群，小小年纪的周秉德突然明白：她这个伯父不仅是属于家人的。

周秉德是周恩来三弟最大的女儿。自12岁住进中南海，周秉德在周恩来身边生活了10余年。周恩来夫妇无嗣。周秉德因此成为与周恩来关系最密切的晚辈。但周秉德一向处事低调，虽然她曾任中新社副社长，又是全国政协委员，但身边几乎没人知道她的特殊身份。

红墙内的青春

回忆起那段红墙之内的童年岁月，周秉德觉得那真是无忧无虑的快乐时光。当时最让她兴奋的是。早年间只能在照片上见到的毛主席，到这里竟成为了她的邻居，就住在周家隔壁。

1949年夏天，12岁的小秉德生平第一次见到伯父周恩来，住进了中南海西花厅。亲侄女来到身边，周恩来和邓颖超自然万分疼爱，他们把这个漂亮的小姑娘俨然当成了自己的女儿。小秉德从此也开始了在这个中国最神秘的红墙大院里长达15年的生活。

周恩来日理万机，并没有多少时间在家。他总是来去匆匆，走路特别快，卫士比他年轻得多，跟着他都得一溜小跑。周秉德和他见面最多的时间是在饭桌上。偶尔有机会和他一起散散步，逛逛公园。工作之余，为了让伯伯散散心，周秉德有时候和他一起唱歌。她说周恩来最喜欢唱“洪湖水浪打浪”，还很喜欢海棠花。西花厅后院种了十几棵海棠，每逢春天满院海棠盛开，十分漂亮。

上世纪 50 年代，正逢留学苏联的热潮。初中刚毕业的周秉德聪颖优秀，本来可以选择当时绝大部分高级干部子女所走的道路：高中毕业后赴苏联留学。但看完前苏联电影《乡村女教师》，她却热血沸腾，当下做出了一个让周围人大吃一惊的决定——报考中等师范专科学校，做一个电影中瓦尔瓦娜那样的农村教师。那时的周秉德只有 15 岁。

“当时老师同学们都很惊讶，劝我好好考虑自己的前程。我回到西花厅向七妈（邓颖超）说了自己的想法，她反而立即表示支持，在饭桌上不断地鼓励我。伯伯一直埋头吃饭没有吭气，只默默地听着我们的对话。七妈问他说：‘你怎么不表态？’伯伯说：‘她得有独立思考的能力。你也说，我也说，不是压力太大了吗？将来她要后悔起来都没办法。’”

后来回想起来，别人告诉周秉德，其实周恩来心里肯定还是想让她读完高中念大学，但他又不能明确地说出来，因为他一发言就会成定论。“伯伯其实也在观察我到底是不是真的经过深思熟虑，他从来都是要求我独立思考，自己选择自己的生活。”

师范学校毕业后，周秉德被分配到离北京城 20 里外一个小学做老师。但 3 个月后，她就被抽调去搞运动了。五六十年代政治运动无休止，以致她几度想再上大学的计划都被完全打乱了。周秉德笑了笑说：“我的青春大好年华，几乎全在运动里度过了。”

数十年的秘密

周秉德在 26 岁那年迎来了生命中的“真命天子”。那年，周恩来的老警卫秘书何谦为两个年轻人牵了红线。周秉德见到了英俊帅气、会四国语言的空军上尉沈人骅。他谦和、稳重、正派、有知识。周恩来夫妇得知他即是著名民主人士沈钧儒的长孙时，非常欣喜。周秉德和沈人骅迅速坠入爱河，当时沈人骅在和她见面不久后就返回了西安工作，此后两人一直鸿雁传书。

在沈人骅给周秉德的一封信里有这样一段话：“今天我骑车经过学校后院的一片紫竹林。微风拂过，捎来阵阵槐花的清香，沁人心脾。”就是这几行朴素的文字。让周秉德产生了感情。“我相信对方是个懂得生活情趣的男人。”第二年的国庆节，他们结了婚，开始患难与共的相守。周秉德的卧室床头，有张精心装裱起来的庐山风景照，便是周恩来送给她的结婚礼物——“这是伯伯本人最珍爱的七妈的一张摄影作品。望着那张照片，仿佛能看见云雾在山间缓缓流动。”

如今周秉德还依然记得1960年的夏日。在北戴河的沙滩上散步，伯伯和她之间那番看似不经意的谈话。“伯伯谈起多年前他在法国留学时的初恋往事。他曾有过一个很谈得来的女朋友，但当他决定献身革命时，他觉得只是作为革命同情者的她并不合适。他所需要的是能一辈子从事革命，能经受起任何艰难险阻和惊涛骇浪的爱人。”周恩来对周秉德回忆说：“所以我后来选择了你七妈，在这一点上你七妈是当之无愧的。”

1965年，周秉德跟随丈夫调往西安工作。在他们到达西安后，“文革”狂潮随即席卷了整个中国。周秉德一时成了造反派揪斗的对象。“后来人事科长跟我说，如果当时讲出我是周总理的侄女，造反派肯定不敢关我了！但我真的没办法做到。作为伯伯的侄女，我从来没依靠过他的关系为自己做任何一件事情，包括为自己开脱。”

不久，沈人骅被调进位于贵州遵义深山里的军工厂。夫妇俩天不亮就得起床上班。到夜里12点才能回家，只能把儿子托给邻居照顾。生活条件极其恶劣。

自己是共和国总理的亲侄女——这一秘密，周秉德一守就是几十年，即便她和家人遭受苦难，她也三缄其口。

谈起伯伯和七妈的爱情，周秉德拿出周恩来和邓颖超那张甜蜜的20年代合照，感慨地说：“看看他们俩，多好啊！七妈告诉我当时用这么亲密的姿势拍照，就是一种革命了。”周秉德还记着伯伯和七妈之间那些浪漫的通信。

1951年3月23日，邓颖超写道：“不像情书的情书，给我带来了喜慰，先寄语桃、李、海棠，善备盛装迎接主人呀。”当时邓颖超在杭州，周恩来在北京。周恩来3月31日回信：“昨得你23号来信，确实写得不像情书，陆璀答应我带信到江南，我当时戏言，俏红娘稍带老情书，结果红娘走了，情书依然未写，想见动笔之难……”

周秉德笑着感慨：“是不是没想到，周恩来也是个浪漫的人吧！”

不留一块墓碑

1967年周秉德出差到北京，到西花厅去看望伯伯和七妈。那时她就已经心酸地发现，伯父的脸变得极瘦削、憔悴，原本炯炯有神的双眼布满了血丝。“吃饭也是胡乱几口，之后就急匆匆地去办公室忙碌。”

到了1975年5月的一个下午，周秉德接到伯父病重的电话，心急如焚地要去医院探望。却被七妈一再地阻拦了。“七妈说中央有规定，为了保证治疗，只能拨通病房的电话跟伯伯说上几句话。电话里伯伯的声音听上去平静从容，他的嘘寒问暖被我很急躁地打断了，我当时很难过，只是一直追问他：是否跟护士询问过他的生命还有没有一年。伯伯很轻松地安慰我，说那只是开个玩笑。我在电话里都快哭了，我说玩笑也不应该讲，您是要长命百岁的！”电话那端传来伯伯和蔼而平静的声音：“你是共产党员，是唯物主义者，人总是有那么一天的。想开点，好吗？”

“随后的5月20日，是我最后一次见到伯父。我在伯父身边坐下，见他当时气色还可以。他还询问了我的工作和两个孩子的情况。但怕打扰伯父休息，聊了一会，我就起身告辞。出门时，我提出和他合张影。‘你看，家里人很多，下次我们再照吧！’他握着我的手，轻声说。”

如今回想起来，周秉德后悔自己太天真了，“当时伯父的膀胱癌已经到了第四个年头，早已恶化，小便次次是血尿。但这在当时都严格保密。住院期间，七妈坚持按当时中央的规定，不让亲属探视。如果我真的知道他病情竟然如此严重，不管说什么我也要闯进医院去看伯伯的。”没想到，这一天成了永别。最后一次会面她连和伯伯的一张留影都没照上。

如今。伯父已经去世整整30年了，他将自己的骨灰融入祖国的山川湖海。周秉德的公公沈谦在病痛中也留下遗嘱：“我一直敬佩周总理，更要学习周总理。我死后的骨灰，你们千万不要送进八宝山，你们帮我撒到江湖或树下。”沈谦病故后，周秉德夫妇将他的骨灰撒入天津海河的入海口。1992年，周秉德又连续送走了两位至亲——先是伯母邓颖超病逝。7月周秉德来到天津海河入海口，为伯母的骨灰送行；然后12月周秉德的婆婆病故，再次撒播骨灰入海。1999年，相伴她多年的挚爱丈夫沈人骅也走了，她悲伤地踏上了人生中第四次送走亲人骨灰的水路。

周秉德的这些亲人们。在世间没有一块墓碑，但她对他们的怀念却深埋心底。如今，已年过七旬的周秉德居住在北京一栋50年代的红砖老房里。从中国新闻社副社长职务上退休之后，她还担任着全国政协委员。采访结束时，她的两个双胞胎孙子刚放学回来，周秉德的脸上满是享受天伦之乐的慈爱。

毛远新坦然回忆几件往事

阎长贵

2001年，毛远新从上海一个汽车研究所总工程师的岗位上退休了。毛远新来北京时，曾到我家做客。现把交谈中谈到的几件事情整理出来，以飨读者。

读大学从清华转入“哈军工”

毛远新的中学是在北京101中学读的。1960年暑假毕业时，毛远新被学校保送“哈军工”(哈尔滨军事工程学院)。回家后，他告诉伯伯毛主席，毛主席说：“保送算什么本事？”毛远新毅然决然地回答：“那我考！”主席说：“你考什么学校？”毛远新说：“考最难考的。”毛主席说：“那就是北大、清华。”结果在统考中，毛远新考取了清华，并到清华读书。后来，有个高干子弟跟他说：“远新，你还是应该去哈军工。”毛远新有些心动。回家跟毛主席说：“伯伯，我还是想去哈军工！”毛主席笑着说：“那就看陈赓接收不接收你了。”当时，陈赓是哈尔滨军事工程学院院长。当动员毛远新“还是应该去哈军工”的那位高干子弟把这个消息告诉陈赓院长时，陈赓立刻打电话给毛远新，说：“热烈欢迎你来哈军工！”就这样，毛远新从清华转到了哈军工，成为哈军工的一名高材生。

毛主席让毛远新找吴法宪安排工作

1965年暑假，毛远新从哈军工毕业了。谈到工作问题，毛主席叫他去空军找吴法宪。吴法宪热情地接待了他，给他安排到某团部当参谋。毛远新回来跟毛主席说了这个情况。毛主席说：“没当兵，怎么就当官？不行，再去找吴法宪，重新安排。”其实，一个团部参谋也算不上什么官。按照毛主席的意见，毛远新又去找吴法宪。吴法宪听了毛主席的意见，非常感动和感慨，说：“主席对自己的子女要求真严格！”这样，吴法宪一下子就把毛远新安排到云南边防的一个炮兵营去了，他实打实地当了一名操炮手。

毛远新在“文革”中做过三次联络员

现在所有谈到毛远新的文章和著作中，说他做联络员，只谈到1975年这一次（当然这是最重要的一次）。实际上，毛远新在“文革”中做联络员，不止这一次，而包括这一次，共有三次。

第一次，是“文革”初期做周总理的联络员。1966年9月，他从云南部队回到北京，“文化大革命”开始好几个月了，他对要打倒刘少奇的事，还不知道什么。毛主席要他参加“文化大革命”，并且希望他参加一个单位的全过程，至于去哪个单位由他自已定。毛远新考虑了一下，他是101中学毕业的，但离开6年多了；离开哈军工才一年多，那里还比较熟，于是他决定去哈尔滨。毛主席同意。毛远新到哈尔滨时，对立的两派早形成了，由于他的特殊身份，很快成为造反派的一个领袖。他说，当时很威风，很神气，连省委书记潘复生，都经常找他联系，或“请示”工作。后来，他又到延边造反，还参加过那里的武斗。1967年春夏，他回到北京后，住到钓鱼台11号楼（江青住的楼）。毛主席因为他到少数民族地区造过反，要他读点民族问题的书，研究一下民族问题。为此，我（当时任江青的机要秘书）还帮他从《红旗》杂志图书室和中宣部图书馆借了十几本关于民族问题的书（主要是列宁的）。在这次交谈中，我问他，在1967年的时候，我经常看到周总理转来你写的信让江青阅，怎么没看到你给江青写信啊？他告诉我，他从参加“文化大革命”起就是周总理的联络员。这是他在“文革”中第一次当联络员。

第二次，是做处理东北两派问题的联络员。1967年春夏，毛远新正在认真研究民族问题，有时还到我办公室来讨论一下这个问题，记得他说不同民族终究是要融合的。一天上午，他到我办公室来，跟我说，毛主席要他不要回延边了，也不回哈尔滨了，留下来，做处理东北两派问题的联络员。对此我很高兴，因为我们相处甚洽，很谈得来。不一会儿，江青从外边回来了，她到我办公室，看到毛远新，就夸奖起来了，十分高兴地笑着说：“你是好孩子，留下来，做联络员好，好好做！”听她这样夸毛远新，我感到很别扭。就在几天前，她从外边回来，一进门就问警卫员孙占龙：“李讷住这里吗？”孙答：“这几天李讷没住这里，远新在这里住呢。”江青气呼呼地说：“他住我这里干什么？”孙也没再说什么。毛主席为什么把毛远新留下做处理东北两派问题的联络员呢？我们所能看到的原因，就是毛远新和这两派的领导人都很熟，因此让他帮助做两派联合的工作。这是毛远新在“文革”中第二次做联络员。

第三次，这就是人们常说的毛远新1975年做毛主席的联络员。这确实是毛远新在“文革”中所做的最重要的一次联络员。其作为人们已经说过很多了，都知道了。我只补充一点，他是怎样做了这次联络员的。2001年，毛远新到我家作客时，他告诉我，1975年9月至10月，他作为祝贺新疆维吾尔自治区成立20周年代表团的副团长（团长是陈锡联）参加完庆祝回到北京后，毛主席告诉他，你不要回沈阳了，留在我身边做我和政治局的联络员吧，那两个“小耗子”跳船了。毛远新以毛主席的意志为意志，就这样，他留下来，做了毛主席的联络员。这实际上是他在“文革”中第三次做联络员。

“你帮帮她的忙吧，我们家剩的人不多了！”

毛远新曾告诉我：在1975年做联络员期间，有一次江青把我叫去，要我把她保险柜里的文件给登记一下，以便她查找。这件事没法拒绝。我就把她保险柜里的文件，按目录一一登记下来。交她看后，她说，这样我还是只知道题目，不知道内容，能不能每个文件都搞个内容提要。我觉得这样做，很费时间，很难做，我没答应。江青给毛主席写了一封信谈这件事，还是要求我给她搞每份文件的内容提要。在这封信上毛主席画了一个圈，没批语。我不知是什么意思，我怕江青拿着毛主席画了圈的这封信找我，就去问毛主席。毛主席说：“你帮帮她的忙吧，我们家剩的人不多了！”

毛远新说他进监狱是“三进宫”

毛远新说的所谓“三进宫”，是指当局两次准备想让他从监狱里出来，都没成功，以致他继续留在监狱里。1976年10月6日晚抓“四人帮”时，毛远新也被换了住的地方，当时宣布对他是“保护审查”，其实和对“四人帮”的“隔离审查”没有什么不同，后来都是关在秦城监狱。按照毛远新的说法，这是“一进宫”。

1982年，有人奉上级之命，找已关押了六七年的毛远新谈话，希望他写个材料，替毛主席承担一些责任，说这样做一下就可以出去了。毛远新说，这个责任，我承担不了，都有毛主席写或批的字，其数量有一大摞。那人再三劝说。毛远新答应写就写吧。接着说，材料在监狱怎么写啊？那人说：“好，给你找个地方。”毛远新住到了秦城监狱招待所。用了一个月的时间写了一份材料，送上去。上面不满意，说他“顽固不化”。毛远新继续关进秦城监狱，他称这是“二进宫”。

1986年经过审判，毛远新被判刑17年。罪名是“颠覆无产阶级专政”。毛远新告诉我，按照当时的意见，判过了就对他实行“假释”。在这时候，他提出了两个要求：一是毛主席写的那些批示还给他——有关人员说，这恐怕不可能，毛主席写的东西，那是文献，都要存档的；二是在毛主席书房放着的一套新的《二十四史》，那是毛主席给他的，希望还给他——有关人员说，这个可写报告。毛远新比划着跟我说，你在电视上可以看到，在毛主席书房的一个地方放着同样版本的两套《二十四史》，那套旧的，是毛主席看过的，上面有他的批注；那套新的，就是毛主席送给我的。毛主席为什么送毛远新这套《二十四史》？毛远新解释说，在我当联络员期间，我拿毛主席看过的《二十四史》看，有时毛主席也要看，这就发生冲突。因为出现这种情况，毛主席说：孩子，这样吧，我给你搞一套同样版本的《二十四史》，你可以把我的批注抄在上面，这样我们都可以读了，并且还可以讨论。这就是毛主席送我一套《二十四史》的原因和情况。“天公不作美”，正准备“假释”我的时候，恰逢胡耀邦辞去中央领导职务，这件事就被搁置起来，我继续被关在监狱。这就是毛远新所说的“三进宫”。

毛远新说：我的妈妈朱丹华，还有我的妻子、女儿，都急盼着我出来。1989年3月，我妈妈找了杨尚昆，要我“保外就医”。杨主席发令，公安部同意放我，让我到江西我妈妈那里去。这样决定后，公安部的人问我：“你什么时候走？”我毫不犹豫地答道：“明天就走！”——这是我吸取了“假释”不成的教训，怕“夜长梦多”。公安部的人说，明天走怕搞不到票吧。我立马接上去说：“我不相信你们公安部的人搞不到几张去南昌的票！”就这样，第二天，我总算走出了待了10多年的秦城监狱！

华国锋：斯人逝去

徐庆全

2008年8月20日，中共前领导人华国锋因病逝世，享年87岁。

离开权力核心近30年来，华国锋一直是个“沉默老人”，未发表过任何一本回忆录甚至只言片语的文章或谈话，即使是在出席中共党代会场合被海外媒体追问时，也只是讲几句不着边际的话。

他刻意与历史绝缘。

从“父母官”到“接班人”

来自山西交城，带有浓重乡音的华国锋，1938年投身抗日，任中共交城、阳曲县委书记兼县武装大队政委。1949年随人民解放军南下到达湖南省后，时年29岁的他，被任命为湖南省湘阴县解放后的第一任县委书记。此后，他在湖南一干就是27年。

1952年，年仅31岁的华国锋任湖南湘潭县委书记，毛泽东的家乡韶山曾隶属湘潭。毛泽东之所以能从无数的省、地级干部中注意到华国锋这个党内的后辈，与他这一任职有很大的关系。1955年秋天，华国锋在长沙见到了毛泽东，衣着朴素、面相忠厚的华国锋给毛泽东留下了很好的印象。同年10月，毛泽东破例请华国锋列席中共七届六中全会扩大会议，年逾60的毛泽东对34岁的华国锋说：“你是我的父母官！”1969年，华国锋在中共九大上当选为中央委员。

中共九大是“文革”混乱中一次重要的会议。说重要，是因为这次会议填补了接班人的空缺：林彪以毛泽东接班人的身份昭示世人。

1971年9月13日，林彪叛逃，机毁人亡，实际上宣布了毛泽东发起“文革”的失败，接班人问题成为他更为焦虑的头等大事。而此时，与毛泽东一起走过的党内元老大多被迫远离权力中心，毛泽东的目光只能转向党内“新贵”。尽管朴素、忠厚的华国锋给毛泽东印象深刻，但从资历而言，他却并没有进入毛泽东的视野。

毛泽东曾一度打算以“造反司令”王洪文为接班人，但他很快发现，王洪文除了跟江青、张春桥、姚文元结成“四人帮”外，别无长处。于是，他把目光转向了华国锋：1973年8月，提拔时任湖南省委第一书记的华国锋为中央政治局委员，显露出培养华国锋为接班人的端倪，华国锋开始步入中共领导层。

不过，华国锋相对缺乏参与抗日战争及解放战争等经历，及高层的政治阅历，无法与党内元老相比，其地位并不稳固。毛泽东自然明白这一点，他重新启用邓小平，继续重用华国锋。

邓小平复出后，进行整顿，否定“文革”，自然为毛泽东不容，邓小平再一次被打倒。时势造英雄，华国锋成为当然的接班人。

1976年1月周恩来去世后，华国锋开始任代总理。1976年4月7日，毛泽东提议华国锋任中共中央第一副主席，再一次明确华国锋的接班人地位。

而毛泽东逝世前后，中国政坛上出现了三股势力，一是江青等人，也就是被称之为“四人帮”的人，他们是“文化大革命”的积极支持者；二是元老派，他们大多是“文革”的受害者，也是“文革”的抵制者；三是华国锋、吴德、纪登奎等政治“新贵”。

从年龄上来说，“新贵”算是毛泽东的下一代人，对毛泽东很崇拜，很忠诚；他们基本上是“文革”的受益者，对“文革”没有抵触情绪，但与江青等人则不同。基层工作的经验使他们有务实的一面，“革命”也“抓”，“生产”也“促”，但均不大走极端。这样，他们就与江青等人拉开了距离，而与元老派则有了感情的亲近。

病中的毛泽东，对这种局面大约也了如指掌，因而做出了意味深长的安排：选定华国锋为接班人，并在副主席前加上“第一”两个字以强调，削弱江青等人的权力；逼迫邓小平离开政坛，但“保留党籍，以观后效”，不彻底打倒。或许，他希冀三股势力能平安相处，国家也能处于平安的状态。由此说来，能同时调和两派的华国锋，登上历史舞台实属必然。

“过渡式领袖”

毛泽东逝世后，华国锋接手了三股势力并存的权力架构。在元老派依然靠边站的情况下，华国锋遭到以江青为首的“四人帮”的挑战。此时的华国锋，表现了惊人的沉着。他把目光转向元老派，谋求支持。

1976年9月10日下午，即毛泽东逝世第二天，他与李先念密谈，指“四人帮”正在猖狂活动，阴谋篡党夺权的野心急不可待，并请李先念与老帅叶剑英等人“交流看法、沟通思想”，谋求对策。至1976年10月6日，华国锋在叶剑英、李先念等人支持协助下采取行动，由时任中共中央办公厅主任兼中央警卫局党委第一书记汪东兴出面逮捕“四人帮”成员及其支持者，终于正式结束为期10年的“文化大革命”。随后，华国锋接任中共中央主席、中共中央军委主席，国务院总理，集党政军大权于一身，成为中国的最高领导人。

华国锋非常明白，他接手的国家已是风雨飘摇面临崩溃的危局。在这种危局面前，这位既拥护“文革”又有务实精神的“英明领袖”，意识到只有经济搞上去，才能扭转危局。他提出“抓纲治国”的口号，虽没有摆脱“以阶级斗争为纲”的理论体系，但他把重点已放在后面的“治国”上是确实无疑的。他提出实现四个现代化的目标，描绘出一系列经济发展的宏伟蓝图。但是，这种勾画，不被支持，被指责是“经济指标不切实际，大规模地进口外国设备更是不顾国力”，以至于被后来的史学家们称之为“洋跃进”。

从政治走向上来看，华国锋更不可能摆脱毛时代的模式与影响。相反，出于对毛泽东的忠诚，出于对自己权位的保护，他提出了“两个凡是”的治国理念：“凡是毛主席做出的决策，我们都坚决拥护；凡是毛主席的指示，我们都始终不渝地遵循”，并继续高举“无产阶级专政下继续革命理论”的旗帜。显然，这种选择不能解决中国当时亟待解决的问题，因而违背了时代的需要。

“两个凡是”遭到邓小平等中共党内改革派的批判，认为不符合马克思主义，并引发全国性的真理标准大讨论。邓小平在讨论中占主动地位，并最后以“实践是检验真理的唯一标准”的方针赢得支持。1977年7月中共十届三中全会上，邓小平恢复撤职前的一切党政军职务（中共中央副主席、国务院副总理、中央军委副主席兼总参谋长）。1978年11月至12月召开的中央工作会议及十一届三中全会上，“两个凡是”被否定，取而代之的是“实事求是”。这次会议，标志着中国正式开启“改革开放年代”。

华国锋注定是一位“过渡式的领袖”，他的退位是历史的必然。

1980年9月，华国锋被免去国务院总理职务，在当年12月召开的中央政治局会议上，华国锋提出辞去中共中央主席、中央军委主席职务的要求获得批准。至此，华国锋正式离开权力核心，但直至2002年10月的中共十六大前，他都是中央委员。

“华国锋是个好人”

尽管远离政治30年，但华国锋遽然谢世，依然引起人们的唏嘘。唏嘘的原因并非是这名80多岁的老人曾为中共做出了多大的贡献，而是无论在高层，还是在民间，他都有着很好的口碑。原副总理、老资格的领导人谷牧在一篇回忆文章说："华国锋是个好人。"这句话代表了许多人的看法。

"好人"的含义有多种，但从政治意义上讲，最为人们所公认的一点，就是作风民主。"文革"结束以后，党内恢复了一些民主生活的生气，政治空气毕竟没有"文革"之中那样恐怖可怕，这是事情的一方面。从另一方面来讲，华国锋的克制、宽容态度亦即民主作风也不可忽视。

华国锋的"两个凡是"出台后，舆论以"两个凡是"为主宰。但是，胡耀邦和《光明日报》《人民日报》《解放军报》等经过酝酿，联合推出《实践是检验真理的唯一标准》一文，与之唱对台戏。即使有人声言此文是"砍旗"时，华国锋也并未因此阻止。他甚至对人说，这是一个重要的问题，要搞清楚，从团结的愿望出发，达到团结。

胡耀邦的长子胡德平回忆这段往事时披露了一个细节：在开启中国改革的1978年中央工作会议期间，华国锋定下的调子就是让大家讲话，他说：我是下了决心叫大家讲话，既然把大家请来了，就要让大家讲话，集思广益。后来，他还为自己的错误做了自我批评，要求停止对个人崇拜的种种宣传。

离开权力核心后，他30年一直是个"沉默老人"。他的民主作风，他的忠厚，博得了人们的称誉。

有论者云：华国锋是毛泽东时代的最后一个政治音符。他离开中国政治舞台的30年，中国上空回荡的是强劲的改革旋律；伴随着他的谢世，毛时代的政治旋律在休止符中消声。

人物的新探

“风险投资家”吕不韦

王　丹

公元前265年，秦昭王和他的大将白起吸引住了六国恐慌的目光，人们惴惴不安——谁会第一个被秦灭亡？当时没有人注意到，一个对秦统一中国至关重要的人，这时刚刚来到赵国邯郸的街头。他既非商鞅那样的改革家，也不是白起这样的常胜将军，他只是一个商人。他叫吕不韦。

潦倒的人质

吕不韦在赵国遇到了一个对他一生影响深远的人：秦昭王的孙子异人。

只怕连秦昭王自己都快忘了还有个叫异人的孙子。他的太子安国君，替他生了20多个孙子，异人不是长孙，生母夏姬也不是太子宠妃。继承君位的事，怎么也轮不到异人。去赵国做人质的事，倒有他的份。吕不韦来到邯郸，遇到的正是潦倒的人质异人。

身为商人，吕不韦却对政局一向关心。吕不韦非常清楚：哪里的资源和利润最丰厚？政坛。什么样的投资最容易升值？人弃我取。吕不韦一眼就看中了异人。他回家和父亲商量：“耕田能获几倍的利？”

父亲答：“十倍的利。”

吕不韦又问：“经营珠玉能赢几倍的利？”

“百倍的利。”

吕不韦再问：“帮助立一国之主，能赢几倍的利？”

“无数的利。”

既然有这么大的利可图，吕不韦决心放手一搏。于是，他专程拜访异人，游说道：“我能光大您的门庭。”异人不以为然：“你姑且先光大自己的门庭，再来光大我的门庭吧！”吕不韦说：“您不懂啊，我的门庭要等待您的门庭光大了才能光大。”一场双赢的交易就此在两人之间展开——吕不韦辅助异人成为秦国国君，异人则承诺和吕不韦分享秦国土地。

让异人答应这场交易并不难，难在怎么让异人成为秦国合法的继承者。吕不韦把筹码押在一个女人身上——华阳夫人。

年轻貌美的华阳夫人，深受异人父亲、太子安国君的宠爱，已经被立为正夫人。一旦太子登基，她便是秦国王后。然而，华阳夫人无子，对未来的担忧成了她最大的心病。

聪明的商人和好大夫一样，都擅长对症下药。吕不韦自掏腰包，拿出500金，搜罗了珍奇玩物，来到咸阳，找到了华阳夫人的姐姐，以异人的名义进献珠宝。华阳夫人的姐姐便劝说妹妹："我听说用美色来侍奉别人的，一旦色衰，宠爱也就随之减少。现在你正受宠，不如趁早在太子的儿子中找到一个有才能而孝顺的人，立为继承人。丈夫死后，就不会失势了。否则，一旦容貌衰老，你想和太子说上一句话，都很难了。"

见华阳夫人有些动心，姐姐又继续劝道："公子异人排行居中，按次序是不能被立为继承人的，他的生母又不受宠爱，所以他才会主动依附于你，况且他有贤能，你若提拔他为继承人，一定安享尊荣。"

这一席话正中华阳夫人的下怀。不久，远在邯郸的异人改名子楚，被立为秦国继承人。

说不清的儿子

大手笔的生意正在顺利进行，吕不韦却遇到了麻烦：子楚在一次宴会上，看上了他的爱妾赵姬。给，还是不给？

最初，吕不韦十分生气。但是，他很快意识到，他已经为辅佐子楚献出了大量家财，现在正是等待盈利的关键时刻，不给，岂不浪费了前期投资？于是，赵姬改嫁子楚。有意思的是，据说赵姬改嫁时已经有孕在身，而这个孩子，整整怀胎12个月后才出生。

谁也说不清，这是谁的儿子。谁也不知道，给子楚一个"现成的儿子"，是不是吕不韦设计好的投资之一。但可以肯定的是，正是这一笔投资，决定了吕不韦的终局——因为这个儿子，不是普通人，正是未来的始皇帝嬴政。

嬴政出生仅仅两年，秦昭王就发起了声势浩大的"邯郸之围"，希望一战剿灭赵国。赵国大怒，打算杀掉人质子楚。吕不韦连忙又拿出600金，买通了邯郸城的守军，把子楚送到秦军大营中。而逃不出去的赵姬和小嬴政，吕不韦也早有准备。赵姬出身于赵国的富贵家庭，有了这层身份，母子二人在赵国躲藏，并不是难事。

过了6年，秦昭王去世，安国君即位。吕不韦的好运开始降临——安国君才当了3天秦王，就一命呜呼，子楚成为国君，即秦庄襄王。庄襄王当然懂得“吕不韦”这3个字对他一生的意义，他兑现诺言，任命吕不韦为丞相，封为文信侯，河南洛阳十万户成为吕不韦的食邑。

但庄襄王的命运仅仅比父亲好一点而已，他在即位3年后也去世了。12岁的嬴政登上了王位。吕不韦的大笔投资进入了收益期——年幼的嬴政尊重他，称他为“仲父”。

对于吕不韦来说，自己的儿子成为秦国的国王，他是应该高兴，还是忧愁?这局棋，他其实一直没有算清楚。

嬴政即位后，吕不韦和太后赵姬又恢复了早期的关系。私通太后，显然是危险的。为了自己脱身，吕不韦又下了一招棋。他找到了一个名叫嫪毐的门客，冒充宦官，献给太后。而太后竟也照单全收，和嫪毐如鱼得水，还躲到别处生下两个儿子，吕不韦很得意：他的相国之位可以保住了。

但事与愿违。9年后，太后和嫪毐东窗事发，这让已经成年的嬴政颜面扫地。嬴政把嫪毐家三族人全部杀死，又杀了太后所生的两个儿子，把太后迁到雍地居住。第二年，他又免去了吕不韦的相国职务。

后来，嬴政为了表示孝道，特地把太后迎接回咸阳，但对于吕不韦，嬴政谈不上应尽的孝道。他把吕不韦赶出京城，前往河南的封地。

12年相国

吕不韦预想自己可能会老死在河南封地，一生的波澜即将成为往事。

从公元前249年庄襄王继位，到秦王嬴政十年即公元前238年被罢相，吕不韦作为相国把持秦国朝政12年之久，在政治、经济、军事、文化等各方面都颇有建树。吕不韦入秦之初，4年之间，秦国连丧3王，国内政局混乱，叛乱迭起，蝗灾瘟疫不断，外部还有强敌趁机猛烈进攻。面对内忧外患，吕不韦充分调动全国的物力，顺利渡过严重的自然灾害，平定了各地的叛乱，稳定了国内的政局；又有效地组织人力，击退外敌的入侵。在吕不韦居相位期间，秦国取得的土地至少有15个郡以上，占统一后全国总郡数近1/2，为秦国统一打下了很好的基础。

在文治方面，吕不韦招来文人学士，写成了一部《吕氏春秋》，共有八览、六论、十二纪，20多万字。书刻好后，他命人将书立于咸阳城门，上面悬挂着

1000金的赏金：谁能增删一字，就可取走千金。《吕氏春秋》这部历史巨著，为即将诞生的封建大一统王朝，在政治理论上做好了充分的准备。

机关算尽

迁居洛阳后，吕不韦也并未赋闲，凡有事，大臣们就过来请教吕不韦，门庭若市的吕不韦让秦王嬴政对他很不放心。此外，秦王嬴政更担心的是自己身世的秘密，几乎人人都知道他秦王嬴政是吕不韦的亲生儿子。很难说到底是担心吕不韦功高震主，还是为了表明自己与吕不韦没有血缘关系，或者两方面的原因都存在，秦王嬴政向洛阳发布了一纸命令，要他立刻举家移民到蜀地。

到这时候，吕不韦终于明白自己寿终正寝的想法无法实现了。

在秦王嬴政的书信前，吕不韦喝下毒酒自杀——这最后的结局，无论如何不在吕不韦的算计之内，他决不会想到，从他开始把风险投资投到秦国继承人身上时，他自己也成为这个庞大项目中的一粒棋子。随着这个项目的一步步推进，他的命运已经完全不掌握在自己手中了。

吕不韦作为一名由商人跃上政治舞台的政治家，他对秦统一事业的贡献是巨大的，他可以称得上是中国古代一位杰出的政治家、思想家。同时，我们今天更要承认，他也是一位杰出的“风险投资家”。

东方朔：汉朝的撒娇派教主

郭灿金

东方朔保持了很多项个人纪录：

他是第一个以东方为姓的人。据说东方朔的父亲姓张，在他出世前就死了，母亲生下他3天后也去世了。因为他出生之时，东方刚亮，所以就被兄嫂命名为东方朔。因此，他是东方姓氏的第一人。

大隐隐于朝，这是后人经常挂在嘴边的一句话，但真正对这话拥有完整知识产权的也是东方朔。当时他和别人辩论，一不留神就说出了这句流传千古的经典名言。后人对这句话推崇备至，尤其是那些腆颜拿着俸禄，却又标榜自己拥有高尚情怀的人。后人甚至还将这句话延伸为："大隐隐于朝，中隐隐于市，小隐隐于野。"

"谪仙"这个名字最早也属于他，只是李白后来居上，将这个名字独占了。

…………

东方朔是以一种特别个性的方式让皇帝记住的。

他本来是齐地人，酷爱读书，为了有更大的发展，就兴冲冲地来到了首都长安。到了长安之后才知道，长安人才济济，想博个出人头地还须恶搞才行。于是，他决定直接给皇帝上书。当时最高领导人是汉武帝，汉武帝提倡读书人通过上书的方式来表现自我，所以给皇帝上书算不上多有创意的举动。东方朔的伟大之处就在于只给皇帝写了一封信就让皇帝彻底记住了。他采用的方式我们今天才明白过来，那就是恶搞。

东方朔刚到长安时，到公车府那里上书给皇帝，这封信那可是写得汪洋恣肆，轰轰烈烈，他一口气用了3000个木简才把这封信写完。3000个木简是个什么概念？就是公车府的两个年轻人刚刚好抬得起来。

于是，武帝在宫内开始阅读东方朔的上书，一连读了两个月才读完。我们不知道这封需要两个月才能读完的信水平如何，反正读完了信之后，汉武帝就下令任命东方朔为郎官，让他经常在皇上身边侍奉。东方朔这人很机智，经常让汉武帝高兴得傻笑不已。他最著名的段子是对下面两个词语的"考证"。

在去甘泉宫的路上，汉武帝看到了一个红色的虫子，头目牙齿耳鼻都有，随从都不知道它是什么东西。武帝就让东方朔来辨认。东方朔回答：“这虫名叫‘怪哉’。从前秦朝时拘系无辜，平民百姓都愁怨不已，仰首叹息道：‘怪哉！怪哉！’百姓的叹息感动了上天，上天愤怒了，就生出了这种虫子，名叫‘怪哉’。此地必定是秦朝的监狱所在地。”武帝就叫人查对地图，果然。武帝又问；“那怎么除去这种虫子呢？”东方朔回答：“凡是忧愁得酒就解，故以酒浸这种虫子，它就会消亡。”武帝叫人把虫放在酒中，一会儿，虫子果然靡散了。

汉武帝曾到上林苑游玩，看到了一棵好树，问东方朔这是什么树。东方朔回答：“这树名善哉。”汉武帝暗地里叫人识别了这棵树。几年后汉武帝又问东方朔这是什么树，可这次东方朔却回答：“这树名瞿所。”汉武帝立即说：“东方朔欺骗我好久了。树名前后不同，这是何故？”东方朔说：“大的叫马，小的叫驹；大的叫鸡，小的叫雏；大的叫牛，小的叫犊；人小时候叫儿，长大后就叫老。这棵树过去叫它善哉，现在叫它瞿所。长少死生，万物败成，岂有定数？”

东方朔习惯于以自己奇怪的行为方式给大家惊喜。由于汉武帝时常下诏赐他御前用饭，饭后，他便把剩下的肉全都揣在怀里带走，把衣服都弄脏了。皇上屡次赐给他绸绢，他都是肩挑手提地拿走。然后，他就用这些赐来的钱财绸绢，娶长安城中年轻漂亮的少女为妻。然而，他又是一个喜新厌旧的人，娶来的美女他最多保持一年的兴趣和“性”趣，之后就再娶，因此，他的钱财和精力都用在了物色小美女、迎娶大美女、抛弃老美女的工作上，弄得同僚们半是嘲弄半是嫉妒地称呼他为“疯子”。他却反唇相讥：“笨蛋，你们没有明白我这样的人是在朝廷里隐居吗？”

他喜欢撒娇，尤其是在汉武帝的背后向汉武帝撒娇。有一天，东方朔又在为自己的满腹才华自吹自擂，公开扬言在大汉王朝，学问的前三名一定是东方、东方、东方！同僚一起发难：“你如果说苏秦、张仪水平高我们承认，因为他们偶然遇到了大国的君主，便能混个卿相。至于您，我们却不敢恭维，因为我们已经清清楚楚地看到您在朝廷里奋斗了数十年，官衔不过是个科级侍郎，这难道没有您自己的原因吗？”东方朔的回答堪称经典：“不要乱说什么张仪、苏秦的往事，时代不同了，高低都一样。周朝十分衰败，诸侯王得到士人的帮助就能强大，失掉士人的帮助只能自取灭亡，所以士人可以身居高位，子孙长享荣华。那显然是非正常年代的非正常事件。在如今正常和谐的年代，贤与不贤，凭什么来辨别呢？古书上常说：‘天下无害灾，虽有圣人，无所施其才；上下和同，虽有贤者，无所立功。’我做小官本来是极平常的事情，你们有什么不理解的呢？”

这段话说得滴水不漏，既打击了他人，又抬高了自己，同时还拍了朝廷的马屁。这娇撒得绝对空前绝后，依仗自己的智力，东方朔成了隐居在朝廷中的撒娇派教主，弄得汉武帝一天不见东方，就会觉得哪里不舒服。面前无人撒娇岂不是空有江山？于是汉武帝也不时地给东方朔提供表演的舞台。

一天，建章宫后阁的双重栏杆中，有一只动物跑了出来，它的形状像麋鹿。消息传到宫中，汉武帝亲自到那里观看，问身边群臣中熟悉事物而又通晓经学的人，没有一个人知道它是什么动物。汉武帝就兴奋地下诏叫东方朔过来。

东方朔果然不负众望，马上开始撒娇：“博学如我，怎会不知道这个东西的名字，但只有让我吃好喝好之后，我才愿意说出来。”吃饱喝足之后，东方朔又开始撒娇：“我知道某处有公田、鱼池和苇塘好几顷，只有陛下将这块公田赏赐给我，我才愿意说出来。”得到汉武帝肯定的答复后，东方朔突然大叫道：“恭喜皇上，恭喜皇上！我认得这种动物叫驺牙。它的出现，预示着不久的将来必然有人过来投降！”过了不长不短的一年多，匈奴混邪王“果然”带人来归降汉朝。东方朔料事真如神！

因为料事如神，东方朔再次得到了赏赐，这些赏赐又够他娶几个美女的了。

到了晚年。东方朔临终时，规劝汉武帝说：“《诗经》上说‘飞来飞去的苍蝇，落在篱笆上面。慈祥善良的君子，不要听信谗言’。‘谗言没有止境，四方邻国不得安宁’。希望陛下远离巧言谄媚的人，斥退他们的谗言。”汉武帝说：“如今回过头来看东方朔，仅仅是善于言谈吗？”对此感到惊奇。过了不久，东方朔果然病死了。古书上说：“鸟到临死时，它的叫声特别悲哀；人到临终时，它的言语非常善良。”说的就是这个意思吧。

东方朔是当之无愧的杰出人才，在伟大而专制的年代里，他学会了如何调节个人与社会的紧张关系，学会了如何最大限度地用知识换取物质利益，并学会了用这些东西去换取其他方面的享受。因此，他看透了做官的虚妄，看透了金钱的虚妄，看透了知识的虚妄，看透了人生的虚妄，于是，他利用虚妄的知识，换取虚妄的官职，换取虚妄的金钱，再用金钱换取实实在在的肉体享受，以此度过虚妄的人生。

知识就是力量，这话难道是骗我们的吗？

毛泽东眼中的三国人物

胡尚元

毛泽东对《三国演义》情有独钟。从1906年13岁起始读《三国演义》，到1976年9月逝世前还以赞赏的口吻谈论曹操自学成才，毛泽东评读三国历史整整70年。他读三国历史持续的时间之长、评三国历史涉及的范围之广，均为世所罕见。仅就三国人物而言，经毛泽东仔细评点的就多达30人。

曹　操

毛泽东年轻时就对曹操十分推崇。1918年8月，他路过河南，特地与罗章龙、陈绍休三人到许昌瞻仰魏都旧墟，凭吊曹操。

1952年11月1日，毛泽东视察河南安阳，参观殷墟。他对随行人员说：漳河，就是曹操练水兵的地方。曹操也是个了不起的人物。这里属于古邺。邺城始建于春秋齐桓公时。战国时属魏国，西门为邺令。西汉时邺城是魏郡治所，东汉末年是冀州牧袁绍驻地。曹操破袁绍后，于公元204年进邺建都，此后史称邺都为魏都。东汉建安十八年（公元213年）曹操被封为魏公，后为魏王，掌握中央一切军政大权。邺都成为朝臣聚集，发布政令的中央政权所在地，直到220年曹丕代汉。虽建都洛刚，但仍称邺都为“北都”，七庙不废，直到265年司马炎灭魏建晋，故魏前后在邺建都62年。曹操在这一带实行屯田制，使百姓丰衣足食，积蓄力量，逐渐统一北方，为后来晋统一全国打下了基础。

1954年夏天，毛泽东在北戴河与保健医生也谈到曹操。针对徐涛说曹操是个“白脸奸臣”的话，毛泽东发表了一番评论：曹操统一中国北方，创立魏国。那时黄河流域是全国的中心地区。他改革了东汉的许多恶政，抑制豪强，发展生产，实行屯田制，还督促开荒，推行法治，提倡节俭，使遭受大破坏的社会开始稳定、恢复和发展。这些难道不该肯定？难道不是了不起？这个案要翻。

1958年8月中旬，中共中央在北戴河召开政治局扩大会议。毛泽东召集各大协作区主任开会，他在会上说：干部参加劳动，有人说搞两个月，搞一个月总是可以的。我们与劳动者在一起，是有好处的。我们感情会起变化，影响几千万干部子弟。曹操骂汉献帝“生于深宫之中，长于妇人之手”是有道理的。毛泽东以这则故事来告诫领导干部不要脱离群众，可谓恰到好处。

毛泽东甚至注意到了曹操的养生之道。他曾经对保健医生说：曹操多年军旅生涯不会很安逸，可在1700多年前，医疗条件也不会怎么好，他懂得自己掌握命运，活了65岁，该算是会养生的长寿老人了。你们搞医疗的应该学学，不要使人养尊处优，只想吃好、穿好，不想工作还行？更不能小病大养。保健不是保命，不要搞什么补养药品，我是从来不信这些的。主要是乐观、心情开朗、锻炼身体。又说：曹操讲“盈缩之期，不独在天。养怡之福，可得永年”；陆游讲“死去元知万事空”，这都是唯物的。

当然，毛泽东对曹操并非全盘肯定。他认为曹操的主要缺点有二：一是有时也优柔寡断。1966年3月，毛泽东在杭州的一次谈话中说：曹操打过张鲁以后，应该打四川。刘晔、司马懿建议他打。刘晔是个大军师，很能看出问题，说刘备刚到四川，立足未稳。曹操不肯去，隔了几个星期，后悔了。二是不能严于律己。毛泽东曾经批评过曹操执法。《三国志》中的《武帝纪》说曹操“其令诸将出征，败军者抵罪，失利者免官爵”，毛泽东则在眉批中写下“赤壁之败，将抵何人之罪”一语，批评曹操对人严而责己宽。

郭　嘉

1959年，伴随着“大跃进”狂澜，国家政治、经济生活中出现了一系列问题。这年春天，毛泽东一度潜心研读《三国志》，试图从中获取历史经验。他结合实际工作中出现的一些问题评点三国人物，谈得比较多的就是曹操的谋士郭嘉。

3月2日，毛泽东在郑州召开的政治局扩大会议上，详细介绍了郭嘉，几乎把《郭嘉传》里描写郭嘉为曹操谋划的史实都复述了一遍。他说：三国时，曹操一个有名的谋士叫郭嘉，27岁到曹操那里当参谋，38岁就死了。赤壁之战时，曹操想他，说这个人在，不会使我处于这种困难境地。许多好主意就是他出的。比如，打不打吕布，当时议论纷纷。那时袁绍占领整个河北和豫北，就是郑州以北，曹操在许昌，吕布在徐州。郭嘉建议先打吕布。有人说，打吕布，袁绍插下来怎么办？郭嘉说，袁绍这个人多端寡要，见事迟，得计迟，不要怕，袁绍一定不会打许昌。于是曹操就去打吕布，把吕布搞倒了。如果不先打吕布，如果吕布跟袁绍联合起来同时攻击，曹操就危险了。郭嘉这个计策很成功。然后又去打袁绍。袁绍渡了黄河，在郑州与洛阳之间曹操打胜了。接着引出是不是去打袁绍的两个儿子袁谭、袁尚的问题。郭嘉说不要打，我们回师，装作打刘表，把军队摆到许昌、信阳之间，他们一定要乱的。果然，曹操的军队一挪动，几个月，两兄弟就打起来了。袁尚把哥哥包围在山东平原（德州），哥哥眼看要亡党、亡国、亡头，就派了一个代表叫辛毗的，跑到曹操这里来求救。曹操去救，乘势夺取了安阳，消灭了袁尚的部队，袁尚本人跑到辽东去了，然后再去消灭了袁谭。毛泽东为什么在这种时候大谈郭嘉呢？他明确指出：现在我是借郭嘉的事来说人民公社的党委书记以及县委书记、地委书记，要告诉他们，不要多端寡要、多谋寡断。谋要多，但是不要寡断，要能够当机立断。端可以多，但是要拿住要点。

同年7月11日晚，毛泽东在庐山与周小舟、周惠、李锐谈话时，说到1958年经济计划被搞乱了，紧接着说：国乱思良将，家贫念贤妻，这是《三国志·郭嘉传》上的话。曹操在赤壁之战吃了大败仗，于是想念郭嘉。

其实，《郭嘉传》中并没有这句话，是毛泽东记错了。不过由此可以推想毛泽东当时的心态。郭嘉是曹操身边的重要谋士，被曹操称为“奇佐”。有郭嘉在，曹操就不会犯错误。经济计划之所以乱了，是因为没让陈云这样的“奇佐”管经济，所以他又想起陈云来了。

司马懿

在《三国演义》中，司马懿被描写成为一个城府极深、屠杀和禁闭曹氏宗室的奸臣。据历史记载，东晋明帝司马绍听说司马懿是靠虚伪、欺诈才得以成功的，惭愧地以手掩面，为自己有这样的先辈而深感羞耻。可见，在正统文化当中，司马懿是一个与诸葛亮鞠躬尽瘁的忠臣形象截然相反的反面人物。但随着人生阅历和革命经验的积累，毛泽东逐渐改变了对司马懿的看法，认为他有智谋，善分析，是一个了不起的人物。

1947年5月，毛泽东撤出延安转战陕北。一天，接到陈赓、王新亭自晋南战场发来的捷报，称歼敌50000，解放县城25座。他走在山坡上，情不自禁地唱起了几段《空城计》：“我正在城楼观山景，耳听得城外乱纷纷；旌旗招展空翻影，原来是司马发来的兵。我也曾差人去打听，打听得司马领兵就往西行……”周恩来听了说：“主席，我们面前的“司马”现在可不是往西行哟！”毛泽东止住了唱，风趣地说：“刘戡？他不配当司马懿！”任弼时在一旁说：“我们面前的司马懿是胡宗南、蒋介石。”毛泽东说：“蒋介石和胡宗南都不是我们的对手，我们面前没有司马懿，只有司马师呦！”毛泽东所说的司马师是司马懿的长子，虽有权术，但刚愎自用，不及其父。所以毛泽东后来在与周恩来布置淮海战役战略战术时，又以司马师为例指出：“不识时务么！他杜聿明和邱清泉、李弥，哪是刘伯承和陈毅、粟裕的对手？这次是司马师碰在了姜维手上，被困在铁笼里了！”胡宗南、蒋介石都比不上司马懿，可见毛泽东对司马懿的评价是相当高的。

1958年11月1日，毛泽东在赴郑州途中，在专列上召开了一个座谈会。他问河南温县县委书记李树林：“温县是司马懿的故乡，现在他那个练兵洞还在不在？”李树林回答：“还在，基本上完好。”毛泽东接着就说：“他出身士族，多谋略，善权变，为魏国重臣。”

当然，毛泽东也认为司马懿有明显的性格缺陷，那就是“怀疑心重”。“空城计”的故事，能启迪人具体运用战略战术。

刘　备

毛泽东曾多次谈论刘备，其褒贬十分中肯。

他对刘备的赞赏，主要集中于刘备善于用人，善于团结各方人士。同年7月，毛泽东在上海干部会议上说：刘备得了孔明，说是“如鱼得水”，确有其事，不仅小说上那么写，历史上也那么写，也像鱼跟水的关系一样。群众就是孔明，领导者就是刘备，一个领导，一个被领导。他多次强调刘备善于用人，有很强的组织能力。据薄一波回忆，毛泽东在与他谈及《三国演义》时曾经说过：“看这本书，不但要看战争，看外交，而且要看组织。你们北方人刘备、关羽、张飞、赵云、诸葛亮，组织了一个班子南下，到了四川，同‘地方干部’一起建立了一个很好的根据地。”

1959年3月2日，毛泽东在郑州召开的中央政治局扩大会议上，谈起了翦伯赞在《光明日报》发表的有关评论赤壁之战的文章。他说：翦伯赞在《光明日报》上写了一篇论赤壁之战的文章。他说，刘备这个英雄，跟曹操同等水平，是厉害的。但是事情出来了，不能一眼看出就抓到，慢一点。刘备的长处是善于用人，所以能得到像诸葛亮那样颇有才智、品学兼优的智士辅佐。

毛泽东认为，刘备的缺点表现在两个方面：

一是好感情用事，这是刘备的最大缺点。1949年3月24日，毛泽东由西柏坡至北平，路经刘备家乡河北涿州时，对警卫员们说：《三国演义》中的刘备就是在涿州同关羽和张飞结拜成异姓兄弟的，这里就是书中说的“桃园三结义”的地方。刘备的野心大……但他志大才疏学识浅，好感情用事，在许多问题上用感情代替了政策。因为想报二弟关羽被东吴杀害之仇，置江山社稷于不顾，不听诸葛亮等谋臣的劝阻，贸然负气出兵，结果被东吴打得大败而归，自己无颜再回成都见诸葛亮和文武百官，死在临近湖北的四川省东部奉节县东的白帝城。二是这个人不能区分主次矛盾，因此导致了失败。1941 年初皖南事变后，毛泽东借用刘备的例子。指出对于各部分的国民党人，应当采取不同的政策。毛泽东说：三国时期，荆州失守，蜀军进攻东吴，被东吴将领陆逊火烧连营 700 里，打得大败，其原因就在于刘备没有区分与处理好主要矛盾与次要矛盾的关系，在谋略中没有抓住主要矛盾。诸葛亮在《隆中对》中所确定的战略方针是“东联孙吴，北拒曹操”，曹刘是主要矛盾，孙刘是次要矛盾。孙刘的矛盾是统一战线内部的矛盾。所以当孙权数次讨荆州时，诸葛亮总是一再推诿软磨，而不硬抗，直到最后才让出荆州的部分地方。刘备不了解这一点，派了根本不执行“以联吴为根本、争夺荆州要有理有节”方针的关羽去驻守荆州。

诸葛亮

在三国人物当中，诸葛亮是毛泽东谈得较多的一位，大概也是毛泽东最为推崇的人物之一。早在湖南第一师范求学期间，毛泽东在《讲堂录》里就说诸葛亮是“办事之人”，他多次提倡人们要学诸葛亮的“鞠躬尽瘁，死而后已”的精神。他自己曾经表示：我也要鞠躬尽瘁，死而后已呢！毛泽东十分重视诸葛亮的宣传鼓动技巧。1930 年夏天，毛泽东在红四军干部会议上作报告。讲到宣传鼓动工作时，他介绍了三国时黄忠大败夏侯渊的故事，说我们要学习诸葛亮善于做宣传鼓动工作。

毛泽东经常向干部和群众说诸葛亮的故事，教育他们重视学习文化和历史。毛泽东还对诸葛亮的聪明才智大加赞赏。1962 年 2 月，他在和南京炮兵工程技术学院院长孔从洲谈日益进步的科学技术时，又谈了诸葛亮的兵器改革，说：由于射箭误差大，于是又有了弩机，经诸葛亮改进，一次可连发 10 支箭，准确性提高了。诸葛亮征孟获时使用了这种先进武器。可是孟获也有办法，他的3000藤甲军就使诸葛武侯的弩机失去了作用。诸葛亮经过调查研究，发现藤甲是用油浸过的，于是一把火把藤甲军给烧了。

毛泽东还十分看重诸葛亮制定的和戎政策，认为这在封建时代是难能可贵的。他说：诸葛亮会处理民族关系，他的民族政策比较好，获得了少数民族的拥护。在毛泽东看来，诸葛亮最宝贵的就是处理民族关系的艺术。他对诸葛亮的“七擒七纵”非常赞赏，并把它视为处理民族矛盾的一个好方法。当然，在毛泽东眼中，诸葛亮也并非完人。他曾经就错用马谡一事，对诸葛亮作过批评。1959年7月，毛泽东在读苏洵《权书·项籍》中有关评说诸葛亮“弃荆州而就西蜀，吾知其无能为也”一条时，写下了精彩的批语：其始误于《隆中对》，千里之遥而二分兵力，其终则关羽、刘备、诸葛三分兵力，安得不败。历来史家大都赞誉诸葛亮在《隆中对》中提出的战略思路，但毛泽东的评价却独树一帜，且言之成理，可谓卓见非凡。

赵 云

毛泽东颇为赞赏赵云，特别是他的为人和胆识。

1944年10月1日，延安《解放日报》发表了《新四军的胜利出击和中国的救国事业》的社论，其中有这么一段话：华中的伪军，呼新四军为“四老爷”，比之为赵子龙，他们常常对着自己的枪说“枪啊，我是替四老爷保存的”。这段话中“比之为赵子龙”几个字，就是毛泽东亲自添加上去的。这里所说的子龙，是赵云的字。

毛泽东还曾经把自己十分喜爱的将领杨成武比做赵云。1967年7月，毛泽东准备离京视察大江南北，特别提出要由代总参谋长杨成武随行。他向中央文革小组的秀才们说：非子龙不可行也。长征中，夺泸定桥、过草地，我都讲过还得杨成武，只靠宣言不行。赵云忠心耿耿，曾经长期出任刘备的侍卫长。

张 飞

优点值得赞赏。

一是张飞“粗中有细”。1934年，毛泽东对来中央苏区开会的红军将领王震谈起《三国志》的作者陈寿评论关羽、张飞处理人际关系的优劣处：羽善待卒伍而骄于士大夫；飞爱敬君子而不惜小人。他以此勉励王震：取两人之长，去两人之短。毛泽东在中共八大二次会议上说：要看到自己的缺点。十个指头九个好，一个指头有问题。华者花也，不要只开花不结果矣；不要粗而不细，要学张飞“粗中有细”。

二是张飞“有高度的原则性”。毛泽东非常喜欢看京剧《古城会》之类的张飞戏。据赵超构回忆，1944年6月，他们访问延安时，曾经陪同毛泽东看《古城会》。当剧中张飞自称“我老张是何等聪明之人”，露出那副得意神情时，毛泽东笑了起来。1949年12月，毛泽东又谈到了《古城会》说：当时在古城的张飞看见从敌人营垒回来的关羽，对他提出种种疑问，是张飞有警惕性的表现，是完全正确的。但关羽一旦斩了蔡阳，用行动表示了与敌人划清界限，张飞便开门迎接关羽，又兄弟团结共同对敌。

三是张飞勇猛善战。毛泽东喜欢把自己手下勇猛善战的将领比做张飞，以表示对他们的赞许。

关　羽

关羽是毛泽东十分关注的三国人物之一。在人生的不同阶段，他对关羽的评价有微妙的变化。1917年夏天，毛泽东徒步游学旅行，在前往安化县城途中，看到路边亭柱子上有一副赞颂关羽的楹联：刘为兄张为弟，兄弟们分君分臣，异姓结成亲骨肉；吴之仇魏之恨，仇恨中有忠有义，单刀匹马汉江山。他把这副对联抄录在自己的日记里。在青年毛泽东的心目中，关羽的形象无疑是高大的。

随着革命经历的日益丰富，毛泽东对关羽的认识和评价也逐渐全面、深刻。1927年11月，毛泽东来到井冈山茅坪，寻找走散了的张子清所部三营（后来在湖南桂东县和朱德部会合）。当时有人怀疑张部有可能投降敌人。毛泽东说：不会的，三国时代的关云长，曾与刘备失去联系。曹操为了收用关云长这员大将，费了多少心机！可是，一旦得到刘备的消息，关云长便毅然离开拥有雄兵百万的曹操，过五关斩六将，终于回到兵微将寡的刘备身边，成为千古美谈。张子清是我们党的干部，就比不上古人关云长？这说明毛泽东对关羽是肯定的。但与此同时，毛泽东谈关羽更多的是他的缺点与不足。

1932年初，毛泽东在与程子华谈话时说：关羽的弱点是自负凌人，以致发展到上当受骗，大意失荆州。1949年，在解决绥远问题期间，毛泽东曾经对薄一波等人讲过：《三国演义》中的关云长，大体上是不懂统一战线的，这个人并不高明，对待盟军搞关门主义。建国后，毛泽东经常以关羽“走麦城”为例，提醒中共干部特别是高级干部要谦虚，不要骄傲。

到了晚年，毛泽东对关羽基本上持否定态度。他有一个判断，认为关羽的形象是统治阶级吹出来的。1974年12月，毛泽东在湖南长沙对周恩来说：世界上的事，说起来难，做出来并不难。现在四书五经也批了，孔夫子是文圣打倒了，关云长是武圣也打倒了。

毛泽东对关羽的研究十分深入。他所讲述的关羽不姓关的故事，甚至连一些专家学者也未注意到。1954年，毛泽东漫步在杭州九溪十八涧，给陪同的浙江省公安厅厅长王芳讲起了关羽不姓关的故事。他说：关公是指关为姓。关公自小很讲义气，一次为朋友打抱不平，在家乡杀了人。他知道杀人是要吃官司的，便立即逃了出来，打算出潼关，以甩掉官府的追捕。他日夜兼程，来到潼关时，还不到五更天，关门紧闭。好不容易熬到开关了，却又犯了愁。那时，官府有一项规定，凡过关的人都要进行登记。这可怎么办？千万不能报出真实姓名啊。眼看就轮到他了。他心急如焚地望着这高大森严的关门，忽然来了灵感，在关门前，我何不就说自己姓关呢。这就是指关为姓的由来。

孙 权

与曹操、刘备相比，毛泽东对孙权评论不多。但从他蜻蜓点水的议论中，可以看出孙权在他的心目中也是人杰。毛泽东曾经在《讲堂录》中写道：才不胜今人，不足以为才；学不胜古人，不足以为学。天下无所谓才，有能雄时者，无对手也。以言对手，则孟德、仲谋、诸葛而已。

从1953年到1958年，毛泽东多次在讲话中借用孙权重用周瑜的例子，来说明选拔干部不能论资排辈，要注重能力，注重水平，要敢于放手使用新人。这实际上是对孙权善于使用人才的充分肯定。

毛泽东几次提到孙权自己年纪轻轻就当家了。1965年1月，他在一次谈话中说：看起来还是青年行。群英会上的英雄，大多是二三十岁的人，诸葛亮当时才27岁，孙策初干事时，不到20岁，孙权更小。孙权生于东汉光和五年，他接哥哥孙策班时才18岁。

毛泽东对孙权年少而大有作为颇为赞赏。民间都说赤壁之战的胜利是由于诸葛亮“借东风”，毛泽东则认为：天下事有真必有假，虚夸者古亦有之。赤壁之战，曹操号称83万人马，其实只有二三十万，又不熟水性，败在孙权手下，不单是因为孔明“借东风”。

1970年4月，毛泽东在中央政治局会议上第三次提出不当国家主席，也不再设国家主席，并以三国故事为例说：孙权劝曹操当皇帝，曹操说，孙权是要把他放在炉火上烤。我劝你们不要把我当曹操，你们也不要做孙权。

周 瑜

周瑜是三国时期一位著名的青年将领，文武兼备、风流倜傥。33岁时担任吴军统帅，火攻曹营，取得赤壁大捷，一举奠定三国鼎立的基础。在他短暂的一生中，为东吴政权建立了丰功伟绩。建国后，百废待举，特别是人才极其缺乏。毛泽东在20世纪五六十年代突出强调要提拔青年干部。因此，多次提到三国时具有超人才干的周瑜。

毛泽东在一次谈话中以三国故事为例说：现在必须提拔青年干部。赤壁之战，群英会，诸葛亮那时27岁，孙权也是27岁，孙策起事时只有十七八岁，周瑜死时不过36岁，那时也不过30岁左右，鲁肃40岁，曹操53岁。事实上，青年人打败了老年人，长江后浪推前浪，世上新人赶旧人。在此，毛泽东是把周瑜作为青年干部的典型加以肯定的。

史上第一阴谋家李林甫

汕头大王

中国古代每朝每代都有忠臣良相，也都有奸佞小人。这一干奸臣贼子，到头来无一不遭到万人唾骂，青史遗臭。他们为害的程度不同，丑恶的面目有别，手段高低也不一样，其中有一个奸相，虽然“名气”没有赵高、秦桧大，但他几乎用尽了奸臣所能想到的卑劣手段，几乎集中了小人所有丑恶表演于一身，可称历史上第一阴谋家。他就是唐玄宗年间的宰相李林甫。

李林甫（？—752），小字哥奴，与大唐皇帝一脉相承，是唐高祖李渊的祖父李虎的第五代孙。若论其辈分，李林甫还比唐玄宗李隆基高出一辈。但李林甫的家世并不很显赫，仅有的向上爬的资本是身为秘书监的舅父姜皎。李林甫正是充分利用了这层关系才步入仕途，从基层禁卫军官一直爬到了宰相位置，一做就做了19年。

《旧唐书·李林甫传》说他“无学术，仅能秉笔”，说话“陋鄙，闻者窃笑”，但就是这样一个基本素质极差的人，居然能平步青云，久居要津，不能不令人佩服他那惯耍阴谋伎俩的本领。他最拿手的就是伪装术，“面柔令，初若可亲”，而内心却是“性阴密，忍诛杀，不见喜怒”，“好以甘言啖人，而阴中伤之，不露辞色”。“口蜜腹剑”这个成语就是从他身上得来的。

攀亲认贵向上爬

李林甫进入宫廷禁卫军时，只是个千牛直长，唐玄宗开元初年，“迁太子中允”。这个小官自然不能满足野心勃勃的李林甫，但苦于“无学术”，不能走登科入仕的途径，于是就想到了他舅舅姜皎。当时的当朝侍中是源乾曜，和姜皎有联姻关系。李林甫便利用这层关系，巴结源乾曜的儿子源洁，通过源洁向其父代求司门郎中，也就是相府中的办事员。哪知源乾曜却看不上李林甫，认为李林甫不是当司门郎中的料。但人情难却，他还是安排李林甫为东官谕德，主管规谏太子，继而又迁国子司业（也就是国学中的行政事务官）。李林甫还是不满足，继续向上钻营。开元十四年（726年），李林甫攀上了御史中丞宇文融这棵大树，受他引荐，“拜御史中丞”，由此进入朝廷权力中心。从此李林甫成了演员，使出了浑身解数，演出了一幕幕世人为之切齿的闹剧。

李林甫继续利用宇文融这个靠山。当时宇文融和右宰相张说不合，李林甫为了讨宇文融欢心，便追随宇文融合伙弹劾右宰相张说。后来弹劾成功，张说被罢相。李林甫和宇文融做了这个交易以后，就没再追随宇文融，他需要摆脱宇文融的朋党牵连，追寻更大的靠山。他一头钻营进尚书省，历任刑部、吏部侍郎。

李林甫到吏部后，就把它看成买官卖官的交易所，因为吏部就是选拔官吏的机构。开元初年，吏部设“长名榜”，选派官员。一次，玄宗皇帝的哥哥宁王李宪私下会见李林甫，给他10个人的名单，要他优先考虑选派这些人做官。李林甫一口应允，毫不犹豫，但对宁王提出一个交换条件，“愿绌一人以示众”。于是在发榜之日，李林甫从中选出一人，宣布此人行为不正，曾托宁王讲情，判此人留待下次冬选。李林甫的这套手法实在高明：不但骗取了公正的美誉，为自己赢得了声望，又满足了宁王的要求，趁机巴结了朝中权贵。

李林甫深知光是巴结权贵是不够的，对于权贵的夫人，他也费尽心思地讨她们欢心。李林甫选中了侍中裴光庭的夫人，暗中往来，并与其勾搭成奸。李林甫看中她是因为她是武则天的侄儿武三思之女，当时正得宠的宦官高力士正是出自武三思家。这一招“曲线救国”果然奏效，开元二十一年，李林甫求裴氏去高力士面前进言，引荐他当宰相。裴氏还真替他向高力士说了不少好话；高力士虽没有直接替李林甫在唐玄宗跟前说情，却把皇上要任用韩休为相的准确消息告诉了李林甫。李林甫脑筋一转，马上向皇上奏本，推荐韩休为相。这种以退为进、收买人心的手法起到了效果，唐玄宗本就想拜韩休为相，这下不但坚定了自己的看法，还认为李林甫看人眼光也不错，而且举贤有功；这边的韩休当上宰相后，念及李林甫大力推荐之功，对李林甫非常感激，于是向玄宗推荐李林甫，说他也可以出任宰相。李林甫这一石二鸟之策算是成功了。

李林甫不但巴结朝中权贵，还十分重视后宫力量。当时，杨玉环还没有入宫，宫中掌权的是武惠妃。武惠妃的两个儿子寿王和盛王也因为母亲受宠的缘故很讨皇上喜欢，而皇太子李瑛却渐渐不被皇上看重。李林甫知道此情后，走了一招险棋：他冒着得罪太子的危险向武惠妃表露拥护寿王的决心。武惠妃觉得此人可靠，就时常在唐玄宗面前吹枕头风，给李林甫说好话。有了这些庇护和抬举，李林甫后来真的飞黄腾达，连升几级，直到官拜礼部尚书，同中书门下三品，成为朝中三宰相之一。

排挤良相揽大权

当时朝中的另外两相是张九龄和裴耀卿。张九龄是唐朝有名的大诗人、大学者，学识渊博，裴耀卿也是朝廷重臣，而李林甫资历浅，又没什么治国安邦的真本领，在3人中他显得很无能。再加上张九龄在玄宗准备任命李林甫时，曾直言劝阻，因此李林甫对这两人是又妒又恨。不过张九龄“以才鉴见推”，“林甫虽恨，犹曲意事之”。当时对李林甫唯一有利的是，玄宗在位已久，萌生了享受奢侈的意愿，对政事不怎么关心了。但张、裴二人都忠心事主，每逢商议政事，两人都与皇上据理力争，惹得玄宗有些不高兴。惯于察言观色的李林甫看在眼里，记在心头，开始寻找机会，排挤张、裴二相。

李林甫先是使出拿手的拍马本领，取得玄宗信任。开元二十四年，唐玄宗巡游东都洛阳后，准备返回西京长安。张、裴二人都劝谏说此时正是农忙时节，皇上如果此时返驾，沿途各地一接待，必将影响秋收农忙，提议到了冬天再返京师。李林甫并没有附和二相，等告退时，李林甫装作脚疼，落在二相的后面。玄宗问他怎么了，李林甫忙说自己并非脚疼，而是有话想单独跟皇上说：“长安、洛阳，陛下东西宫耳。往来行幸，何更择时？”并说假使为了不妨碍农事，只需恩准免除所经过地方的租赋不就可以了吗？玄宗听了，深觉受用，马上起驾。李林甫这几句话真是比张、裴的直言相谏来得高明。

李林甫后来又借玄宗欲废太子而张九龄执意劝谏的机会，说了张九龄一番坏话，引起玄宗对张九龄的不满，接着再借封赏牛仙客的时机，使玄宗更加疏远张九龄。当时朔方节度使牛仙客在边庭的政绩不错，很得唐玄宗赏识，玄宗准备给牛仙客予以封赏，但遭到张九龄当面的激烈反对，事先答应要与张九龄一起劝谏的李林甫却不发一言。此后，李林甫暗地里又把张九龄在皇上面前说的话告诉了牛仙客。牛仙客第二天求见唐玄宗，痛哭流涕要求辞职。唐玄宗觉得自己的话快到不管用的地步了，很是气恼，索性要立牛仙客为宰相。张九龄当然又是极力反对，玄宗对张九龄的反感更加深了一层。李林甫趁机上奏：“但有才识，何必辞学。天子用人，和有不可？”两句话说到了玄宗爱听的地方，李林甫又指责“九龄文吏，拘古义，失大体”，点出了张九龄的“迂腐、多事”。玄宗听后深觉有理，就加封牛仙客为陇西县公。李林甫这套两面三刀的做法，既让玄宗觉得他李林甫不专权，有荐贤肚量，又使张九龄的形象在玄宗面前一落千丈。

在围绕萧炅的任免一事上，李林甫彻底战胜了张、裴。萧炅当时任户部侍郎，属李林甫一派。萧炅比之李林甫还要不学无术，有一次在与中书侍郎严挺之"同行庆吊"时，竟将《礼记》中的"蒸尝伏腊"读作"蒸尝伏猎"。严挺之故意又问了一遍，萧炅仍旧读错，严挺之将此事告诉了张九龄，说朝中竟然有"伏猎侍郎"这号人物。耿直的张九龄就以此为由弹劾萧炅，将其贬为岐州（今陕西岐山）刺史。李林甫恨严挺之至极，暗中寻找机会，准备陷害他。正巧，此时蔚州（今河北蔚县）刺史王元琰获罪入狱，严挺之准备设法救他出来。李林甫见时机难得，便暗中禀告玄宗，说严挺之袒护王元琰，该一同治罪。张九龄觉得严挺之无辜，帮严说了几句好话，但玄宗这次再也不听他的了。张九龄又托裴耀卿救严挺之，此时已对张、裴二相很不满意的玄宗就以私结朋党为由，将张、裴二人"罢知政事"。

两个"眼中钉"去除，大快李林甫之心。他在朝堂上目送二人离去，众臣都敢怒而不敢言。唐玄宗命李林甫"代九龄为中书"。后来李林甫又找了个机会，参了张九龄一本，玄宗又贬张九龄为荆州长史。至此，李林甫独揽大权，开始了他更加阴险丑恶的行径。

上欺君王下妒臣

李林甫深知，自己若想为所欲为，必须蒙蔽住玄宗，不能让他知道自己的真面目。为了防止群臣中有人参奏他，他坚决地"杜绝言路，掩蔽聪明，以成其奸"。

他先是明目张胆地召集朝中所有谏官，威胁他们不要"乱说话"。朝也有耿直之人，如咸宁太守赵奉璋，不畏其淫威，上书告其罪，结果被李林甫知晓，诬陷其罪，"杖杀之"。从此无人再敢进言。朝中百官的威胁解除了，但还有刚入仕途的新官，李林甫也怕他们嘴巴不严，在皇帝面前走露风声。于是他施计把持了取仕之途，使入选之人皆为自己的党羽。李林甫很重视"养君欲"。将玄宗伺候得很美，根本不想接见其他大臣。李林甫投玄宗所好，在美女、花销方面极力满足玄宗的穷奢极欲，麻醉玄宗的神经。玄宗曾满意地说："朕不出长安近十年，天下无亨。朕欲高居无为，悉以政事委林甫。"有了玄宗的充分信任，李林甫更加地大胆妄为，搜刮民脂民膏，以致"利尽上腴"、"车马衣服侈靡"。

对于下面的文武百官，李林甫"妒贤嫉能，排抑胜己，以保其位"。有一天，玄宗突然想起了被贬的原中书侍郎严挺之，问李林甫严挺之现在何处，似乎还有重用他的打算。李林甫马上召严挺之的胞弟严损之来“叙故”，貌作亲密状对严损之说皇上很惦念他兄的近况，“须作一计，入城对见，当有大用”。按照李林甫的授意，严损之替兄写了一张奏折，“奏称风疾，求还京师就医”。严损之很感激，以为李林甫是在为他们兄弟出力。哪知李林甫拿着奏折对玄宗说：“挺之年高，近患风，且须授其闲官就医。”玄宗听了，只有嗟叹，重用此人的计划只好作罢。

李林甫用同样的伎俩，又对付了卢绚这个潜在的对手。他为了阻止卢绚被玄宗重用，就把卢绚的儿子召来，告诉他皇上想委托他父亲去管理交、广两州的事务，如果他父亲害怕路途远，最好先去告老还乡。卢绚确实怕远行，果真就上书说自己年老不堪重用，结果被贬任华州刺史。不久李林甫又“诬其有疾，州事不理”，将卢绚贬至太子员外詹事这个闲职。从此，卢绚也不会惹李林甫费心了。

牛仙客病逝后，刑部尚书李适之升任左相。李适之是唐太宗的曾孙，精明强干，“昼决公务，庭无留事”，成了李林甫的又一个强劲对手。李林甫就暗中寻找对付他的办法，终于心生一计。李林甫告诉李适之，华山有座金矿，开采出来可以大大增加国家财富，皇上还不知道此事。李适之也没多想，就将此事奏知玄宗。玄宗很高兴，又问李林甫怎么看。李林甫却说：“臣知之久矣，然华山陛下本命，王气所在，不可穿凿，臣故不敢上言。”玄宗听了，觉得李林甫真是忠心一片，考虑问题周到，而李适之就太马虎草率了，因此下令：“自今奏事，宜先与林甫议之……适之由是束手。”后来李适之终于知道了李林甫的真面目，为了保住性命，索性辞去相位。李林甫便引荐门下侍郎、崇玄馆大学士陈希烈为左相、同平章事。李林甫知道陈希烈没有真本事，遇事只会唯唯诺诺，所以引为同列。从此，军国机务都由李林甫一人决策。

李林甫在对待竞争对手的策略上，不仅设圈套，阳奉阴违，还会利用他人之间的矛盾以达到自己的目的。户部尚书裴宽，一直为玄宗所器重，李林甫怕他一朝得势，因此总是防着他。李林甫又看到刑部尚书裴敦复立功颇多，受玄宗表彰，心里也不舒服。随后李林甫发现二裴之间有矛盾，便趁势挑拨，使二裴水火不融。后来李林甫用计谋使二裴相继被贬，将两个威胁“各个击破”。

李林甫除了关注京城百官的动向外，还对边帅紧密防范。唐建国以来，历朝都用名臣忠良做节度使镇守边关。这些名臣因为军功往往会从节度使直接升任宰相，即所谓“出将入相”。这可是李林甫不想看到的。天宝六年，他向玄宗进奏："文臣为将，怯当矢石，不若用寒族胡人；胡人则勇决习战，寒族则孤立无党。陛下诚以恩洽其心，彼必能为朝廷尽死。"玄宗准奏。这可称了李林甫的心，因为少数民族将领不识汉字，即使功劳再大也不可能入朝拜相，李林甫就可以更好地控制朝廷。这下，胡将安禄山得以重用，将精兵强将集中在北方，从而造成后来的"安史之乱"。因此，史学家有这种共识："禄山倾覆天下，皆出于林甫专宠固位之谋也。"

李林甫除了要手腕外，在打击政敌的凶狠程度上，也在逐渐加强，渐渐地凶性毕露、野心膨胀、为所欲为。他在家中特别设立了一个专用厅堂，形如弯月，称为"月堂"。每当他要陷害某位大臣，就住进"月堂"，费尽心思琢磨害人的法子，"若喜而出，则其家碎矣"。

李林甫为了更好地陷害打击异己，还特意豢养了许多治狱吏，充当他的帮凶。他聘用了吉温和罗希爽这两个亡命之徒作为心腹打手。在李林甫的授意下，二人制造了许多冤案。李林甫的政敌中凡是落入吉、罗二人之手的，没有一个能逃脱厄运，时人称之为"罗钳吉网"。其中比较大的冤案就有"李适之案"、"韦坚案"和"杨慎矜案"等等。

恶贯满盈终遭报

李林甫作恶多端，自己心里非常清楚，总是担心遭刺客暗杀。于是，他改了先前宰相"驺从不过数人"的旧制，而"先驱百步，传呼何卫，金吾为清道，公卿辟易趋走"。晚上睡觉心里也不踏实，"居则重关复壁，以石瓮地，墙中置板，如防大敌。一夕屡徒床，虽家人莫知其处"。李林甫甚至连家人都防范，其内心恐慌到了极点。

就连他的儿子将军监李岫也对他这位父亲很有看法。一天他陪李林甫到后花园散步，看见一个拉着重东西的下人，李岫指着此人对李林甫说："人久处钧轴，怨仇满天下，一朝祸至，欲比此人得乎！"李林甫虽不高兴，却也无从辩驳。

这真是草木皆兵，众叛亲离。可有意思的是，首先出卖他的正是他的亲信——户部郎中吉温。吉温属于"墙头草"类型，见安禄山深受宠幸、势力渐大，便弃李林甫而依附安禄山，并和安结为兄弟。吉温告诉安禄山："李右丞相虽以时事亲三兄，必不肯以兄为相；温虽蒙驱使，终不得超擢。兄若荐温于上，温即奏兄堪大任，共排林甫出之，为相必矣。"羽翼渐丰的杨国忠更是与李林甫誓不两立，他瞅准机会，状告李林甫与蕃将阿布思有异谋。而当初被李林甫认为容易对付的陈希烈也作证，玄宗“由是疏林甫”。李林甫“时已有疾，忧懑不知所为”。天宝十一年，李林甫罪恶的一生画上了句号。他死后，玄宗才终于认清了他的面目，斥责李林甫“妒贤嫉能，举无比者”，还“制削林甫官爵；子孙有官者除名流岭南及黔中”，并且还劈开李林甫的棺材，挖取其含在口内的珠玉，剥下金紫朝服，另外用小棺按庶人的仪式埋葬。恶贯满盈的李林甫，终于落了个死后也难逃惩罚的下场。

200多年以后，宋朝的文学家欧阳修主修《新唐书》时，把李林甫列入《奸臣传》中，并且评价道：“木将坏，虫实生之；国将亡，妖实产之。故三宰啸凶牝夺辰，林甫将蕃黄屋奔，鬼质败谋兴元蹙，崔、柳倒持李宗覆。呜呼，有国家者，可不戒哉！”司马光在《资治通鉴》中这样写道：“凡在相位一十九年，养成天下之乱，而上之不寤也。”

李林甫虽已经死去1200余年，但直到今天，他还引起我们太多的思考。一个不学无术、只会争权夺势的小人，何以宰相一当就是19年，并且深受宠信、备受重用呢？这里面固然有李林甫善于权术，大搞阴谋的原因，但是“君王从此不早朝”的唐玄宗姑息养奸。他才应该是主要的肇事者吧？

魏征：哪有胜利可言，挺住意味着一切

郭灿金

唐太宗的朝堂之上可谓群星闪烁，人才济济：长孙无忌、杜如晦、房玄龄、尉迟敬德、秦叔宝……他们要么是李世民的创业班底，要么是李世民的长期合作伙伴，要么和李世民有姻亲关系，和他们相比，魏征无法不自惭形秽。

虽然唐代并不十分讲究门第出身，但出身名门望族依然是可以傲视他人的原始资本。当然一个人的出身无法选择，退而求其次，那就要看一个人的"出处"，也就政治身份。所谓英雄不问出处，那是掌握话语权的人做贼心虚之时的自我安慰。所以一个人要想在风云变化的朝廷之上站稳脚跟，要么同时具备良好的出身和出处，要么二者居其一。但是，魏征既无良好的出身，也无过硬的出处。而且，在和李世民相遇之前，魏征的个人信用几乎丧失殆尽。

魏征出身河北巨鹿魏氏，要说也算是北齐之名门望族，其父曾任北齐屯留令。只是魏征时乖命蹇，在距他出生还有 3 年之时，北齐就被北周消灭了；在他刚满一周岁之时，北周又被杨坚的隋朝给取代了。连续的改朝换代，连续的政治洗牌，生生把原来勉强称得上望族的魏氏给弄成寒门。因此，对魏征来说，所谓的名门望族只是一个可供自己精神胜利的温暖回忆而已，他从来没有从中得到过一丝一毫的实惠。反倒因为家贫，年纪轻轻的魏征很早就出家做了道士。

魏征亲身感受到了离乱之苦，所以他说"自古丧乱未有如隋世者"。"宁为太平犬，不为乱世人"，对此，魏征算是有了深切体会。后来里尔克总结道："哪有什么胜利可言，挺住意味着一切！"

挺住挺住再挺住，是魏征的生活信条。在这一信念支撑之下，魏征先后或主动或被动地改变了 5 次主人：先投举兵反隋的武阳郡丞元宝藏；接着服侍瓦岗寨首领李密；后随李密降唐效力于李渊，不久因被俘开始效命于另一个义军首领窦建德；窦兵败后，魏征开始作为主要谋士奔走于李建成的鞍前马后，在此期间，他曾为李建成献出了及早动手除掉李世民的毒计。

辛苦了几十年，连个稳定的靠山都没有找到，每一次押宝都押错了地方，这就是魏征在遇见李世民之前所有的政治履历。出身就不用说了，这样的政治履历让魏征对自己的出处也无法说得清楚。可以这样说，在李世民的文臣武将之中，像魏征这样一生几易其主、数跳其槽的人并不多见。我们无法想象魏征将如何面对世人，面对新的主子李世民。

李世民干净利落地干掉李建成之后，所有的人都知道魏征这次玩儿完了。果然，李世民刚坐稳位子，马上就把魏征喊来痛骂："你个垃圾，当年为何明目张胆离间我兄弟情感？"可以想见，当时的场景多么恐怖——秋后算账的时间到了，魏征似乎已在劫难逃！谁知魏征却不卑不亢，慷慨自若，他从容说道："当日皇太子若听从我的劝告，哪会遭逢今日之祸？"在场的所有人都预测，这次魏征已经走到了生命的尽头。面对作为胜利者出现的李世民，魏征居然连一点悔过的表示都没有，反而在公共场合大放厥词，岂有此理！然而，出乎所有人的意料，面对死不悔改的魏征，唐太宗居然"为之敛容，厚加礼异，擢拜谏议大夫。数引之卧内，访以政术"。

魏征的回答看似狂傲、扯淡，却是当时情景之下他的唯一活路：他如果痛哭流涕地忏悔，或者无原则地自我贬低，反而会让唐太宗满怀厌恶地将他杀掉。于是，他反其道而行之，大肆标榜自己的先见之明，同时又巧妙地道出了李建成的不听良言、自己怀才不遇的基本事实，而这一切又都是为了衬托李世民的伟大，李世民胜利的必然。因此，在关键时候，魏征以自己的才华保住了自己的性命，同时更赢得了李世民的青睐。

语言是一门艺术，魏征的遭遇不正说明了这句话是真理吗？

这是最令人动容的一个历史场景，在这里，我们看到了魏征作为一个纵横家的本色。《旧唐书·魏征传》的开头曾这样说：魏征"好读书，多所通涉，见天下渐乱，尤属意纵横之说"。

什么是"纵横之说"？"纵横之说"在秦汉之际又称"长短说"，是一种善于从不同角度、用不同观点去说服对方的一种方法。纵横家的特点就是从来不抱持一种主张或观点，而是根据实际定其取合，故忽而用儒，忽而用道，忽而儒道合用，构成了所谓的可纵可横、亦纵亦横的局面。因此，纵横家以长于游说权谋著称，并且以此为主要特征。纵横家往往"无特操"，随时可能改变观点，所以纵横之术在后世很少为人所称扬，学者耻言"纵横"。

面对唐太宗的盛气凌人，背负原罪的魏征只好拿出自己曾下过工夫的"纵横之说"来应对，瞬间就化解了杀机，并赢得了主动。即使如此，魏征仍然不免遭人非议，时人曾经骂魏征"有奶便是娘"。李世民面前的第一红人、朝臣中的当权派长孙无忌曾语带讥刺地对魏征说："当年您可是李建成的心腹大将，和我们势不两立，没有想到今日居然同席饮酒。"可以想象，魏征当年是面临着多大的道德和舆论压力。

虽然魏征靠"纵横之说"保住了自己的性命，但是如果不能百尺竿头更进一步，他的人头仍然随时会被那帮虎视眈眈的前政敌们给砍掉当夜壶用。和那些自恃功勋卓著的同僚相比，魏征的唯一优势就是"纵横之说"，否则他将被那些根正苗红的变态同事给挤对得无立足之地。怎么办？要知道此时的魏征除了"纵横之说"外，几乎一无所有。既然一无所有，魏征也只好一条道走到黑，充分发挥自己的特长，将"纵横之说"推演至极致。

挺住，除了挺住还是挺住！这才是魏征能够成功的所有秘诀。魏征将挺住发展成为自己的信念和生活信条，坚持了终生，并将之发展成为一种为官艺术。

魏征先声夺人，他充分利用李世民对他刚建立起来的好感，利用自己的纵横特长，大大方方地和李世民来了个中国人最易误解的文史常识方面的词义辨析——"忠臣"与"良臣"的本质差别：能辅助君主获得尊贵的声誉，让自己获得美名，子孙相传，福禄无疆的臣子是"良臣"；而自身遭受杀戮之祸，又让君主背上陷害忠臣的恶名，使"小家"和"大家"都遭受损失，只留下空名的臣子是"忠臣"。这是中国古人最擅长的"正名"。魏征以其精到的词义辨析，给李世民下了个大套——从今天开始，我将正式启动"纵横"程序——尽情进谏。因此，我的脑袋随时有可能搬家，你如果杀我呢，就是让我成为"忠臣"；你如果不杀我呢，就是让我成为"良臣"。让我成"良臣"，咱们双赢；让我成"忠臣"，咱们双输。魏征这一定位很可怕，他将自己置于了道德高地之上，从而让唐太宗处于守势。杀兄夺权的李世民如果还想笑着走进历史，只能老老实实地接受魏征的进谏。

之后，魏征更上层楼。他巧妙地说："陛下导臣使言，臣所以敢言。若陛下不受臣言，臣亦何敢犯龙鳞、触忌讳也？"你看，魏征的应对总是如此得体！这难道不是所谓的巧言令色吗？

这就是魏征的纵横术。在李世民的朝堂之上，魏征以其纵横术开始了纵横驰骋。他把整个朝廷变成了自己唱独角戏的地方。于是，我们看到了一个成功的"持不同政见者"的形象：

后妃越礼，他犯颜直谏；太子越礼，他犯颜直谏；皇上想去泰山封禅，他依然犯颜直谏……直谏成了魏征生存的武器，成了邀宠的法宝，以至于李世民有一天就情不自禁地说："人言魏征举动疏慢，我但觉其妩媚。"魏征终于以其纵横之术赢得了巨大的成功。李世民总结说，魏征"所谏前后二百余事，皆称朕意。非卿忠诚奉国，何能若是"。玄武门之变后，才开始效忠唐太宗的魏征，终于达到了事业的巅峰，唐太宗以皇帝的身份总结道：我当皇帝前，功劳最大的是房玄龄，而我做了皇帝之后，功劳最大的非魏征莫属。魏征终于可以在同僚面前挺直腰板了。

几十年光阴如白驹过隙，魏征说老就老了，纵横终生的魏征终于走到了生命的尽头。魏征生命垂危，唐太宗前去探望，面对皇帝关切的目光，魏征再次显出纵横家本色，他对身后之事没提任何要求，只是气若游丝般地说出了："嫠不恤纬，而忧宗周之亡。"

此话怎讲？翻译成现代汉语就是，寡妇不在意自己织布的进度和质量，而担忧国家的前途和命运。此话何来？这句话不是魏征的原创，而是出自《左传·昭公二十四年》。因其中洋溢着强烈的"宏大叙事"色彩，这句话也经常被儒家引用。

魏征临终前的这一句话让唐太宗声泪俱下，百感交集。之前，唐太宗就将自己的二女儿衡山公主许配给了魏征的儿子魏叔玉，只是尚未正式举行大婚仪式，当唐太宗听到魏征这句话后，他马上将自己的女儿，也就是魏征尚未过门的儿媳妇衡山公主召到了魏征的病榻前，唐太宗感伤地对魏征说："亲家翁，请你最后看一眼你未来的儿媳妇吧！"只是此时的魏征虚弱得连感谢皇上的话都无法说出了。皇上前脚刚刚离开，魏征就驾鹤西游了。

魏征死后，唐太宗一改惯例，亲临魏府向魏征遗体告别。在魏征的追悼会上，唐太宗即席发表重要讲话，高度评价了魏征的一生，并将魏征定位为伟大的忠君者和伟大的批评者，称赞他是帝国的骄傲，认为魏征的死是帝国不可弥补的损失。官方所公布的唐太宗对魏征的评价如下："以铜为镜，可以正衣冠；以古为镜，可以知兴替；以人为镜，可以明得失。朕尝宝此三镜，用防己过。今魏征殂逝，遂亡一镜矣。"

魏征可谓备享生荣死哀。

然而，一个人不可能将所有的一切都做得如此尽善尽美。

魏征生前曾经力荐过杜正伦和侯君集，认为他们有宰相之才。因为魏征的推荐，杜正伦被提拔为兵部员外郎，后又改任太子左庶子；侯君集也官至检校吏部尚书。魏征死后，他们两人都因牵连到太子李承乾密谋造反事件之中，一个被流放，一个下狱被杀。

荐人失当，魏征难辞其咎，世人甚至推测，魏征此举有暗结同党之嫌。魏征在唐太宗心中的高大形象，第一次打了折扣。让李世民更郁闷的还在后面：有人作证，魏征谏诤唐太宗的奏章，都自己偷偷地录下副本，交给了史官褚遂良，以求录之国史——只顾自己名扬千载，却不顾此举会给君主抹黑。魏征的形象因之轰然倒塌，盛怒之下的唐太宗不但令人毁掉了自己给魏征题写的碑文，而且还取消了衡山公主和魏叔玉的婚约。

这对以独到的深刻关系而著称的著名君臣，其最终的结局不过如此。

武则天的最后岁月

张 程

继承人风波

武则天花了50年的时间让权力竞技场接受了一个女人，成为最高统治者。

当公元690年，武则天正式称帝，改唐朝为周朝时，这位前无古人，后无来者的女皇已经为这一天的到来付出了包括青春年华和3个子女（两子一女）的性命在内的惨重代价。谁料，登基仅仅是一系列更加错综复杂的矛盾爆发的开始。武则天的周朝在肇建之初就存在着这样或那样的问题，尽管她左右支招、惨淡经营，其王朝也仅仅存在了15年。

英雄的暮年，往往更容易让人看清楚英雄本色，折射出英雄的毕生奋斗轨迹。705年，武则天改年号为“神龙”，这一年就被称为神龙元年。也就在这一年，暮年武则天以非常方式被迫离开了权力竞技场，后人称其中的变故为“神龙政变”。

在李唐皇室看来，15年的武周历史是拿不上台面的。后代李唐朝廷对此避讳至极，绝口不谈，仿佛从690年到705年的历史是一片空白。因此，原始典籍中留下的有关神龙政变的资料非常少，为我们还原神龙政变设置了重重障碍。以《旧唐书》为例，《武则天本纪》中对于这次政变的描写大而空洞：“神龙元年春正月……麟台监张易之与弟司仆卿昌宗反，皇太子率左右羽林军桓彦范、敬晖等，以羽林兵入禁中诛之。甲辰，皇太子监国，总统万机，大赦天下。是日，上传皇帝位于皇太子，徙居上阳宫。戊申，皇帝上尊号日则天大圣皇帝。”这段记载以白描手法讲述了皇太子李显率领羽林军官兵冲入禁宫诛杀佞臣张易之、张昌宗，并趁机夺取政权，迫使武则天传位给他的经历。

而《唐中宗李显本纪》中的记载则透露了更多的信息：“时张易之与弟昌宗潜图逆乱。神龙元年正月，凤阁侍郎张柬之、鸾台侍郎崔玄暐、左羽林将军敬晖、右羽林将军桓彦范、司刑少卿袁恕已等定策率羽林兵诛易之、昌宗，迎皇太子监国，总司庶政。大赦天下……乙巳，则天传位于皇太子。丙午，即皇帝位于通天宫，大赦天下，唯易之党羽不在原限。”李显的传记相当程度上与武则天的传记是矛盾的。在传记中，诛杀张易之、张昌宗的主谋并不是皇太子李显，李显只是被动参与者，实则是桓彦范、敬晖、崔玄玮、张柬之、袁恕己等几位重臣策划了杀奸臣逼宫的行动。

《旧唐书·列传第四十一》是桓彦范、敬晖、崔玄玮、张柬之、袁恕己5个人的合传。《敬晖传》只说他有诛杀张易之、张昌宗的功劳，对过程毫不涉及；《袁恕己传》则只说他参与了诛杀奸臣的谋划活动，参与了政变；《崔玄玮传》也只简单地说他有诛贼拥立之功，却不提为什么有这样的功劳。《桓彦范传》是五个人的传记中，也是《旧唐书》所有章节中对神龙政变描述最为详细具体的，联系其他的枝节内容，以下将尽可能地还原这个重要政变的真实面目。

698年，武则天的身体状况越来越差，群臣奏请武则天召庐陵王李显回京。

被贬放的李显的回京问题涉及王朝政治的核心问题，其原因在于皇帝武则天的性别。武则天是女皇，百年之后皇位是传给自己的儿子——李姓的李显或李旦，还是传给同姓的侄子武三思等人呢？在西欧政治上，这可能不是什么大问题，但在封建礼法观念根深蒂固的中国，这是有关国体国运的根本问题。皇帝姓氏的变更意味着王朝的更替：武则天姓武，由武三思等人继承权力意味着武周王朝的延续；如果由李显继承皇位，则意味着武周王朝的结束，李唐王朝的复辟。

现在大臣们集体亮出观点群起请求召回贬放庐陵的李显，这无疑是对武氏政权无声而釜底抽薪的反抗。

武则天花费了比其他帝王要重得多的代价才攀登上权力的顶峰，所以她异常珍惜手中的权力。自从登上帝位之后，她就一直思考着继承人的问题，到了晚年更是时刻没有忘记。在她内心深处，李家和武家难以取舍——跃跃欲试的武三思等人是自己的同姓后代；李显、李旦两个儿子憨厚老实、为人谨慎，而且都做过皇帝，大臣们心中对李唐王朝的感情难以磨灭，依然希望在自己身后天下能够恢复李姓。

大臣们用各自的方式纷纷劝告武则天应当将帝位传给儿子，因为只有这样，武则天在升入天国之后才能世世代代享受子孙后代的供奉。如果将帝位传给武三思等人，武三思等即位者则会去供奉、祭祀自己的祖父牌位，到那时候，作为姑母的武则天的地位是尴尬的。武则天自然知道这样的可能性，但将天下拱手还给李姓，自己结束武周王朝，她又于心不忍，难以下手。

“为什么天下只能由男子来做帝王？”继承人问题也好，宗法制也好，最根本的思考又回归到了这个问题。武则天不得不哀叹，武周王朝仍然是一个根深蒂固的男性主导的天下。虽然武则天花了十多年时间来树立女皇的权威，将政治制度涂抹上女性色彩，但最后还是失败了，继承人问题的困扰就足以证明她十多年来的性别抗争并没有取得实质性的成效。

随着武则天的病重，皇位继承人问题成为朝野关注的焦点。

流传甚广的《狄公案》中记载有武则天的男宠、佞臣张易之向狄仁杰询问自保之策的内容。作为一个坚定的李氏支持者，狄仁杰建议张易之劝武则天迎立庐陵王李显为继承人，以拥戴新皇帝的功劳来为自己免祸。

当时，武则天有意立武三思为太子，于是询问朝臣是否可行。大臣们面面相觑，不敢回答。狄仁杰却说："天下百姓依然思念唐朝。之前北方出现边警，陛下派遣梁王武三思去民间招募勇士，一个多月时间召集了不到1000人。后来又让庐陵王李显去招募士兵，没几天就招募到了50000人。如果要选择继承人，非庐陵王莫属。"武则天听罢大怒，拂袖而去。

后来，武则天又向大臣提问："朕常常梦见双陆不胜，做何解释？"在场的狄仁杰和王方庆同时回答说："双陆不胜是无子的意思。这是天意在警告陛下！太子是天下的根本，根本动摇天下就危险了。陛下君临四海已经有十多年了，现在想立武三思为太子。姑侄与母子关系，哪个更亲？陛下立庐陵王为太子，则千秋万岁之后常享宗庙，立武三思为太子，宗庙中就没有陛下这位姑母了。"武则天终于有所感悟。

长安元年（701年）九月，武则天终于派遣徐彦伯迎庐陵王回长安。李显到长安后，武则天将他藏匿在帐中，再次召见狄仁杰，故意商量立太子的事情。狄仁杰敷请切至，涕泪俱下，请求迎立李显。武则天这才将李显召唤出来，说："还给你太子！"狄仁杰下拜顿首，转悲为喜说："太子虽然回来了，可大家还不知道，人言纷纷，怎么取信他人呢？"于是武则天又安排李显公开出现，大礼迎还，朝野大悦。

当长安的使者心急火燎地来到房州李显的软禁地门口时，李显陷入了绝望之中。

李显为什么会出现这么消极的反应呢？这要从他的坎坷经历中寻找答案。

李显是唐高宗李治和武则天生的第三个儿子，在唐高宗的8个儿子中排序第七，先是被封为周王，后改封英王，似乎与皇位无缘。680年，李显被立为皇太子。3年后唐高宗病逝，李显即位，是为唐中宗。

不客气地说，李显性格懦弱、胆小，各方面能力都很一般，是个做傀儡的好材料。李显做太子时曾写过一首《石淙》诗："三阳本是标灵纪，二室由来独擅名。霞衣霞锦千般状，云峰云岫百重生。水炫珠光遇泉客，岩悬石镜厌山精。永愿乾坤符睿算，长居膝下属欢情。"全诗水平一般，境界平常，但最后一句"永愿乾坤符睿算，长居膝下属欢情"却很能表达出一个战战兢兢，不敢有所作为的懦弱皇子的感情。 武则天是一个为了权力可以不顾一切的君主，唐高宗的第一个太子李忠因为不是武则天所生，很快就被废黜杀死；武则天的长子李弘被立为第二个太子，但在一些思想观念上冲撞了母亲，后来"暴薨"，原因不明；次子李贤是高宗朝的第三位太子，也因为不甘心做傀儡被废，4年后在放逐地巴州被逼自杀。有3个哥哥做榜样，李显自然知道轻重，所以他事事唯母亲命令行事，不幸的是，他很快就被母亲抓住了把柄。

即位不到一个月，不满足监国地位的武则天就以李显一句要给岳父韦氏授官的气话为由废黜了他。被降封为庐陵王的李显，从此开始了漫长的囚禁生涯。

被软禁的李显明白，自己不论是在囚禁地暴薨，还是被赐死，都不是意料之外的事情，因此他整日战战兢兢、提心吊胆。偏偏外面有很多反对武则天的人打出了"推翻武周"、"匡复李显"的旗号，这简直是将他往死路上逼，更加剧了其内心的恐惧，他越来越担心暴戾强硬的母亲会将自己的存在看做权力威胁。

在流放地和软禁居所中的李显过着遍布危险的黑暗生活，承担着远比囚犯沉重得多的心理压力，甚至每一天都在等待着死亡的到来。可怕的死亡随时都有可能来访，而它未到来的日子非但不能放松，相反是更可怕的煎熬。李显多年来一直惶惶不安，常常在夜里被噩梦惊醒，睁着惊恐的眼睛看着星星落下，旭日升起。

现在，长安的使者终于来到了。

《旧唐书》中记载："上每闻敕使至，辄惶恐欲自杀。"每一次听到有长安的使者前来，李显就间歇性精神失常，惶恐地要找刀子自杀，这一次也不例外。陪伴他的妻子韦氏横下一条心，劝慰丈夫说："人生祸福无常，最后免不了一死。我们是皇室贵胄，何苦这样呢？"于是这一次，李显夫妻俩手拉着手昂然出去迎接使者。

使者打开诏书开始宣读："立庐陵王为太子，还于东都。"

暗流汹涌

差一点儿自杀的李显突然间又成了太子，回归了政治舞台的中心。

回到长安后，李显除了继续夹着尾巴做人外，变得聪明了许多，他决心将自己“改造”成武家人，向武家靠拢。他将一个女儿（永泰郡主）嫁给了武则天的侄孙武延基，成了魏王武承嗣的儿媳，又将另一个女儿（安乐郡主）嫁给了武则天的另一个侄孙武崇训，成了梁王武三思的儿媳。李显与武家联姻是想通过子女关系稳固自己的地位。武则天内心中最留意武家和李家两家人在自己死后的关系，现在有意扶为继承人的李显主动与武家搞好关系，让她十分满意。

为了缓和国内矛盾，身后能够平缓转移权力，武则天大赦天下。因为适逢武则天生病，所以这次赦免的范围很大，朝廷下令自文明元年（884 年）以后获罪的人，除扬、豫、博三州及各案的魁首之外一律免罪。

武则天已经提前为身后事作准备了。她环顾四周，最放心不下的还是武家的子孙。她已明确了李显的继承人地位，但怎么安抚武家人的情绪，怎么确保武家人日后的安全和权威呢？

之前北方边界的契丹部落起兵反叛，部落首领自号可汗（这就是日后建立辽国的契丹部落，只是此时尚未强大），这只能算是一场小叛乱而已，然而，武则天却任命多个武家子弟为将，采取了大张旗鼓的方式平定叛乱。虽然许多大臣对此事颇有微词，但武则天还是迅速调集大军托付武家子弟出发征讨。平叛事小，借平叛为武家子弟聚拢实力，树立军功事大，此时的武则天隐约为身后武家子弟的命运担心了，她希望李家和武家能够和睦相处，同保富贵。

晚年的武则天在潜意识中有两个隐约的判断是正确的：第一，她准确认识到自己死后武周王朝将被颠覆，李氏皇族将复辟唐朝。第二，她意识到了武家子弟的权力基础完全建立在自己身上。自己死后，在群臣中名声不佳的武家子弟失去了权力保障，命运堪忧，最坏的结果是：武周王朝被颠覆，武家子弟也落得个身死族灭的下场。

为了避免这样的结果出现，最起码要保证武家子弟的安全，武则天要抓住任何机会来确保这样的目标，要抓紧有限的时间进行政治布局。但是，武则天的布局被两个男宠张易之、张昌宗严重破坏了。

所谓的男宠，就是面首，是以身体取悦权贵的男人。武则天有正常的生理需要，在承担了巨大的心理压力、处理完繁重的政务后，她极需要有人安慰，有人陪伴在身边。随着年龄的增长，武则天被权力折磨得愈发孤独寂寞、心灵空虚。这个时候，张易之、张昌宗兄弟填补了她的心理空白。

张易之是武则天晚年最大的宠臣。他是定州义丰（今河北安国）人，白皙貌美，兼善音律歌词，条件相当优越，具备做男宠的基本条件。张家是官宦世家，原本不用走上做面首的道路。起初，张易之以门荫担任了尚乘奉御，但这样的小官和他的野心很不相称。不曾想飞来横福，太平公主推荐张易之的弟弟张昌宗“入侍禁中”，后来，张昌宗又向武则天推荐了哥哥张易之。张易之比弟弟会办事，懂得伺候女人，深得武则天的恩宠，受赐田宅、玉帛无数，官职也迅速蹿升，历任司卫少卿、控鹤监内供奉、奉宸令、麟台监，封恒国公。

张易之与张昌宗二人倚仗女皇的宠信，专权跋扈，朝廷百官都畏之如虎，甚至连武则天的子侄们都争相给张易之执鞭辔，叫他五郎而不敢直呼其名。同样地，他们的行为也引起了许多人的不满。

李显的儿子李重润、永泰郡主兄妹俩暗地里讨论二张专政，不想被张易之的耳目侦知，张易之添油加醋向武则天进谗言。武则天不仅责骂太子李显，还严令李显鞫问子女，万般无奈的李显只得逼令儿子、女儿自缢。接下来，张氏兄弟又将永泰郡主的丈夫、魏王武延基下狱逼死。这样一来，张氏兄弟将李家和武家子弟都给得罪了，李显、李旦、太平公主和武家各子弟在反对张易之兄弟一事上很快达成了共识，他们开始串联往来，暗中进行秘密磋商。

张易之兄弟并非政治白痴，为什么会下出这样的臭棋呢？其实，既然权力能够扭曲人性，自然也能让人丧失理智和判断力。张氏兄弟就属于这样的情况。他们将自己放在了李、武两家的对立面，丝毫不考虑张家在武则天死后的命运。

武则天对张易之兄弟的身后事并不关心，他们对她来说只是男宠，不需要被安排什么出路。武则天在忙什么呢？她要为自己身后挑选合格的丞相。

武则天挑中的人是因功进封为汉阳郡王的张柬之。《张柬之传》中载：“及诛张易之兄弟，柬之首谋其事。”武则天精挑细选的辅政丞相竟然成了神龙政变的主谋，不知道是武则天看走了眼，还是历史的必然性使然？

张柬之能够成为丞相，在很多人看来是个奇迹。张柬之虽然能力出众、资历老，但在神龙元年的时候已经80岁了。80岁的老人在现在也算是高寿，在唐朝的时候简直就是“人瑞”了。选择张柬之处理后事，武则天看重的可能是他的政治经验和政治抱负——张柬之任职官场多年，人脉广、经验足、懂技巧、具备应对乱政的能力。

据说前丞相狄仁杰曾极力推荐张柬之接替自己。狄仁杰是武则天最重要、最信任的大臣，武则天称帝后，李唐宗室大臣大多遇害，只有狄仁杰因忠诚、正直、能干而深得其偏爱。狄仁杰也是少数几个敢于直谏并为武则天接受的大臣之一，他的许多建议都被贯彻为国家大政。除此之外，狄仁杰还推荐了许多德才兼备的人才。

武周建立之初，武则天要狄仁杰推荐将相之才，于是狄仁杰郑重推荐了时任荆州刺史的张柬之。张柬之一度入京为官，但不久就因违逆武则天的旨意被逐出京师，外放地方为官。后来，武则天又要狄仁杰推荐人才，狄仁杰仍推荐张柬之。武则天说这个人我已经用过了啊，狄仁杰回答："我为陛下推荐的是宰相之才，但张柬之还没有担任丞相啊。"武则天又让姚崇推荐宰相之才，姚崇也推荐了张柬之，说："张柬之沉厚有谋，虽然年老但能断大事，唯陛下急用之。"武则天这才立即召见张柬之，任命他为同凤阁鸾台平章事，并很快升迁为凤阁侍郎，负责朝廷政事。

张柬之虽老，却一直感叹年华易逝，渴望着建功立业的机会。他在《杂曲歌辞·东飞伯劳歌》中写道："青田白鹤丹山风，婺女姮娥两相送。谁家绝世绮帐前，艳粉芳脂映宝钿。窈窕玉堂褰翠幕，参差绣户悬珠箔。绝世三五爱红妆，冶袖长裾兰麝香。春去花枝俄易改，可叹年光不相待。"所以，刚一担任主政大臣，他就急不可待地要有所作为了，而且一出手就是大手笔。

张柬之心怀李唐王朝，希望通过复辟李唐王朝来扭转武周的乱象，救世济民，也使自己垂名青史。他已经80岁了，必须抓紧时间行动，所以他很快就联系了若干正直的大臣和部分羽林军将领，出面组织、策划了铲除二张、复辟唐朝的计划。在所有的计划方案中，李唐遗脉、太子李显的配合是至关重要的，李显出面不仅可以成为政变的号召人，同时他也是日后最理想的皇帝人选。

于是，张柬之暗中找到李显商议。李显经过片刻的犹豫，同意参与政变。一向懦弱怕事的李显为什么同意参与政变呢？因为在诛杀张易之兄弟的问题上，他和大臣们的利益是一致的，而大臣们拥立他复辟唐朝的远景也唤醒了埋藏在他心中的荣誉感和责任感。

至此，一个以李显为名义首领、张柬之为主谋的政变集团迅速形成了。

以硬对硬

长安四年（704年）十二月，80岁的武则天因病避居迎仙宫。

武则天的病情很严重，迎仙宫中只有张易之、张昌宗侍奉左右，外人不得进入，甚至连宰相也难见她。史载：“则天不豫。张易之与弟昌宗入阁侍疾，潜图逆乱。”张氏兄弟有没有造反谋逆的计划，我们找不出确切的证据，但张易之二人极有可能害怕武则天去世后不仅权势不在，甚至大祸临头，所以结纳羽林军将帅和部分大臣以防不测也是可能的事情。不管事实如何，总之，当时长安城中出现了“易之兄弟谋反”的传闻和帖子。

张柬之和桓彦范、敬晖等大臣决定乘机诛杀张易之，逼病重的武则天让位，复辟唐朝。张柬之利用职权迅速安排桓、敬二人担任羽林将军，掌握禁兵，为政变提供保障。当时皇太子李显在北门起居，桓彦范和敬晖利用禁军将军身份拜谒李显，密陈政变计划，得到太子的赞同。因为张柬之早年在外地担任刺史时，曾与荆州长史杨元琰一同泛舟，谈起武周的乱象，两人相互约定：“他日你我得志，当彼此相助，同图匡复。”于是，张柬之此时便推荐杨元琰担任羽林将军，共同筹划政变。

神龙元年（705年）正月，武则天在迎仙宫的消息越来越少，政变集团决定就此发难。张柬之、桓彦范、敬晖联合左羽林将军李湛、李多祚，右羽林将军杨元琰、左威卫将军薛思行等人率左右羽林官兵五百余人向宫中进发，其中李湛、李多祚二人前往东宫迎接皇太子李显。李显毅然出宫，走到了羽林军的前头。一行人走到玄武门时，官兵们看到太子出面，山呼万岁，张柬之、桓彦范等人就簇拥着李显冲向迎仙宫。在宫门口，守卫与之发生了小规模冲突，但众人簇拥着李显轻易斩关而入。

当时，武则天正在迎仙宫的集仙殿养病。张易之、张昌宗二人在集仙殿内听到外面喧嚣，拿着兵器出来观看时，被汹涌而来的羽林军将当场杀死，其同族兄弟也分别被杀。后来，张氏兄弟的尸身悬挂在天津桥南，长安的士庶百姓见了没有不欢叫相贺的，有的人还脔割他们的肉，一夕之间，张氏二人的尸身就只剩下骷髅架子了。

却说殿内的武则天听到外面人声嘈杂，心知有变，于是撑起病体出来察看。看到张氏兄弟横尸廊下，张柬之等人持剑而来，她大致知道了情况。武则天毕竟是一个政治老手，只见她缓缓地坐回到病床上，聚敛精力厉声问道：“何人作乱？”张柬之推拥着李显，并示意武士们拥到武则天病床前，说：“张易之、张昌宗谋反，臣等奉太子令人诛二逆，怕计划漏泄，所以事先没有禀报皇上……”

武则天强硬地打断张柬之的话，怒目瞪着李显，喝问：“这是你的主意吗？

你怎么敢这么做？现在张家两兄弟已经伏诛了，你还不快回到东宫去！”

张柬之同样强硬地回答：“太子不能再返东宫了。以前高宗皇帝将太子殿下托付给陛下，现在太子年纪已长，天意人心都归顺太子。臣等不忘太宗、高宗皇帝的厚恩，所以奉太子诛贼，请陛下立即传位太子，上顺天心，下孚民望。”

武则天这才明白张柬之此行不单是为了诛杀张易之兄弟这么简单，而是冲着自己的皇位而来。突然间，她感觉到一阵晕眩，没有精力再跟儿子和大臣们理论了，只能默默地低下头。

见此情形，张柬之俯身跪下，朗声说道：“谢皇上恩准！”

神龙政变的血腥气只停留在当天的张氏兄弟之死上，张柬之和李显并没有大开杀戒。病中的武则天得到了妥善安置，她被迫将国政交给李显监国，并在不久之后禅位给李显，成了“大圣皇帝”。

一年后，武则天逝世前，朝廷适时公布了武则天的遗制。武则天在遗制中说要“祔庙”、“归陵”，也就是主动要求归附到李唐的宗庙，与丈夫高宗的陵墓台葬；她还主动要求去掉帝号，改称“则天大圣皇后”。人之将死，其言也善。之前朝廷公布的所谓武则天的遗制极可能不是她的意愿，但之后公布的赦免武则天的情敌王、萧两家及政敌褚遂良、韩瑗等人的子孙亲属的罪行，令他们复业的内容极可能是她真实的意思。

几天后，武则天在上阳宫仙居殿去世，享年83岁，谥号为“则天大圣皇后”，祔葬于唐高祖乾陵。一代女皇最终还是作为唐朝的皇后进入了乾陵。

政变后，张柬之被封为汉阳王、敬晖被封为平阳王、桓彦范被封为扶阳王、袁恕已被封为南阳王、崔玄暐被封为博陵王，时称“五王”，所以，神龙政变又被称为“五王政变”。

对于张柬之等人的政变行动，当时和后来的人都持支持肯定态度，唐人皇甫澈就在《赋四相诗·中书令汉阳王张柬之》一诗中写道：

“周历革元命，天步值艰阻。烈烈张汉阳，左袒清诸武。休明神器正，文物旧仪睹。南向翊大君，西宫朝圣母。茂勋镂钟鼎，鸿劳食茅土。至今称五王，卓立迈万古。”

但是，张柬之等5人的下场并不好。当初，敬晖和桓彦范等人诛杀张易之兄弟后，洛州长史薛季昶曾经对敬晖说：“二凶虽除，但吕产、吕禄那样的人物依然存在，大人们应该借着兵势诛杀武三思等人，匡正王室，以安天下。”敬晖多次向张柬之提起，但张柬之都不同意，后来他解释说：“这应该是皇上的事情。皇上还是英王的时候，以勇烈闻名，我留下武家子弟，是希望皇上能够亲自锄奸立威。”后来，敬晖也没有坚持，薛季昶曾感叹道：“我不知道日后会死在什么地方了。”

事情的发展果然不出薛季昶所料，武三思勾结韦皇后“内行相事，反易国政”，武氏家族中人及其羽党仍当权用事，“为天下所息”。后来，张柬之等5人被武三思和韦后谮毁，全部被贬官。敬晖失掉权柄，受制于武三思后，每每捶床嗟叹惋惜，直至弹指出血，赴任崖州不久就被杀害。接着，张柬之在新州忧愤病死，崔玄玮在岭南病死，桓、袁二人则被李显派遣的使者杀害。

张柬之等人死后，昏庸的唐中宗李显无法控制处于转折关头的唐朝天下，新的政变、新的叛乱又开始在长安城中酝酿。

和珅是一头圈养的兽

刘诚龙

开国之君打仗，守成之君打猎，恐怕是皇帝们最爱玩的两种游戏。打仗不是人人都玩得起，而打猎却个个都可玩，所以几乎每个皇上都喜欢玩几把。兵荒马乱时节，都去人食人了，顾不上吃野兽，所以野兽放肆生息繁衍，极好打猎却没人去打，人都打不清，哪有机会去打猎？到了皇皇盛世呢，不好意思人食人了，因此爱上了山珍海味那一口，把天上飞的、海里游的、地上爬的都吃光了，哪来野兽？没有野兽，可是皇上又要享受捕猎的快感，怎么办呢？那就养些家兽吧，养得肥肥的胖胖的，然后放出来，直待皇帝盘马弓刀，亲射虎，看皇上。

譬如乾隆皇帝，就养了和珅这头家兽，供其儿子嘉庆玩上一把。

大家都知道，乾隆皇帝是历史上“少见的明君”，据说是非常“英明干练”的。大家也都知道，和珅是历史上最大的贪官，据说贪起来是非常“明目张胆”的。和珅为乾隆朝第一权臣，骄横跋扈，天下皆知，岂以高宗之英明老练，而反不觉其奸。和珅建的是高堂大厦，穿的是绫罗绸缎，家里堆的是金，砌的是银，“衣服、车马，皆有逾制之处。”乾隆那双碌碌“龙眼”看不到吗？香港记者肉胎凡眼，看慕绥新一条皮带就看出一个贪污犯来，难道真龙天子的“龙眼”还比不上人家凡眼？

地球人都知道了谁说乾隆不知道？乾隆什么都知道，只是没谁知道乾隆！“吾与汝有宿缘，故能如是，后之人将不容汝也。”这话是相当诡异的，一是说，放心吧，有我在，我会养肥你的；二是说，我死后，你恐怕得为我家做点贡献，做点牺牲。什么“牺牲”？猪牛马的“牺牲”嘛。

这里看来，乾隆是特地安排和珅作其崽正式“登基”的“祭礼”的，要不，以和珅之聪明与正受宠的良机，还不赶快叫乾隆颁布一条“保护老臣”的法律？和珅听了乾隆那话，没有生命的危机感吗？不会未雨绸缪吗？没用的！这是乾隆的安排，是乾隆特地给崽留下做打猎用的“猎物”的。乾隆心里是这么计算的：你贪吧，贪吧，反正你也吃不完，得留在那里，国门朕都是锁着的，围猎场的篱笆朕扎得铁紧，你不可能把金子银子放到“瑞士”去存银行嘛，你插翅也不能把老婆、孩子、情妇、私生子先行送往国外，然后“外逃”嘛。和珅这么贪，确实是在挖乾隆家的家产，乾隆知道。这家产给和珅，还是给崽？英明的乾隆皇帝对这事情绝对是不糊涂的，绝对是分得清的，但是，先放在和珅家里与放在国库里几乎没什么两样，随时可以把它弄到国库里来嘛，还可省些管理成本嘛。乾隆养和珅，就是替崽养肥猪。果然，“和珅跌倒，嘉庆吃饱”。把和珅那财产从和珅家里再搬到国库里，好家伙，可用20年啦。乾隆给嘉庆的物质遗产真是够丰厚的啊。

和珅仅是乾隆给嘉庆的物质遗产吗？非也，更是政治遗产。据说，如果没有天敌，老虎也会退化成猫。也真是，看历代开国之君，都猛如恶虎，而到了末代之帝，几乎都如病猫。所以他们都要搞些“军事演习”，搞些“野外实战”，以便保持“昂扬的斗志”。聪明的老皇上培养接班人，就是这样，要培养一些家兽，放到围猎场去，供崽试刀试锋试胆量试身手。嘉庆没有经历过战争的历练，也没有官场的“残酷斗争”，能不能看守住江山？人家乾隆是“打猎世家”出身，深深懂得打猎能够培养“战斗力”，他更深深地懂得，放纵真正的野兽，那是相当难对付的，也是相当危险的。但培养个把家兽供接班人“练练手脚”，以防真正的“野兽”来袭，是安全的，也是十分必要的。这样，乾隆就养了和珅这头家兽。这样我们也就不难理解，为什么乾隆刚死，尸骨未寒，嘉庆马上就下手了。乾隆于乾隆六十年九月初三一命呜呼，嘉庆第二天也就是初四就给办了，而初七就给办了个妥帖。咱们村里死了个老头，都在门口挂牌子：“当大事”，意思是收税的讨债的，谁也不能上门；乾隆死了，这是“举国悲痛”的“国葬”哪！放下老爸的丧事不办，先拿办老爸最爱的宠臣，这岂不是打老爸的“热耳巴子”么？岂不是大不孝么？合理的解释是：乾隆在要死的时节，给崽做了一个“政治交代”：崽啊，我送个政治礼物给你吧，爹给你养了一头大肥猪，一只大老虎，趁这机会给猎杀了吧。这样，你就不愧是咱们猎手的后代。所以嘉庆把“国葬”放一边，先办“国事”。

历史上的大腐败分子，在位时大腐大败，那是活得异常快活潇洒，过得异常招摇无忌，而最后被“反腐败”给反了，其中有一个“规律性”的东西在起作用，那就是家天下“交班之际”，比如宋之蔡京，在宋徽宗那里养肥，被宋钦宗宰杀；比如清之鳌拜，在顺治那里圈养，被康熙围猎。有人说，皇帝崽杀皇帝爸的功臣大臣，这是一朝天子一朝人使然，上一朝天子与下一朝天子不是外人，都是一家人，干吗这么过不去？当然，在权力面前，有可能爹不认崽，崽也不认爹，但是更多的是爹为崽着想的，家天下要一世二世乃至万世而为君啊。皇帝爹把贪官养大，是给皇帝崽留下一份政治遗产，由皇帝崽来处置，其实啊，就是开国之君打仗，守成之君打猎。

可惜农民出身的朱元璋不太懂，最聪明的朱元璋犯了一件最蠢的事情，就是他在位时节，把贪官都杀尽了，他想，杀尽了贪官，子子孙孙可以高枕无忧睡大觉了，结果呢，其子孙没什么可试刀，就真的睡大觉去了。

乾隆买假画

陈志荣

清朝乾隆年间，由《富春山居图》引发的“富春疑案”，是中国画史上最大的疑案。这桩乾隆买假画的龙门阵，还是由和珅引起的。

乾隆皇帝善书画，通鉴赏，所以特别喜欢收藏和观赏名画。乾隆十年（1745年）夏天，内阁学士兼礼部侍郎的沈德潜看到皇上比较空闲，就呈上一批诗文请他阅览。乾隆皇帝专心致志地读了起来，一段题为《黄子久富春山居图跋》的文字，详细地叙述了《富春山居图》的情况，引起了乾隆的兴趣。

《富春山居图》是元末四大家之一的黄公望所作。黄公望曾为中台察院掾史，曾一度被诬下狱，出狱后信奉全真道，古稀之年，云游来到浙江富阳，在富春江边的庙山坞结庐定居。元至正七年（1347年），79岁高龄的黄公望开始创作《富春山居图》。他常年与山川为友，“搜尽奇峰打草稿”，历时7年，在逝世前夕才告完成。画卷高1尺余，长约2丈，这是最能够代表他艺术风格和个性特征的作品。

这幅画卷被誉为“画中之兰亭”，元、明、清的画家都以能目睹为荣幸。此画一直在收藏家手中流传，许多人都把它奉为瑰宝，秘藏起来，不肯轻易示人。400年来，该画历尽沧桑，现在已不知藏在何处。茫茫人海，到哪里去寻找呢？乾隆虽然非常想看看真迹，甚至想得到它，可他也清楚，这是大海捞针的事情。

这件事被善于察言观色的和珅知道了。他想，如果能得到这幅画，并把它献给皇上，就会更加得到宠幸，他岂肯放过这个溜须拍马的机会！回到府上，和珅就派出心腹四下寻找。可是，几个月下来，连一点音讯也打听不到，和珅急得吃不下饭睡不好觉。

和珅的老婆想，这样下去还不闹出病来。这天，她特地请来了戏班子，要和珅去看看戏，散散心。这出戏演的是《狸猫换太子》，演到刚出生的太子被人用一只剥了皮的狸猫换走时，和珅猛地一愣，真是心有灵犀一点通，他想，在皇宫中，皇帝连亲生儿子被调走都不知道，难道我不能弄两幅假画来骗骗皇上吗？他知道，明、清以来，追摹黄公望画已经蔚然成风，安徽境内“黄山画派”

中的诸大家，不断临摹黄氏名迹，刻意追求，已到了可以乱真的地步。他戏也不看了，连忙回到书房，派懂书画的心腹去安徽请高人了。

和珅的心腹来到黄山脚下，打听到一位叫王其原的画师。据了解，王其原曾经看到过《富春山居图》真迹，并模仿下来，这还不算，他还临遍黄公望传下来的每一幅画图，对黄公望的笔墨变化心领神会，仿制黄公望的画已是炉火纯青。他自己也直言不讳地夸口说，临摹《富春山居图》，可以不假思索信笔画来。和珅的心腹目睹了王其原所临摹的画，感到非常满意，就把他请到了京城。

王其原进入和府，和珅要人好生款待，并让他在密室里作画。因为给和大人效劳，王其原格外卖力，几个月后，《富春山居图》模仿好了，还制成了古色古香的样子。和珅拿出几幅黄公望的真迹相比较，也看不出破绽，心中暗自高兴。

王其原要回安徽去了，和珅给了他许多银两，晚上，设宴为他饯行。王其原喝下一杯酒后，顿时腹中剧烈疼痛，这才晓得和珅要杀人灭口，可已是身不由己了。他双手捧着肚子站了起来，一个踉跄，口吐鲜血倒下了。

第二天上早朝，乾隆皇帝看到和珅好像有事相告的样子，忙问道："和爱卿，看你满面春风的，又有什么喜事了？"

和珅上前一步，笑容可掬地说："启禀圣上，我花了两千两银子，终于寻觅到了《富春山居图》真迹。"

乾隆一听，真不敢相信自己的耳朵，迫不及待地说："和爱卿，快拿来让朕看看。"

和珅连忙取出《富春山居图》说："献给皇上。"

乾隆得到这日思夜想的宝画，高兴得眉毛直颤，连声说道："和爱卿献宝有功，朕要好好地赏你。"说着，乾隆把那幅《富春山居图》展开，摊到龙案上，左看右看，爱不释手。他看到笔墨苍古，是自己早已渴求的真迹，但又不放心，一边让太监把画卷拿到文武群臣面前，一边说："众爱卿都来鉴赏一下，看看这画是不是黄公望的真迹？"

和珅是乾隆的第一权臣，他献的画谁敢说是赝品？再说，这画也画得实在太精妙了，谁能分辨得出真假？"真迹"、"宝画"，一个个赞叹不已。连独具慧眼的著名诗人沈德潜也不得不点头称是。

乾隆又让太监把《富春山居图》拿回到龙案上，仔细地欣赏起来。画面上是富春江一带秋初景色：丘陵起伏，峰回路转，江流沃土，沙町平畴。云烟掩映村舍，水波出没渔舟。近树苍苍，疏密有致，溪山深远，飞泉倒挂。亭台小桥，各得其所，人物飞禽，生动适度。正是“景随人迁，人随景移”。整个画面，让人看得心脾舒畅。乾隆的脸上露出了笑意。

看皇上爱不释手的样子，和珅觉得火候来了，晃动着肥胖的身子，眨眨眼睛说：“皇上，此画不会是赝品吧？”

乾隆清楚，和珅是向他讨赏来了，想想这画是他花钱买来的，自己也不能白得，就吩咐内侍太监取来丙千两银子给了和珅。和珅真不愧是个雁过拔毛的贪官，连皇帝那里也要去骗银两。

其实，《富春山居图》真迹是在雍正十三年（1735年）被鉴赏家、天津盐商安歧买去的。1746年冬，安府家道衰落，安歧将家中一批收藏品托求皇室傅恒出售，《富春山居图》真迹也转到了乾隆皇帝手中。乾隆反复观看，还叫内侍拿出和珅献来的那幅画卷，放在一起作比较，又传来一些懂书画的大臣一起辨别真伪。大概是那幅赝品画得太好了吧，加上大臣们又怕和珅的权势，何况乾隆皇帝都认为是真的，谁敢去推翻皇上已作的定论，就都说和珅的那幅是真迹。

乾隆把赝品当成真，反把真的当做了假，造成了真伪颠倒的“富春疑案”。

乾隆对那幅赝品的钟情一发而不可收，经常在宫中展阅，连出巡时也带在身边。从1745年至1794年，他亲笔在画上题了50多处诗文，印鉴累累。在他八旬正寿时，也忘不了再写上几句，弄得画上面没有一点空隙。乾隆至死也不知道受骗买了假画。

直到1816年，胡敬等奉嘉庆皇帝编纂《石渠宝笈》三编，《富春山居图》真迹始得正名编入，洗去沉冤，疑案得以澄清。后来，《富春山居图》真迹因被火焚，一分为二。民国年间，后半段藏于故宫博物馆，解放前夕被国民党政府携往台湾，前半段藏于浙江博物馆。2001年8月，位于富春江畔的文化产业集团公司华宝斋，依托独特的制版工艺和石印工艺，选用传统手工生产的宣纸，按原作大小成功影印《富春山居图》。加上题跋、钤印等，影印画卷总长10.28米、高0.334米。据浙江省博物馆副馆长鲍复兴、台北故宫博物院原院长秦孝仪等专家认定，它保留了原作的风貌和意味，达到逼真的效果，使人们得以欣赏这一名画之貌。当然，这是后话。

曾国藩的用人之道

唐浩明

识才用才，是曾国藩成功的第一秘诀，后世对曾国藩有很多争论，看法不一，这是很正常的。但是，有一点几乎没有什么争论，那就是都认为曾国藩很会识才用才。

曾国藩是一个文人，他没有带过兵，不会领兵打仗，他靠的是手下的人才。大家都知道，刘邦在得胜以后，跟他部下说他有“三不如”：谋划不如张良，打仗不如韩信，后勤不如萧何。这是一个很著名的关于用人的历史典故。

李秀成晚年有一篇自叙，内里有两句很重要的话。他说太平天国之所以失败，是因为天王洪秀全“误国不用贤才”，而曾国藩却“能识别贤将”。曾氏自创湘军，白手起家，建立人才队伍，从无到有，由小到大，最后开创了中国历史上最大的人才幕府。他的幕府成为晚清人才的渊薮，一时有“第二朝廷”之称。许多中进士的人，不愿意在朝廷为官，而愿意到曾国藩手下做幕僚，这是当时的一个特殊现象。因为在朝廷做官，出息不大，在曾国藩手下做幕僚有出息，能得到锻炼，很快能够提拔。

曾氏到底是如何网罗人才的？

第一，曾国藩从心里认识到人才的重要性。他知道要集齐众人之才才能成就大事的道理，正所谓“办天下事，要天下才”。

第二，曾国藩做到了真正的“爱才、惜才”。我研究曾国藩20年，在他的1500多万字文章中处处都可以看到他对人才的爱护和珍惜。这里略举两个例子：

胡林翼本来是应湖广总督吴文镕的邀请，带了600名贵州兵，到湖北去援助吴文镕。结果他到湖南湖北交界地时，吴死了，武汉城已经被太平天国打下来。胡林翼以一个刚刚提拔的道员身份，一个翰林出身的文人，带领着600人，进退失据，进也不是，退也不是。军饷也没有着落，也没有人管。曾国藩看出胡林翼的才能，他要留下胡林翼和湘军一起作战。于是他给朝廷写报告，说把这支军队留在湖南，一切军饷由湖南来供应。他说“胡林翼之才，胜臣十倍”，他那个时候有那么高的地位，这种话不是那么容易说出来的。

在保举人才时，他都在后面加上一句话：如果这个人不能胜任的话，今后出了什么事，请朝廷撤掉我的职，我用我的名声来为他担保。

当年左宗棠是一个幕僚，充其量相当于湖南省政府的一个秘书长，但是这个人自视很高，也不很约束自己。没有一官半职，他居然可以指挥省长，号令三军。人家一个军分区司令员，到省里汇报工作，没有向他行礼，他就骂人家，拿脚踢。这个人觉得受到奇耻大辱，给朝廷写了一个报告，说左是一个很坏的人，非要处理不可。左宗棠踢朝廷命官，简直是打朝廷的耳光。咸丰皇帝接到报告以后，下令湖南调查这件事，如果是真的话，就地正法，杀掉左宗棠。后来很多人来保他，曾国藩也坚决保他。他讲左宗棠是一个有真才实学的人，就是性格不好。他说天下纷扰，培养一个人才不容易，请为天下爱惜这个人才，请咸丰帝刀下留人，然后又推荐左任藩臬一级的官员。

第三，曾国藩善于识别人才。后人讲曾国藩善于识别人，尤善相士。现在坊间有一本书叫做《冰鉴》，这本书类似于《柳庄相法》、《麻衣相术》。《冰鉴》署名曾国藩，但不是曾国藩写的，是后人假冒的。我在《唐浩明评点曾国藩家书》里面专门讲了这个事情。早在道光年间就有《冰鉴》这本书了，为什么后来署上曾国藩的名字呢？就是因为曾国藩有善于识人这样一个知名度，于是书商就打着他的旗号来推销。

曾国藩识人主要是建立在他的学问和阅历上的，应该是可以值得重视的。比如说他讲的“端庄厚重是贵相”、“谦卑含容是贵相”、“事有归着是富相”、“心存济物是富相”，这些讲的都是一种修养，一种性格，一种处事态度，不是很神道的东西。

他在识人上有两个要点。一是在“德”与“才”之间，他特别重视“德”。他曾经说过，“德”好比水之源头，“才”是水之波浪；“德”为木之根本，而“才”是木之枝叶。二是在“学”与“识”之间，更重视“识”。他说过“凡办大事，以识为主”。“识”是最主要的。他很推崇诸葛亮“才需学，学需识”的观点，他认为这是至论。他一看到容闳，就认为容闳是个了不起的人才。容闳是中国第一个在美国获得学位的人，对促进近代中国走向世界起了很大作用。他跟容闳第一次见面，听容闳谈中国富强的出路。容闳讲中国要学西方，要把科学技术引进来。曾国藩认为这是一个很有见地的观点，马上就给他6万两银子，要他到美国去买机器。后来就用这批机器，建立起中国第一家机器制造局。同时曾国藩还给朝廷上了一个奏折，建议学习西方的科学技术。这个奏折，被史学界认为是揭开中国洋务运动的一个里程碑。从那以后，中国开创了一个新的局面，向西方学习，走向世界。这就是近代史上的洋务运动。

在具体识别人才上，他有一些自己的做法。首先，他特别看重言谈，他不喜欢夸夸其谈的人，甚至喜欢木讷的人，他认为这种人比较可靠。其次，他特别注重小事。有一个人从乡里投奔他，跟他一起吃饭，看到饭里有谷粒，就将谷粒丢掉不吃。曾国藩觉得这个人不好。他本来是穷苦人出身，到军营里能吃饱饭，跟乡里比已经很不错了，他却把谷粒丢掉。他觉得这个人不可重用，后来就打发这个人回去。再就是看举止。他认为一个可以担当大事的男人，最好的举止是稳重。他教育他的儿子，一再讲要稳重，不能轻飘。

第四，曾国藩很善于使用人才。使用人才才是最后的目的。他的做法是，一、广收慎用。人才大量接收，但是使用上很谨慎。二、因量器使。你是什么才，我就把你放到什么地方。三、区别对待。绝对不能把贤才和庸才放在一起。四、培养人才。他认为人才是培养出来的。培养的主要方法是"宏奖"，即充分鼓励。他认为鼓励可以使一个中才变大才。对待部下要鼓励，要爱护。他有句话说得好："扬善于公庭，规过于私室。"对部下好的地方当面表扬，不好的地方个别谈话批评。他也很善于储备人才，这方面最大的贡献就是开创公派留学生的先河。他和李鸿章一起提出建议，派一批幼童到美国学习10年15年，让他们学习西方科学技术，学成后归国，使中国徐图自强。

第五，慎选替手，使事业后继有人。曾国藩一生在人才上，最大的成效就是他选择了一个好的接班人——李鸿章。李鸿章是曾国藩严格意义上的真正的学生。他着意栽培重用李鸿章，使得李鸿章成为他事业的接班人。在曾国藩去世后的30年中，李鸿章执掌中国军事、外交的大权。曾国藩死后，他的名声在很长一段时间比生前还高，这有很多原因，其中一个主要原因是李鸿章不断为他的老师鼓吹宣扬。

寻访毛远新

叶永烈

毛远新具有很高的知名度，因为他是“文化大革命”中的风云人物，一度成为辽宁省“革命委员会”副主任，后来成为毛泽东的“联络员”。他深得毛泽东和江青的信任，差一点成为毛泽东的接班人。

一位朋友告诉我毛远新来沪的消息，1991 年 7 月我便前去访问。

我按地址，在上海西区找到了一幢普通的居民楼，步入 3 楼。正值盛夏，房门开着，但铁栅栏门紧闭着。

我敲响铁栅栏门，一位 60 多岁男子出来。经我说明来意，他即开了门。

那是毛远新 1972 年与全秀凤结婚时的房子。全秀凤是上海一家工厂的女工。我来访时，全秀凤不在家，出去买菜了。毛远新在家里。家里收拾得干干净净。我脱去皮凉鞋，光着脚走进他的卧室，他招呼我坐在沙发上。

毛远新已经 50 多岁，看上去身体壮实，一头乌发，表情深沉，穿一件白汗衫，一条蓝咔叽平脚裤，一双灰丝袜，也没有穿鞋子。屋里一床、一桌、一张三人沙发，水泥地一尘不染。窗外有一小阳台。

他拿出香烟招呼我。我不抽烟，他独自抽了起来。烟灰缸里许多烟蒂，表明他的烟瘾颇重。

他常常长时间沉默，陷入思索之中，然后跟我说几句，接着又是沉默。

他不大愿意多谈往事，但是他对我说：“我赞赏你的工作态度。你写谁，就去访问谁。你写陈伯达，就去访问陈伯达。”

毛远新是毛泽民和朱旦华之子，1941 年 2 月在新疆出生。毛泽民中年得子，极为钟爱。不料，1943 年 9 月。毛泽民被新疆军阀杀害于迪化（今乌鲁木齐），那时毛远新才两岁多。

1946 年 7 月，朱旦华带着年幼的毛远新来到延安。

朱旦华后来改嫁方志敏之弟方志纯，毛远新也就随方志纯住在江西南昌。

1951 年，朱旦华到北京开会，把毛远新也带往北京。

会议结束后，朱旦华带毛远新进中南海看望毛泽东。朱旦华对毛泽东说，毛远新想在北京上学。这样，毛远新就来到毛泽东身边。

毛远新比李讷小半岁，他们一起在北京上育英小学。毛泽东、江青待毛远新如同己出。

1954年，毛远新小学毕业，考入北京101中学。

1960年，毛远新上完中学，由于学业优秀，学校打算保送他上哈尔滨军事工程学院。

毛泽东听说此事，摇头道："保送，不算本事。"

毛远新当即说："那我就去考。你说什么大学难考，我就考什么大学！"

毛泽东笑道："要么北大，要么清华。"

毛远新说："我就考清华！"

果真，毛远新凭自己的真本事，考上了清华大学无线电电子学系。

毛远新在清华大学学了一个学期，对毛泽东说："我的许多同学都在哈尔滨军事工程学院，我也喜欢那里。我想转学到那里，好吗？"

毛泽东同意了。

从此，毛远新转往哈尔滨军事工程学院学习。每逢寒暑假，毛远新回到毛泽东身边。

1964年暑假，毛远新在中南海住。7月5日，毛泽东和毛远新谈话。毛泽东说："阶级斗争是你们的一门主课。你们学院应该去农村搞'四清'，去工厂搞'五反'。阶级斗争不知道，怎么能算大学毕业？反对注入式教学法，连资产阶级教育家在'五四'时期早已提出来了，我们为什么不反？教改的问题，主要是教员问题。"

当时，毛泽东随口而谈。事后，毛远新深知这一谈话的重要性，作了追记，写出《谈话纪要》。谈话内容迅速传到了高等教育部。高教部征得毛泽东的同意，印发了《毛主席与毛远新谈话纪要》。虽说是内部文件，却一下子便轰动了教育界。

1965年，毛远新从哈尔滨军事工程学院毕业。按照毛泽东谈话的精神，他到防空导弹三营一连当兵。

不久，"文化大革命"开始。当时规定1965年毕业的大学生可以回校参加运动，毛远新也就回校。

在"文化大革命"中，《毛主席与毛远新谈话纪要》被红卫兵作为传单广为印行，毛远新的身份也就广为人知。

毛远新发起组织了“哈军工红色造反团”。他的特殊身份，使他成了当地红卫兵领袖。

1968年5月10日，辽宁省革命委员会成立，毛远新担任革委会副主任，从此步入中国政界，被视为“可靠接班人”。后来，他又担任了辽宁省委书记、沈阳军区政委。

毛远新跟江青关系不错。江青视他如自己的儿子。在家中，江青喊毛远新的小名“小豆子”，而毛远新则喊江青为“妈妈”。

毛远新在政治上也紧跟江青。一是在1973年各大学恢复招生时，张铁生交了白卷，却被毛远新封为“反潮流英雄”。二是创造了“朝农经验”。“朝农”即朝阳农学院（前身为沈阳农学院），实行“开门办学”，在1974年被树为全国“教育革命”的“先进典型”。

1975年9月，毛泽东病情加重，言语不清，江青安插了毛远新当“联络员”，一下子就掌握了发布“最高指示”的大权。

1980年7月25日，姚文元在秦城监狱第一审讯室对江青和毛远新关系所作的交代，说得十分深刻：

姚文元：另外，我再补充一点，在批邓中毛远新是起了很坏的作用的。

审判员：毛远新是怎么参加政治局的？

姚文元：毛远新是以毛主席的联络员的名义列席政治局会议的，但他又不像是联络员，他的每次发言都成了中心调子，每次传达毛主席指示之后，都有他自己的解释，而且还说毛主席同意他的看法。这就超过了联络员的职责，这也说明当时党内生活极不正常。批邓时，他经常跑到江青身边商量一些事情。江青对毛远新也是没有什么顾虑的，把他当作自己的孩子一样。听说毛远新是由江青抚养大的。感情很深，江青喜欢叫毛远新乳名“小豆子”，毛远新也一直称江青“妈妈”。有一次开会时，江青得意地说：“远新也当了几年省委书记了，政治局会上我叫他同志，他叫我同志，回到家里爱叫什么就叫什么。”

审判员：毛远新和江青的关系你是怎么知道的？你还知道哪些？

姚文元：江青讲毛远新是孩子一类的话，是在政治局会上说的。另外我听王秀珍说过，毛远新的妻子是王洪文介绍的，原来是上海国棉十七厂的一个工人。我觉得这都不是很正常的现象。

审判员：以江青为首的“四人帮”处心积虑地要第二次打倒邓小平同志，目的是什么？后果是什么？这是什么性质问题？

姚文元：这个，我也不知道。“四人帮”反对邓小平副主席有很复杂的历史背景，也有各种不同的原因。当时毛主席还健在，邓小平副主席主持工作，很多问题毛主席是支持他的，怎么会在毛远新汇报后一下子转过来了？没有人解释过，我也有这个疑问，但找不到答案。我一直有个感觉，觉得毛主席是不是在培养毛远新。这完全是我的一种感觉，错了完全由我个人负责。

审判员：好，今天就交代到这里吧。

毛远新来到毛泽东身旁，开始向毛泽东“吹风”。

毛远新说：“感觉到一股风，比1972年借批极左而否定‘文化大革命’时还要凶些。”

“担心中央，怕出反复。”

“我很注意小平同志的讲话，我感到一个问题，他很少讲‘文化大革命’的成绩，很少批判刘少奇的修正主义路线。”毛泽东最看重“文化大革命”。谁想否定“文化大革命”，毛泽东是寸步不让的。

毛远新“吹”的“风”，正是毛泽东最为担心的事。

毛泽东当即对毛远新说，有两种态度，要特别注意：“一是对‘文化大革命’不满意；二是要算账，算‘文化大革命’的账。”毛泽东要毛远新找邓小平、汪东兴、陈锡联三个人开个会，谈谈自己的看法。

毛远新这个“联络员”，在1975年11月2日找邓小平、汪东兴、陈锡联开会。毛远新谈了自己的看法，即“中央搞了个修正主义路线”。

邓小平无法接受毛远新的见解。邓小平对他说：“昨天（即11月1日——笔者注）晚上我问了主席，这一段工作的方针政策是怎样，主席说是对的。”其实，毛远新所说的“中央搞了个修正主义路线”，指的就是邓小平。后来，在1976年清明节，北京爆发了“天安门事件”。毛远新多次向病中的毛泽东汇报，称邓小平是“天安门事件”的总后台。尽管撤销邓小平一切职务是毛泽东本人的决定，但是不能不说也与毛远新的汇报有关……

毛远新对于“批邓”出了大力，成为“四人帮”帮派体系中的一员。这样，当“四人帮”被一举扫除之际，毛远新也被拘捕。

笔者采访了执行拘捕毛远新任务的张耀祠将军。张耀祠当时是八三四一部队（亦即中央警卫团）负责人，对于中南海了如指掌。当然，他对于江青和毛远新的住处，也极为熟悉。那时，江青虽然长住钓鱼台，但近来住在中南海万字廊201号，而毛远新则住在中南海颐年堂后院，离江青住处很近。张耀祠向笔者回忆说，他在1976年10月6日晚上8时半，带领几位警卫前往毛远新住处。

在毛远新那里，张耀祠遇上了小小的麻烦。

那时，毛远新和他的两位从沈阳带来的警卫一起住在中南海丰泽园的颐年堂。那本是毛泽东接待客人以及开会的地方。他是毛泽东的侄子，所以住在这个外人难以涉足的地方。

在毛泽东病重期间，毛远新担任毛泽东的联络员。这联络员名义上只是联络联络而已，实际上权重一时。因为联络员成了重病中的毛泽东与中共中央政治局之间重要的联络通道。毛泽东的“最新最高指示”靠毛远新来发布，政治局会议的情况靠毛远新向毛泽东传达。

毛远新的妻子全秀凤，当时在沈阳。10月6日，吃过晚饭之后，毛远新给妻子打过一个长途电话。接着，他便坐在那里看电视。就在这时候，李连庆突然走了进来。

汪东兴选派李连庆前去执行拘捕毛远新，一方面因为李连庆在汪东兴手下工作多年，忠实可靠；另一方面李连庆跟毛远新也很熟，派他去执行任务比较方便。

毛远新见到李连庆，问道：“老李，有什么事？来，一起看电视。”

李连庆答道：“想给你换个地方。”

毛远新：“换到哪里？我得收拾一下。”

李连庆说：“不用了，现在就走。”

这时候，毛远新听出李连庆话里的意思。张耀祠等人就一拥而入。

一进去，张耀祠便向毛远新宣布：根据中央的决定，对他实行“保护审查”（张耀祠特别向笔者说明，对毛远新跟“四人帮”有所区别，不是“隔离审查”，而是“保护审查”），并要他当场交出手枪。

毛远新一听，当即大声说道：“主席尸骨未寒，你们就……”

毛远新拒绝交出手枪。

张耀祠身后的警卫们当即上去，收缴了毛远新的手枪，干脆利落地把他押走了。

在解决了毛远新之后，张耀祠便和李鑫、武健华带着中央警卫局处长高云江以及两名女警卫前去拘捕江青……

此后，毛远新被判处有期徒刑17年。

不过，毛远新毕竟是毛泽东的侄子，他在狱中还是受到照顾。

1987年，应毛远新母亲朱旦华的要求，毛远新被转往江西南昌，以便母亲能够经常去看望他。在南昌，毛远新单独住三室一厅，只是不许与外界接触。

1990年7月6日，毛远新同父异母的姐姐毛远志（毛泽民与王淑兰所生）因患癌症去世，归葬故乡韶山她的母亲王淑兰墓旁。毛远新获准在公安人员陪同下前往韶山参加姐姐葬礼。

直至1993年，毛远新终于刑满……

毛远新向我提及一些写及他的书。其中有一本书写及他和全秀凤结婚时，“王秀珍以便于保卫高干家属为借口，批下宽敞的新宅”。他指着眼前的房子说：“这就是所谓‘宽敞的新宅’，13平方米而已！怎么可以不了解情况，乱写一通？”

他又说：“那本书上还讲，上海市委拨款6000元给我们作结婚之用。我很惊讶。我对全秀凤说，我们从来也没有领过什么上海市委给的6000元呀！”

毛远新一口北方口音，不住地抽烟。我带来一本《毛泽民传》，请他回忆他父亲毛泽民和母亲朱旦华的情况。他说，父亲在新疆牺牲时，他才两岁。有关父亲的情况，母亲和当年许多老同志比他了解。

我请他回忆毛泽东。他说，关于主席，当然有许多值得回忆的内容。但目前只能一般地谈谈。因为他是一个有着特殊经历的人，不便于涉及一些敏感的话题。不过，他说，当年他追记的毛泽东和他的谈话，那些内容是准确的。高教部在印发前，送毛泽东主席看过。“文化大革命”中，红卫兵印的传单有错误之处，应以当年高教部印的文件为准。

他说，这些年来孤陋寡闻，不知世事。他的记忆力不好。

我说及，1991年5月，我在四川成都访问诗人流沙河时，他提及一桩往事：毛泽东在跟侄子毛远新游泳时曾说，不会游泳，喝几口水，就学会了。刘绍棠在1957年喝了几口水（指打成右派分子——笔者注），学会了游泳。那个流沙河不吸取教训，不会游，沉到了河底去了！

我问毛远新，毛泽东是否跟他说过这么一段话。他笑了起来。他说，他已经记不清楚了，不过，主席讲话确实是很幽默的。

过一会儿，全秀凤回来了。他介绍我跟她认识。全秀凤穿一件白底黑点连衣裙，道地的上海女性。她告诉我，给我开门的是她的父亲。她的母亲因中风正卧病在床，要送医院诊治。

我跟毛远新慢慢地聊着。他讲话不多，显得很有顾虑。我理解他的心境。说及与政治无关的话题，他就显得轻松。他说，这一回彼此结识，交个朋友，日后可以在合适的机会再谈。他知道我在写“文化大革命”史，说在日后可以答复我的一些问题。

我未能为他拍照，其中的原因是众所周知的。

百无一用是书生

——陈布雷家族的历史悲歌

林耀国

1948年11月14日清晨，笼罩在深秋寒意中的南京城里，无数人又惊又疑地读着当天的《中央日报》，上面以三栏长题刊载了一条新闻：

陈布雷氏昨心脏病逝世

总统夫妇亲往吊唁明大殓

“此树婆娑生意尽矣”——陈布雷之死

人们怎能不惊疑呢？死者乃是国民党的“领袖文胆”、“总裁智囊”，素有“国民党第一支笔”之称。他追随蒋介石20年，是最受宠信的“天子近臣”，他本人亦承认，“外间都说我在委座面前说话有效果”。这样一个重要人物，几天前还在出席“中央政治委员会临时会议”，并受蒋之托，负责草拟“战时体制纲领”。事先毫无征兆，怎么突然就撒手人寰？其中有何蹊跷？

果然，几天之后中央社就对外宣布，陈布雷是自杀身亡，“以死报国”。他留下的遗书也根据蒋介石的指令，由治丧会照相制版发表。遗书开篇就写道：“人生总有一死，死有重于泰山，有轻于鸿毛。”“我的死，在我自身是不胜痛苦焦忧而死……看样子我的身体是无法好起来的，我此心永远在痛苦忧念之中。”

陈的死，让蒋介石极其悲痛。噩耗传来时，他立即中断会议，亲自赶到现场查看。大殓之日，他“偕夫人于上午十一时步入灵堂，亲临吊唁”，“在陈故委员遗像前，为渠二十多年来知已，默念约一分钟，始缓缓退出”，“挽‘当代完人’横匾一幅，悬挂灵堂上端”。在祭文中，蒋更作盖棺论定之语，盛赞“畏垒椽笔，逾百万师”，“综其生平，履道之坚，谋国之忠，持身之敬，临财之廉，足为人伦坊表”。

关于陈自杀的原因，一直都是争论的话题，时至今日仍然众说纷纭。有的认为陈患有突发性的抑郁症，无法解脱；有的说，陈是痛感国事之不可为，要对蒋进行“尸谏”；有的更传言，陈死前曾向蒋犯颜直谏，痛陈国民党权贵尤其是孔、宋两家的腐败，结果被蒋训斥，不堪其辱而死；蒋介石本人则在10年之后表示，陈布雷是因为听信他将下野的谣言，“愤慨之至而以死报国”。

故陈布雷的死，原不必以“流俗恩怨荣辱委琐龌龊之说”来解释，这个书生，注定了要和国民党政权以及这个政权所代表的“道统”的气运相始终。

伴君如伴虎的“侍从室政治”

陈布雷一生以文章名世。比如他起草的著名的蒋介石庐山讲话，“如果战端一开，那就地无分南北，人无分老幼，无论何人皆有守土抗战之责任，皆应抱定牺牲一切的决心”，为中国四万万同胞广泛传诵，激励了全国军民同仇敌忾、团结抗战的最大决心。

但是，如果真以为布雷只是个御用文人，“搞文字的”，那就太不了解中国的权力运作模式了——须知道，权力的大小，并不决定于名位的高低，而在于与权力中心距离的远近。所以我们观察中国政局，切莫小看了这些“笔杆子”。

尽管布雷自称无派无系，政治上光棍一条，但其实在国民党的政治版图上，却以他为灵魂形成了所谓的“官邸派”（也有人称之为“清流派”）。陈领导下的侍从室，近水楼台，或可与清代的军机处相比拟，更兼有宦官机构的某些特点，其实际权力，绝不是任何一个浮在面上的中枢机构所能比拟的。

蒋介石为人精明但心理阴郁，他的难侍候是出了名的。但是，蒋对陈布雷的信任却始终不改。当蒋遇有重大事件时，大都要单独约陈密谈，由陈条陈各方面的意见，供决策参考；蒋每次公开讲话，皆由陈事先起草或拟提纲；即便是蒋即席讲演的记录稿，也必须经陈润色才能定稿。

位高权重的陈布雷，痛苦烦恼亦无法避免。伴君如伴虎，古往今来的天子近臣，必倾全部心力揣摩上意。所谓天意难测，居于权力顶端的人，往往性格扭曲，多疑而反复无常。陈布雷随侍蒋介石20年，其中的曲折亦可以想见。

无论如何，陈的书生本色始终不改，他对官场上那一套，时时感到难受。在1938年4月9日的日记里他就直言不讳地写道：“余于彼等亦常觉格格不相入，盖大多数人言不及义，思不及义，唯知以挈较权利为急务，稍便则酒食征逐，只要瞒得过首领而已。”

“家庭叛逆 女中英豪”——陈琏的道路

陈布雷身在政治漩涡之中，但他却不允许自己的子女参与政治。长子陈迟想报考中央政治学校，他断然拒绝，说“农业也可救国，中华以农立国，化杂草为肥料与拒倭寇救国一样”，要求儿子报考浙大农学院。

可命运偏生是最爱作弄人的。他越是怕政治，政治就越要来找他的孩子。他最疼爱的女儿陈琏，深深卷入到当时的国共政治斗争之中，而且父女两人选择了截然不同的道路。万万没想到的是，最终他们竟殊途同归，都在绝望中自尽。

陈琏的生母，是陈布雷的元配夫人杨氏。杨氏即将分娩前，一天突然哭着对陈布雷说，“昨晚我得了一个噩梦，梦中见三姐入棺，我与众人哭送，却见旁边有一新棺，上写杨氏”。一梦成谶。杨氏诞下陈琏之后，很快就去世了。陈布雷狂性大发，将刚出生20多天的女儿扔出窗外，结果这婴儿却大难不死，被天井里的篾棚架住了。陈布雷十分忏悔，给女儿取名“怜儿”，上学后改名为琏。

陈琏一直仰慕俄国的“十二月党人”，这些贵族浪漫而富于激情，背叛了自己的出身，为了推翻沙皇统治而不惜杀身成仁。她在合川国立二中读高中时，中共地下党组织便为她的心迹所感动，发展她入党。她高中毕业后即打算去延安，结果被周恩来、邓颖超劝阻，要她以大局为重，留在大后方。

在西南联大，陈琏找到了共产党的秘密组织，而她的上级就是后来成为她丈夫的袁永熙。袁也是世家子，祖父是满清的显宦，和徐世昌是儿女亲家。陈布雷曾请北平市副市长、“三青团”北平市主任张伯瑾帮他查一查这个未来的女婿是什么人，张调查了一段时间后告诉他，外交部次长叶公超教授是袁的姐夫，孙国华教授是他另一个姐夫，吴晗教授是袁的好朋友，朱自清教授则和孙国华相熟，对他十分赏识……这两个身世煊赫的青年，很快成为了进步学生运动中的重要人物。1946年底，“沈崇事件”引发了强烈的抗议，而“袁永熙就是这场大规模群众运动的主要领导人和组织者，陈琏也是这场运动的积极分子”。

1947年夏天，陈琏与袁永熙举行了婚礼。但蜜月刚过，两人就意外被捕。陈琏已是有孕在身之人，却十分坚强，在狱中他们守口如瓶，经受住了考验。过了几个月，陈布雷和叶公超才终于将两人保出来。

陈琏当时在著名的贝满女中教书。解放后一次全校联欢会在风雨操场举行，这种不在大礼堂举行的全校聚会，表面看似乎不那么正式。但陈琏先生突然穿着解放军的灰色棉军装出现在台上，引起全场沸腾般的欢迎。陈先生的样子依旧羞答答，与军装那么不协调。显然那套军装对娇小的她是太大了点，她举手敬军礼又那么不习惯不自然，但是台下长久持续的欢呼声和掌声，说明她多受同学的欢迎和敬爱！陈先生用平静的微笑等待台下能听她讲述自己被捕后的经历。

解放后，陈琏长期在团中央工作，曾被选为中共八大代表。而袁永熙则十分坎坷，先是被开除出党，又被批准重新入党，在团中央干过，1954 年担任清华大学党委书记，两年后下台，任校长助理，1957 年被划为右派。陈琏为了 3 个孩子，被迫与他离婚，1962 年调到上海任华东局宣传部教育处长。

在当时的政治氛围中，陈琏内心世界的痛苦或许是旁人无法想象的。她的女儿回忆说："妈妈让我到松江县二中读书，是为了让我和农民出身的学生在一起生活，学习他们吃苦耐劳的精神。两个弟弟想爸爸的时候，对小孩子怎么能说得清楚爸爸怎么会变成右派呢？所以妈妈只好说爸爸是坏人，免得别人说我们划不清界限。"

无论陈琏如何改造自己，但她终归逃不脱命运的安排。"文革"风暴中，她被批斗，要求交待历史问题。她是那么地忠于自己的信仰，为了信仰，她不惜背叛自己的家庭，可是她却并没有得到信任，因此她失去了活下去的理由。

和她的父亲一样，她也留下了遗嘱，要她的孩子们无论在什么样的情况下，都要相信毛主席，都要跟共产党走。她在团中央时期的老领导胡耀邦，后来给她的纪念文集题了词，"家庭叛逆女中豪杰"。

鲁迅送给毛泽东的书籍和食物

阎 纲

1976年9月14日，庆生弟陪我走进西安市委书记王林的办公室。

我说，我们慕名而来，想证明鲁迅送火腿的史实。接着，我和庆生提供了有关此事的各种说法。

1936年10月初，冯雪峰回上海不久，说当时鲁迅有一点钱在他身上，他就替鲁迅买了火腿和十几条半线半毛的毛围巾，连同鲁迅在病中编辑、校对后刚出版的瞿秋白遗作《海上述林》上卷，由地下交通转送到西安后再转交陕北，送给物质生活极度匮乏的毛泽东和周恩来等中央领导人，并嘱咐说：皮脊面的一本《海上述林》送给M，蓝绒面的一本送给周恩来。此外，冯雪峰还单独给毛主席送去几听纸烟。可惜火腿和香烟在西安就被别的同志瓜分了，只有那围巾是送到了的。

有人考证，鲁迅前后送过两次火腿，第一次没有送到，第二次送到了。

有人说，火腿不是鲁迅托雪峰送的，而是一些教授先生们送的。也有人说，教授们送并不说明鲁迅没有再送。

王林非常认真地听着，说这些情况他大致了解，众说纷纭，莫衷一是，除冯雪峰外，没有人再出来作证。但是，我是当事人，是我亲自送到毛主席手里的，这一点千真万确。接着，王林介绍了以下的情况。

王林说，1936年6月间，我由当时在天津的中央北方局调到陕北苏区。第一次见到毛主席是在距瓦窑堡数十里的清水湾。周总理领我到主席住的一个老乡家的窑洞。主席向我询问了很多华北的情况和日本帝国主义在华北的活动情况，也询问了国民党在华北的势力和我党地下组织的流动情况。毛主席让我明天向中央同志做一次汇报，说大家很迫切地想知道白区的情况。

听取这次汇报会的除毛主席、周总理、张浩等同志外，中央军委的一些同志也参加了，炕上炕下坐满了人。毛主席在听取汇报的过程中有不少插话和重要指示。

当时，我带了几张白区的报纸给毛主席看。主席说，想看书，这里没有书看，长征途中，为了看到报纸，我们甚至于攻打敌人的县城。

主席问我：“能不能想办法买些书来？无论如何要设法买些书来！“

我问主席要买什么书，是革命书籍吗？

毛主席说：“啥书都要，革命的书要，旧书也要，《红楼梦》《今古奇观》《三国演义》《老残游记》……都要、都要。”

不久，我接受中央的另一个任务，去北平，路过西安，遇到了上海的交通员徐汉光。徐说他通过上海文联等关系同鲁迅先生取得了联系。我提出买书的事，他说他回到上海想办法。我和他约定，买到书以后，把书寄到西安。我当时住在东北军骑兵军副军长黄显声将军的公馆，委托看门人代我收存。除此而外，我在北平通过西单商场等书铺的关系，买了一大批书籍，其中有《国家与革命》《共产主义运动中“左”派幼稚病》等马列主义经典著作，还有《政治经济学》《社会学大纲》一类的书籍，又在天津和西安搜罗了一批旧小说。徐汉光在上海通过鲁迅的关系买的书（其中有很多古书），以及鲁迅先生送给毛主席的火腿、肉松和巧克力等，一并装在一个大网篮里。大约在 8 月间由徐汉光托人迳送到了黄公馆。

后来，我在延安碰到徐汉光，他告诉我说，那些书都是按照鲁迅先生亲自开列的书目选购的，把上海、北平、天津、西安 4 个地方买的书全部集在一起，总共装了 6 个麻袋，七八百斤！然后由我通过东北军的关系乘军用大卡车，从西安途经洛川运往延安（当时延安仍由东北军占领）。第二天，苏区派的人到了，赶来 3 头骡子驮书。晚上，我们由延安出发，到安塞，再到保安，走了两天多，直接送到毛主席的住处。

毛主席住的是石窑洞（现在发行的毛主席 1936 年在陕北的那张照片。背景就是这座石窑洞。主席正在扳着手指讲话，两条棉裤的膝盖处都打了个大补丁——阎纲注）。记得我还带了一套“一二·九”和“一二·一六”学生运动的照片，是斯诺夫人亲手交给我的，让我转交毛主席。

毛主席一见送书来了，高兴得不得了，叫陆定一马上开书单，决定哪些他留下，哪些让大家看，以后大家好彼此交换。毛主席郑重其事地告诉在场的同志，有书大家读，一点不能自私啊！

主席挑选书时，拿起这本翻翻，拿起那本看看。连声说道：“太好了！太好了！这是同志们冒着生命危险搞到手的啊！”鲁迅送的书里，有好几本是他自己的作品，其中有《呐喊》《彷徨》等，有邹韬奋著的一本书，有《世界新闻》，一套《大众生活》，二三十本《世界知识》，还有《论语》，几大本木刻集可以折叠起来，还有不少《隋唐演义》之类的书。鲁迅先生送来的书籍和食物，包括火腿、肉松、巧克力糖等，单独放在一起，占了整个一麻袋。毛主席看见鲁迅的食物，沉思了一阵，然后大笑，风趣地说："可以大嚼一顿了！"

关于这次买书，据我所知，解放后毛主席曾经三次提到过。第一次是《论十大关系》发表之前。当时我在北京工作，任燃料工业部副部长，有次去毛主席家里汇报工作，他提到买书的事，说："书现在还有呀，实在感谢！"第二次，我离开北京前（1958年），陈郁同志告诉我说，你送书的事，主席还谈起过。第三次，1965年10月，中央工作会议其间，毛主席在各大区书记都在场的小会上，又提到这件事，说："最困难时，王林同志给我带来了好多书。"

参加李讷婚礼记事

路来谦

我是1964年8月，以“政治特种兵”的条件参军，被分配到中央警卫团当战士的。先在北戴河值勤，后于1966年6月调到中南海，具体负责毛主席住区的警卫。1968年2月8日，又调到毛主席办公室，做内勤工作（公务员），直至1973年8月，才离开了毛主席办公室。

毛主席和家人出进家门时，都要经过我们的值班室。所以，我经常见到李讷。她的性格比较内向，见到我们这些警卫人员不大爱说话，一低头就走过去。而我们遵照首长的要求，不能主动上前与毛主席和他的家人打招呼，以免“干扰”他们。

后来，毛主席批评了李讷，说她不接近群众就不了解群众，应当与群众、与士兵多接近一些。从此，她见了我们就主动和我们打招呼，有时甚至谈上几句。

毛主席是很喜欢小女儿李讷的，但越是喜欢，越是严格要求。李讷回家时，他不让她与自己一起吃饭，而是叫她到警卫局食堂打饭吃。李讷下班后，与我们一样，在食堂里排队打饭。有时她知道自己不能按时下班，我就按照她的安排，提前给她打好饭，她下班后再到我们值班室拿饭。她多数吃米饭、西红柿炒鸡蛋和红烧茄子等普通饭菜。当时她在解放军报社工作，骑一辆飞鸽牌自行车上下班或外出，从来未见车接送她。在工作上和生活上，我们根本看不出她与我们有什么不同，她自己也未表现出一点“金枝玉叶”的样子。

1968年，毛主席发出了“知识青年到农村去，接受贫下中农再教育”的指示。李讷当时正患神经衰弱病，而且比较严重。但毛主席毅然将她安排到江西省瑞金县沙洲坝大队上坝生产队劳动锻炼，接受贫下中农的再教育。

1971年9月初，仍在江西劳动的李讷，写信向毛主席汇报了自己的婚姻设想。毛主席已知她的男友政治上可靠，是共产党员、是中央办公厅江西“五·七”干校的工作人员。她准备近期与男友结婚，就此请毛主席定夺。

9月下旬的一天，时任中共中央办公厅主任的汪东兴，派人把我叫到他的办公室，十分喜悦而郑重地说：“小路同志，现在给你一项特殊使命。你是毛主席办公室工作人员，就是毛主席的家里人。毛主席同意你当李讷的‘娘家人’，去江西中办‘五·七’干校，出席李讷的结婚典礼。”说完，将大信封装的、用毛笔写的一封信交给我，上写：“李讷收。”从那字体上，我一下子就判断出这是毛主席的亲笔信。汪东兴主任又指指椅子上的一个大白包袱说：“这是主席给李讷陪送的结婚礼物，你千万要拿好，亲手交给李讷同志。”我扭头一看，是一个很整齐的长方形白包袱，外边还用草绿色军用背带捆着，看样子这“嫁妆”一定很沉重、很贵重。我想：主席的女儿出嫁，总得陪些高档的礼物嘛，这也是人之常情。

当我从江西南昌下火车，赶到中办“五·七”干校时，李讷早已接到通知，从瑞金的沙洲坝大队赶到这儿了。李讷向我致谢，欢迎我的到来。然后拆开信，全神贯注地读着毛主席给她的信，脸上绽出笑容。

接着，她又小心翼翼地打开那个大包袱。此时，我也以好奇的目光，盯着那个大包袱。毛主席为女儿陪送的“嫁妆”，真是一般人万万想不到、做不出的。那是一套39卷本的《马克思恩格斯全集》。

李讷的婚礼是在“五·七”干校他们新房院子里举行的。出席婚礼仪式的连我在内只有十几个人。迎面墙上挂着毛主席的画像。婚礼由干校校长曹全福主持。他简单致词和放鞭炮以后，让新郎新娘向毛主席像三鞠躬，婚礼仪式就结束了。

我一直坐在“娘家人”的位子上，仪式结束后，陪同李讷一起进入了洞房。

结婚仪式简朴简单，是对旧式结婚仪式的大改革、大创新。而新郎新娘的洞房，就更朴实了。两间普普通通的平房，里间是一张由两张单人床对起来的双人床。床上铺着薄薄的床垫和棉布床单；外间放着一张桌子、两把椅子等家具。整个新房里连个“喜”字也未贴。晚上的喜宴就是在这新房外间举行的。炒了8个菜，喝了几瓶红葡萄酒。

李讷婚后的第三天，我就陪同新郎新娘搭上了去北京的火车……

历史的韵事

十大美女的最后归宿

史宗义

苏妲己——毁社稷终成刀下鬼

苏妲己，生活在商朝后期，生年不详。

商王朝有个属国叫有苏（今河南武陟东），因地小人稀，物产也不丰富，进献纣王的贡赋总有欠缺。纣王认为有苏国故意反商，就派兵去征伐。有苏国无力抵抗，又深知纣王喜欢美女，就从族人中挑出一个叫妲己的美女献给纣王，纣王得了美女，才撤兵免贡。

苏妲己入宫后受到纣王宠爱，纣王整日与她淫乐，过着花天酒地的生活。为了夺得王后宝座，她设计陷害了姜王后，姜王后不服，妲己又怂恿纣王挖掉了姜王后的一只眼睛，并施以酷刑，姜王后被折磨致死，妲己被立为正宫。

比干是个正直的大臣，妲己又设下毒计，让纣王杀了比干。还有一个叫黄飞虎的武将，功高盖世，也是个忠臣，妲己视之为眼中钉肉中刺，设计害死了黄飞虎的夫人贾氏，惹恼了黄飞虎，黄飞虎反出朝歌，投奔西岐去了。

公元前1046年，纣王众叛亲离，周武王在姜子牙的辅助下，攻城略地，兵临朝歌城下，纣王在绝望中自焚而死。妲己被俘，斩首示众，一代妖姬命丧刀下。

褒姒——美人一笑倾社稷

褒姒，出生农家，幼时父母双亡，被一卖桑弓之人收养，后又转到村民姒大家中，得以长大。姒大夫妻给她取名为褒姒。

当时，周幽王无道，不理朝政，朝中很多人进谏，幽王不听。幽王的王后是申国国君申侯的女儿，申后生子叫宜臼，立为太子。申侯作为幽王的岳父，多次到宫中劝谏，幽王根本不听，申侯一气之下，回到自己的属地申国去了。褒国国君褒珦也入朝进谏，却被幽王关进大牢。公元前780年，褒珦的儿子褒洪德为了救父出狱，将褒姒从姒大家中买回，送给了幽王。由于褒姒美若天仙，受到幽王宠爱，不久为幽王生下一子，取名伯服，幽王爱如掌上明珠。入宫的第六年，22岁的褒姒在宫廷斗争中取得胜利，终于成了幽王的王后，儿子伯服被立为太子。但是，褒姒天生不爱笑，这使得幽王十分烦恼。为了博得美人的一笑，幽王绞尽了脑汁，终于上演了“烽火戏诸侯”的闹剧，给后人留下了笑柄。

幽王无故废了原来的太子和申后，褒姒还是不放心，便鼓动幽王杀了太子，以绝后患。幽王对褒姒的话言听计从，于是下旨到申国，命令申侯亲手杀掉自己的外甥。申侯哪里能下得了手，遂写了劝谏书，派人送到镐京。幽王见了劝谏书，大怒，下令削了申侯的爵位，并发兵讨伐申国。

申侯得到密信，立即从西戎国借了15000精兵，自己也率领本国兵马，出其不意，杀奔镐京。幽王措手不及，镐京被攻破，幽王被杀，褒姒被戎主掠去。戎主盘踞北方，不断侵扰周朝，后来诸侯联合抗戎，戎主仓皇出逃，褒姒来不及随行，自知无颜再见周朝诸侯，遂自缢而死。

西施——浩渺烟波哭香魂

西施，原名施夷光，东周敬王十六年（前503年）出生于浙江诸暨苎萝村，天生丽质。时越国称臣于吴国，越王勾践卧薪尝胆，谋复国。在国难当头之际，西施忍辱负重，以身许国，与郑旦一起由越王勾践献给吴王夫差，成为吴王最宠爱的妃子，把吴王迷惑得众叛亲离，无心于国事，为勾践的东山再起起了掩护作用。

公元前482年6月，越王勾践亲统大军直捣吴国都城姑苏，吴王夫差不得不向越国求和。4年后，越国再次伐吴，夫差兵败自杀，吴国灭亡。范蠡欲接西施归隐江湖，以乐余年。西施被骗回越国后，方知吴王夫差已死，西施大哭，对范蠡说：“妾舍身入吴，是因报国仇、雪国耻，今国仇虽报，国耻虽雪，而我受吴王厚恩却已无从报答，将以何面对吴王呢？况且从一而终，乃是女子之义。虽蒙相国厚爱，妾身有何面目立于天地之间！当追吴王于地下，以报其生前之恩情，也让后世知道我亡吴，乃是报国家之耻辱，并非忘恩负义。”说罢，举袂蒙面，投江而死，亡年仅25岁。

卓文君——白头吟空闺诉哀怨

卓文君，西汉临邛（今四川邛崃）人，大约生活在公元前2世纪，正是大汉帝国蒸蒸日上的时候。她是卓王孙之女，貌美有才气，善鼓琴，家中富贵。可叹的是17岁年纪轻轻，便在娘家守寡。许多名流向她求婚，她却看中了穷书生司马相如。司马相如能弹琴作诗，卓文君从中领会到他的才华和情感，一心相爱。司马相如家里一无所有，卓文君随他私奔后，就开了个酒铺，亲自当掌柜，文君当垆卖酒，相如则作打杂，不怕人讥笑。后卓王孙碍于面子，接济二人，从此二人生活富足。后来司马相如终于成名天下，被举荐做官，久居京城，赏尽风尘美女，加上官场得意，竟然产生了弃妻纳妾之意。曾经患难与共、情深意笃的日子此刻早已忘却，哪里还记得千里之外还有一位日夜思念丈夫的妻子。文君独守空房，日复一日年复一年地过着寂寞的生活，于是作了一首《白头吟》，倾诉自己的哀怨。司马相如读了这首诗后，良心发现，终于打消了纳妾的念头。

汉武帝元狩六年（前117年），司马相如病逝，留下了卓文君苦度光阴。至于她死于何年，历史上也没有记载，无从考证。但是，她与司马相如的婚姻成为世俗之上的爱情佳话。

王昭君——雁落塞北空遗恨

王昭君，名嫱，昭君是她入宫后改的字。大约出生于公元前1世纪初的南郡秭归（今湖北秭归县），年少即成为当地第一美人，汉元帝建昭元年（前38年）被选入宫中。

汉元帝后宫佳丽三千，不可能一一临幸，他的办法是让画工毛延寿把后宫的美人画成像，他从中挑选自己喜欢的前来侍寝。所以，那些美人们为了能得到元帝的宠幸，纷纷给毛延寿送礼，希望把自己画得美些。王昭君生性耿直，不愿意给毛延寿行贿，毛延寿便故意在她的右眼角和左眉之上画了黑痣，因而5年之内未能见元帝一面。后来，元帝与匈奴“和亲”，宫里的美人都不愿意嫁到匈奴去，唯独王昭君自告奋勇，愿意“和亲”。临行前，元帝召见昭君，却发现昭君原来是个绝顶的大美人，有心反悔，但已经来不及了，只好眼睁睁地看着昭君远去。据说元帝因此愁绪无聊，恹恹成疾，不久就驾崩了，他的儿子刘骜即位，号成帝。

昭君嫁给了匈奴的单于呼韩邪，第一次结束了汉匈两族间的敌对状态，开创了两族团结合作的新局面。3年后，呼韩邪病死，他的大儿子雕陶莫皋继位，号为“复株累单于”。昭君上书成帝要求归汉，成帝不允，并敕令昭君“从胡俗”。这样，昭君只得遵照匈奴的习俗，下嫁复株累单于，并生了两个女儿。

昭君为民族团结做出了贡献，后来病死在匈奴。至于她死于何年何月，历史上没有记载。她的业绩深深刻在了汉匈两族人民心中。

赵飞燕——美颜狼心枉断肠

赵飞燕，出生年月不详，出生地无考，出生于社会最低层的官奴，生活在西汉末年。少年时与妹妹赵合德在长安宫里做婢女，后又被打发到阳阿公主府，演歌习舞，舞似燕行，技艺超群，在长安城里声名雀起，阳阿公主赐名为“飞燕”。后被成帝秘密带入宫中，受到宠爱。成帝听说赵飞燕的妹妹赵合德更加漂亮，便把赵合德也招入宫中，从此与赵氏姐妹花朝夕缱绻，日夜快活。

为了夺取皇后宝座，赵飞燕设计陷害了许皇后。成帝欲立飞燕为后，遭到谏议大夫刘辅的极力反对。成帝大怒，将刘辅贬为鬼薪（苦工），册立赵飞燕为皇后，赵合德为昭仪。为了给成帝生下龙子，赵飞燕红杏出墙，给成帝戴了绿帽子，但始终未能怀孕。几年过后，赵飞燕生不出龙子，但也决不希望其他人生出龙子。后来，一个姓曹的宫女生了龙子，狠毒的赵飞燕又将其母子杀害。许美人生了龙子，赵飞燕又怂恿赵合德在成帝面前猛吹“枕边风”，迫使成帝杀害了许美人母子。成帝死后，赵飞燕苟且偷生，依附新皇哀帝，与太皇太后王政君争斗。哀帝死后，王莽掌握了大权，赵飞燕终于成了孤家寡人，不久被贬为庶人。赵飞燕难以接受这样的现实，于是在夜间上吊自杀，年 37 岁。

貂蝉——红颜命薄遁空门

貂蝉，任姓，小字红昌，出生在并州郡九原县（今山西忻州）木耳村，15 岁被选入宫中，执掌朝臣戴的貂蝉冠（汉代侍从官员的帽饰），从此更名为貂蝉。汉末宫廷风云骤起，貂蝉出宫避难，被司徒王允收为义女。不久董卓专权，王允利用董、吕好色，遂使貂蝉施“连环计”，终于促使吕布杀了董卓，立下功勋。之后，貂蝉为吕布之妾。白门楼吕布殒命，曹操重演“连环计”于桃园兄弟，遂把貂蝉赐与关羽。关羽不受，亲自送貂蝉到附近的静慈庵当了尼姑。曹操得知后派 4 员大将抓捕貂蝉，貂蝉不从，毅然自刎身亡。

张丽华——青溪桥畔断幽魂

张丽华，生年不详，本为出身低微的平民女，天资聪敏，容色端丽，发长 7 尺，光彩照人。10 岁时入东宫，成为孔贵嫔的侍女，后被陈后主看中，纳为妃。在宫中，张丽华深知民间的疾苦，并常常率先反映给皇帝，深得人们的好感。

南朝陈代末代皇帝陈后主（陈叔宝），终日荒于酒色，不恤政事。他最宠爱的妃子就是张丽华（张贵妃）。公元 589 年，隋兵攻占都城建康皇宫台城时，陈后主慌忙拉着张贵妃和孔贵嫔，3人一起躲进华林园（皇家园林）景阳宫旁的景阳井（位于今鸡鸣寺后东侧）中。后被隋兵发现，将他们3人从井中吊上来时，粉面黛目的张贵妃吓得涕泪俱下，胭脂沾满了石井栏，故民间称这口井为“胭脂井”，又名辱井。

当时，陈后主、孔贵嫔被隋兵放回宫中，而张丽华则被斩杀于夫子庙淮青桥畔。绝代佳人，就此香销玉殒。

杨贵妃——马嵬兵变命归阴

杨玉环，祖籍蒲州永乐（今山西永济），于唐开元七年（719年）六月一日出生于蜀郡（四川成都）。10岁时，父亲亡，后寄养在洛阳的三叔家，有超群的姿色。

开元二十三年（735年）七月，杨玉环结识唐玄宗的女儿咸宜公主和公主的胞弟寿王李瑁，当年十二月被纳为寿王妃，成为唐玄宗的儿媳妇。

开元二十八年（740年）十月，杨玉环被唐玄宗占为已有，但一直没有明确的身份，直到5年以后，27岁的她才被册封为贵妃，受到唐玄宗的恩宠。天宝五年（746年）和天宝九年，杨贵妃因与其他女人争宠，两次被玄宗逐出皇宫，但很快又被招回，两人的感情更加深厚。

杨贵妃本无政治野心，但杨氏外戚势力的崛起与她受宠有很大关系。她的哥哥杨国忠搞阴谋诡计，与李林甫明争暗斗，杨贵妃就受到了牵连。“安史之乱”爆发后，潼关失守，长安眼看难保，唐玄宗率王子大臣及杨贵妃南逃，准备到蜀地去。当队伍到达马嵬时，突然发生兵变，杨国忠被杀。手下人逼迫唐玄宗杀死杨贵妃，唐玄宗无奈，只得赐杨贵妃自尽。

年仅38岁的杨贵妃在享尽荣华富贵之后，自缢于马嵬驿佛堂前的一棵梨树上，一抔黄土掩埋了绝代佳人的遗体。

香妃——沙枣香溢紫禁城

香妃于雍正十二年（1734年）九月出生于新疆的回部，她的父亲艾力和卓是叶尔羌第二十九世回王。她自幼喜爱沙枣花，总爱在沙枣树下玩耍，久而久之，她的身上就熏染了一股清馨的沙枣花香，再加上她那奇异的体香，深得回部人民的爱戴。

乾隆二十五年（1760年）四月，香妃正式被迎纳进宫，封为和贵人，受到乾隆的宠爱。3年后升为容嫔，又过两年晋升为容妃，因她身上特有的香味，故又称她为“香妃”。由于生活习性的不同，香妃对故乡常怀思念之情，常常闷闷不乐。乾隆知道后，特地在皇城外建了一座气势不小的“回回城”，在皇宫里建了一座回回式的楼房，乾隆赐名为“宝月楼”，以慰香妃的思乡之情。

乾隆三十一年（1766年）正月，香妃随乾隆南巡江南；三十六年（1771年）陪乾隆游泰山、曲阜；四十三年（1778年）出游盛京，饱览了祖国的大好河山，享尽了荣华富贵。她人品俱佳，在皇宫生活了28年，为维护民族团结和国家统一做出了一定贡献。

自乾隆五十年（1785年）起，香妃身体欠佳，五十二年（1787年）一病不起，五十三年（1788年）四月十九日病逝，年55岁。

古代四大美男之死

王来臣

潘安无疑是美男中的佼佼者，人们也常用“貌似潘安”来夸赞一个男人的美貌。那么他又美到什么程度呢？史书上直接说潘安长得漂亮的就3个字——“美姿仪”。《世说新语》中记载，潘安每次出去游玩的时候，总有大批少女追着他，那绝对就是个追星的架势。追着潘安的一批批少女又是给他献花，又是给他献果。潘安每次回家的时候，都能够满载而归，这也就成为了“掷果盈车”这个典故的由来。

潘安早年不被重用，后期投靠了贾南风和他的侄子贾谧为首的贾氏集团。贾南风想废掉太子，潘安不幸搅入了这场阴谋之中。一次太子喝醉了酒，潘安就被安排写了一篇祭神的文章，并让太子抄写。太子早已醉得神志不清，依葫芦画瓢地写了一通。潘安拿到太子写的文章以后，再勾勒几笔，把它变成了一篇谋逆的文章，导致太子被废，太子的生母被处死。虽然这次奸计得逞，潘安终也不得善果。八王之乱后，赵王司马伦夺权成功，他立刻抓了潘安，并判了他一个灭三族。

北朝时期的兰陵王也是给后世留下无限遐想的美男之一。他有着成为传奇所需要的一切必要条件，比如神秘的出身，比如骁勇善战，比如他那充满血腥和杀戮的家族，又比如盛年时的含冤而死。

史书上说他的美貌不是历来崇尚的力量之美，而是非常女性化的美。这样征战沙场，自是怕别人瞧不起他。所以戴上个面目狰狞的面具（或说以铁甲遮面），就能起到不战而胜的目的。

兰陵王貌美、勇猛、爱兵如子、私生活严谨，近乎完美，但就是这样一个绝世美男居然落了个冤死的结局。一次，皇帝召见兰陵王。皇帝关切地对他说，你作战的时候太勇猛，往往深入敌阵，很危险。兰陵王一时口误回答说，这是我的家事。听了这话皇帝就睡不着觉了，你和我还想分家不成？这不是要篡位夺权吗？一般人说错这话倒也未必会怎么样，但兰陵王是战将又有地位，皇帝是怎么也不能放过他的。于是皇帝就赐了毒酒送到他家。

卫玠大概是四大美男中死得最搞笑的一位。他是魏晋时期人士，长得极美，美如珠玉，粉丝多得可以组建一个正规师，这不是吹牛。有一次他外出，就被“粉丝”们包围了，“观者如堵墙”。卫玠可能当场就晕过去了，回到家后不久就死了，这就是典故“看杀卫玠”的由来。这场由美丽导致的悲剧真是让人叹为观止。

而宋玉可以说是 4 位中命运最好的。在《登徒子好色赋》中记载，登徒子跟楚王汇报说宋玉是个美男子，他能说会道，但是生性好色，所以千万不要让宋玉跑到后宫。听了这话，宋玉自要反击。他跑去跟楚王说，天下的美女莫过于楚国，楚国的美女又莫过于我的家乡，家乡的美女又莫过于我隔壁的一个邻居——东邻之女。

就是这样一个绝代佳人趴在墙上，看了我 3 年，我也毫不动心，我难道也算得上是好色之徒吗？相反登徒子不是个好东西。登徒子家有丑妻，他老婆一头乱发，两耳畸形，嘴唇外翻，又满身是疥疮。登徒子却很喜欢她，跟她一连生了 5 个孩子。你看只要是个女人，登徒子就会喜欢，所以他比我更好色。

被他这样一忽悠，楚王竟然给说晕了，判定登徒子是个好色之人。这一判竟然使登徒子从此以后就背上了好色的骂名，成了后世色狼的代名词。

宋玉并非徒有其表，他同样有着卓越的文学才能，在文坛有着宗师级的地位。他的代表作《九辩》在中国文学史上可以和屈原的《离骚》相媲美，堪称楚辞中的双璧。但宋玉这个人实际上不是做官的料，不合时宜，所以最后还是离开了朝廷，重归乡野，带着满腔的遗憾走完了人生。

中国古人的处女嗜好

刘达临

在中国历史上，和愈演愈烈的贞操观念相联系的就是男子的处女嗜好。一方面，男子以占有女子的处女身作为一大乐事；另一方面，在男人们看来，女子失去童贞，不论是什么原因，都是永远跳进黄河洗不清的破烂货，永世不得翻身。而检验是否处女的方法，又是极不科学的初夜性交是否“落红”。

是处女，就值钱

中国的古人常以花蕊来形容女阴，例如《佛说秘密相经》中就以“莲花部”来代表女性生殖器；与处女性交叫“开苞”，猛烈的性交动作叫“直捣花心”，处女膜破了而流血叫“落英缤纷”，等等。古代卖淫业十分发达，妓女当然一般不是处女，可是嫖处女妓，为她“开苞”，可是件大事，嫖客要花十倍以至几十倍的代价。至于非处女，那当然没有处女“值钱”了，娶了非处女，要遭人耻笑。有这么一个故事：有个寡妇再嫁，有人就送上一副喜联：“花径昔曾缘客扫，蓬门今始为君开。”这是把女阴形容为“花径”，这条小路过去已有人“扫”过了，现在换个人再“扫”一下吧，实在是极尽揶揄之能事。

古代男子之所以产生这种处女嗜好的偏执心理，主要还是出自私有财产观念。如果妻子婚前已非处女，那么就很难保证她所生的子女是出自丈夫的血统，也很难保证丈夫的财产不落入“野种”之手。同时，妻子既然是丈夫的私有财产，那么丈夫就要保证自己有“首次使用权”，如果是吃了“剩菜”，用了“旧货”，那会十分损害男子的自尊心。

处女嗜好之所以产生的另一个原因是，中国的古人对于“童身”特别迷信，认为和童男、童女性交能驻颜养生。六朝时的性学古籍《玉房秘诀》中说：“夫男子欲得大益者……当御童女。”古典小说《封神榜》中曾提到使用“万点梅花帐”（处女初次性交处女膜破裂热血染帐上）可以大破鬼神之敌，这也说明处女之宝贵神奇。

在许多朝代，宫廷都要选美，由各州府选拔少女送往宫廷。选美有许多条件，例如年龄、身高、健康、容貌、身体发育程度以及种族等等，但最重要的一个条件是必须是处女。如果把非处女送进宫去，那可是大罪，因为是非处女，进入宫廷时也可能有孕，如受皇帝“宠幸”，生下的“野种”变成“龙种”，那就使皇家血脉混乱了。

在中华性文化博物馆中展出了一个瓷印，上有“守珍印”几个字，是宋代州府选美送往宫廷时，证明某个女子是处女的凭证。把这个印蘸上朱砂，盖在女子臀部，不易脱落，这就算“产品合格”证明了。

初夜性交见“落红”

在古代民间，常以初夜性交是否“见红”来检验新娘是否处女。丈夫在和新娘第一次性交后，要以染上血的手帕以示亲友，表明所娶的是“黄花闺女”、“原装货”，于是大家一片欢呼。

这种状况，在古代一些文人所写的狎词和反映社会风尚的性小说中多有表露。例如清末的一首俗曲五更调《闹新房》里，从一更众人闹新房，二更新人入罗帏，写到三更的“海棠枝上试新红”之后，新郎就喜滋滋地“验红”了：“三更里明月来相照，奴好似狂风吹折嫩柳腰。郎爱风流不顾奴年少，忍痛含羞随他来颠倒。弄出一点红，滴在白绫标，不怕羞丑拿到灯前照。新郎见了喜红，心中多欢悦，说奴是黄花女，喜笑在眉梢。”

这种“见红”的手绢，不但新郎要看，有时连外头的宾客和男方的家长都要赞叹不已地传看这块血迹斑斑、代表新娘贞洁的手绢。如果新娘不“落红”，而外面又围着一大堆等着见红的人，那场面的确十分尴尬，后果十分严重。例如《醒世姻缘传》中就有这样一段情节，有个叫魏三封的人娶程大姐为妻，初夜不见红，就对她毒打拷问，然后押送她回娘家：开了街门，只见程大姐蓬头燥脑，穿着一条红裤，穿了一件青布衫，带上系了那块鸡冠血染的白绢，反绑了手。魏三封自己拿了根棍子，一步一下，打送到她门前，把她陪的两个柜，一张抽头桌，一个衣架、盆架之类，几件粗细衣裳，都堆放在大门口，魏三封在门前跳着，百般刁难地毒骂。

当程大姐的母亲孙氏出来与魏三封吵闹，被魏三封拳打脚踢时，看热闹的人把他们拉开，还纷纷指责挨打的孙氏说：

> 你原不该把闺女这么等的。她庙里猪头——是有主的，你不流水的认不是，还挺着脖子合人理哩！这魏大哥是正头香主，指望着娶过

媳妇去侍奉婆婆，生儿种女，当家理纪，不知那等的指望。乃至见了这门破茬，但得已，肯送了来么？你还长三丈，阔八尺，照着他！

书中描写孙氏和程大姐生活作风都不好，但即使如此，魏三封也不应该那样残忍地折磨她，羞辱她，这十足反映出封建时代的男子极端自私的贞操观。当时，魏三封的所作所为不但不受人们的责备，反而得到大家的同情和赞赏，可见那时这种观念已经“深入人心”。

用初夜性交检验“落红”的办法来看是否处女，这是极不科学的。因为处女膜薄的女子可能因运动、劳作而使处女膜破裂。清代《虫鸣漫录》记载了这么一件事：有个老翁见到几个小姑娘在田间玩耍，其中有个小姑娘坐在锄柄上，下身流血了，流于锄柄。老翁在她们离去后就把这个锄柄保存了起来。过了五六年这小姑娘出嫁了，初夜不见红，被疑为不贞，将被赶出家门，老翁持锄柄为证，才洗清了她的冤屈。这个女子实在是太幸运了。

女子失身只有死

中国古代还有一种“烈女”，就是丈夫死了，妻子自杀殉夫，或是因反抗强暴自杀，都属此列。

明代开封有个农家女单三姐，年仅14岁，貌美。单家近邻有一恶少，贪她的美色，趁她的父母下田干活时来强奸她。她极力反抗，到无路可走时，就紧紧抓住中衣不放。恶少死命掰她的手，怎么掰也掰不开，一怒之下，用刀杀了她。父母回来发现后，对她进行了检验，在确认她未失身后，才提请官府旌表她为烈女。如果她死前已被强奸，那就一钱不值了，不仅失去了做烈女的资格，连全家都不光彩。

清代康熙年间有个叫蓝鼎元的文人，写了一本《女学》，流传很广。其中写道：

妇道从一而终，岂以存亡改节？夫死不嫁，固其常也。不幸而遭强暴之变，唯有余荣焉。若畏死贪生，至于失节，则名虽为人，实与禽兽无异矣！

他说的话实在“透彻”，很可以代表封建统治者对于女子贞节的态度。

在中国，封建的贞操观至今余毒未尽。在20世纪80年代的上海，有个女工下夜班回家时被歹徒强奸了，她回家后向丈夫哭诉，本来是希望得到一些同情和帮助，但是想不到丈夫打了她两个耳光，骂她“不要脸”，于是这个可怜的女子只能跳河自杀了。时至今日，在社会上“处女膜修补术”仍甚为流行，这实在是自欺欺人。我们应该坚决反对封建的贞操观。当然，否定封建的贞操观并不意味人们在性方面可以乱来，还是要提倡性行为的严肃性和责任心，而且男女都一样。

薄　姬

——野百合也有春天

闫　红

那时周亚夫还是一个无忧无虑的年轻人，有天在某处碰上了一个叫许负的老太太，这老太太貌不惊人，出身平常，她能混迹于上流社会的原因在于，她是当时最牛的相面大师，经手的大多案例成了江湖传说，她的神机妙算和命运的诡谲叵测一直为人们津津乐道。

然而，在年轻的时候，我们对命运这东西总是有些轻慢的，周亚夫也不例外，他也上前凑趣，心里却是有当无，当许大师对他说，他3年后将封侯，8年为相，位极人臣，却在第九年饿死时，他简直要笑出声来。

封侯？我没那个命啊！他排行老二，从未想过取代哥哥继承父亲的爵位，至于饿死云云，更是可笑。于是，他饶有兴致地问，你既然说我会封侯，怎么还会饿死呢？

许负没有计较年轻人小小的挑衅，她的眼珠从干瘪的眼窝里翻出来，平静地看着他的脸，说："你鼻子两侧有纵纹入口，这是典型的饿死之相！"

周亚夫哈哈一笑，该干嘛还干嘛去了，3年后，他阴差阳错间封了侯，8年后做了宰相，他的命运如同一程一程的长途，千转百折地终于到了许负指定的地点，第九年，他因锋芒太露得罪了汉文帝而下狱，绝食三日饿死狱中之前，不知他眼前可有小老太太那张皱纹重叠的面孔闪过。

除了周亚夫，许负还这么预言过邓通，那会儿邓通是当红炸子鸡，汉文帝的宠臣，听许负这么一说，皇帝老儿先就不爽了：我的人还能饿死？

汉文帝把四川的铜山封给了那小子，允许他自个儿在家造钱，等于现在印现钞啊，可邓通还是饿死了，皇帝的权力也有到不了的地方，首先他就不能保证自己万寿无疆，汉文帝这边一伸腿，汉景帝那边就把邓通的命革了，存心给许大师当托儿似的。

单看这两个案例，好像许负专攻饿死相，其实她也预言过如花美景似锦前程，可惜天机半掩半露，容易叫人会错意，刻意逢迎的结果未必就比漠然忽略好多少，魏王豹的故事充分说明了这一点。

那时天下未定，楚汉相争，刘邦项羽皆有逐鹿之心，就是外围的诸侯军们，也各有各的打算，当此际，来自命运的一丁点提示都是那么激动人心，算命先生成了最有前途的职业。

许负就是在这个时候出现在魏豹面前的，他的面相看不出什么名堂，他那个小老婆薄姬却让她眼前一亮，此人日后必生天子，她斩钉截铁地说。

虽然没有做进一步阐述，但这预言已经如一团腾空而起的火焰，照亮了魏豹迷茫的心灵，他本来是跟着刘邦混的，这下立即倒戈降楚，也许对他来说，许负的预言有如一笔重要的注册资金，可他也不想想，薄姬最后生下的，就一定是你魏豹的儿子吗？

头脑简单的人注定要丢人现眼，他没搞过狡猾的韩信，后者三下两下就把他给摆平了，送到刘邦的帐中，刘邦也没跟他计较，还让他守荥阳，倒是他两个同事很不厚道，认为他反复无常，很难共事，一不做二不休把他给杀掉了。

在史书中，魏豹从头到尾都像一个笑话，野心大，本事小，迷信又盲动，但是仔细地搜寻字缝，我总怀疑这并非真相。

魏豹真的是被一个预言弄得意乱情迷吗？甚至于，真有这么一个预言吗？我看未必，魏豹背叛刘邦之后没有自己出来做，而是跟了项羽，换了个大佬对他的皇帝梦能有什么帮助？相对于这个扑朔迷离的传言，魏豹跟郦食其的一段对话更能展露他的心迹。

还是魏豹刚背叛刘邦的时候，刘邦让郦食其给他带个话，只要肯回头，马上封个万户侯。魏豹没有心动，他说："人生在世，如白驹过隙，汉王慢而侮人，骂詈诸侯群臣如骂奴耳，非有上下礼节也，吾不忍复见也。"

别的先不说，我喜欢他这样的表达，是啊，人生是如此短暂，可不可以活得稍稍好看一点？他并非不晓得自己身处险境，只是，追求"身段"的他，非如此不可。

"生命的尊严与生活的压力，到底哪个更重要？"很多年后赵传这样唱道。魏豹断然选择了前者，和当时很多识时务者迥然不同，比如说黥布。

黥布背叛了项羽投降刘邦，刘邦一边洗脚一边接待他——没看出这厮有洁癖啊——黥布携了身家性命而来，吃不准，很敏感，当即就怒了，又没法回头再奔项羽，盘算着回去死掉算了。到了旅馆一看，吃的用的跟刘邦都是一个标准，就连服侍的小姑娘的脸盘都不比刘邦的差。黥布喜出望外，从此对刘邦死心塌地。

对于黥布和刘邦手下的大多数人来说，待遇比脸色更能证明尊严，这就如同尽管老板黑面黑口，却一路给你加薪，总好过老板笑容可掬，你的薪水却在全公司垫底。只要给予足够的利益，一切都可以被化解。粗鲁可以被忽略，傲慢可以被原谅，他们早学会了豁达地对自己说：他就是那么一个人，我跟他较什么真儿呢？

但魏豹不一样，他不像黥布他们，出身于盗贼流民，对于利益有饥饿感。他是一个真正的贵族，魏国的公子，虽然不能拿豌豆上的公主类比，但无疑，他没有黥布那么皮实。他拘谨，容易受伤，没有在现实里腾挪闪躲的工夫，也没有在同事中长袖善舞的本事，反复无常云云，听起来太像一个借口，真实的情形可能是，他的贵族做派，他的那些穷讲究，让他们讨厌，起了杀机。

若是在太平盛世，魏豹即使不算一个可爱的人，也算过得去，起码他懂礼貌，但这是乱世，粗砺的生物更有生命力，所以他在史书中没有出现几次就死掉了，而且大多数出场都不无狼狈。

唉，我的写作似乎也犯了博士卖驴的毛病，其实我决定写这篇文章时，想讲的是薄姬而不是魏豹，魏豹的故事草草结束了，可薄姬的还没完呢。请您也找出家传的霉绿斑驳的铜香炉吧，点上一炷香，听一段关于这个寻常女子的不太寻常的人生。

魏豹被韩信打败那回，他的女人照例被收了编，接收者是韩信的领导刘邦，大家都知道，这是一个著名的好色之徒，他家里的美女资源多到泛滥，如此一来就不免挑三拣四，拔尖的那一拨被挑出来另有任命，剩下的则送进了织室这类地方。

薄姬就进了织室——由此更可见许负相面之说的虚妄，若薄姬真有必生天子的名头，刘邦咋会这样怠慢她？薄姬在织室这一段人生，可以参看韩剧《大长今》，里面的女人名义上仍算皇帝的妾，实则终生服着锦衣的劳役，寂寞的时候，一日长于百年，白发之后回首，这单调的一生又如三天两日，如花生命就在这长与短的缝隙里打发掉了，如果没有意外，薄姬将成为这个群体里的一个。

但不知怎的，那天刘邦拨冗来到织室，也许他指望沙里淘金？看见薄姬薄有几分姿色，就把她给挑出来，带走了。

不能算一见钟情，那情形更像女人逛街，随手买下一件小衣服，也不是很喜欢，但或者领口、或者袖子有那么一点别致的地方，妙在价钱便宜，于是顺手捞走，到家就丢在脑后，朝黑咕隆咚的衣橱里一丢，小吊牌都忘了拆去。

那时节刘邦左拥右抱，除了戚夫人这等名花倾城，还有一窝一窝的二线人物指望着他的恩泽雨露，薄姬根本挂不上号，倒是她昔日两个姐妹淘搭上了这班车。

这两个女人，史称管夫人和赵子儿，当年和薄姬不是一般的好，曾相约“先贵毋相忘”来着。她俩倒是先贵了，也没有忘掉薄姬，不是因为念旧情，而是此刻正得意，得意到需要一个灰扑扑的人来反衬，昔日那信誓旦旦的“毋相忘”，怎么看怎么像个笑话，两个因得意而不免有点轻骨头的女人，打这里面发现了命运的荒诞感，一说起来就笑个没完。

刘邦在旁边听了一耳朵，女人间那点琐事，原不劳他挂怀，但不知他想起早年也如是相约的兄弟，还是自己也曾惨淡寒微看不到未来，忽然心中一动，凄然怜之，“是日招，欲幸之”。

诸位看官不要挑眼，说刘邦怜惜别人的方式竟然是“幸之”，在TVB年度大戏《金枝玉孽》里，后宫无时无刻不在进行的，可不就是皇帝的精子争夺战。那么多人精似的女人使出浑身解数，明争暗斗，步步为营，每一点小胜利都来之不易，不但需要美貌智慧，还得机缘巧合。而现在，对可能不那么漂亮也不那么有心眼的薄姬，刘邦如此照应，怎么着也算厚道了，怜弱惜贫的成分大于他自己的生理需求，和为项羽落泪一样，这个粗鲁强硬的男人时不时会暴露出那么一点恻隐之心。

那是薄姬孤寒的生涯里一簇小小的温暖，据说，当时她对刘邦说，昨暮梦龙盘妾胸。对这个传说的真实性。我也觉得很可疑，历来那么多皇帝的老妈怀孕前都做过这类梦，COPY得毫无新意。如果薄姬真的对刘邦这么说了，我觉得第一可能是刻意的乖巧，第二，她前夜不知道梦到了什么稀奇古怪的东西，她愿意想象那是龙，是她无望的生命的一点小希望，她就像鲁迅笔下极细小的粉红花，在冷的夜气里，冻得红惨惨的，还是要瑟缩地做着梦。

薄姬的肚子很争气，不久就怀上了孩子，刘邦宠幸她，原本就是同情弱势群体，现在见她连儿子都有了，母因子贵，也被封了那啥啥了，这温暖送得也差不多了，目标达到了，就不大到她这里来了。

薄姬重新回到以前的境况中，宫里的日子幽深似井，缓慢如抽丝，但她应该没有什么好抱怨的了，大家不都是这么过过来的吗？她又不是特别的出类拔萃，能因可怜而不是可爱入刘邦之眼，天可怜见，还给了她一个儿子，难道还不应该知足吗？

偶尔也听说，吕后与戚夫人正斗得如火如荼，也只是随便听听罢了，和她有什么关系？她的儿子注定与天子无缘，她最辉煌的梦想也不过是随他去他的封国，做一个体面的王太后。

等到戚夫人中箭落马，吕后秋后算账，被刘邦宠幸过的女人都遭了殃，一时间众芳芜秽，只有薄姬逃过一劫，倒不是吕后另眼相待，恰恰相反，吕后压根不拿眼皮子夹她一下，在男人那里不得势的女人，也会被同性看轻，谁会跟一个看不上眼的东西较劲呢？吕后挥挥手把她饶过，集中精力对付曾让她嫉妒得眼睛里滴血的戚夫人。

薄姬跟儿子去了代地，这是她儿子的封国，她变成了代太后，到了这儿，她的故事总应该完了吧？就算真的有那么一个预言，薄姬自己也不会信了，目睹过戚吕之间那场残酷搏杀，无所作为又平庸至此的她，无法想象有那么大一个馅饼砸到自己头上。

人算不如天算，戚夫人的儿子被吕后做掉了，吕后自己的儿子又被老娘的辣手骇得魂飞魄散，不久一命呜呼，中间又曾有几任身世不明的皇帝，实际上是吕后的傀儡，一朝吕后归了西，韬光养晦的老臣们马上跳了出来，和吕家的“残渣余孽”好一番恶斗，一日之间，人头落地，血流成河，黄昏之前，以周勃陈平为首的老臣们赢了。

现在，谁来当这个接班人？最有可能的人选是代王刘恒和淮南王刘长，他俩基本条件差不多，但淮南王母系方面的力量太厉害，虽然他母亲赵美人早早自杀身亡，但他早年由吕后抚养，跟惠帝关系亲厚，气焰不同于一般的皇子，他的几个舅舅，更不是弱茬，在地方上也有一定势力，没准给点阳光就更灿烂，好容易赢得今日局面的大臣们，可不希望再上演一场吕氏之乱。

相形之下，薄家人平和得多，薄姬的母亲虽是故魏王宗室女，却是和一个姓薄的苏州小子私通生下了她，她的出身算不得高贵，又不得宠，生了个儿子也不十分被刘邦待见，娘家人对她的处境想来心知肚明，也就不大仰仗着她横行霸道的，老老实实地过着自己的小日子，用现在的话说，就是相当低调。

低调的薄家肯定比张扬的赵家更好控制，老臣们用脚指头想想也知道他们应该选谁做接班人，遂派人去代地迎接刘恒入京，却把这位代王吓了一大跳，对于天大的好事，人们一样需要适应期的，犹疑、惊惧、坐卧不安，凡是有脑子的人，都不会一下子就相信自己是上帝的宠儿。

那是多么激动人心的前夜，兴奋与恐惧交织在一起，刘恒和他的亲信们无法入眠，他们开会讨论，算卦问卜，各执一辞，争论纷纷，还真有人力主刘恒不要去，一个叫张武的家伙说，那些老家伙当年都是跟着刘邦打天下的，个个都很狡猾，他们新近喋血京师，杀了诸吕，现在又叫大王您去，不知道又在玩什么阴谋！

要是刘恒听了他的话，中国的历史就改写了——幸好没听。他请舅舅薄昭先去探个虚实，薄昭入京见到绛侯周勃，发现对方确有十足的诚意，回来跟刘恒一汇报，刘恒这才浩浩荡荡地进了京，做了皇帝，他母亲薄姬也顺理成章地成了皇太后。

按规矩，皇太后死去之后，是要和先帝葬在一起的，但是最后与刘邦共同长眠于长陵的还是吕后，汉朝的大臣，对待吕后的态度很复杂。他们对吕氏篡权有着沉痛的记忆，同时，对于这个与高祖一道打天下的女人也不无敬意，虽然尽除诸吕，依然给了她埋葬于长陵的礼遇，薄姬则“特自起陵”，与早她两年去世的儿子汉文帝更近一些。

这样的格局，很好，上帝的归上帝，尘土的归尘土，当刘邦与吕后地下相见，也许会恩怨交加，感慨万千，而薄姬则在离他们很远的地方，淡然回想自己的一生，对于命运这东西，当有与众人不同的见解。

武则天三招俘获高宗心

蒙　曼

病榻偷情

《唐会要》记载说："时，上在东宫，因入侍，悦之。"这是讲武则天和唐高宗二人初步建立关系的一段经典史料。"上在东宫"，表明是在李治当太子时期，"因入侍"，是说侍奉病中的唐太宗。有了这段史料，我们就能够把唐高宗李治和武则天建立感情联系的时间段给确定下来。因为唐太宗是贞观二十年得病，贞观二十三年去世，所以太子李治伺候唐太宗于病榻前，确定肯定是在这3年之间。"悦"是喜欢，但是放在男女之情上，就不是一般的喜欢，而是爱慕了。也就是说，在唐太宗的病榻之前，太子李治不可救药地爱上武则天了。

李治性格如此，武则天又是一个什么样的人呢？上集说过，武则天坚强、独立、有表现欲。这样的两种性格有明显的互补性。所以李治一看到武则天英姿飒爽的形象，马上被深深吸引住了。这就是史料中所说的"悦之"，一见钟情。那么，武则天怎么处理和太子之间的感情呢？必须注意到，太子喜欢武则天的时候，唐太宗已步入晚年了。武则天明白，皇帝行将就木，要为自己的前途打算了。可以肯定，以武则天的性格，她必定会积极促成这段感情进一步向前发展，主动去迎合太子，追求太子，把浅浅的"悦之"变成深深的两情相许。这样，武则天在进入感业寺之前已经走过了她和李治感情三部曲的第一步，我们可以称之为"病榻偷情"。在唐太宗的病榻之前和太子偷情，这需要怎样的勇气啊，武则天做到了。

尼寺传情

但是，仅仅依靠感情特别是君主的感情是很不牢靠的。李治和武则天在唐太宗的病榻之前虽然就两情相悦了，但是，李治即位后，并没有对武则天做什么特殊安排，他还要忙着处理军国大事呢。因为是青年登位，面对整个大唐帝国，他很紧张，怕自己办不好，所以他父亲是三天一上朝，他是一天一上朝，每天都接见文武大臣，访察民情，想要当一个好皇帝。可以说，在皇帝的心里头，江山总比美人更重要一些。所以，他没有特殊照顾武则天，还是让她和别的妃嫔一起到感业寺去了。但是，武则天的非凡之处在于，她即使身处逆境，也不放弃希望。而且，她也有足够的能力让希望变为现实。在感业寺中，武则天努力维持着不绝如缕的感情，让它继续牵动着李治的心。

有什么材料可以证明她在感业寺中还不甘寂寞，继续让高宗李治为她魂牵梦绕呢？这可是大内秘事，史料中确实不会留下记载，但是武则天创作的一首情诗，透露了一些重要信息。这首诗名字叫做《如意娘》：

看朱成碧思纷纷，憔悴支离为忆君。

不信比来常下泪，开箱验取石榴裙。

诗的大意是说：我心绪纷乱，精神恍惚，把红的都看成绿的了，要闯红灯了。为什么我如此憔悴呢？就是因为整天想着你。如果你不相信我每天因为思念你而默默落泪的话，你就打开箱子看看我的石榴红裙吧，那上面可是洒满了我斑驳的泪迹呢。这首诗写得情真意切，据说后来的大诗人李白看到之后，也不由得爽然若失，觉得自己不如武则天。

怎么能够证明，这首诗就是武则天在感业寺的时候写给李治的呢？武则天一生分为有限的几段。太宗才人，高宗皇后，大周皇帝。那么，这诗有没有可能是武则天当才人的时候写给唐太宗的呢？不会。为什么呢？作为才人，武则天天天围绕在太宗身边，掌管照料他的起居，她没有理由思念太宗，因为思念的产生需要距离。再说，我们也看不出这对老男少女之间还有这么强烈的爱情。有没有可能是武则天当皇后时写的呢？也不会。武则天和唐高宗形影不离，更没有思念的机会，而武则天在高宗时代私生活很检点，没有思念别人的可能。还有没有可能是在高宗死后，武则天写给那些面首的呢？也没有可能。因为无论是薛怀义还是张易之兄弟，武则天都可以招之即来，挥之即去，用不着思念，武则天对他们也不会有这么深的感情。这首诗所体现出的痛苦、恍惚的感情只能存在于武则天当尼姑的时候。尽管前途渺茫，但还存在着一线希望，这希望就是她和李治那段旧情。她把赌注全都押在李治身上，所以相思成疾，以至于看朱成碧了。

这首诗写了之后是怎么处理的呢？是不是和石榴裙一起压箱底了呢？不可能。对于武则天来说，这还不是一封普通的情书，而是扣开李治心扉，也是扣开她自己命运之门的敲门砖。她怎么可能让敲门砖躺在箱子里呢？她必定得通过什么渠道把它交给李治，让他知道，此地有一个尼姑，过去和你有着那样一段感情，她现在还在每时每刻思念着你，真是“一寸相思一寸灰”啊。唐高宗面对这样的真挚告白，想想当日的心心相印，他还能放得下武则天吗？这就是武则天感情三部曲的第二步，我管它叫“尼寺传情”。

执手激情

我们为什么说这首诗或者其他类似的诗文一定发出去了呢？因为李治终于被打动，决定来看她了。永徽元年（650年）五月二十六日，唐太宗周年忌这天，李治到感业寺行香来了。忌日行香，是唐朝社会的风俗。自从北朝以来，佛教流行，深深地影响了人们的日常行为，某些仪式后来又上升为国家礼典。根据当时的礼仪制度，皇帝死后的周年，继嗣的皇帝要到寺院上香，为先帝祈福，同时表达自己的思念之情。行香是固定仪式，但到哪个寺院行香就由皇帝决定了。李治放着长安城里那么多的名寺不去，偏偏选择武则天所在的感业寺，显然，他没有忘记她。进入感业寺后，两人干了些什么事情呢？根据《唐会要》记载：“上因忌日行香见之，武氏泣，上亦潸然。”两个人面对面，潸然泪下。见一面不容易，那真是望眼欲穿啊。下次相逢，又不知是何年何月，怎不叫人泪眼婆娑呢？现代许多学者不太相信《唐会要》的记载，他们的理由是，忌日行香是国家礼典，李治的随员肯定不少，感业寺的尼姑当然也不止武则天一个。他们怎么可能在这样的场合激情对泣呢？但是我认为，这件事必定发生过，理由有三：

第一，文本的理由。《唐会要》是一本经得起推敲的史书，保存了唐朝大量的经济、政治等方面的原始资料，它和现在街头小报不一样，不是专讲绯闻的，没有必要制造这么一个谣言出来。

第二，人情的理由。武则天在感业寺待了一年，她盼什么？她就盼李治来呀，盼星星盼月亮，盼得深山出太阳，这太阳就是李治。现在李治真的来了，她怎么能不张开双臂拥抱光明？再说了，君心难测，他今年想着你，明年可能就想着别人了，所以皇帝好不容易来这么一次，怎么能不抓住这个千载难逢的机会？

第三，性格的理由。武则天是一个敢于冒险的人。她的父亲武士彟当年就肯冒身家性命之险，追随李渊造反，武则天本人在唐太宗时代，也有过出位之举。她不怕赌博，愿意赌上一把。所以这个时候，她是纵使身边有千军万马，我的心中只有你。两个人就这么执手相看泪眼，竟无语凝噎了。

这件事是武则天和李治感情三部曲的第三步，我管它叫“执手激情”。李治是一个温柔多情、有浪漫气质的青年，经过这么一番激情表演，李治的心被彻底俘虏了。

到此为止，武则天经过病榻偷情、尼寺传情、执手激情，已经走完了她和李治的感情三部曲，可以说是“万紫千红安排就，只待春雷第一声”了。

诗仙李白身后有多少女人

黄玉峰

一个人对待婚姻的态度也可以反映出他的思想、追求，甚至性格特点。

李白的婚姻情况到底如何？他结过婚吗？结过几次婚？他的妻子是谁？夫妻关系怎么样？生了几个孩子？孩子的情况如何？这都是我们了解李白思想性格的重要方面。

可惜，关于这方面的记载实在太少，除了李白诗歌，见诸文字的很少。还好，李白有个追星族，一位叫魏颢的人写的《李翰林集序》中有记载。魏颢又名魏万，曾到处追踪李白几个月，相遇后李白就赞他前途无量，说他将来必得大名，还对他说，你得大名后你大发后，不要忘了我和我的儿子。后来此人果然中进士。他在为李白编的集子中有这样一段话：

白始娶于许，生一女，一男曰明月奴，女既嫁而卒，又合于刘，刘诀，次合于鲁一妇人，生子曰颇黎。终娶于宗。

魏万是李白同时代人，李白又托他编集子，对李白的了解应该比其他人更真实，他的这段话是关于李白婚姻和子女权威性的记录。

从这段记录中，我们获得许多重要信息：李白结过4次婚，两次是正式的，用一个“娶”字，两次是一般的同居，用一个“合”字。

不过魏万的话也有误导，从他的话中，我们只看到李白是“娶”了老婆，而事实并非如此。李白的两次正式婚姻都不是“娶”，而是“赘”，“入赘”。

魏万故意避讳了这个“赘”字，笼统地说“娶”，这是因为敬重李白之故，为尊者讳。可是，李白在自己的文章中却不避讳，大大方方地说自己是入赘，他在给安州裴长史的信中，说：“许相公家见招，妻以孙女，便憩迹于此，至日移三霜焉。”他用的是“见招”两字，“见招”就是“入赘”。这个招字说得很明白，说明李白对“见招”没有什么心理障碍，不以为羞耻。

那么，李白为什么会不在乎做招女婿，而且大大方方地讲出来呢？

这与他的观念有关，在他看来，这没什么了不起，这又与他的出身和文化背景有关，李白从小生活在胡人中，对中原文化中这样的习俗没有切身的感受。在男女婚姻关系上，李白是很开放很现代很平等的，而且，李白从偏远的四川来到中原地区，举目无亲，要升迁、发达，在李白看来只要有机会让他一展才华，实现他的济苍生安社稷的理想，招女婿又有什么关系。有时，李白也是很灵活，很庸俗的。

李白与许氏是开元十五年（公元727年）在安陆成亲的，成亲以后，李白过了一段相对稳定的生活，就是他自己所说的“酒隐安陆，蹉跎十年”，也就是共同生活了十多年。这十多年中，他基本上生活在湖北安陆，虽然绝大部分时间仍在“名山游”，但还算是“常回家看看”的。

许家小姐倒是一个有才有貌、有很高文化修养的大家闺秀。不愧为相门之女，婚后有好多关于他们夫妻的故事。据宋长白的《柳亭诗话》记载，有一次李白写了一首《长相思》给夫人看，最后一句诗是：“不信妾断肠，归来看取明镜前。”这位相门小姐看了微微一笑，说你听读过武后的诗吗？我背给你听：“不信比来常下泪，开箱看取石榴裙”，李白听了好没面子，本来想在夫人面前炫耀一下自己的才华，现在反被看出自己模仿的痕迹。可见这位相门之女非同寻常，由此也可见，他们的夫妇关系，还是颇恩爱的。

他与许氏生了一女一男。女的叫平阳，出嫁后不久便死了。男的叫明月奴，郭沫若在《李白与杜甫》中认为，这个名字怪，不像男孩名，应该是平阳的小名，于是认为这句话有漏字，应该是：“娶于许，生一女，一男，女曰明月奴。”这是主观臆断的，解释不通就说漏字。其实，要知道西域人取名与汉人不同，李白是“华侨”，受西域文化影响，取名自然不同。明月奴意思是像月亮一样明亮的小家伙（奴是昵称），明月奴，名伯禽，他姐姐叫平阳，平阳是汉武帝姐姐的名，嫁后寡，后嫁大将军卫青，能歌善舞。李白也不在乎她是个寡妇，同样用这个名。他只是希望自己的孩子，长得像平阳公主那么漂亮，能歌善舞。这也与中原汉人不同。对寡妇名字也不忌。他小儿子名字颇黎也是怪怪的，其实就是“玻璃”，就是要孩子像水晶那么明亮，从起名也可知李白受西域影响之大。

许夫人大概死于开元二十八年（740年），当时李白40岁，还正在南阳游玩。

李白最后一任妻子宗氏，是前宰相宗楚客的孙女，这个女子大约是李白50岁左右结合的，也跟了李白好多年，后来跟李白上庐山，李白入狱流放时。她与家人还极力营救。李白被赦后，可能又见过一面，后来李白又想去参加李光弼的军队，从此再没见面。

纳妾两个

另外，李白的两个妾，那个姓刘的女人，据说是不守妇道，“不贤”，把李白给蹬了。因为李白长年不回家，就说你再不回家，就与你李白离异。

李白很气愤，写了一首《雪馋诗赠友人》斥骂这个女人，说：

“彼妇人之猖狂，不如鹊之疆疆；彼妇人之淫昏，不如鹊之奔奔，坦荡君子，无悦簧言。”

这样斥骂自己妻子的诗，大概在我国诗坛上，也是独一无二的。

然而，作为丈夫，李白自己也说过，他不是一个好丈夫，他自己说：

“三百六十日，日日醉如泥，嫁与李白妇，何如太常妻。”《赠内》

嫁给这个没钱又整年整年不见人影的李白，已经很委屈了，还要挨这样的毒骂，这实在不公平了。

不过，李白有时似乎也会换位思考，对她的行为也有所理解，他想象她“落花寂寂入青苔”，生活很寂寞，难怪她有怨言。

他用“去妇”的口吻写了《去妇吟》，为这位大胆离去的人妇的行为辩护：

“古来有弃妇，弃妇有归处，今日妾辞君，辞君遣何去？本家零落尽，恸哭来时路……幽闺多怨思，盛色无十年，相思若循环，枕席生流泉……及此见君归，君归妾已老，物情恶衰贱，新宠方妍好……岁华逐霜霰，贱妾何能久……余身欲何寄，谁肯相牵攀……”

他站在女方的立场说话：你不回家，我也有权利走。从这里倒也可以看出李白有男女关系较为平等的观念。看到女方也应该有自己的生理与感情需求，不是一味指责谩骂。

更令人感动的是，李白还进行自我反省，他在诗的最后写道：

“忆昔初嫁君，小姑方倚床，今日妾辞君，小姑如妾长，回头语小姑，莫嫁如兄夫。”

他站在对方的立场上，模拟去妇的口吻对小姑说，“今后你嫁人，可千万不要嫁给像你哥哥那样的人啊。”

如果说那位挨骂的“去妇”还有个姓氏。我们还知道她姓刘，那么，李白在山东的那位妾，就连一个姓都不知道了。这位“鲁一妇人”，为李白生了一个儿子。就是颇黎（玻璃），取其纯净闪亮之意。又有个小名叫天然，希望他自由自在地成长。李白给自己的孩子取名，就像他的诗句，是很有个性的。可惜，李白不久就又远走高飞，与家人天各一方，一门散百草，从此再也没有相见。颇黎（玻璃）的命运，也成了一个永久的谜。

潘金莲为什么要勾搭武松?

吴 越

当时大户人家的丫头，一般都是花钱买来的，是主人的“财产”之一。主人要你往东你不敢往西的“丫头”，主人有权随意支配发落的“丫头”，连身子都是人家的“丫头”，主人可以生杀予夺，根本就无权拒绝男主人的性要求，但是潘金莲却居然这样做了。这说明她具有反抗的叛逆性格。可惜《水浒传》的作者没有抓住这一值得大书而特书的好素材，详细描写这一情节，只是一言带过。

因此，要客观地评价这个人物，就必须探索潘金莲嫁给武大郎之前的身世，把她的性格搞清楚。不然，就无法正确理解潘金莲这个叛逆的女性。

据《水浒传》书中介绍，这个潘金莲，本是清河县一个大户买来的丫头，那大户老“缠”她，她不愿意，就去告诉主人婆。为此那大户记恨在心，故意把她嫁给一个身材矮小、相貌猥琐的武大郎为妻。这当然是一种报复行为：你不顺从我，我就叫你一辈子不顺心。

对潘金莲来说，她一个被卖身的丫头，根本就没有自己选择夫婿的自由，当然只能任人摆布，不可能有“反抗”行为。但是一个妙龄少女，她之所以不顺从大户的奸污，不就是不想当“情妇”、不想当“二奶”或“偏房”，一心想将来嫁一个满意的郎君么？身为丫头，一般人处在这样的地位，大都是委曲求全，不得不违心地答应男主人的性要求，然后以此为资本，达到嫁一个“好一点儿”的男人这样的目的。或者就进一步，和主母争宠，达到当“专房偏房”的目的。但是潘金莲不以当偏房为满足，甚至倔犟地要为自己未来的丈夫“守住清白身子”。就凭这一条，这个潘金莲堪称“奇女子”一个，绝非庸庸碌碌者可比。下面我们不妨来看看潘金莲泼辣的性格和十分江湖气的语言：

武松再筛第二杯酒，对那妇人说：“嫂嫂是个精细的人，不必武松多说。我哥哥为人质朴，全靠嫂嫂做主看顾他。常言说：‘表壮不如里壮。’嫂嫂把得家定，我哥哥还烦恼什么？岂不闻古人言：‘篱牢犬不入’？”

那妇人被武松说了这一篇，一点红晕从耳朵边升起，紫涨了面皮，指着武大就骂：“你这个腌臜混沌！有什么言语在外人面前说了，欺负老娘！我是一个不戴头巾的男子汉，叮叮当当响的婆娘！拳头上站得人，胳膊上走得马，人面上行得人！不是那种压不出一个屁来的鳖老婆！自从嫁了武大，真个是蝼蚁也不敢进屋里来！有什么篱笆不牢，犬儿钻得进来？你胡言乱语，一句句都要有下落！丢下个砖头瓦片儿，一个个都要着地！”

看这一篇言语，可不是一般的“良家女子”所能说得出来的。潘金莲当过丫头，接近下层社会，即便她不是泼妇，“泼妇骂街”，至少是听见过的，所以这时候张嘴就说出来了。——一个说得出这种“江湖”语言的“泼辣女人”，才有可能、有那胆量敢于亲手毒死丈夫。这是潘金莲“可怜复又可恨”的两面。

尽管潘金莲性格坚强，但是她的理想不但不能如愿，而且遭到了主人报复：把她嫁给了一个外号叫做“三寸丁谷树皮”的武大郎，那是身不由己，无可奈何，心里肯定是不满意的。《水浒传》对潘金莲前期的定位，虽然不是贞节烈女，但至少是个规规矩矩、不肯乱来的女人。当然，在强大的压力之下，虽然表面上顺从了，但也不排斥对自己的婚姻仍存有幻想。

武松的出现，勾起了她的爱情欲望，也是情理中事。在这种情况下，武松应该“晓之以理”。但武松是个粗人，不善于做安抚工作，引起了潘金莲的逆反心理，于是西门庆这个淫棍兼恶棍趁虚而入了。她和风流倜傥的西门庆勾搭成奸，也不是她主动投怀送抱，而是经过王婆的精心策划、苦心安排，只能算是潘金莲“中计”或“失足”。后面的故事，责任主要在西门庆和王婆，不能全怪潘金莲。

但是她看见武松一表人才，又是打虎英雄，居然敢冒着“乱伦”的恶名，主动对武松进行挑逗，就不是一般情理中的事情了。如果潘金莲仅仅以找一个美貌少年做情人就满足，她不是没有机会：武大郎婚后住在清河县，就有许多青皮、地痞来勾搭她。青皮、地痞不都是舞台上的小丑，其中应该也有几个平头整脸的风流少年。但是她在清河县并没有红杏出墙，而是采取“惹不起躲得起”的措施，搬到另一个郡的阳谷县来居住。而且在武松出现之前，潘金莲一直是一个“规规矩矩”的女人，每天安排武大郎上街卖炊饼之后，基本上是“关着门”过日子，不和外人来往的。所以她才敢说：“自从嫁了武大，真个是蝼蚁也不敢进屋里来！有什么篱笆不牢，犬儿钻得进来？”——这可不是说大话，而是真真实实的当时情况。

那么为什么武松一出现，她就动了心呢？潘金莲有一百个理由寻找情人，也可以寻找任何一个少年郎做情人，但是也有一千个理由绝不应该找武松做情人。因为武松是武大郎的弟弟。这不是“封建伦理”，而是中国人的“传统人伦”。只要是个“正经女人”，都不会这样想、这样做的。

但是潘金莲居然这样想了，居然这样办了。这就是“个例”，不是用常情可以解释的。也就是说：这其中一定有一个“之所以不合常情”的道理。

《金瓶梅》第一回，是这样介绍潘金莲的出身的：阳谷县遭遇荒年，武大郎的老婆死了，只好带着女儿迎儿搬迁到清河县，租了张大户的房屋居住。当时张大户就已经和丫头身份的潘金莲私通，但为老婆子所不容，所以张大户故意把她嫁给自己的房客武大郎，目的就是因为武大郎“老实可欺”，他到武大郎家里和潘金莲幽会，也可以更方便。这样的定位，是说潘金莲本来就是一个淫妇，至少也是一个“不规矩的女人”。下面描写：张大户死了，武大郎被赶出张家，搬到紫石街来住；潘金莲想勾搭武松不成，接着就和西门庆勾搭成奸。这样写，自然顺理成章，潘金莲本来是一个“淫妇”。——即便她的丈夫不是武大郎，她也还是要“红杏出墙”的。

高元钧的山东快书《武松传》，说潘金莲本是清河县张员外家的丫头。张员外先把潘金莲卖给一个年近50的老财主，潘金莲死活不肯（这是一个“现代化”了的潘金莲，不合乎那个时代“丫头”的身份：就是把她卖给80岁的老头儿，她也无权反抗），这才故意给她找个“年轻些”的武大郎，也是想气一气她的意思。

王丽堂的扬州评话，是按照《水浒传》的原文而有所发挥的：清河县的潘大户，买了个5岁的小丫头。长大以后和大户有了私情，被老婆子知道了，就故意找一个相貌丑陋的武大郎把她嫁了出去。

所有这些情节的增加和改动，都是因为《水浒传》在这一回书中的确说得不明不白，不清不楚，出现了情理上的漏洞。于是各人都来想办法弥补，于是出现了各种各样的“水浒外传”。

虽然这些“水浒外传”对潘金莲这个人物各有不同的定位，但基本上都没有离开一个大前提：潘金莲是个任人摆布的弱者，她的婚姻是不美满的，是她所不愿意的。婚姻的挫折，导致她的逆反心理。为了追求美满的婚姻，于是她要反抗封建礼教，于是她要背叛社会习俗，于是演出了一场红杏出墙、谋杀亲夫、灵前被杀等等有声有色的连台好戏，也给中国人留下了一个永远说不完的话题。

2007年9月20日，我参加香港凤凰卫视在山东梁山县梁山山寨上举行的“梁山泊一百单八将是英雄豪杰还是土匪强盗”的电视大PK，听到了同情潘金莲的女作家陈岚小姐的精彩发言。她说：处在那样的情况之下，武大郎和武二郎完全可以实行“兄弟共一妻”制度。此言一出，语惊四座！

不错，在某些地区和某些民族中，历史上的确存在过“兄弟共妻”的现象和习俗。但那是当时当地迫于经济实力“不得已而为之”的事情。是人伦理念和习俗的例外。如果兄弟二人都有娶老婆的经济实力，谁愿意把自己的老婆和别人共享？

假设潘金莲本来就和武松有情，或者假设潘金莲是个“人尽可夫”的淫妇，在潘金莲频频主动勾搭武松这种情况下，即便武松的确是个浑人，但是他的心中有一种坚定的伦理观念：既然潘金莲已经嫁给了我哥哥，我和嫂嫂之间，就必须保持严格距离。这是中国人的道德底线，也是人性底线，是不能改变的“做人原则”。这说明武松是一个堂堂正正的男子汉，绝不是那种鼠窃狗偷的无耻小人。他不但自己要顾全人格，还要顾全哥哥的面子。所以发现嫂嫂对自己有意以后，他只能闷在肚子里，直到他搬出紫石街，也没把这层窗户纸捅破。这是武松性格中具有极强的伦理观念的一面。

扬州评话《武松》和电视剧《水浒传》都说武松从小父母双亡，是哥哥武大郎一手带大的。其原因，就是为了加强他们兄弟之间的情谊，在伦理观念之上，再渲染手足情深。其目的，也就是为武松不理嫂嫂的挑逗寻找更加充足的理由。

潘金莲勾搭武松，可以假设她有十分充足的理由；但是武松拒绝嫂嫂的“情挑”，也有他更加充足的理由。两者发生矛盾，甚至矛盾激化，于是一发而不可收拾了。

《水浒传》历代多次被禁，原因就是说它“诲淫诲盗”，有负面影响，不适合青少年阅读。《水浒传》写得最多的就是杀人，而且往往是滥杀无辜，更不问杀人动机是善是恶；《水浒传》还特别善于写暧昧的奸情，却不善于写纯洁的爱情。——整部书中，除了赤裸裸的通奸和强奸，几乎就没有卿卿我我、儿女情长的描写。“王婆说风情”这一回书，什么“潘驴邓小闲”，什么一分、两分……直到十分，的的确确是一本“偷情教科书”。在王婆设计的这种“强大攻势”面前，潘金莲就是一个知书识礼的贞节烈女，也难免要入其彀中，何况她正是一个对自己婚姻不满的闺中怨女呢。

崔莺莺为什么会在西厢失身？

郭灿金

在《西厢记》里，王实甫以天纵之才，为崔、张二人搭建了性爱舞台，西厢地点的选择是经典的，在此，王实甫展示了他非凡的大师功力。我们不能不留意构成这一经典性的几个元素：暮春时节、寺庙、花园（或许有小径交叉）、月亮，或许也应该加上环境的软件——文化，所有这些加在一起，导致了崔莺莺的情难自禁，身不由己，一步一步踏上了男人设计好的暧昧贼船。

春　天

春天是中国人尤其是读书人心中一个缤纷的季节，春天可以让他们感受到生命和身世，可以唤起他们潜意识中莫名的惆怅："感时花溅泪，恨别鸟惊心"，"春眠不觉晓，处处闻啼鸟"，"春风知别苦，不遣柳条青"，"谁家玉笛暗飞声，散入春风满洛城"，"寂寂春将晚，欣欣物自私"。诸如此类，俯拾皆是。到了崔莺莺即是每日价情思睡昏昏。春光的短暂，春花的易逝，在某种程度上对应了人生，触动了更为脆弱的古人心弦。

从古到今，有两种东西让人感到深深的无奈，那就是时间和流水。从本质上说这两种东西多么相似啊！和时间和流水相近的东西应该说还有青春，所以子在川上曰，逝者如斯夫，不舍昼夜。孔子的喟叹当有对时间和青春的哀挽，这句最逼近事物本质的短语以其彻悟般的质感令后人难以平心静气。流水是使人意识到时间可怕的一个显性理由，流水让人观照时间，这种观照是外在的，这种观照来自于外界，是时间本质的一个写照和象征。相对说来，春天更容易使人直接看到时间的可怕，春的绚烂，春的易逝，春的无可挽回，它显然就是时间残酷本质的一个缩影。

人类无从把握时间和青春，一如无从把握流水，有谁能和时间相对抗呢？在"厚德载物"的时间的阴影下人类悄悄地生活，然后，悄悄地流逝。而时间一如既往。故古人说：天地不仁，以万物为刍狗。而很多情况下，时间是一只看不见的手，它操纵人类，人类却无从知晓。因此，人类只有在面对流水，直面春天时才会突然领悟到时间的残酷本质，看到时间的可怕真相，难以言说的恐惧会紧紧地攥住人类的心。罗大佑一首歌中就这样唱道："流水它带走光阴的故事，改变了我们。"

时间对于人类来说是宿命的，这种宿命带给人类的除了恐惧还有深深的压迫。在逝者如斯的时间面前，人类选择了抵抗。抵抗的方式多种多样，例如崔莺莺就选择了所谓的爱情。其实，爱情是人类对时间恐惧的一个表征，是时间馈赠给人类的一个耻辱的印记，人类可以抓住爱情——时间汪洋中的一根稻草，但时间不顾地老天荒的谎言，还是把抓住稻草的人卷入漩涡，同时攫去那人的青春。

这时，人类选择了创造，创造后代，生儿育女，幻想时间无穷，子孙亦无穷，虽然个体会消亡。也许最好的方式是在空间里留下作品——文学、音乐、建筑……譬如王实甫选择写《西厢记》，无非想以此证明，虽然失败，但人们曾选择抵抗，人类会与时间永远对抗，虽然失败是命中注定的。

对时间的发现是人类最大的悲剧也是最大的幸事，否则，人类真的是"天地的刍狗"了。

对于扶柩回乡的莺莺来说，春天好像在一沉吟之间就到了柳树梢头，青春期的哀愁与丧父的伤痛也就这样潜滋暗长。故事的开头注满了不祥，春风和月色暗藏了明媚和妖艳，乐曲的过门因遍布偶然而显出刻意的机巧。春天真是一个错误的季节。

按霓裳舞六幺啊，半步节拍莫错。

按霓裳舞六幺，青春的莺莺和着时间的节奏舞成一个白色的精灵，舞成一个飘渺的符号；西厢的月夜，春露如水，月华似刀。独舞的美妙与寒凉，霓裳的哀戚与徊徨，莺莺一人饮尽；追忆的落寞与悲伤，六幺的艳丽和惆怅，莺莺一人品尝。

对春天的理解，对生命的感怀，对时间的把握，使大家闺秀、漂亮美眉崔莺莺小姐走上了一条不归路。

寺　庙

在传统的理解中，寺庙的形而上指向是"四大皆空"，形而下指向却是性与欲的压抑。作为佛教在俗界的象征，寺庙给人的感觉是复杂的。当把寺庙的形而上作用和形而下效果结合起来考察时，其合成能量会更加匪夷所思。

莺莺之父的"京师禄名终"的原因，带来了崔家"子母孤孀途路穷"的结果，崔老夫人总结道：“想先夫在日，食前方丈，从者数百；今日至亲只这三四口人，好生伤感人也！”（可见唐宋时期官僚的保障体系是如何欠缺，59岁现象岂不令人沉思）。久经人生的老妪尚且欲说还休，如春花般绽放的莺莺情何以堪？鲁迅说，有谁从小康之家堕入困顿的么，在这条路上大概可以如何如何云云。莺莺一人承担了家道的中落，生父生命的终结的压力，她稚嫩的肩膀怎能担得起这么多生命本身的忧愁？

莺莺之父的死亡是她人生的第二次断奶，拔苗助长般地使崔莺莺走向了成熟，正如鲁迅父亲的去世让鲁迅看透了人生一样，莺莺之父的死亡，让她不得不直面生命。普救寺的孤寂又给崔莺莺提供了一个审视生命的机会，因此，莺莺之所以为爱疯狂，其父的死亡应该是一个重要的心理基础。莺莺在用这样的方式向父亲尽孝。

花　园

一个俄罗斯作家写过一篇《美、孤寂和女人》，以伤感的笔调追述自己少年时代一段伤心往事，年少的他目睹了自己暗恋的女人夜晚在花园里和男友无比亲密的细节。故事总是大同小异，我记住的是花园这一特定的场景。

在古中国也一样，花园（尤其是后花园）是古代少女可以涉足的唯一户外之地。“墙里秋千墙外道，墙外行人，墙里佳人笑。笑渐不闻声渐消，多情却被无情恼。”这是宋朝的一个诗人对后花园内外场景的一个动人的描述，发乎于情，止乎于礼的古训限制了墙里的佳人和墙外的行人。但这只是后花园生活记事的一种。如果墙外的行人是浪蝶狂蜂，如果墙里的佳人是半推半就，这可能就是另一出《墙头马上》。这种方式，虽然另类，但却真实。

所以，在古代，花园总是是非之地，不像现在，总统的办公桌也可成为风月台。这样的心理期待是可怕的，不怕贼偷，就怕贼惦记，不怕花园里曾经有人做过爱，就怕见到花园就想到做爱。偶然的原因，崔莺莺来到了这危险的花园旁边，“盲人骑瞎马，夜半临深池”，可以用来形容此时莺莺的处境。

月　亮

“人有悲欢离合，月有阴晴圆缺”——苏东坡说，唉，“此事古难全”啊！苏东坡对月亮的描述太过于轻浅，过于直观的描写大失苏东坡作为一流词人的水准。好在苏东坡在该词结尾处说了一句稍着边际的话：“但愿人长久，千里共婵娟。”可能谁都知道，这里貌似女人名字的“婵娟”其实是月亮的代名词，月亮的这个代称显示了月亮在文人心中的真实形象和地位。

月亮在传统文化中属太阴，阴阳当然是文化上的界定，这样的界定使月亮往往和女人联系到一起，成为古代男人意淫的对象。意淫的饮鸩止渴的作用，不但强化了月亮的阴柔属性，更激发了月亮对古文人的性激素分泌的功能。流风所致，女人也在这样一种文化定位里完成了对月亮的感性认识。

从文化生成的角度上说，有月亮的地方，不会“路有冻死骨”；有月亮的时候，“茅屋”不会“为秋风所破”（然而老舍的《月牙儿》将月亮写成一个女人悲苦生活的写照是一个例外）。《西厢记》中张生撒野的激情就来自于月亮，如上文所分析，张生调情的第一句话就是“月色溶溶夜”，月光见证了张生的流氓行径，也见证了崔莺莺的不能自已。月光为张生提供了无限的可能。

都是月亮惹的祸啊，都怪那晚的夜色太美太“溶溶”，才会让张生刹那之间想到了白头。

月亮，月亮，多少罪恶假你之名以行！

文化与口红

张生“刮垢磨光，萤窗雪案，满腹文章，胸藏大志”（王实甫语），是典型的知识分子形象。作为一个古代的知识分子，张生是幸福的：口占一绝得美人心，月光之下小试琴指，再试美人身。张生可能也没有想到，一曲《凤求凰》未终，凰居然就叉开双腿飞来。精于琴棋书画的张生只拿出才艺的1/4就达到了肮脏的目的，令人始信“书中自有颜如玉”之言不虚，令人始信素质教育的必要。

文化为张生拉了皮条，文化点缀了莺莺窗外的风景，莺莺点缀了张生夜夜孤单的梦，文化为张生换来了莺莺唇上的口红，并最终成了张生脸上动人的脂粉。多么壮观的文化盛宴啊！

因此，春天“每日价情思睡昏昏”的莺莺，以古庙为背景，在“溶溶”的月色之中，玉体横陈西厢的花下，一不留神，成了张生和文化的双重俘虏。张生的形象，让千古文人公开实现了温柔的自慰。

“待月西厢”是中国古典伪浪漫主义的滥觞，西厢中的勾当成了中国文人有关文化作用的最基本的记忆之一。时至今日，KTV包房幽暗的灯光亦可看作是对西厢中让崔莺莺走向堕落的诸元素的遥远追忆。

清代官场的“艳照门”

完颜绍元

光绪八年秋冬，大清官场上传开一条绯闻，主角系进士出身，时任礼部右侍郎有名士之称的宗室爱新觉罗·宝廷。

原来，宝廷奉旨赴福建任乡试主考官，出闱发榜后取道浙江回京。依制度，代表皇上主持一省抡才大典的钦点差使关防极严，来回行程都需要按照兵部颁发的勘台（出差证明）驰驿按站而行，不许携带家属，不许游山玩水，不许接触亲朋好友，也不许多带仆从骚扰地方。宝廷大概是嫌旅途寂寞，便乘坐“江山船”走水路。

“江山船”又叫“花船”，专向客人提供大姑娘、小媳妇（类似今K房小姐）卖唱伴游，亦名“船妓”。其中有一个小名叫珠儿的，虽然脸上生有痘瘢，但在高度近视的宝廷眼里却是雾里看花，赛过西施，遂与船主议定身价，写了契约，包为“二奶”。孰料行至袁浦（今江苏淮阴西南）地界，被当地知县觉察盘问。宝廷为免欺君之罪，只好抢先递上请罪折子，自请从重惩责。当年除夕，皇帝出谕将“宝廷着交部严加议处”，来年正月，处分颁布：“革礼部右侍郎宝廷职。”（《光绪朝东华录》）

后来，好事者作诗嘲云：“昔年浙水载空花，又见闽娘上使槎。宗室八旗名士草，江山九姓美人麻。曾因义女弹乌桕，惯逐京娼吃白茶。为报朝廷除属籍，侍郎今已婿渔家。”（《异辞录》）事实是经此一革，宝廷再未能重返政坛，当真是以船家女婿了此一生了。

宗室身份，进士出身，自同治七年入翰林以来，不到15年时间已经位居副部长级，像宝廷这种条件，其仕途绝对可称前程无量，但居然为一麻小姐而轻易断送，可见古代对此类事件的处分之严。

事实上，清朝不仅严禁官吏招妓陪酒，还在雍正年间撤消了延续千年的“教坊”系统，另设和声署掌奏殿廷朝会燕飨之乐，从此，所谓“官妓”成为历史名词，而其他如严禁官吏宿娼、挟妓饮酒、与部民通婚、与民妇通奸等各种维护官箴吏德、防范权色交易的法令，清朝亦在历代中最为齐全，对违令者的惩罚力度亦超过前代。

道光时，镇国公绵顺带妓女赴庙内唱曲，事发后道光帝严令查办，结果绵顺被革去公爵。不过也就是在道光时期，大清的末世光景开始显露，官吏治游逐渐增多。《清稗类钞·娼妓类》中记载："道光以前，京师绝少妓寮，金鱼池等处，特舆隶溷集之地耳。咸丰时，妓风大炽，胭脂、石头等胡同，家悬纱灯，门揭红帖，每过年，香车络绎，游客如云，呼酒送客之声，彻夜震耳。士大夫相习成风，恬不知怪，身败名裂，且有因之褫官者。"

首善之区尚且如此，地方上不问可知。曾国藩攻克南京，受命总督两江，"欲兴商业，效官仲之设女闾也，因令于青溪设妓院……招四方游女，居以水榭，泛以楼船，灯火箫鼓，震炫一时"。江宁知府涂宗瀛不知道开放"红灯区"乃曾国藩招商引资的绝妙好计，"亟檄县厉禁"，曾国藩开导他说："淮河灯船尚落落如曙星，还远未达到我原先所计划之画舫千百、笙歌彻宵的规模。"

为帮助大家卸下思想包袱。"次日，（曾国藩）约幕府诸人买棹（赴秦淮河上）游览，并命江宁、上元二邑令设席款涂（宗瀛）。一时士女欢声，商贾麇集，河房榛莽之区，白舫红帘日益繁盛，寓公士著闻风来归，遂大有丰昌气象矣"。

对比历朝各代的官场"艳照门"，晚清以国门敞开的缘故复有与国际接轨之胜。光绪二十五年（1899年）七月，刘学询以皇太后、皇上特使身份赴日本考察商务。在日期间，他与东洋妓女打得火热，索性将公务会谈的地点也安排在嫖娼招妓的酒楼中。

光绪二十九年，贝子载振与外务部左侍郎那桐结束访日回国，"神户华商宴之，复大集声伎"。那桐后来记述说，载振与他在日本期间曾多次观看女妓表演，"实为平生未睹之乐"。

恃权猎艳、权色交易的官道远不只嫖娼宿妓一途，晚清谴责小说名家李宝嘉一部未完成的《官场现形记》对其极尽描摹。然而，无论文学概括得多么典型，形象塑造得多么生动，终究赶不上现实生活的鲜活创新。就在李宝嘉病故的次年，大清官场又有一幕权色交易被曝光"现形"，当事人级别之高贵、身份之尊隆，均为李宝嘉小说中所未有。

光绪三十二年九月，清廷因有东北三省改设督抚的计划，特派贝子、农工商部尚书载振及巡警部尚书徐世昌等人前往奉天、吉林等地查办事件。载振乃庆亲王奕劻(时任首席军机大臣，可谓大清官场顶尖上的人物）的世子，天潢贵胄的血统，加上本人也是部院大臣，其在当时的显贵毋庸细述。

载振奉旨出京，途经天津，马上有直隶总督、北洋大臣袁世凯向他推荐督办天津巡警工程捐务事宜的段芝贵充当随员。段芝贵人本猥贱，无才可叙，但善于迎合，数年间便由佐杂爬到道员。这一回靠袁世凯引荐，段芝贵才得以抱上振贝子的粗腿，一路逢迎，无微不至。

来到东北后，段芝贵亲睹白山黑水的幅员辽阔、物产丰富，知道下手弄钱的机会很多，不由心怦怦然，竟想趁行政改制之际，弄一个黑龙江巡抚干干。然巡抚是省部级封疆大吏，而此时的段芝贵仅仅是一个未曾引见过（即未放过实缺）的道员，距离巡抚还差一大截。不过好在无论什么缺分都可标价出售，段芝贵自可循此途径交易。

彼时天津有个唱花旦的女伶杨翠喜，颇有声价，载振初到天津时曾看过她的戏，事后说起仍称羡不已。段芝贵返回天津后，先以12000两银子将杨翠喜买下，赠与载振为妾；又向天津富商王竹林贷银10万，献给奕劻做寿礼。

火到猪头烂，钱到公事办。来年三月初八，东北三省增设巡抚及授职的上谕正式发布，段芝贵先被提为布政使衔，再以这个赏衔署理黑龙江巡抚一职。

任命东北三抚的朝报公布后，立时舆论大哗，段芝贵色贿贝子、财贿王爷的得官真相很快暴露于世，人言藉藉。三月二十五日，监察御史赵启霖以此为题，点名参劾："在段芝贵以无功可纪无才可录并未曾引见之道员专恃夤缘，骤跻巡抚，诚可谓无廉耻；在奕劻、载振父子以亲贵之位，蒙倚畀之专，唯知广收赂遗，置时艰于不问，置大计于不顾，尤可谓无心肝！"奏章一上，满朝震动。当天皇帝发布上谕，先将段芝贵"撤去布政使衔，毋庸署黑龙江巡抚"，同时又指派醇亲王载沣、大学士孙家鼐马上就赵启霖所检举的问题进行调查，"务期水落石出．据实复奏"。

但让醇亲王查庆亲王，用不着开始就能想到结果。果然，四月五日，载沣、孙家鼐联名以查无实据复奏，上谕"赵启霖着即行革职"（《光绪朝东化录》），载振则自请辞职以息众怒。

屈指计算：段芝贵斥银112000两，做了半个月的巡抚梦；载振藏娇未成，制造了清朝有史以来最大的"艳照门"；赵启霖不畏权势，秉公直言，愈为清议所重，未满两个月即开复原职；更加得分的是杨翠喜，"寻常里巷中人，非有倾国之貌；因缘时会，亦得挂弹章，腾万口"（邓之诚《书杨翠喜案》），冠以"政坛超女"是绝对无愧的。

小凤仙的前世今生

肖复兴

蔡锷死后，小凤仙的日子和命运如何，历来版本不尽一致。

一说，小凤仙重回陕西巷的云吉班，先是遭到了逮捕，放出来之后，云吉班一下子顾客盈门，因小凤仙和蔡锷将军的风流韵事，让小凤仙和云吉班一起名声大噪，馋腥的人不少，都想分享蔡锷将军的同靴之乐……这一说的后续发展，令蔡锷将军的部下尤其不容，认为小凤仙败坏了蔡将军的一世清名，小凤仙为维护蔡锷将军的名声，表示自己将为蔡将军从一而终，自此闭门谢客，不久便离开了八大胡同，漂流四海，不知所踪。

另一说，小凤仙一身素衣，送两副挽联，到上海参加蔡锷将军的追悼大会，在追悼大会上，悲恸至极，哭得晕倒在地，被一位叫做苏芸的小姐发现。苏芸是《孽海花》的作者曾朴的学生，也是小凤仙的朋友。她把小凤仙搀扶起来，安顿好，等小凤仙苏醒过来，两人相约回北京后再作详谈，谁想等苏芸回到北京，到陕西巷的云吉班里找小凤仙的时候，已是人去楼空，只留下一封绝命书。相传这一说后面的发展，是小凤仙离开八大胡同，又来到前门火车站，坐上了开往天津的火车。这路线，这地方，这火车，都是这样的熟悉，不久之前，她便是牵着蔡将军的手，走过这一程……如今，车上和窗外的一切熟悉景物，却要自己独自一人凄然面对，心里真的是痛如刀绞。她便下定决心吞安眠药片自杀。赶巧那天火车出了事故，颠簸摇晃的车厢，颠洒了她的药片，让她活到了天津。或许是蔡将军让她不死吧，她苟延残喘地活了下来。一说，她活到了1954年；一说，她活到了1976年。总之，她活到了新中国建国以后，一生跨越了几个朝代。

据说在天津，她先嫁给了一个奉系的师长，然后随夫来到了沈阳，日本统治时期，这位师长成了汉奸，她的命运随之起伏。1949年，解放前夕，她再次嫁人，嫁的是一位大她5岁的姓李的锅炉工（也有说是嫁给姓陈的一个厨师）。李年轻时曾经在张大帅府上做过事，那时，小凤仙常到张大帅府上看赵四小姐，李认识了她，便有了这样的一段姻缘。和李结婚时，小凤仙大约50开外。那时，李带着一个14岁的女儿，小凤仙很喜爱这个孩子，待她如自己亲生的一般。

小凤仙从此在沈阳一间破旧的平房里，过着普通人的普通生活，谁也不知道她的过去，她和蔡锷将军的往事，落花流水春去也，深深地埋在了往昔凋零的日子里，连她自己也快要忘却干净了。

生活是安定了，但日子过得却很艰难，小凤仙只好给一个姓张的干部家当保姆，自己给自己改名叫张洗非。这个名字改得颇具新时代的含义，她已经彻底和过去告别了，而且，她把自己的往事都看成了需要改正的“非”了……

1951年，小凤仙听到这样一则消息，梅兰芳带团到朝鲜战场为志愿军演出，要路过沈阳。小凤仙就用张洗非这个名字给梅兰芳写了一封信，问候梅兰芳之后，问他是否还记得她（幸亏她在信后又写上了小凤仙的字样，要不梅兰芳真的不知道这个张洗非是何许人也），她希望能够在他经过沈阳的时候见他一面。梅兰芳收到信，非常吃惊，因为自从小凤仙离开北京，几十年来销声匿迹，谁也不知道她的下落，没想到她居然跑到了沈阳。梅兰芳对小凤仙十分敬重，他曾经说过类似这样的话：人家豁得出性命和袁世凯干，而我们只能在舞台上唱唱戏。

梅兰芳来到沈阳，住在东北人民政府交际处的招待所，他约小凤仙见了一面。据说，那一天，小凤仙穿上最好的衣服，带上锅炉工的女儿，一起去见梅兰芳。离开北京的八大胡同，她第一次向外人谈了自己的童年身世，自己和蔡锷将军的关系，当年又是如何潜逃到天津的。同时，她也向梅兰芳诉说了自己的难处。

我一直对小凤仙和梅兰芳这次会面很感兴趣。但是，留下的资料却这样的简单。我无法想象当时真实的情景。一个当代名伶，一个当代名妓。在过去的年代里，他们曾经有过相似的低人一等的经历（在过去优伶和娼妓是一个地位的）。而新中国建立之后，优伶的地位明显提高，娼妓却彻底被打入十八层地狱之中。如果说过去，小凤仙和梅兰芳的地位相当，甚至因为她和蔡锷将军的那一段传奇而令人更高看一眼；那么现在，他们之间的地位，已经差出十万八千里。为什么小凤仙还要找梅兰芳呢？凭着她侠女一样的性格，她已经隐姓埋名那么多年，多少难熬的苦楚日子都过去了，她从未想过手心朝上求过人，为什么这一次要向梅兰芳求救呢？

我只能这样想，她一定是到了非常困难的时刻。

而且，还有这样的一个细节：她特意带着老李那个已经16岁的女儿。她一定是为了这个孩子啊，尽管不是自己亲生的孩子。

每当想到这些。我的心里都会惊惊地一颤。小凤仙，一个过去的青楼女子，她的心却是怎样的啊。并不是除去巫山不是云，并不是曾经沧海难为水，并不是所有的青楼女子都是一样污浊的人生污浊的心啊。

梅兰芳一定认真听完了她的讲述，而她的讲述一定是有节制的。而非一般女人“痛说革命家史”一般地哭哭啼啼和絮絮叨叨。梅兰芳认真地帮她找了当时东北人民政府交际处的处长，这位处长正负责接待他。两个月后，这位处长帮助小凤仙在政府机关当了一名保健员（也有说是在政府机关的一家幼儿园工作，干一些负责发放儿童服装的轻松活儿），不管怎么说，她有了一份正式稳定的工作。她给梅兰芳写了一封表示感谢的信，梅兰芳没有给她回信，倒不是不礼貌，而是有意在保护她，不愿意引起人们对她的注意，怕节外生枝。在那个一切以阶级斗争为纲的年代里，小心不为过。关于小凤仙对他讲的一切，除了对身边的秘书许姬传讲过，梅兰芳没有对任何人提到一丝一毫。梅兰芳一生到死都为小凤仙保守着秘密。

晚年的小凤仙，生活说不上多么幸福，却也说不上如何悲惨。一代名妓，从清朝活到民国，又从民国活到新中国成立以后，应该是绝无仅有的奇迹。如同一座桥，虽然算不上多么雄伟，却跨过了三道大河。

锅炉工去世之后，她和他的女儿一起生活。她爱喝酒（大概是在云吉班里和蔡锷将军一起开怀对饮时练出来的酒量），她爱听评书（这是在八大胡同里养成的习惯），她爱干净（这是她唯一可以保留的品性）。她有一个柳条箱，据说是当年住在八大胡同时，在前门大街的一家杂货店里买的，她就是带着这只柳条箱，毅然决然地离开了八大胡同，离开了北京。在颠沛流离的日子里，她丢了许多东西，唯独留下了这只箱子，总带着它四下飘零。谁也不知道这只箱子里放着她什么样的宝贝，她从来也不拿出来给别人看……

有说她在政府机关（不管是保健员还是幼儿园职工）工作了刚刚一年多的时间，就患上了老年痴呆症，身体状况每况愈下，于1954年去世。据说死前她一直张着嘴想说话，却呼吸困难。怎么也说不出来了，7天之后，才终于咽下了最后一口气，撒手人寰。她没有任何一个亲人，谁也不知道她最后想对什么人说些什么话，她把自己的一切都带到了另外一个世界。

对她的出生年份历来说法不一，有说她生于1900年，也有说她生于1898年。如果是1954年去世，她活了大约不到60岁。

也有说她死于1976年。这该是一个奇迹，因为她居然熬到了“文化大革命”时期。

据说，那时候，锅炉工的孩子嫁了人，家中只剩下她孤独一人，一个好心的邻居把她接到自己的家中照料她。有一天，她听广播，里面正说她和蔡锷将军的事情，开头，她有些茫然，觉得恍若隔世，不知今夕何年；渐渐地，一种“霓裳舞曲浑抛却，独自花间扫玉阶”的感觉袭上心头。光阴似箭，红颜已老，韶华难留，一晃到了珠落玉碎、蕙怨兰愁的地步，本来以为往事早都忘记，谁想却还是这样须眉毕现地突然和自己撞个满怀，她禁不住潸然泪下。邻居非常吃惊，忙走过来问她怎么了。离开北京的八大胡同半个多世纪了，她第一次情不自禁对人说出了自己的身世，指着戏匣子说：“那里面说的就是我的事情啊！”然后，她意识到自己说漏了嘴，赶紧对邻居说：“你一定替我保守秘密，不能对外人说啊！”那邻居早在那里惊呆了，望望她和戏匣子，不敢相信一切是真的，只是一个劲儿地点着头。

据说，她是在上公共厕所的时候，突然脑溢血，倒在了地上，再也没有起来，并没有遭什么罪。那个公共厕所就在她自己家旁。

如果是1976年去世，她活了70多岁。我国传统讲究五福，即寿、富、康、德和善终，她的一生虽然算不上富贵、健康，也说不上长寿，起码占着其中的德和善终两样。对比她的那些沦落风尘的姐妹们，她应该算是福气之人了。

蒋介石的“婚外情”传说

——蒋介石日记解读之三

杨天石

1944年7月9日，中国抗日战争处在最艰难的时候，宋美龄突然离开重庆，去巴西休养，自此长期不归。直到一年后抗战胜利，宋美龄才翩然回国。关于此事，许多宋美龄的传记和相关著作都认为其原因是：蒋介石在重庆有了“婚外情”，宋美龄因此一怒而去。

事实是否如此呢？

可疑的送别茶会

蒋介石的《事略稿本》（未刊）1944年7月5日条云：

> 约集各院院长及各部会高级干部与欧美友好，计共60人，举行茶会，为夫人饯行并坦白说明外间之流言蜚语与敌党阴谋之所在。继夫人亦起而说明对公人格之信仰，措辞均极有力也。而居正、戴季陶等各院长亦各先后发言，佥谓公之为人，厚重严谨，久为众所敬服也。

这段记载很含糊。考察有关史籍可知，当年7月，宋美龄即将离开重庆去巴西养病。“为夫人饯行”云云，说明会议主题是为宋美龄送行。会上，蒋介石坦白说明了“外间之流言蜚语与敌党阴谋之所在”。接着，宋美龄起而发言，表示相信蒋的“人格”。又接着，居正、戴季陶以及国民政府各院院长纷纷帮腔，对蒋的“品格”大唱赞美歌。这就奇怪了，饯行会为何变成为蒋介石辩诬的“辟谣会”呢？所辟之“谣”为何？

查蒋介石日记当年7月4日条云：

> 下午，回林园，与妻商谈，约干部与友好聚会，说明共产党谣诼，对余个人人格之毁誉无足惜，其如国家与军民心理之动摇何！乃决约会，公开说明，以免多加猜测。

这则日记说明，会议是在7月4日与宋美龄商谈之后决定的，目的在于辟谣，谣言内容有关蒋的“人格”。至于谣诼来源，《事略稿本》仅模糊地说明出于“敌党阴谋”，而这则日记则点明是“共产党”。蒋介石长期敌视中共，所以并未调查，也未加论证，就武断地确定是“共产党谣诼”。

再查当年7月6日蒋介石的日记，中云：

妻近接匿名信甚多，其中皆言对余个人谣诼、诽谤之事，而唯有一函，察其语句文字，乃为英国[美]人之笔。此函不仅诋毁余个人，而乃涉及经、纬两儿之品格，尤以对经儿之谣诼为甚，亦以其在渝有外遇，且已生育孳生，已为其外遇之母留养为言。可知此次蜚语，不仅发动于共党，而且有英美人为之帮同，其用意非只毁灭我个人之信誉，且欲根本毁灭我全家。幸余妻自信甚笃，不为其阴谋所动，对余信仰益坚，使敌奸无所施其挑拨离间之技俩。可知身修而后家齐之道乃为不变之至理，安可不自勉乎哉！

蒋介石7月8日的日记中又一次谈到，“匿名信”的内容是挑拨蒋介石与宋美龄的“夫妻情感”，其目的在于使蒋“家庭分裂”，进而毁灭蒋的“人格”。

蒋介石到底蒙受了什么样的诽谤，要在宋美龄出国前隆重召开有“高级干部和欧美人士”参加的会议，郑重“辟谣”？

蒋、宋同场表态

查王世杰1944年7月5日日记云：

蒋先生今日约党部、团部、干部同志三四十人暨中外基督徒若干人在山洞官邸茶会。在会中，蒋先生宣布两事：一、蒋夫人将赴巴西养疴，休养毕将访若干友邦；二、外间近有人散布谣言，诬蔑蒋先生私德，谓其有外遇等等情事者，有人欲藉此类造谣以摇动同志与军队对彼之信心。蒋夫人亦有演说，指述此类诬蔑之用意，与彼对蒋先生之敬信。

蒋介石的日记吞吞吐吐，欲言又止，而王世杰的日记则写得比较坦率，“谓其有外遇”，原来，是一则有关蒋介石私德的“绯闻”。王世杰当时担任三民主义青年团中央监察会监察，第三届国民参政会主席团主席，显然，他是参加了“辟谣会”的。

美国斯坦福大学胡佛档案馆收藏的《史迪威文件》中藏有一份“辟谣会”的会议记录，也可以解决我们的大部分疑问。

记录为英文打字稿。其一为《委员长在75位客人参加的会议上的讲话》，译为中文为：

在我的妻子因神经衰弱出发去巴西之际，我决定为她举行送别会。你们都是我的朋友。我想坦率地说明某些事情的时刻已经到了。

…………

最近，在重庆社交圈里有不少谣言，有些牵涉我。你们已经听到，但是，除了我的妻子之外，只有一位朋友告诉我这件事。他是真正的朋友。所有我的朋友都在此，当他们听到此事时应该告诉我。这个谣言说我的个人行为不光明，说我和一个女人有不正当关系，说我和一位护士有非法关系并且生了一个儿子。

…………

民国二十三年，我的妻子和我提倡新生活运动。由于这种道德力量，我们得以成功地反对共产主义并抵抗外国侵略。如果我像传说所称那样，我的真诚何在？我的将来和中国的将来相联系。作为领导者，任何对我的污辱就是对国家的污辱。我们必须询问自己，我们的道德标准是否足够高。如果我的道德标准被玷污了，我如何面对国家？我怎能成为中华民国国民政府的主席？

…………

在上一个10年中，如果我曾经有过一些贡献，这就是道德上的贡献。我是一个基督徒。相信它的戒律并且绝对服从。假如我不遵从这些戒律，我就是异教徒……我和妻子的感情绝对纯洁。我们的关系中没有任何污点。我的生活里没有任何事情不能公开。如果谣言所传是事实，那就称呼我为伪君子就是了。我召开此次会议，是为了挫败敌人的有害目的。只有当所有人都已经达到道德的高标准，我们才能面对公众；只有我们能引导战争走向胜利的时候，我们才能面对孙逸仙的在天之灵。

蒋讲话后，宋美龄接着表态。她说：

委员长提到的谣言已经遍传重庆。我已经听到这些谣言，收到许多就这一问题写给我的信。不是作为妻子，而是作为真诚的爱国者，我觉得使委员长知道这些谣言是我的职责。

但是，我希望说明，永远不可能让我为这些谣言低首弯腰；我也不会向他询问，这些谣言是否真实。如果我怀疑委员长，将是对他的侮辱。我相信他是如此正直，相信他的品格和他的领导。我不能为任何事情侮辱他。我和他结婚已经17年。我和他共同经历了所有危险，严重者如西安，所以我了解委员长性格的每一面，他在世界上独一无二。了解他的性格，我完全相信他的正直。我希望，没有一个人会相信这些恶意的诽谤。

昨天，当委员长告诉我，他正在召集朋友们到一起，我的第一个反应是："不要麻烦，谣言会自行消亡。"他回答说，这不是对个人的诽谤，通过诽谤他，他们正在诽谤作为一种道德力量的中国。这些恶意的诽谤应该立即消除。中国对世界的贡献不是经济，不是军事，不是工业。中国的贡献是道德力量。

委员长的领导正在朝向更高的目标。不断追随主的脚步，那时，他是中国的力量。

宋美龄的讲话强烈表达了他对蒋介石道德上的信任，并且将是否相信这些提升到是否爱国的高度。

蒋介石"辟谣"之言可信吗？

蒋介石为个人生活"绯闻"召开如此隆重的"辟谣"会，这是罕见的。其原因，当然在于这一谣言在重庆特别是在国民党党内流传甚广，严重影响蒋介石的个人威信。其次，宋美龄即将赴巴西休养，也容易给人"谣言"属实的印象。当年，日本军队在河南发动一号作战，中国军队节节败退，正处于中国抗战的关键时期，作为抗战统帅的蒋介石的私人道德自然与抗战相关。蒋介石召开"辟谣"会的目的很容易理解。

那末，蒋介石的"辟谣"可信吗？这须要从多方面严谨地加以分析。

一、蒋介石不仅在公开会议上"辟谣"，而且在其日记上多次否认此事。早在1944年5月8日，蒋介石就在日记中写道："共匪倒[捣]乱，造谣中伤诬蔑，甚至以败德乱行之污秽谣诼，想人非非之匪[诽]语加诸吾身，以图毁灭吾身家。此种诬蔑与横逆之来，自民国十五年以来，虽非一次，然至今更烈，所谓道高一尺，魔高一丈者，乃由今日经历所得，更觉其真切也。然余自信此种谣言，一经证明其诬妄，则增益余品性之时，故毁言之来，贤者实以为福也。"这是蒋介石日记中关于此项"绯闻"的第一次记载。一直到1945年末，蒋介石仍念念不忘去年他所经历的"私德"风波。其年终《杂录》云："共党破坏我个人之信誉，毁灭我个人革命之人格，造作我私生活不道德、各种各样不同之方式谣诼，使全国民众对我绝望而为之遗弃不齿，以达其倾陷领袖夺取抗战领导权的目的。"

又云："离间我夫妻，污蔑我父子，伤害我家庭，夫妇、父子、骨肉之爱情，以期灭绝我血统，非使我国亡种灭而不止。"蒋介石的日记生前并未发表，也无发表打算。在公开的场合，蒋介石有意说谎，欺骗公众，可以理解；在自己不打算发表的私人日记里说谎，自我欺骗，似无必要。

二、蒋介石"绯闻"的最大冲击者是宋美龄。作为蒋的妻子，宋美龄不会容忍蒋在个人感情上对她的背叛与欺骗。即使她为了维护蒋作为抗战统帅的形象而委曲求全，但也决不会轻易出席茶会，和蒋介石同步发表上述鲜明而坚决的声明。这一时期，她对于蒋介石必然怨愤有加，冲突势所难免。然而，宋美龄不仅出席茶会，而且坚决"辟谣"。可见宋美龄不相信所传属实。

三、蒋介石早年的生活确实荒唐，但是，他努力以儒家的道德修养规范自己，致力于"存天理，去人欲"。在经过漫长的自我反省和斗争后，渐见成绩。在他加入基督教和提倡新生活运动后，特别是他承担国民党和国民政府的要职之后，仍然继续履行儒学的修养功夫。这一方面，他的日记多有记载。

因此，他在思想中不断进行"天人交战"，狠斗自己的"妄念"、"邪心"和"欲心"，其自我修养有很严格的方面。例如，他要求自己早起，一旦过时，就一再反省，自我谴责。又如，他生活淡泊，不抽烟，不饮酒，基本不喝茶，一旦违反，也会反省、自谴。抗战以来，蒋介石对自己的"私德"有相当严格的要求。在这种状态下，他与某一护士发生不正当的关系，并且育有私生子的谣言当然不可信。

四、宋美龄患病是事实，医生要她迁地休养也是事实。宋美龄长期多病，1942年10月29日，蒋介石日记云："妻子体弱神衰，其胃恐有癌，甚可虑也。"30日日记云："恐妻病癌，心甚不安，决令飞美就医，早为割治。"这是宋美龄抗战期间第一次赴美的主要原因。到美国后，经检查，发现并无癌症，但是，身体仍然不好。蒋介石日记中关于宋美龄疾患的记载很多。

1943年12月，蒋介石偕宋美龄飞赴埃及参加开罗会议，宋美龄一直在病中，特别是宋氏家族许多成员共有的皮肤病，严重地困扰着宋美龄。

开罗会议后，蒋氏夫妇回到重庆。但重庆气候潮湿，多雾多雨。进入1944年，宋美龄的病情日益加重，蒋介石不得不强制她去昆明休养。宋美龄到昆明休养后，病情不仅毫无好转，反而更重了。

此后，蒋介石日记常见他对于宋美龄的病况的忧虑。如6月13日日记云："晚回林园，妻病日弱，诚家国两忧集于一身矣。"可见，宋美龄皮肤病确实很严重，易地治疗确有必要，并非无病呻吟。

至于为什么远赴巴西，笔者2007年在美访问期间曾询问宋氏家族的曹琍璇女士。琍璇女士向其夫、宋子安之子宋仲虎先生及宋霭龄之女孔令仪作了调查。据称，当时听说巴西有个医生善治皮肤病，又因得到巴西总统邀请，所以就去了巴西。琍璇女士的这一说法在蒋介石的日记中可以得到部分佐证。当年6月29日，蒋介石日记云："预定：一、写巴西总统信。"7月1日，蒋介石在《本星期工作课目》中列入"妻往巴西养病"。由此可以得知，宋美龄的巴西之行是蒋介石通过巴西总统安排的。

五、蒋宋之间这时不存在严重冲突，甚至可以说二人之间的关系相当不错。

1944年2月29日，蒋介石日记云："上午，批阅军事公文，以妻病悬念不置。"3月4日日记云："下午，写妻信及手抄《真美歌》，祝妻四十六岁诞辰。"3月6日日记云："晚以夫人诞辰，独自饮食，感慨不置。"

宋美龄自昆明回重庆后，蒋介石经常陪宋美龄散步、游览、散心。这在日记中都有记载。

这一时期，蒋介石为宋美龄的疾病担忧，宋美龄则为蒋介石的劳累操心。当时，由于战况紧急，蒋介石从凌晨3时起就以电话指挥河南军事，宋美龄很为蒋忧虑。7月2日，宋美龄决定去巴西养病，当日深夜，二人话别，颇有前途难测，依依不舍之慨，据蒋介石日记云：

> 今日子刻与寅刻，余妻以即欲飞往巴西养病为念，发生悲戚心情。彼甚以最近国家形势甚危殆，而其精神与梦寐之间，皆多各种不利之征兆，甚以此去恐不能复见为虑。彼云：须君牢记世界上有如我爱汝时刻不忘之一人乃可自慰。又云：君上有天父之依托，而下有汝妻为汝竭诚之爱护，唯此乃可自慰也。余心神悲戚更重，不能发一言以慰之。唯祝祷上帝保佑我夫妻能完成上帝所赋予吾人之使命，使余妻早日痊愈，荣归与团聚而已。

宋美龄去巴西之后，蒋介石不断给宋美龄打电报。根据现有资料，自当年8月4日起，至同年9月11日宋美龄转往美国，入纽约长老会就医前夕止，蒋约致宋电9通。这些电报尚未全部公布，但已有部分可以见到。

从电报看，蒋介石如常向宋美龄通报国内情况，甚至向她提供有关中共的机密情报，并且关心宋美龄的身体状况，对她的外交活动提出建议，并无任何芥蒂。

综合以上，笔者认为，蒋介石的"辟谣"之言可信。

无风不起浪

谣言有多种形式。一种是毫无根据，一种是有某些影子，在流传中逐渐变形、扭曲，在不同程度上背离事实，甚至面目全非，所谓“无风不起浪”是也。

上引蒋介石所记，当时重庆流传的关于蒋经国的“绯闻”：“在渝有外遇，且已生育孳生，已为其外遇之母留养”云云，显指其与章亚若的恋情及生育孝严、孝慈一事，只不过将发生在赣州的事移到重庆了。同样，蒋介石在重庆时期的“婚外情”也有某些“影子”。

一是戴季陶在重庆时曾公开声言，他和蒋介石在日本时共同喜爱一位日本女子，蒋纬国即为蒋介石与该日女所生。

蒋纬国的身世长期不明，戴季陶关于纬国为蒋介石早年与日本女所生的说法自然会在重庆流传开来，并逐渐演变为蒋介石在重庆时与某护士生子的“绯闻”。

蒋介石“婚外情”另一“影子”是其前夫人陈洁如自上海来到重庆，蒋介石与之重修旧好的传言。对此，陈洁如的女婿陆久之曾函告笔者的同事严如平教授说：“当年轰动山城传说纷纭的‘陈小姐’，原来就是陈洁如。”陆久之在抗战胜利后与陈洁如的养女陈瑶光结婚，与陈洁如关系密切，所言当出于陈洁如口述，自有相当的可靠性。

这样，有了蒋介石与“日女”生子的情节，有了“陈小姐”的身影，有关传说在重庆不胫而走就不难理解了。

宋美龄对蒋陈关系很敏感。1931 年 6 月 19 日，蒋介石收到陈洁如自美国的一封来信，为宋美龄所见，蒋于慌乱中将陈函撕毁，宋美龄一气之下，于第二天晚上回沪。6 月 21 日，蒋介石赶忙给宋美龄与宋霭龄写信解释，事情才得以缓解。抗战期间，蒋介石与陈洁如再度相晤，宋美龄有较强烈的反应是必然的。

陈洁如到达重庆的时间说法不一。王舜祁《蒋氏故里述闻》称：陈洁如第一次到重庆时，曾参加军需署署长周骏彦的悼念活动。当时在侍从室为蒋收发电报的周坤和回忆，他在贵宾室发现蒋的身边有一位“中年妇女”，不是宋美龄，而是陈洁如。周骏彦逝世于 1940 年 7 月 30 日，故陈此前必已到达重庆。陈的到来激起了蒋的感情波澜。

1940 年 10 月 5 日蒋的日记云：“最近每夜失眠，回忆青年时代往事，更自惭愧悔恨，而今于性欲旧情，亦时发现不忘，可知此心恶根未尽，何能望其与圣灵交感相通耶！戒之。”

同年10月《反省录》云：“心神较安，对于交感上帝之修养，似有进步，但杂念与性欲时有发现，以旧日孽缘太多，不易涤荡尽净耳！”

同年11月14日日记云：“性欲渐起，旧念重生，应以灵性制之，不可使其放纵。”

上述日记中，“性欲旧情”、“旧日孽缘”、“旧念重生”云云，应该指的就是他和陈洁如的一段老关系。陈洁如在重庆住到什么时候，已不可考。但是，根据周坤和的回忆，1943年，陈洁如第二次到渝，周曾目睹她出席“中美之友社”的成立大会。陈先来，蒋后到。

没有可靠的资料能够说明蒋、陈的“老”关系发展到了什么样的“新”程度，但是，却有蛛丝马迹可以说明，蒋、宋关系因之发生裂痕。

宋美龄1942年11月开始的访美之行获得巨大成功。1943年7月，宋美龄回到重庆。初时，蒋、宋感情不错。但是，到了8月12日，蒋介石日记中就出现了蒋独住重庆黄山官邸，而宋住到新开寺孔祥熙宅“留医”的记载。8月16日，宋美龄病愈，夫妻二人同住黄山，但是，不知什么时候，宋美龄又单独住回孔宅。9月14日，蒋日记自称：“心绪郁结。”15日，蒋的日记起首部分被蒋本人罕见地涂去了5行。这被涂去的部分，应是蒋有不愿告人的秘密。日记末段云：

“祷告毕，默然就寝。自觉今日之忍痛、抑悲、制愤、茹苦，可谓极矣。”

这一则日记显示出，蒋当日精神上受到很大冲击而又不能发作。有谁能拥有如此巨大的本领呢？除了宋美龄，恐怕没有第二人。次日，蒋日记又云：“观月独坐，意兴萧然。”9月19日，蒋又将日记起首部分涂去3行。这以后，蒋的日记中连续可见“独到黄山休息”、“独自静观自然”的记载，足证蒋、宋之间发生矛盾，处于分居状态。联系上文陆久之所述相关情节考察，这应是宋察觉蒋、陈之间“新”关系的结果。9月27日，蒋介石日记云：“正午到新开寺孔寓，与妻谈话后即回。”这一段记载颇可玩味。夫妻之间的一般谈话，没有记载的必要；特别记载而又不记述内容，说明其中有秘密。至10月3日，蒋介石日记又云：“本晚静坐后，与妻同往新开寺孔宅叙谈，即宿于此。”这则日记说明，蒋宋之间达成和解，蒋介石的独居生活结束了。

陈洁如毕竟是蒋介石的前任夫人，因不愿当汉奸而投奔大后方，蒋介石自然要加以接待并妥善安置。蒋介石此举，名正言顺，理由正当。至于是否“鸳梦重温”，这是无从确证之事。所以宋美龄对蒋、陈的重会虽然不高兴，但也不能过加指责。“醋意”不能没有，但毕竟不能成“海”。经蒋“谈话”解释之后，也就烟消云散了。不久以后，蒋介石成为国民政府主席，宋美龄荣膺主席夫人，自然更不能揪住蒋、陈旧情不放了。

1944年5月至7月流传于重庆的蒋介石的“绯闻”，所谓与某护士的“不正当关系”，所谓“私生子”云云，对于局外人也许新鲜，对于宋美龄来说，自然不屑一听。她之所以能在“辟谣会”上慷慨陈词，为蒋介石的“私德”背书，其原因在此。

美国人对蒋介石“婚外情”最感兴趣

7月9日，蒋介石送宋美龄上飞机。7月13日，中央社自巴西里约热内卢发电报道：宋美龄于13日到达当地，同行者有孔夫人宋霭龄等。宋等一行受到美国驻巴西大使及巴西高级官员的欢迎。宋将下榻关纳巴拉湾内的波罗柯伊奥岛的旅馆，预计将在此休息数周。14日，中国驻美大使馆在华盛顿正式宣布蒋夫人已抵里约热内卢。

16日，《中央日报》发布消息称：“蒋夫人于本月9日离渝赴国外养病，业于13日下午到达巴西首都里约热内卢。本社有关方面探悉：蒋夫人从自去年访美加归来以后，以工作关系，迄无休息机会，致健康未能全复。据诊治之医生言，渝地气候不宜，必须易地疗养，且屏除工作完全休息，则最近期内即可全愈云。”

尽管中央社和驻美使馆陆续发布上述新闻，但是，传言并未止息。8月19日，蒋介石披阅有关情报，日记云：

> 最可忧者，美国朝野对我个人生活之谣诼层出不穷，尤关于我夫妇家庭间之猜测亦未已。此次吾妻出国养病，为于公于私，皆有损失，然虚实是非，终有水落石出之时。无稽荒谬之谈，必不能尽掩天下耳目，而且美国内亦有主持公道者，故余并不以此自馁也。

可见，“谣诼”的最大市场在美国。不仅美国民间社会（野），连美国政府（朝）都关注此事。

文献证明，首先向美国传播“谣诼”的就是美国驻重庆大使馆的工作人员。美国的媒体、舆论大炒特炒蒋委员长的“绯闻”，使蒋觉得脸面无光。1945年初，英美社会甚至流传蒋氏夫妇已经离婚的说法，使得蒋多次慨叹“对余夫妻之谣诼如故也”。

美国人为何要这样做？这和当时美国方面企图让蒋介石将军权交给史迪威的图谋紧密相连。

美国军政两方早就对蒋介石及其政府不满。1944年日军发动“一号作战”以后，国民党军兵败如山倒。当年7月，马歇尔向罗斯福提出，中国局势颓落，必须让蒋介石将其对中国军队的指挥权交给美国将军史迪威。同月，罗斯福晋升史迪威为上将，并于7日致电蒋介石，提出这一要求。15日，再次电蒋催促。中国的抗日战争有赖于美国的援助，蒋介石不敢得罪罗斯福，企图以拖延时日的方式软磨。罗斯福于8月10日、23日，两电蒋介石，要他立即采取必要措施，让史迪威及早指挥中国军队，并且威胁他：稽延拖拉，“容有严重之后果”。随后，美国特使赫尔利、纳尔逊及美国驻华大使高斯先后出面，对蒋介石施加压力。罗斯福再次警告蒋介石，“务希立采行动，方能保存阁下数年来英勇抗战所得之果实，及吾人援助中国之计划”。话说得很清楚，你要是不听话，就别想再得到美援了。然而，蒋介石就是不为所动。在这种情况下，美国人自然乐于传播并扩展蒋介石的“绯闻”，把他搞臭，促其下台。

进入1945年，蒋介石终于恍然悟到美国人在其中的作用。他在《民国三十四年大事表》中写道：“去年一年间，中共与美国驻华大使馆协以谋我之阴狠，实有非人想象所能及者，今春美国大使馆之失火，其内容乃为灭绝其对我各种阴谋文书，故而故意纵火也。思之寒心。”同年末，他感慨地写道：

> 以如此毒辣、卑狠、阴险之行动，以常理论之，决无幸免之理，而且已见其大效。美国且已断绝我接济，各地国民亦已信谣诼以为真，几乎街谈巷语皆以为资料，尤以五六月间美副总统华莱士来华时为极点，而美国自其大使高斯拜辞（十月间）回去后，直至十二月方派哈雷接任，但其政府仍不令其提国书，竟至卅四年一月方提国书，中美国交至此方得初步恢复。言念及此，诚不寒而栗矣。

蒋介石以上两段话，有许多不正确的部分。一是毫无根据地将中共牵扯在内，一是过于夸大了此事对于中美关系的影响。不过，美国人确实不能完全脱开干系。其证据：一是如上述给美国国务院写报告的美国使馆秘书谢伟思，一是那些积极给宋美龄写信的美国人，一是热衷于炒作“绯闻”的美国部分舆论界。这些人为何如此？很简单。其中固然有对“婚外情”的道德义愤和对那时国民党政权已经充分表现出来的腐朽的憎恶，也和美国方面企图逼迫蒋介石交出军权的图谋有关。

[illegible]

[illegible]

[illegible]

[illegible]

[illegible]